高等院校金融学专业系列教材

公司战略与风险管理

沈华玉　主编

清华大学出版社
北京

内 容 简 介

根据注册会计师考试要求，结合高校本科生、研究生相关课程的实际情况，本书在汲取公司战略、风险管理最新研究成果的基础上，结合公司战略与风险管理实际案例，通过实际案例等方式深入浅出地对理论知识进行了介绍，既有助于学生系统地掌握相关理论知识，又提升了学生对战略管理和风险管理的实际操作能力。

本书共有十二章，第一章对战略与风险管理导论进行了讲解，第二章至第八章对战略管理的相关知识进行了讲解，第九章至第十二章对风险管理的相关知识进行了讲解。战略管理的内容包括公司使命、愿景与目标，战略分析(外部环境)，战略分析(内部环境)，战略选择，战略实施，战略控制，多元化与国际化经营战略。风险管理的内容包括企业风险管理理论、企业风险管理体系、企业风险管理实务、基于战略的风险管理整合。

本书可以作为高等院校会计学、财务管理等经管类相关专业的高年级本科生、研究生教材，也可以作为注册会计师考试人员、企业战略管理与风险管理从业者的参考书。

本书封面贴有清华大学出版社防伪标签，无标签者不得销售。
版权所有，侵权必究。举报: 010-62782989，beiqinquan@tup.tsinghua.edu.cn。

图书在版编目(CIP)数据

公司战略与风险管理/沈华玉主编. —北京: 清华大学出版社，2023.10
高等院校金融学专业系列教材
ISBN 978-7-302-64742-3

Ⅰ. ①公…　Ⅱ. ①沈…　Ⅲ. ①公司—企业管理—高等学校—教材 ②公司—风险管理—高等学校—教材　Ⅳ. ①F276.6

中国国家版本馆 CIP 数据核字(2023)第 191916 号

责任编辑: 孟　攀
封面设计: 刘孝琼
责任校对: 周剑云
责任印制: 丛怀宇

出版发行: 清华大学出版社
  网　　　址: http://www.tup.com.cn, http://www.wqbook.com
  地　　　址: 北京清华大学学研大厦 A 座　　　邮　　编: 100084
  社 总 机: 010-83470000　　　邮　　购: 010-62786544
  投稿与读者服务: 010-62776969, c-service@tup.tsinghua.edu.cn
  质量反馈: 010-62772015, zhiliang@tup.tsinghua.edu.cn
  课件下载: http://www.tup.com.cn, 010-62791865
印 装 者: 北京鑫海金澳胶印有限公司
经　　销: 全国新华书店
开　　本: 185mm×260mm　　　印　张: 17.75　　　字　数: 427 千字
版　　次: 2023 年 10 月第 1 版　　　印　次: 2023 年 10 月第 1 次印刷
定　　价: 58.00 元

产品编号: 093461-01

前　　言

企业战略管理不同于财务、市场营销、生产运作等职能部门的管理，它是对企业全局性、长远性的谋略。战略管理是企业的行动指南，是各项资源得以合理调配和充分发挥作用的基本保证，它的成败直接影响到企业的兴衰；战略管理是企业的发展之本，它决定着企业的发展方向、走势和前进道路，很多企业破产的最直接原因就是战略失误。

风险无处不在，风险事故造成的巨大损失不仅危害人们的生命财产安全，也威胁着公司和国家的安全，对风险进行科学的管理已经成为社会的共识和人们普遍的需求。风险管理是公司等风险管理主体通过风险识别、风险衡量、风险评价、风险管理方案决策和风险处理等一系列活动，以最低的管理成本获得最大安全保障的管理行为。随着新技术的快速发展、全球经济复苏缓慢、"逆全球化"等百年未有之大变局的出现，不确定性给我们的经济和社会活动带来较大的风险，风险管理已经成为各国政府、公司、家庭和个人预防、减少风险事故发生，降低损失程度的有效管理方式。有效的风险管理不仅可以减少损失，使风险管理的成本得以降低，还可以避免政府、企业由于风险带来的损失或破产。风险管理已经成为企业日常经营活动中最常见的管理内容。

具体来说，本书主要分为两部分内容。第一部分包括第一章至第八章，主要介绍战略与风险管理导论，公司使命、愿景与目标，战略分析(外部环境)，战略分析(内部环境)，战略选择，战略实施，战略控制，多元化与国际化经营战略。第二部分包括第九章至第十二章，主要介绍企业风险管理理论、企业风险管理体系、企业风险管理实务和基于战略的风险管理整合。

与其他公司战略与风险管理的教材相比，本书的主要特色是：紧扣会计学、财务管理专业新修订的培养方案和CPA考试大纲，内容更加全面丰富，增加了理论深度，并吸收了近年来的最新理论研究成果，打破了需要公司战略管理和公司风险管理两本教材的割离状态。例如书中加入了多元化与国际化战略、基于战略的风险管理整合等内容，能够满足本科生、研究生和企业实践管理者的学习需求。随着新技术的快速升级和现实世界的不确定性变大，企业的生死存亡受到战略管理和风险管理的影响越来越明显，战略管理和风险管理成为这个时代企业关注的两个重要方面。教材深入浅出地对战略管理和风险管理两个方面的内容进行了介绍，既有理论知识，又有企业案例。

本书由沈华玉老师主编，在编写过程中参考了国内外现有的教材以及一些研究者的论文成果。此外，研究生张曼、梁岳、刘润欣、郭子琳、左好好、冷凯、马瑛、白环环、高尚萱、王爽爽、王智、高艺玮也参与了本书书稿的整理与校对工作。

由于编者水平有限，且教材中所涉及的内容与现实联系密切，而实践中相关理论进展与实务变化较多、较快，因而书中难免存在疏漏和不足之处，恳请广大读者批评指正。

编　者

目 录

第一章 战略与风险管理导论 1

第一节 战略及战略管理的内涵 2
  一、战略的内涵及层次 2
  二、战略管理的内涵 4
  三、战略管理的过程 4
  四、战略变革 7

第二节 风险及风险管理的内涵 9
  一、风险的内涵 9
  二、企业面临的风险种类、构成
    要素与特征 9
  三、风险管理的内涵 13

本章小结 14
复习思考题 14

第二章 公司使命、愿景与目标 16

第一节 公司使命 16
  一、公司使命的定义与特征 16
  二、使命的实例及如何确定公司
    使命 17

第二节 愿景 18
  一、愿景的定义与特征 18
  二、愿景的实例及如何确定公司
    愿景 19

第三节 目标 19
  一、目标的定义及作用 19
  二、目标的类型 21
  三、有效目标制定的原则 21

本章小结 22
复习思考题 22

第三章 战略分析(外部环境) 24

第一节 外部环境概述 25
  一、外部环境因素 25
  二、外部环境的特征 25
  三、外部环境分析的作用 26

第二节 宏观环境分析 27
  一、政治和法律环境 27
  二、经济环境 27
  三、社会和文化环境 28
  四、技术环境 29

第三节 中观环境分析 30
  一、行业环境分析 30
  二、竞争环境分析 38

本章小结 45
实训课堂 45
复习思考题 48

第四章 战略分析(内部环境) 50

第一节 内部环境分析 51
  一、内部环境分析的意义 51
  二、内部环境分析的内容 51
  三、内部环境分析的过程 52

第二节 企业资源与能力 52
  一、企业资源 52
  二、企业能力 54
  三、核心竞争力 55

第三节 企业价值链分析 59
  一、价值链的概念 59
  二、价值链的活动 59
  三、资源使用的价值链分析 62
  四、波士顿矩阵 64
  五、通用矩阵 67

第四节 SWOT分析 68
  一、SWOT分析的基本内涵 68
  二、SWOT分析的具体应用 69

本章小结 73
实训课堂 73
复习思考题 74

第五章 战略选择 ... 77

第一节 总体战略 ... 78
一、发展战略 ... 78
二、稳定战略 ... 89
三、收缩战略 ... 89

第二节 业务单位战略 ... 90
一、成本领先战略 ... 91
二、差异化战略 ... 94
三、集中化战略 ... 95

第三节 职能战略 ... 96
一、市场营销战略 ... 96
二、研发战略 ... 102
三、生产运营战略 ... 104
四、采购战略 ... 106
五、人力资源战略 ... 107
六、信息战略 ... 112

本章小结 ... 115
实训课堂 ... 115
复习思考题 ... 117

第六章 战略实施 ... 124

第一节 战略实施概述 ... 125
一、战略实施的内涵 ... 125
二、战略实施的模式 ... 125
三、战略实施的主要任务 ... 126

第二节 企业战略与组织结构 ... 128
一、组织结构的构成要素 ... 128
二、组织结构的基本类型 ... 129
三、组织结构与企业战略的关系 ... 144

第三节 企业战略与企业文化 ... 146
一、企业文化的内涵 ... 146
二、企业文化的类型 ... 147
三、企业文化的作用 ... 148
四、企业战略与企业文化的关系 ... 149
五、企业文化形成竞争优势的关键 ... 151

第四节 企业战略与高层管理人员 ... 153
一、高层管理人员的组成 ... 153
二、高层管理人员应具备的素质 ... 153
三、高层管理人员的管理类型 ... 154

本章小结 ... 155
实训课堂 ... 156
复习思考题 ... 157

第七章 战略控制 ... 162

第一节 战略控制概述 ... 163
一、战略控制的内涵 ... 163
二、战略控制的方法 ... 163
三、战略控制的特征 ... 166

第二节 战略控制过程 ... 167
一、战略失效 ... 167
二、战略控制 ... 168

第三节 基于平衡计分卡的战略控制 ... 169
一、平衡积分卡的内涵 ... 170
二、平衡积分卡与企业战略控制 ... 172

本章小结 ... 175
实训课堂 ... 175
复习思考题 ... 176

第八章 多元化与国际化经营战略 ... 178

第一节 多元化战略 ... 179
一、多元化战略的原因 ... 179
二、多元化战略的类型 ... 179
三、多元化战略的优点与风险 ... 179

第二节 国际化战略 ... 180
一、国际化战略概述 ... 181
二、国际化经营战略的选择 ... 184

本章小结 ... 189
实训课堂 ... 190
复习思考题 ... 190

第九章 企业风险管理理论 ... 192

第一节 企业风险管理理论 ... 193
一、风险管理理论的演进 ... 193

二、现代企业风险管理理论的主要
　　　　内容 197
第二节　企业风险管理的过程与方法 198
　　一、风险规划 198
　　二、风险识别 198
　　三、风险分析和评价 198
　　四、风险处理 198
　　五、风险监控 199
第三节　企业全面风险管理 199
　　一、企业全面风险管理的含义 199
　　二、企业全面风险管理的战略 200
　　三、企业全面风险管理的
　　　　基本方法 200
本章小结 203
实训课堂 203
复习思考题 204

第十章　企业风险管理体系 206

第一节　企业风险管理组织体系 206
　　一、规范的公司法人治理结构 207
　　二、风险管理委员会 207
　　三、风险管理职能部门 208
　　四、审计委员会 208
　　五、企业其他职能部门及各业务
　　　　单位 209
　　六、下属公司 209
第二节　企业风险管理文化 209
　　一、企业风险管理文化的内涵 209
　　二、企业风险管理文化的建设 210
第三节　企业风险管理流程 210
　　一、风险管理标准与风险管理
　　　　流程 210
　　二、基于《中央企业全面风险管理
　　　　指引》的企业风险管理流程
　　　　分析 211
本章小结 217
实训课堂 217

复习思考题 218

第十一章　企业风险管理实务 220

第一节　企业运营风险管理 221
　　一、企业运营风险的定义 221
　　二、运营风险管理的发展历程 224
　　三、运营风险管理策略 226
第二节　企业财务风险管理 230
　　一、企业财务风险的定义 230
　　二、企业财务风险的内容 230
　　三、企业财务风险管理方法 232
第三节　企业项目风险管理 235
　　一、企业项目风险管理的定义 235
　　二、企业项目风险管理的特点 235
　　三、企业项目风险管理方法 235
第四节　企业市场风险管理 238
　　一、企业市场风险的定义 238
　　二、企业市场风险的主要内容 238
　　三、企业市场风险管理方法 239
第五节　企业法律风险管理 240
　　一、企业法律风险的定义 240
　　二、企业法律风险的特征 240
　　三、企业法律风险的分类 241
　　四、企业法律风险管理的方法与
　　　　流程 243
第六节　企业政治风险管理 246
　　一、跨国公司政治风险的定义 246
　　二、跨国公司政治风险的主要表现
　　　　形式 246
　　三、跨国公司政治风险的管理
　　　　对策 247
本章小结 248
实训课堂 249
复习思考题 250

第十二章　基于战略的风险管理整合 ... 252

第一节　风险管理框架下的内部控制 253
　　一、内部控制的基本理论 253

二、内部环境..................................254
　　　三、风险评估..................................255
　　　四、控制活动..................................256
　　　五、信息与沟通..............................257
　　　六、内部监督..................................258
　第二节　基于战略的公司治理、内部
　　　　　控制、风险管理整合框架..........261
　　　一、内部控制与风险管理................261
　　　二、内部控制与公司治理................262
　　　三、公司治理、内部控制与风险
　　　　　管理整合框架..........................263
本章小结..265
实训课堂..266
复习思考题..266

参考文献..269

第一章 战略与风险管理导论

【学习要点及目标】

- 理解战略及战略管理的内涵。
- 理解风险及风险管理的内涵。
- 掌握战略管理的过程。
- 掌握风险的种类及构成要素。

【核心概念】

战略 战略管理 风险 风险管理 总体战略 业务单位战略 职能战略

【引导案例】

华为的战略与风险管理

华为技术有限公司是一家生产销售电信设备的科技公司,近几年在国内越来越有自己的地位。目前,华为的产品和解决方案已经应用于全球 100 多个国家,服务"全球运营商 50 强"中的 45 家及全球 1/3 的人口。华为的成功离不开华为的战略与风险管理。

在不断成长的过程中,华为进行了一系列管理变革,才逐渐与国际接轨。华为同 IBM、Hay Group、PwC 和 FhG 等世界一流管理咨询公司合作,在集成产品开发、供应链、人力资源管理、财务管理和质量控制等方面进行了深刻变革,引进业界最佳实践,建立了一整套管理体系。华为的总体战略就是以客户为中心,国际化战略是"农村包围城市"、在电信业的冬天崛起、屡败屡战的坚持和快速影响客户需求。华为采取搭船出海、全球合资的策略,化风险为机遇,进一步拓展国际市场。华为对待客户采取不卖最贵只卖最好、客户需要什么就做什么、为客户融资来迅速响应客户需求的战略。华为的创新战略是创新反幼稚、研发体系改革、从追随到创新、扭转开发观念上的错误、站在巨人的肩膀上内部共享资源的创新、专利交叉许可、直接购买技术和合作开发。华为的技术战略就是持之以恒的战略研发投入,走技术独立的路,反驳"唯技术论"。因此,华为一直斥巨资研发,确保增强企业核心竞争力。把决策权前置,让"听得见炮声"的人来决策。华为一直贯彻"领先半步策略"。华为的融资战略是融资管道、内部职工银行、参股合作砍掉非强项业务、不差钱和不上市。

华为的战略定位从电信设备商到电信解决方案供应商,从以竞争为基准的战略生存观到以客户为中心的战略发展观。华为如今的成就离不开它的战略与风险管理,华为今后的战略是继续维持或增加投入研发的资金和人才,确保增强企业核心竞争力;继续坚持决策权前置的机制;继续推动进入国际市场的步伐并化被动为主动,拥有自己独立的品牌,得到国际市场的信任;基于客户需求持续创新;不断吸收人才。

(资料来源:根据华为官方网站资料整理。)

第一节 战略及战略管理的内涵

一、战略的内涵及层次

(一)战略的内涵

"战略"一词具有悠久的历史,它来源于希腊的军事用语,是指对战争全局的筹划和指导,后来逐渐用于商业等其他领域,泛指重大的、长远的、全局性的谋划。

关于"战略"的定义,最具代表性的是加拿大管理学大师亨利·明茨伯格(Henry Mintzberg)提出的 5P 战略。

明茨伯格的 5P 战略:20 世纪 80 年代以后,明茨伯格以其独特的认识归纳总结了"战略"的五个定义:计划(Plan)、计谋(Ploy)、模式(Pattern)、定位(Position)和观念(Perspective)。

1. **战略是一种计划(Plan)**

大多数人认为战略是一种计划。战略具有以下两个特点。

(1) 战略是在企业经营活动之前制定的,战略先于行动。

(2) 战略是有意识、有目的地开发和制订计划。在企业的管理领域,战略计划与其他计划不同,它是关于企业长远发展方向和范围的计划,其适用时限长,通常在一年以上。

2. **战略是一种计谋(Ploy)**

战略也是一种计谋,是在竞争中战胜对手,或令竞争对手处于不利地位及受到威胁的智谋,这种计谋是有准备和意图的。

3. **战略是一种模式(Pattern)**

战略应包括由计划导致的行为,即战略是一种模式,是一系列行动的模式或行为模式,或者是与企业行为相一致的模式。"一系列行动"是指企业为实现基本目的而进行竞争、分配资源、建立优势等决策与执行活动,它是独立于计划的。计划是有意图但尚未实现的战略,而模式则是已经实现的战略。从这个角度来看,战略可以区分为经过深思熟虑的战略和应急战略。

4. **战略是一种定位(Position)**

将战略作为一种定位,涉及企业如何适应所处环境的问题。定位包括相对于其他企业的市场定位。战略定位观认为,一个事物是否属于战略,取决于它所处的时间和情况。今天的战术问题,明天就可能成为战略问题。在细节可以决定成败的时候,细节就成为战略问题。战略问题是确定自己在市场中的位置,并据此正确配置资源,以形成可以持续的竞争优势。因此,战略是协调企业内部资源与外部环境的力量。

5. **战略是一种看法(Perspective)**

从这个角度来看,战略不仅包含既定的定位,还包括一种根深蒂固的感知世界的方式。这个角度指出了战略观念通过个人的期望和行为而形成共享,变成企业共同的期望和行为,这是集体主义的概念。

上述五种定义反映了从不同角度对战略特征的认识。

第一章　战略与风险管理导论

从字面上看，现代概念与传统概念的主要区别在于：现代概念认为战略只包括为到达企业终点而寻求的途径，不包括企业终点本身；从本质看，现代概念更强调战略另一方面的属性，即应变性、竞争性和风险性。

(二)战略的层次

战略决策不仅是企业领导者的任务，不同区域、不同职能以及较低级别的管理人员都应该参与到战略的制定过程中来。企业战略可以划分为三个层次：总体战略、业务单位战略和职能战略。

总体战略是为公司整体制定的战略；业务单位战略是为公司每个业务部门制定的战略；职能战略则是针对企业内部每项职能制定的战略，职能战略必须服从企业整体战略。

1. 总体战略

总体战略又称为公司层战略。在大中型企业中，特别是在经营多项业务的企业中，总体战略是企业最高层次的战略。它需要根据企业的目标，选择企业可以竞争的经营领域，合理配置企业经营所必需的资源，使各项经营业务相互支持、相互协调。总体战略常常涉及整个企业的财务结构和组织结构方面的问题。

2. 业务单位战略

业务单位战略又称为竞争战略，是公司的二级战略。业务单位战略涉及各业务单位的主管以及辅助人员。这些经理人员的主要任务是将公司战略所包括的企业目标、发展方向和措施具体化，形成本业务单位具体的竞争与经营战略。业务单位战略要针对不断变化的外部环境及时调整，在各自的经营领域中进行有效竞争。为了保证企业的竞争优势，各经营单位要有效地控制资源的分配和使用。

对于一家单一业务公司来说，总体战略和业务单位战略只有一个，即合二为一。只有对业务多元化的公司来说，区分总体战略和业务单位战略才有意义。

3. 职能战略

职能战略又称职能层战略，主要涉及企业内各职能部门，如营销、财务、生产、研发、人力资源、信息技术等，其主要目的是更好地配置企业内部资源，为各级战略服务，并提高组织效率。

各职能部门的主要任务不同，关键变量也不同，即使在同一职能部门中，关键变量的重要性也因经营条件不同而有所变化，因而难以归纳出一致性的职能战略。因此，在职能战略中，协同作用具有非常重要的意义。这种协同作用首先体现在单个职能中各种活动的协调性与一致性，其次体现在各个不同职能战略和业务流程或活动之间的协调性与一致性。

三个层次的战略都是企业战略管理的重要组成部分，但侧重点和影响范围有所不同。表1-1概括了企业各层次的战略及其主要任务。

表1-1　企业各层次的战略及其主要任务

战略层次	别　　称	主要任务
总体战略	公司层战略	选择经营领域，合理地配置经营所必需的资源
业务单位战略	竞争战略	将公司战略具体化，形成业务单位具体的竞争优势
职能战略	职能层战略	各职能部门更好地配置企业内部资源，提高组织效率

二、战略管理的内涵

战略管理于1972年由伊戈尔·安索夫提出,是一种区别于传统职能管理的管理方式。这种管理方式认为企业战略指导着企业的一切活动,企业战略管理的重点是制定和实施企业战略。制定和实施企业战略的关键是对企业的外部环境和内部条件进行分析,并在此基础上确定企业的使命和战略目标,使它们之间形成并保持动态平衡。因此,企业战略管理的含义可以界定为:企业战略管理是为实现企业的使命和战略目标,科学地分析企业的内外部环境与条件,制定战略决策,评估、选择并实施战略方案,控制战略绩效的动态管理过程。

战略管理是企业的综合性管理,涉及企业所有管理部门、业务单位及所有相关因素的管理活动;战略管理是企业的高层次管理,必须由高层领导来推动和实施;战略管理是企业的动态性管理,应当依据企业内外部各种条件和因素进行调整或变更。

三、战略管理的过程

战略管理包含三个关键要素:战略分析——了解组织所处的环境和相对竞争地位;战略选择——战略制定、评价和选择;战略实施——采取措施使战略发挥作用。图1-1所示是战略管理过程及主要组成要素的示意图,给出了战略管理的大致框架。

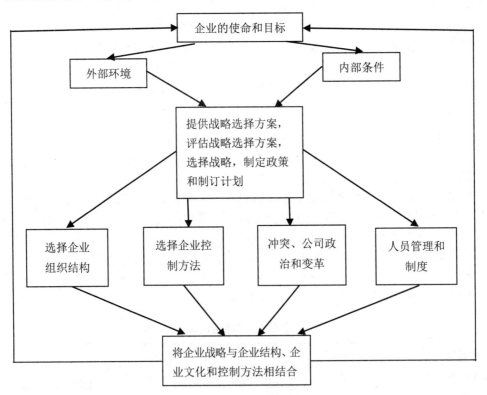

图1-1 战略管理过程

(一)战略分析

战略分析的主要目的是评价影响企业目前和今后发展的关键因素,并确定在战略选择中的具体影响因素。战略分析需要考虑许多方面的问题,主要包括外部环境分析和内部环境分析,如图1-2所示。

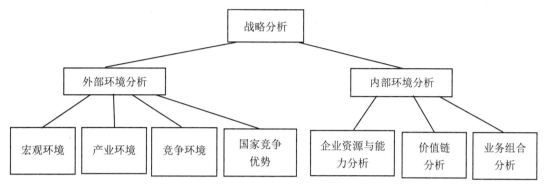

图1-2　战略分析的内容

1. 外部环境分析

外部环境分析可以从企业所面对的宏观环境、产业环境、竞争环境和国家竞争优势几个方面展开。通过外部环境分析可以了解企业所处的环境正在发生哪些变化,这些变化将给企业带来哪些机会和威胁。

2. 内部环境分析

内部环境分析可以从企业的资源与能力、价值链和业务组合等几个方面展开。通过内部环境分析可以了解企业自身所处的相对地位,企业具有哪些资源以及战略能力。波士顿矩阵、通用矩阵、SWOT分析等都是常用的战略分析工具。

(二)战略选择

战略分析阶段明确了"企业目前处于什么位置",战略选择阶段所要回答的问题是"企业向何处发展"。企业在战略选择阶段要考虑可选择的战略类型和战略选择过程两个方面的问题。

1. 可选择的战略类型

在公司战略的三个层次上存在着各种不同的战略类型,如图1-3所示。

(1) 总体(公司层)战略。总体(公司层)战略包括发展战略、稳定战略、收缩战略三种基本类型。

(2) 业务单位(竞争)战略。业务单位(竞争)战略包括基本竞争战略、中小企业的竞争战略、蓝海战略三类战略。

(3) 职能(职能层)战略。职能(职能层)战略包括市场营销战略、生产运营战略、研究与开发战略、采购战略、人力资源战略、财务战略等多个职能部门的战略。

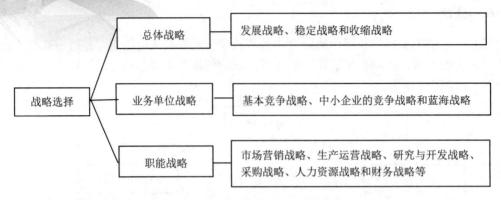

图 1-3 公司战略类型

2. 战略选择过程

约翰逊和施乐斯在 1989 年提出了战略选择过程的三个组成部分。

(1) 制定战略选择方案。在制定战略过程中,可供选择的方案越多越好。根据不同层次管理人员介入战略分析和战略选择工作的程度,可以将战略形成的方法分为以下三种。

① 自上而下的方法。自上而下的方法即先由企业总部的高层管理人员制定企业的总体战略,然后由下属各部门根据自身的实际情况将企业的总体战略具体化,形成系统的战略方案。

② 自下而上的方法。在制定战略时,企业最高管理层对下属部门不做具体规定,而是要求各部门提交战略方案。企业最高管理层在各部门提交的战略方案的基础上,加以协调和平衡,对各部门的战略方案进行必要的修改后加以确认。

③ 上下结合的方法。上下结合的方法即企业最高管理层和下属各部门的管理人员共同参与,通过上下级管理人员的沟通和协商,制定出适宜的战略。

以上三种方法的主要区别:在战略制定中对集权与分权程度的把握不同。企业可以从对整体目标的保障、对中下层管理人员积极性的发挥,以及企业各部门战略方案的协调等多个角度考虑,选择适宜的战略制定方法。

(2) 评估战略备选方案。评估备选方案通常使用三个标准。

① 适宜性标准。考虑选择的战略是否发挥了企业的优势,克服了劣势;是否利用了机会,将威胁降到最低程度;是否有助于企业实现目标。

② 可接受性标准。考虑选择的战略能否被企业利益相关者接受。实际上并不存在最佳的、符合各方利益相关者的统一标准,经理们和利益相关团体的不同价值观和期望在很大程度上影响着战略选择。

③ 可行性标准。对战略的评估最终要落实到战略收益、风险和可行性分析的财务指标上。

(3) 选择战略。选择战略即最终的战略决策、确定准备实施的战略。如果用多个指标对多个战略方案的评价产生不一致的结果,最终的战略选择可以考虑以下几种方法。

① 根据企业目标选择战略。企业目标是企业使命的具体体现,因此,选择对实现企业目标最有利的战略方案。

② 提交上级管理部门审批。对于中下层机构的战略方案,提交上级管理部门审批能

够使最终选择的方案更加符合企业整体战略目标。

③ 聘请外部专家进行战略选择工作。专家们拥有广博的知识和丰富的经验，能够提供比较客观的意见和建议。

(三)战略实施

战略实施就是将战略转化为行动。战略实施要解决以下几个主要问题。

(1) 确定和建立一个有效的组织结构。确定和建立组织结构涉及如何分配企业内的工作职责范围和决策权力，例如：①企业的管理结构是高长型还是扁平型；②决策权力是集中还是分散；③企业的组织结构类型能否适应公司的战略定位。

(2) 保证人员和制度的有效管理。人力资源和科学的管理体制关系到战略实施的成败。

(3) 正确处理和协调公司内部关系。企业内部各种团体有其各自的利益要求和目标，而许多要求是互相冲突的，这些冲突可能会导致各种争斗和结盟。在战略实施过程中必须正确把握和对待各种内部关系和内部活动。

(4) 选择适当的组织协调和控制系统。战略实施离不开企业内各单位的集体行动和协调，企业必须确定采用什么标准来评价各下属单位的效益、控制它们的行动。

(5) 协调好企业战略、结构、文化和控制诸方面的关系。

战略管理是一个循环过程，而不是一次性的工作。要不断地监控和评价战略的过程，修正原来的分析、选择与实施工作，这是一个循环往复的过程。

四、战略变革

(一)战略变革的含义

战略变革是指用现行的计划和概念将企业转换成新状况的渐变和不断变化的过程。

(二)战略变革的类型

战略变革的类型有技术变革、产品和服务变革、结构和体系变革以及人员变革四种类型。

(1) 技术变革：技术变革涉及工作方法、设备和工作流程等生产产品和服务技术。

(2) 产品和服务变革：包括开发新产品或改进现有产品，这在很大程度上影响着市场机会。

(3) 结构和体系变革：指企业运作的管理方法变革，包括结构变化、政策变化和控制系统变化。

(4) 人员变革：指企业员工价值观、工作态度、技能和行为方式的转变，目的是确保职工努力工作，完成工作目标。

(三)企业战略变革的主要任务

1. 调整企业理念

企业战略变革首选的理念是得到社会普遍认同的，体现企业自身个性特征的，促使并保持企业正常运作以及长足发展而构建的反映整个企业经营意识的价值体系。它是企业统一化的、可突出本企业与其他企业差异性的识别标志，包含企业使命、经营思想和行为准则三部分。

2. 企业战略重新定位

如何实施战略定位是战略变革的重要内容,根据波特的观点,帮助企业获得竞争优势而进行的战略定位实际上就是在价值链配置系统中从产品范围、市场范围和企业价值系统范围三方面进行定位的选择过程。

3. 重新设计企业的组织结构

在进行组织结构设计时,要围绕战略目标实现的路径来确定不同层级的管理跨度。在设计组织结构时,还要充分考虑企业各部门顺利完成各自目标的可能性,以及在此基础上的合作协调性、各自分工的平衡性、权责明确性、企业指挥的统一性、企业应变的弹性、企业成长的稳定性和效率性、企业的持续成长性。通过重新设计企业组织结构,厘清各部门的管理职责,改变指挥混乱和权责不对等的现象,从而提高管理效率。

(四)战略变革的实现

在战略变革中,对人的行为进行掌控是最重要也是最困难的。因此,要保证战略变革的实现需要从变革的支持者、抵制者两个方面入手做好工作,克服变革的阻力,以保证战略变革的实现。

1. 变革模式的支持者对变革的广泛认同

无论是自上而下的变革,还是自下而上的变革,都必须在企业内部得到广泛的认同。如果得不到企业大多数员工的支持,变革就不可能取得成功。要使变革得到广泛的认同,必须在变革实施之前进行有效的沟通。首先,变革必须在最高领导层内部形成共识;其次,变革要得到中层管理者的支持;最后,变革要得到一般员工的支持。

2. 变革受到抵制的原因与实施障碍

变革可能会产生的影响包括生理变化、环境变化、心理变化。基于上述不同的因素,变革面临的障碍有文化障碍和私人障碍,如文化障碍包括组织的保守主义、缺乏经验和能力;私人障碍包括个人习惯和收入等。

3. 克服变革阻力的策略

在处理变革阻力时,管理层应该考虑变革的三个方面:变革的节奏、变革的管理方式和变革的范围。

克服变革节奏阻力的策略是以时间交换空间。即使不存在对时间的抵制,也需要时间来完成变革。组织成员需要时间来适应新的制度,排除障碍。如果领导没有耐心,加快速度推行改革,会对下级产生一种压迫感,进而产生新的抵制。

在变革计划比较完善的情况下,变革过程中的领导、协调、沟通和激励效果直接决定了变革的成败。克服变革管理方式阻力的常见策略如下。

(1) 做好宣传,与员工进行沟通,广泛地听取员工的意见。
(2) 让员工参与到组织变革的决策中去。
(3) 大力推行与组织变革相适应的人才培训计划,大胆起用具有开拓创新精神的人才。
(4) 采取优惠政策,妥善地安排精简人员的工作生活和出路。

(5) 在必要的时候显示变革的决心，并采取强硬措施。应当认真审阅变革的范围，避免大转变带来巨大的不安全感和较多的刺激。

第二节　风险及风险管理的内涵

一、风险的内涵

人类对风险的意识和应对自古就有，对风险的定义也不断地发生着变化，根据目前对风险的定义，需要从以下四个方面把握。

1. 企业风险与企业战略相关

企业风险是影响企业实现战略目标的各种因素和事项，公司经营中战略目标不同，企业面临的风险也不同。

2. 风险是一系列可能发生的结果，而不能简单地理解为最有可能的结果

由于风险的可能结果不是单一的，而是一系列的，所以，理解和评估风险时，"范围"这个概念对应了众多不确定性。

3. 风险既具有客观性，又具有主观性

风险是事件本身的不确定性，是在具体情况下的风险，可以由人的主观判断来选择不同的风险。

4. 风险往往与机遇并存

大多数人只关注风险不利的一面，例如风险带来的竞争失败、经营中断、法律诉讼、商业诈骗、无益开支、资产损失、决策失误等，因而害怕风险。但风险不一定是坏事，在许多情况下，风险孕育着机会，有风险是机会存在的基础。必须学会把握风险可能带来的机遇。

二、企业面临的风险种类、构成要素与特征

(一)风险的种类

企业面对的主要风险分为两大类：外部风险和内部风险。外部风险主要包括政治风险、法律风险与合规风险、社会文化风险、技术风险、市场风险等；内部风险主要包括战略风险、运营风险、财务风险等。

1. 外部风险

1) 政治风险

政治风险是指完全或部分由政府官员行使权力和政府组织行为产生的不确定性。

政治风险常常表现为以下几方面。

(1) 限制投资领域。出于对东道国产业安全保护的目的，大多数国家对于外国对本国的投资领域进行了限制。

(2) 设置贸易壁垒。近年来，一些发达国家对新兴经济体企业与本国的贸易设置了多种壁垒。

(3) 外汇管制规定。通常欠发达国家制定的外汇管制规定更严格。例如：对外币供应实行定量配给来限制东道国的企业从外国购买商品以及禁止其向外国股东支付股利，这些企业可能会陷入资金被冻结的局面。

(4) 进口配额和关税。规定进口配额可以限制在东道国内的子公司从其控股公司购买以投放到国内市场上销售的商品数量。有些时候东道国会要求征收额外税收，即对外国企业按高于本国企业的税率征税，目的是为本国企业提供优势条件，甚至可能收超高税率，使得外国企业难以获利。

(5) 组织结构及要求最低持股比例。凭借要求所有投资必须与东道国公司联营的方式，该国政府可决定组织结构。最低持股比例是指外资公司的部分股权必须由当地投资人持有。

(6) 限制向东道国的银行借款。限制甚至包括禁止外资企业向东道国的银行和发展基金按最低利率借款。某些国家仅向本国的企业提供获取外币的渠道，以使外企把外币带入本国。

(7) 没收资产。出于国家利益的考虑，东道国可能会没收外国财产。国际法认为这是主权国的权力，但主权国要按照公平的市场价格迅速地以可自由兑换的货币进行赔偿。问题常常出现在"迅速"和"公平"这两个词所代表的准确含义及货币的选择上，同时，如果对主权国提出要求的不满，企业可以采取哪些措施来应对上。

2) 法律风险与合规风险

法律风险与合规风险都是现代企业风险体系中重要的部分，两者之间有部分重合，又各有侧重。

法律风险是指企业在经营过程中因自身经营行为的不规范或者外部法律环境发生重大变化而造成不利法律后果的可能性。法律风险通常包括以下三个方面：一是法律环境因素，包括立法不完备、执法不公正等；二是市场主体自身法律意识不足，在经营活动中不考虑法律因素等；三是交易对方的失信、违约或欺诈等。

合规风险是指因违反法律或监管要求而受到制裁、遭受金融损失以及因未能遵守所有适用法律、法规、行为准则或相关标准而给企业信誉带来损失的可能性。

合规风险侧重于行政责任和道德责任的承担，而法律风险则侧重于民事责任的承担。合规风险和法律风险有时会同时发生，但两者有时也会发生分离。

3) 社会文化风险

社会文化风险是指文化这一不确定性因素给企业经营活动带来的影响。从文化风险成因来看，社会文化风险存在并作用于企业经营的更深领域，主要有以下三个方面：跨国经营活动引发的文化风险、企业并购活动引发的文化风险、组织内部因素引发的文化风险。

4) 技术风险

从技术风险的范围考察，技术风险的定义有广义和狭义之分。

广义的技术风险是指某一种新技术给某一行业或某些企业带来发展机会的同时，可能对另一行业或另一些企业形成巨大的威胁。狭义的技术风险是指技术在创新过程中，由于技术本身的复杂性和其他相关因素变化的不确定性而导致技术创新遭遇失败的可能性。

从技术活动过程所处的不同阶段考察，技术风险可以划分为技术设计风险、技术研发风险和技术应用风险。

5) 市场风险

市场风险是指企业所面对的外部市场的复杂性和变动性所带来的与经营相关的风险。依据《中央企业全面风险管理指引》，市场风险至少要考虑以下几个方面。

(1) 产品或服务的价格及供需变化带来的风险。

(2) 能源、原材料、配件等物资供应的充足性、稳定性和价格的变化带来的风险。

(3) 主要客户、主要供应商的信用风险。

(4) 税收政策和利率、汇率、股票价格指数的变化带来的风险。

(5) 潜在进入者、竞争者、与替代品的竞争带来的风险。

2. 内部风险

1) 战略风险

战略风险是指企业在战略管理过程中，由于内外部环境的复杂性和变动性以及主体对环境的认知能力和适应能力的有限性，而导致企业整体性损失和战略目标无法实现的可能性及损失。我国《企业内部控制应用指引第 2 号——发展战略》从企业制定与实施发展战略的角度，认为企业战略风险具体体现在以下三个方面。

(1) 缺乏明确的发展战略或发展战略实施不到位，可能导致企业发展难以形成竞争优势，丧失发展机遇和动力。

(2) 发展战略过于激进，脱离企业实际能力或偏离主业，可能导致企业过度扩张，甚至经营失败。

(3) 发展战略因主观原因频繁变动，可能导致资源浪费，甚至危及企业的生存和持续发展。

2) 运营风险

运营风险是指企业在运营过程中，由于内外部环境的复杂性和变动性以及主体对环境的认知能力和适应能力的有限性，而导致的运营失败或使运营活动达不到预期的目标的可能性及损失。

依据《中央企业全面风险管理指引》，运营风险至少要考虑以下几个方面。

(1) 企业产品结构、新产品研发方面可能引发的风险。

(2) 企业新市场开发、市场营销策略可能引发的风险。

(3) 企业组织效能、管理现状、企业文化，以及高、中层管理人员和重要业务流程中专业人员的知识结构、专业经验等方面可能引发的风险。

(4) 期货等产品业务中发生失误带来的风险。

(5) 质量、安全、环保、信息安全等管理中发生失误导致的风险。

(6) 因企业内、外部人员的道德风险或业务控制系统失灵导致的风险。

(7) 给企业造成损失的自然灾害等风险。

(8) 企业现有业务流程和信息系统操作运行情况的监管、运行评价及持续改进能力引发的风险。

3) 财务风险

财务风险是指企业在生产经营过程中，由于内外部环境的各种难以预料或无法控制的不确定性因素的作用，使企业在一定时期内所获取的财务收益与期望收益发生偏差的可能性。财务风险是客观存在的，企业管理者只能采取有效措施来降低风险，不可能完全消除风险。从企业内部控制角度考察，财务风险包括以下几个方面：全面预算风险、资金活动风险、财务报告风险。

(二)风险的构成要素

风险由风险因素、风险事件(事故)和损失三个基本要素构成。

1. 风险因素

风险因素是指促使某一风险事件发生，或增加其发生的可能性，或提高其损失程度的原因或条件。它是风险事件发生的潜在原因，是造成损失的内在原因或间接原因。

风险因素根据其性质，可以分为有形风险因素和无形风险因素。

有形风险因素是指直接影响事物物理功能的物质风险因素，也称为实质性风险因素。如水源污染是损害人们健康的有形风险因素，汽车刹车系统失灵是引起车祸的有形风险因素。

无形风险因素是指影响物质损失的可能性和程度的非物质因素，它可以进一步分为道德风险因素和心理风险因素。道德风险因素是与人的品德修养相关的无形因素，即由于个人不诚实、不正当或不轨企图促使风险事件发生或提高已发生风险事故的损失程度的原因和条件，如欺诈、抢劫、盗窃、贪污等。心理风险因素是与人的心理状态相关的无形风险因素，即由于人们主观上的过失或疏忽，而增加风险事件发生的概率，或提高风险事故损失程度的原因和条件。如司机在驾驶过程中由于注意力分散增加了事故发生的风险；居民外出忘记锁门增加了盗窃发生的风险等。

2. 风险事件(事故)

风险事件(事故)是指造成损失的偶发事故。风险一般只是一种潜在的危险，它只有通过风险事件的发生才能导致损失，即风险事件的发生使潜在的危险转化为现实的损失。从这个意义上来说，风险事件是导致损失的直接原因，是风险与损失的媒介物。风险发生的根源主要有自然力作用、社会经济变动、人的行为等。例如火灾、洪水、地震、车祸、核泄漏、疾病、股市崩盘等都是导致财产损失的风险事件。

3. 损失

在风险管理中，损失是指非故意的、非预期的、非计划的经济价值的减少。可见，风险管理中的损失包括两个方面的内容：一是非故意的、非预期的和非计划的；二是经济价值(即能以货币衡量的价值)的减少，二者缺一不可。如折旧有经济价值的减少，但不含第一个方面的内容；又如某人因受到惊吓而精神失常，虽然包括第一个方面的内容，但不属于经济价值减少的情况，因此都不是损失。损失可分为直接损失和间接损失两种类型。直接损失是指风险事件导致的财产损毁和人身伤害，这类损失又称为实质损失；间接损失则是指由直接损失引起的其他损失，包括额外费用损失、收入损失和责任损失等。间接损失有时大于直接损失。

4. 风险因素、风险事件(事故)、损失三者的关系

风险因素、风险事件(事故)和损失是共同构成风险的统一体。三者的关系可概括为：风险因素、风险事件(事故)和损失相互依存、相互作用，风险因素引起风险事件(事故)发生或增加发生概率；风险事件(事故)的发生造成损失；损失的发生使风险因素和风险事件(事故)能够呈现出来，进而产生风险。

(三)风险的特征

风险具有客观性：人为无法消除的风险。
风险具有普遍性：风险普遍存在于日常中。
风险的损失不确定性：具体风险带来的损失是随机的。
风险发生的可预测性：总体风险可以通过分析统计进行大概预测并有效规避。
风险的可变性：风险会有量与质的改变，旧风险与新风险会进行更替。

三、风险管理的内涵

风险管理是指企业围绕总体经营目标，通过在企业管理的各个环节和经营过程中执行风险管理的基本流程，培育良好的风险管理文化，建立健全全面风险管理体系，包括风险管理策略、风险管理的组织职能体系、风险管理信息系统和内部控制系统，从而为实现风险管理的总体目标提供合理保证的过程和方法。这个定义体现了风险管理的以下主要特征：战略性、全员性、专业性、二重性和系统性。

1. 战略性

风险管理主要运用于企业战略管理层面，站在战略层面整合和管理企业层面风险是全面风险管理的价值所在。

2. 全员性

企业全面风险管理是一个由企业治理层、管理层和所有员工参与，旨在把风险控制在容量以内，增进企业价值的过程。要将风险意识转化为全体员工的共同认识和自觉行动，才能确保风险管理目标的实现。

3. 专业性

专业性要求风险管理由专业人才实施专业化管理。

4. 二重性

企业全面风险管理的商业使命在于：①损失最小化管理；②不确定性管理；③绩效最优化管理。当风险损失不能避免时，尽量减少损失至最小化；风险损失可能发生时，设法降低风险发生的可能性，化风险为增进企业价值的机会。全面风险管理既要管理纯粹的风险，也要管理机会风险。

5. 系统性

全面风险管理必须拥有一套系统的、规范的方法，建立健全全面风险管理体系。

本 章 小 结

本章主要介绍了学习这门课程的一些基本概念，对于后面章节的学习而言，本章是最基础的章节。

(1) 介绍了战略的内涵和层次，介绍了战略管理的内涵和过程。应当掌握战略管理过程。

(2) 介绍了风险、风险的种类、风险的构成要素及特征。应该掌握风险的构成要素。最后，介绍了风险管理。

复习思考题

一、基本概念

战略　　总体战略　　业务单位战略　　职能战略　　战略管理　　风险　　风险管理

二、单项选择题

1. 波特认为战略是公司为之奋斗的终点与公司为达到它们而寻求途径的结合物，该定义强调了战略的(　　)。
   A. 计划性、长期性和风险性　　　　B. 计划性、全局性和长期性
   C. 应变性、竞争性和全局性　　　　D. 应变性、竞争性和风险性

2. 下列选项中，属于总体战略构成要素的是(　　)。
   A. 选择企业可以竞争的经营领域，合理配置企业经营所必需的资源
   B. 确立竞争优势，有效控制资源的分配和使用
   C. 协调单个职能中各种活动之间的关系
   D. 协调各个不同职能战略与业务流程或活动之间的关系

3. 京东商城和苏宁电器市场部门分别制定采用降价让利的方式进行网络促销，类似于海量的广告宣传、代金券、返利等各种具体措施，上述体现的战略是(　　)。
   A. 职能战略　　　B. 业务单位战略　　　C. 广告战略　　　D. 总体战略

4. 甲公司评估战略备选方案时，考虑选择的战略能否被企业利益相关者所接受，实际上并不存在最佳的、符合各方利益相关者的统一标准，利益相关者们的不同价值观和期望在很大程度上影响着战略的选择。甲公司评估战略备选方案使用的标准是(　　)。
   A. 适宜性标准　　B. 可接受性标准　　C. 可行性标准　　D. 多样性标准

5. 甲公司在制定战略选择方案时，其最高管理层和下属各部门的管理人员共同参与，通过上下级管理人员的沟通和磋商，制定出适宜的战略。甲公司制定战略选择方案使用的方法是(　　)。
   A. 上下结合的方法　　　　　　　　B. 自上而下的方法
   C. 自下而上的方法　　　　　　　　D. 横向管理的方法

6. 下列关于战略管理的表述中，错误的是(　　)。

A. 是一个循环往复的过程

B. 需要修正原来的分析、选择与实施工作

C. 是一次性的工作

D. 要不断监控和评价战略的实施过程

7. 甲企业对于新入职的员工进行计算机操作方面的培训，培训后，新员工的计算机操作技术有了很大的进步。结合上述信息可以判断，涉及的战略变革类型是( )。

　　A. 技术变革　　　　　　　　　B. 产品和服务变革

　　C. 人员变革　　　　　　　　　D. 结构和体系变革

8. 在处理变革的阻力时，管理层应当考虑变革的三个方面。下列表述中属于变革的管理方式的是( )。

A. 鼓励冲突领域的对话是有效掌控抵制的方法

B. 变革越是循序渐进，就越有更多的时间来提出问题和解决问题

C. 在变革中，公司只对工作团队进行了重组

D. 由于变革者好大喜功，没有周密计划，导致变革速度过快、过于激进

三、多项选择题

1. A公司是一家经营多元化业务的企业，主要经营业务有复印机、打印机、扫描仪、桌面软件、数码打印和出版系统等。结合上述信息可以判断，A公司的战略层次包括( )。

　　A. 总体战略　　　B. 市场战略　　　C. 职能战略　　　D. 业务单位战略

2. 下列各项中，属于外部环境分析的有( )。

　　A. 宏观环境分析　　B. 产业环境分析　　C. 竞争环境分析　　D. 业务组合分析

3. 下列选项中，属于总体战略的有( )。

　　A. 发展战略　　　B. 财务战略　　　C. 稳定战略　　　D. 收缩战略

4. 下列各项中，属于战略实施要解决的问题有( )。

　　A. 保证人员和制度的有效管理　　　　B. 正确处理和协调公司内部关系

　　C. 选择适当的组织协调和控制系统　　D. 确定和建立一个有效的组织结构

5. 下列关于战略管理包含的三个关键要素的说法中，正确的有( )。

A. 战略分析阶段明确了"企业目前处于什么位置"

B. 战略选择阶段所要回答的问题是"企业向何处发展"

C. 战略选择的主要目的是评价影响企业目前和今后发展的关键因素

D. 战略实施就是将战略转化为行动

6. 下列选项中，属于战略变革主要任务的有( )。

　　A. 企业战略重新进行定位　　　　　B. 重新设计企业的组织结构

　　C. 调整企业理念　　　　　　　　　D. 重新设计公司的生产流程

四、简述题

1. 战略的类型以及各自的主要任务是什么？

2. 战略分析需要分析哪些内容？

3. 风险管理的主要特征是什么？

第二章 公司使命、愿景与目标

【学习要点及目标】

- 理解公司使命、愿景和目标的定义。
- 掌握并理解公司使命、愿景和目标的联系与区别。

【核心概念】

公司使命　愿景　目标

【引导案例】

知名企业的愿景和使命

麦当劳的愿景：控制全球食品服务业。

柯达的愿景：只要是图片都是我们的业务。

索尼公司的愿景(使命)：为包括我们的股东、顾客、员工，乃至商业伙伴在内的所有人提供创造和实现他们美好梦想的机会。

通用电器的使命：以科技及创新改善生活品质，在对顾客、员工、社会与股东的责任之间求取互相依赖的平衡。

微软公司的愿景(使命)：计算机进入家庭，放在每一张桌子上，使用微软的软件。

福特公司的愿景(使命)：汽车要进入家庭。

中国移动通信的企业使命：创无限通信世界，做信息社会栋梁；企业经营宗旨：追求客户满意服务。

波士顿咨询公司的使命：协助客户创造并保持竞争优势，以提高客户的业绩。

只要是做大做强的企业必定有它的愿景、使命和目标。

(资料来源：企业官方网站。)

第一节　公司使命

一、公司使命的定义与特征

(一)公司的使命

公司的使命是要阐明企业组织的根本性质与存在理由，说明企业宗旨、哲学、信念、原则，根据企业服务对象的性质揭示企业长远发展的前景，为企业战略目标的确定与战略制定提供依据。公司的使命一般包括以下三个方面。

1. 公司目的

公司目的是企业组织的根本性质和存在理由的直接体现。组织按其存在理由可以分为两大类：营利性组织和非营利性组织。以营利为目的而成立的组织，其首要目的是为其所有者带来经济价值。例如，通过满足客户需求、建立市场份额、降低成本等来增加企业价值。其次要目的是履行社会责任，以保障企业主要经济目标的实现。相反，以非营利为目的成立的组织，其首要目的是提高社会福利、促进政治和社会变革，而不是营利。

一般而言，公司是最普通的营利性组织，红十字会是最普通的非营利性组织。

2. 公司宗旨

公司宗旨是指公司长期的战略意向，具体指公司目前和未来所从事经营的业务范围。美国学者德鲁克认为，"公司的业务是什么"等价于提出"公司的宗旨是什么"。公司的业务范围应该包括企业的产品(或服务)对象、市场和技术等方面。

公司宗旨反映出企业的定位。定位是指企业采取措施适应所处的环境，它包括相对于其他企业的市场定位，如生产或销售什么类型的产品或服务给特定的部门，或以什么样的方式满足客户和市场的需求，如何分配内部资源以保持企业的竞争优势等。

3. 经营哲学

经营哲学是公司为其经营活动方式所确立的价值观、基本信念和行为准则，是企业文化的高度概括。经营哲学主要通过公司对利益相关者的态度、共同价值观、政策和目标以及管理风格等方面体现出来。经营哲学同样影响着公司的经营范围和经营效果。

(二)使命的特征

使命具备以下两个特征。

1. 合理性

使命不是随便任意提出的，大多数企业的使命是一些主观口号性的东西。企业使命的制定是在主体和环境之间展开的，是要解决主体意愿和环境之间的矛盾，解决其可能性的问题，包括机会利用的可能性和机会实现的可能性。只有既可用(物质性)又能用(能动性)的机会才是切实的，由此形成的客体使命才有实际意义。所以，企业使命要有针对性，且不是一成不变的。使命是一个历史的范畴、动态的概念，在不同时期有不同的内涵。

2. 真诚性

企业使命是发自组织内心的，是一种自觉的意识。而现在很多企业的使命是写给客户、领导、员工或社会看的，只是为了装饰，不是企业决策层自觉的意识和行为。虚假不真诚的使命难以达到预期的效果。

二、使命的实例及如何确定公司使命

【案例】 公司使命定位对经营范围和经营业绩的影响

S公司是美国一家复印机生产企业，公司的宗旨从"我们生产复印机"向"我们提高办公效率"转变。十几年来，S公司大力进行业务重组，成功地将自己从一个以黑白模拟复印机为主要产品的公司转型为一个数字化、彩色和文件解决方案的供应商。S公司以及其业务伙伴提供了全行业最全的文件处理产品和服务：复印机、打印机、传真机、扫描仪、桌面软件、数码打印机和出版系统、消耗材料以及从现场文件生产到系统集成的一系列文件管理服务。

> 确定公司使命要弄清以下问题：公司的事业是什么？客户群是谁？客户的需求是什么？怎么满足客户的需求？如何看待社会、股东、客户的利益？归结起来就是企业的目的和理由。除此之外，确定企业使命时还要考虑很多因素。

(一)企业历史上的突出特征

每个企业都有自己的目标、方针和成就的历史。为实现新的目标，企业必须符合自己过去历史上的卓著的特征。一家向来以大众市场为服务对象的零售企业，一夜之间转向高档市场，即使这里有一个有利可图的机会，也常常使人感到有悖常理而难以接受。

(二)企业周围环境的发展变化

市场环境不是一成不变的。企业周围环境的变化会给企业造成威胁或带来市场机会。企业要抓住机会，避开威胁。企业的使命应当顺应时代潮流。

(三)企业资源的情况

企业的资源往往决定企业的使命。不同的企业，自身资源条件大不相同。一个企业能够进入哪些领域、不能开展哪些业务，都受到资源条件的约束。

(四)企业的大股东和高层管理者的意图和想法

企业的大股东或董事会，对企业的发展和未来会有一定的考虑和打算；企业的高层管理人员，面对问题也会有自己的见解和追求，这些都会影响到企业使命的界定。

(五)独特的能力

企业应当把自身的使命着眼于最擅长的业务工作中，每个企业都能从事很多业务，但是只有它最拿手和优于竞争者的特长，才能够成为它的核心竞争所在。界定企业的使命必须结合它独有的能力(核心能力)，使之能够扬长避短，倾注全力发展优势，才能干得出色。

第二节 愿 景

一、愿景的定义与特征

企业愿景是指根据企业使命，在汇集企业每个员工个人心愿的基础上，形成的全体员工共同心愿的美好愿景，它能激发出强大的力量，使每个员工都渴望获得归属感与认同感。

一个有效的企业愿景，必须满足以下特征。

(一)清晰

美国西南航空公司自从成立以来，一直坚持着许多清晰且重要的信念，例如：只有一种机型的飞机，给先来的顾客提供座位，只提供零食而不提供餐点等。访问西南航空的官方网站或听公司的人员讲解，都能得到同样的回答，其目的非常简单，就是要保持快捷、低价且能够持久的服务。

(二) 持久

在这个快速变化的时代,很难想象一项业务会朝着什么方向发展。但如果研究那些大型的、历史悠久的企业,我们就会发现,它们的愿景相对于业务来说是持久的、稳定的,这种信心源于这些企业对客户需要什么、自己擅长什么、如何经营企业、如何实现利益平衡等问题的深刻理解。

(三) 独特

成功的愿景往往是独一无二的。创办一家新的公司,发展一个新的部门或一种新的产品,做到独一无二是至关重要的。通过简单的复制模仿,难以实现与其他企业完全相同的目标。事实上,绝大多数成功的企业只做了一件独特的事情,并且把这件事做得非常出色。

(四) 服务

企业存在的理由就是提供有价值的产品和服务,公司的产品或服务决定着自身的前途与发展,而那些提供优质产品和服务的公司则有机会生存、发展和壮大,因此,愿景首先不是"你想成为什么",而是要考虑"你能为社会提供什么样的服务,创造什么样的价值"。

二、愿景的实例及如何确定公司愿景

【案例】阿里巴巴的愿景分析

> 企业明确了自己在社会经济活动中所扮演的角色、所履行的责任、所从事业务的性质,以"星星之火,可以燎原"之势,以服务小企业为目标。毕竟小企业在整体经济市场占的比例较大,市场空间较大,发展潜力较大,开拓市场也相对容易,以小企业作为主要市场具有前瞻性。
>
> 企业明确了自己的经营范围、经营目标以及模式,确定了在今后的发展方向,是其战略的方向,也是其实现"让天下没有难做的生意"的具体做法。此愿景不仅明确了经营范围,还说出了发展路径,是企业的指路明灯,是航船的指南针!
>
> 确定公司愿景要弄清以下问题:我们要到哪里去?我们未来是什么样的?目标是什么?然后再弄清楚愿景与企业战略之间的关系。愿景既是企业文化的导航,也是公司战略的指引。因此,企业战略最重要的是方向。这个方向从长期来看是愿景,从短期来看是战略目标。愿景先于企业的战略,愿景制定之后,战略将围绕愿景而制定,例如企业阶段战略目标体系、年度经营计划以及相辅相成的关键业绩考核系统。
>
> (资料来源:根据阿里巴巴官方网站新闻资料整理而来。)

第三节 目 标

一、目标的定义及作用

(一) 目标的定义

公司目标是公司使命的具体化。德鲁克对公司目标做了恰如其分的概括:各项目标从

公司战略与风险管理

"我们的企业是什么，它将会是什么，应该是什么"引导出来，它们不是一种抽象的概念，而是行动的承诺，借以实现企业的使命；它们也是一种用以衡量工作成绩的标准。换句话说，目标是企业的基本战略。

公司目标是一个体系。建立目标体系就是将公司的使命转化成明确具体的业绩标准，从而使得公司的进展有一个可以测度的目标。

从整个公司的角度来看，需要建立两种类型的业绩标准：财务业绩有关的标准和战略业绩有关的标准。获取良好的财务业绩和良好的战略业绩要求公司管理层既建立财务目标体系，又建立战略目标体系。

财务目标体系表明公司必须致力于下列指标以达到较好的结果：市场占有率、收益增长率、投资回报率、股利增长率、股票价格评价、现金流以及公司的信任度等。

战略目标体系则不同，其建立目的在于为公司取得下列结果：获取足够的市场竞争优势，在产品质量、客户服务或产品革新等方面压倒竞争对手，使整体成本低于竞争对手，提高公司在客户中的声誉，在国际市场上建立更强大的立足点，建立技术上的领导地位，获得持久的竞争力，抓住诱人的成长机会，等等。战略目标体系要求公司管理层不但能提高公司的财务业绩，还能提高公司的竞争力，改善公司长远的业务前景。

(二)目标的作用

目标的作用具体表现在以下四个方面。

1. 指明方向

目标的订立为管理者提供了协调集体行动的方向，从而有助于引导组织成员形成统一的行动。所以，有人把目标的这一作用比喻为"北斗星"。

2. 激励作用

目标是一种激励组织成员的力量源泉。只有在员工明确了行动目标后，才能调动其积极性及潜在动力，使其尽最大努力，创造最佳成绩。员工也只有在达到了目标后，才会产生成就感和满足感。

有学者曾研究目标对打字员、司机、电脑数据录入员、装卸工人及某些服务人员的激励效果，结果显示，明确的工作目标可使工作绩效提高11%～17%。

3. 凝聚作用

凝聚力将组织由一盘散沙变成一个多成员的联合体。当组织目标充分体现组织成员的共同利益，并与组织成员的个人目标保持和谐一致时，就能够极大地激发组织成员的工作热情、献身精神和创造性。

当然，与组织成员的个人目标存在冲突的组织目标则可能削弱组织的凝聚力。这从一个侧面说明，组织目标的制定是管理工作的一项重要内容。

4. 决策标准和考核依据

目标不仅是管理人员制定决策方案的出发点，而且是考核管理决策的制定和执行工作好坏的依据。

组织制定了明确的目标，有关人员的思考和行动才有客观的准绳，而不至于凭主观意志作决定，凭主观印象作考核。目标的重要性是不容置疑的，因此，必须了解关于组织目标的一些重要性质、构成要素以及目标制定的基本原则和基本方法。

二、目标的类型

企业目标按时间可分为：当前目标(1 年以内)、短期目标(1～3 年)、中期目标(3～5 年)和长期目标(5 年以上)。

企业目标按整体与局部可分为整体目标、部门目标。

企业目标按职能部门可分为营销目标、销售目标、财务目标、生产目标、人力资源目标和研发目标等。

企业目标按管理层级由低到高可分为基层作业目标、中层职能目标和高层战略目标。

三、有效目标制定的原则

有效目标制定一般需要满足 SMART 原则，这是一种目标管理的方法，由管理学大师彼得·德鲁克于 1945 年提出。

(一)目标是具体的(Specific)

具体和不具体的区别在于，是否能够用具体的语言描述出来，是否明确。比如：一个不具体的目标：我要赚钱。一个具体的目标：我要在 1 个月内做兼职赚 1000 元。

(二)目标是可衡量的(Measurable)

可衡量，是指目标可量化。比如：我要在 1 个月内做兼职赚 1000 元，其中的 1 个月和 1000 元就是可量化的。所以，我们在设定目标的时候，要想一想，这个目标能不能被衡量，不能衡量的目标，就无法判断目标是否达成。

(三)目标是可达到的(Attainable)

设定目标要切合实际。比如，我要在 1 天内赚到 100 万元。对于大多数人来说，这都是一个不切实际的目标。但是目标又不能设定得太容易实现，比如：我要在 1 天内赚到 10 元，这样的目标没有意义。

设定目标时，要根据实际情况和自身能力，设定一个通过自身努力能够实现的目标，并具备一定的挑战性，这样才能在目标达成后收获成就感，激励自己继续挑战下一个目标。

(四)目标要具有相关性(Relevant)

目标要和自身的实际情况相关联。比如一个学生，那么他的目标就应该是通过一学年的努力学习，在期末考试中考入年级前 10 名，而不是在这一学年里赚取 10 000 元。

(五)目标必须具有明确的截止日期(Time-bound)

目标要设定截止日期，不设定截止期限的目标毫无价值。没有截止日期，就会被各种各样别的事情打断目标的实现。尤其是对于有拖延症的人来说，没有截止日期，只会明日复明日，明日何其多，永远都无法实现目标。

根据上面的解释，分别举个错误的例子和正确的例子。

比如下面这个例子是错误的：提高精准救助人的健康水平。这个目标很宽泛，不够明确，也不知道该怎么衡量目标是否达成，目标是否能够达到，什么时候结束，所以这个例子是错误的。那么，我们应该怎么来定一个符合 SMART 原则的目标呢？比如：在 6 个月内，通过至少 40 次活动，将 300 户精准救助人家庭的疾病复发率降低 30%。目标是具体的，即将 300 户家庭的疾病复发率降低 30%；目标是可衡量的，即降低 30%的复发率；目标具有明确的截止日期，即 6 个月内；目标是可以达到的。

本 章 小 结

本章详细介绍了公司使命、愿景和目标。读者应当理解并熟练掌握公司使命、愿景与目标的区别和联系。

复习思考题

一、基本概念

使命　愿景　目标

二、单项选择题

1. 下列可以作为公司宗旨的是(　　)。
   A. 关爱生命，呵护健康　　　　　B. 我们生产复印机
   C. 今年盈利目标要达到 20 亿元　　D. 不断创新，挑战自我
2. 关于企业愿景的说法，正确的是(　　)。
   A. 企业愿景等同于企业使命
   B. 企业愿景包括核心信仰和未来前景两部分
   C. 企业愿景主要说明了企业的根本性质
   D. 企业愿景由公司董事长制定
3. 公司使命一般不包括(　　)。
   A. 公司目的　　B. 公司宗旨　　C. 公司经营哲学　　D. 公司制度
4. "某公司提供娱乐活动，而不是经营电影业"描述的是(　　)。
   A. 企业生存目的　　　　　　　　B. 企业经营哲学
   C. 企业形象　　　　　　　　　　D. 企业核心价值观
5. 美国艾维斯汽车租赁公司提出"我们希望成为汽车租赁业中发展最快、利润最多的公司"，这个口号表明了该公司的(　　)。
   A. 经营战略　　B. 经营哲学　　C. 社会责任　　　D. 企业愿景

三、多项选择题

1. 公司目的是企业组织的根本性质和存在理由的直接体现。下列关于公司目的的说法

中正确的有( )。
　　A. 组织按其存在理由可以分为营利性组织和非营利性组织
　　B. 营利组织的首要目的是为其员工带来经济利益
　　C. 非营利组织的首要目的是提高社会福利、促进政治和社会变革
　　D. 一般而言，企业是最普通的营利性组织，红十字会是最普通的非营利性组织
2. 关于企业目标，以下表述中正确的是( )。
　　A. 一般包括战略目标、财务目标和年度目标计划
　　B. 是一个体系
　　C. 不是一种抽象，而是行动的承诺
　　D. 是企业使命的具体化
3. 下列关于企业使命与愿景的说法，正确的是( )。
　　A. 企业使命回答"我们应该成为什么"，企业愿景回答"我们是什么"
　　B. 企业使命说明的是企业的根本性质和存在的理由，企业愿景说明的是在这种使命下企业如何才能做到更好
　　C. 企业使命是比较长期和抽象的，企业愿景与战略期限相一致，相对具体
　　D. 企业愿景决定了企业使命，企业愿景又决定了企业战略，先有使命，才有愿景，再有战略
4. 企业使命包括企业的( )。
　　A. 经营哲学　　　　B. 理念　　　　C. 宗旨　　　　D. 文化

四、简述题

1. 简述企业的愿景、使命与目标的联系与区别。
2. 简述企业目标和目的的区别。

第三章　战略分析(外部环境)

【学习要点及目标】

- 掌握宏观环境分析。
- 掌握产业环境分析。
- 掌握竞争环境分析。

【核心概念】

外部环境　政治和法律因素　经济因素　社会和文化因素　技术因素　产品生命周期　产品五种竞争力　成功的关键因素　产业内的战略群组

【引导案例】

春城白药进入日化行业

春城白药开始尝试进军日化行业，而此时日化行业的竞争已经异常激烈。B公司、L公司、D公司、H公司等国际巨头们凭借其规模经济、品牌、技术、渠道和服务等优势，基本上占领了C国日化行业的高端市场，占据了C国牙膏市场6%以上的份额；清雅公司、蓝天公司等本土日化企业由于普遍存在产品特色不突出、品牌记忆度弱等问题，加上自身实力不足，因而多是在区域市场的中低端市场生存。C国整个产业的销售额达到前所未有的规模，且市场基本饱和，谁想要扩大市场份额，都会遇到竞争对手的顽强抵抗，已有相当数量的本土日化企业退出市场。价格竞争开始成为市场竞争的主要手段，定位在高端市场的国际巨头们也面临着发展的瓶颈，市场份额、增长速度、盈利能力都面临着新的考验，它们的产品价格开始向下松动。

春城白药进入日化行业先从牙膏市场开始，春城白药没有重蹈本土企业的中低端路线，而是反其道而行之。通过市场调研，春城白药了解到广大消费者对口腔健康日益重视，而当时市场上的牙膏产品大多专注于美白、防蛀等基本功能，具有更多口腔保健功能的药物牙膏还是市场"空白点"。于是，春城白药创出了一个独特的、有助于综合解决消费者口腔健康问题的药物牙膏——春城白药牙膏，并以此树立起高价值、高价格、高端的"三高"形象。

春城白药进入牙膏市场短短几年时间表现突出，不仅打破了本土品牌低端化的现状，还提升了整个牙膏行业的价格体系。从2010年开始，随着春城白药推出功能化的高端产品，国际巨头们也纷纷凭借自身竞争优势推出功能化的高端产品抢占市场。B公司推出抗过敏牙膏；L公司推出全优七效系列牙膏；D公司推出去渍牙膏；H公司推出专效抗过敏牙膏。这些功能性很强的口腔保健牙膏定价都与春城白药牙膏不相上下，这些功能化的高端牙膏产品出现后，消费者的需求得到进一步满足，整个市场呈现出"销售额增长大于销售量增长"的新特点。

(资料来源：根据2016年注册会计师案例分析题材料改编。)

第三章 战略分析(外部环境)

第一节 外部环境概述

一、外部环境因素

企业的外部环境(Enterprise External Environment)可以从宏观环境、产业环境、竞争环境等几个层面展开。

宏观环境因素是对企业外部的政治和法律因素(political factors)、经济因素(economical factors)、社会和文化因素(social factors)、技术因素(technological factors)的总称。这四个因素的英文第一个字母组合起来是 PEST,所以,宏观环境分析也被称为"PEST 分析"。其中,政治和法律环境是指国家的方针政策、法令法规,国内外政治形势的发展状况。经济环境包括宏观经济形势、世界经济形势、行业在经济发展中的地位以及企业的直接市场等。其中,企业的直接市场是与企业关系最密切、影响最大的环境因素,具体包括销售市场、供应市场、资金市场、劳务市场等。社会和文化环境是指人口、居民的收入或购买力、居民的文化教育水平等。技术环境是指与本行业有关的科学技术的水平和发展趋势。图 3-1 所示是对宏观环境因素的汇总。

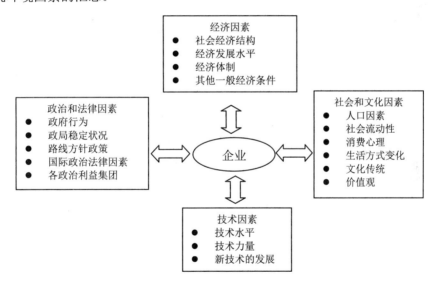

图 3-1 主要宏观环境因素

企业中观环境包括企业产业环境、竞争环境和国家竞争优势。

二、外部环境的特征

(一)外部环境的一般特征

目前,企业外部环境的特征主要包括三个方面:第一,外部环境是不断变化、难以预测的,所以要用发展的眼光对待;第二,外部环境的变化是客观存在的,不受企业自身所控制;第三,外部环境对不同产业和不同企业的作用和影响是不同的,具有差异性的影响。

(二)外部环境的新趋势

目前,外部环境受到技术等因素的影响,出现一些新趋势和新现象。技术巨大的变化让所有行业都重新定义,所以,原来的供应商可能就不再是你的供应商。一个在产品质量、成本管控、价格竞争等各方面都做得很好的企业最终还是失败,究其原因,可能是有一个完全不做这个行业的公司新进入这个行业,宣告通过技术来颠覆现有企业,结果企业真的被颠覆了,只能无奈退出市场。此时,影响公司绩效的因素其实已经不是企业自己能够控制的了,而主要受外部环境的影响。

三、外部环境分析的作用

外部环境分析具有三大方面的作用。

(一)外部环境分析是企业制定战略的根本前提

通过外部环境分析,能够敏锐地洞察未来两三年什么样的宏观环境因素给公司的业务带来重大影响和潜在变革。

(二)外部环境分析是企业经营决策的基础

外部环境分析得正确与否,直接关系到企业决策层对企业投资方向、营销策略、公共关系等一系列生产经营活动决策的成败。

(三)外部环境分析有利于提升企业竞争能力

通过外部环境分析,企业能够发现新的市场机会,及时采取措施,科学地把握未来新的经营机会,可以使企业取得竞争优势和差别利益或扭转所处的不利地位。

第二节 宏观环境分析

一、政治和法律环境

政治和法律环境,是指那些制约和影响企业的政治和法律要素,以及其运行状态。政治环境包括国家的政治制度、权力机构、颁布的方针政策、政治团体和政治形势等因素。法律环境包括国家制定的法律、法规、法令以及国家的执法机构等因素。政治和法律环境是保障企业生产经营活动的基本条件。在一个稳定的法治环境中,企业能够通过公平竞争,获取自己正当的权益,并得以长期稳定的发展。国家的政策和法规对企业的生产经营活动具有控制、调节作用,同一个政策或法规,可能会给不同的企业带来不同的机会或制约。

(一)政治环境分析

具体来讲,政治环境分析一般包括以下四个方面:第一,企业所在国家和地区的政局稳定状况。第二,政府行为对企业的影响。政府如何拥有国家土地、自然资源(森林、矿山、土地等)及其储备都会影响一些企业的战略。第三,执政党所持的态度和推行的基本政策(产业政策、税收政策、进出口限制等），以及这些政策的连续性和稳定性。政府要制定各种政策，并采取多种措施来推行政策。第四，各政治利益集团对企业活动产生的影响。一方面，这些政治利益集团通过议员或代表来发挥自己的影响力，政府的决策会去适应这些力量；另一方面，这些政治利益集团也可以对企业施加影响，如诉诸法律、利用传播媒介等。

(二)法律环境分析

法律是政府管理企业的一种手段。一些政治因素对企业行为有直接影响，但一般来说，政府主要是通过制定法律法规来间接影响企业的活动。这些法律法规的存在有以下四大目的：第一，保护企业，反对不正当竞争；第二，保护消费者，这包括许多涵盖商品包装、商标、食品卫生、广告及其他方面的消费者保护法规；第三，保护员工，这包括涉及员工招聘的法律和对工作条件进行控制的健康与安全方面的法规；第四，保护公众权益免受不合理企业行为的损害。

二、经济环境

经济环境是指构成企业生存和发展的社会经济状况及国家的经济政策，包括社会经济结构、经济发展水平与状况、经济体制、宏观经济政策和其他经济条件等要素。与政治法律环境相比，经济环境对企业生产经营的影响更直接、更具体。

(一)社会经济结构

社会经济结构是指国民经济中不同的经济成分、不同的产业部门及社会再生产各方面在组成国民经济整体时相互的适应性、量的比例以及排列关联的状况。社会经济结构一般包括产业结构、分配结构、交换结构、消费结构和技术结构等。

(二)经济发展水平与状况

经济发展水平，是指一个国家经济发展的规模、速度和所达到的水平。反映一个国家经济发展水平的常用指标有国内生产总值(GDP)、人均 GDP 和经济增长速度等。经济发展状况会影响一个企业的财务业绩。经济的增长率取决于商品和服务需求的总体变化。其他经济影响因素包括税收水平、通货膨胀率、贸易差额和汇率、失业率、利率、信贷投放以及政府补助等。

(三)经济体制

经济体制是指国家经济组织的形式，它规定了国家与企业、企业与企业、企业与各经济部门之间的关系，并通过一定的管理手段和方法来调控或影响社会经济流动的范围、内容和方式等。

(四)宏观经济政策

宏观经济政策是指实现国家经济发展目标的战略和策略。它包括综合性的全国发展战略、产业政策、国民收入分配政策、价格政策、物资流通政策等。

(五)其他经济条件

其他经济条件及其发展趋势对一个企业的成功也很重要。如工资水平、供应商及竞争对手的价格变化等经济因素，可能会影响行业内竞争的激烈程度，也可能会延长产品生命周期。鼓励企业用自动化取代人工、促进外商投资或引入本土投资，可能会使需求强劲的市场变弱，也可能使稳定的市场变得具有风险等。

三、社会和文化环境

社会和文化环境，是指企业所处的社会结构、社会风俗和习惯、信仰和价值观念、行为规范、生活方式、文化传统、人口规模与地理分布等因素的形成和变动。社会和文化环境对企业生产经营的影响是不言而喻的。例如：人口规模、社会人口年龄结构、家庭人口结构、社会风俗对消费者消费偏好的影响是企业在确定投资方向、产品改进与革新等重大经营决策时必须考虑的因素。

社会和文化环境因素的范围较广，主要包括人口因素、社会流动性、消费心理、生活方式变化、文化传统和价值观等。

(一)人口因素

人口因素包括企业所在地居民的地理分布及密度、年龄、受教育程度等。大型企业通常会利用人口统计数据进行客户定位，并用于研究应如何开发产品。人口因素对企业战略的制定具有重大影响。例如，人口总数直接影响着社会生产总规模；人口的地理分布影响着企业的厂址选择；人口的性别比例和年龄结构在一定程度上决定了社会的需求结构，进而影响社会供给结构和企业生产结构；人口的受教育程度直接影响着企业的人力资源状况；家庭户数及其结构的变化与耐用消费品的需求和变化趋势密切相关，因而也就影响到耐用消费品的生产规模等。

对人口因素的分析可以使用以下变量：结婚率、离婚率、出生率和死亡率、人口的平均寿命、人口的年龄和地区分布、人口在民族和性别上的比例、地区人口在受教育程度和生活方式上的差异等。

(二)社会流动性

社会流动性主要涉及社会的分层情况、各阶层之间的差异以及人们是否可以在各阶层之间转换、人口内部各群体的规模、财富及其构成的变化以及不同区域(城市、郊区及农村地区)的人口分布等。

社会流动性的研究对于企业产品定位与调整、市场细分等策略的制定是非常重要的。

(三)消费心理

消费心理对企业战略的制定也会产生影响。例如，一部分顾客的消费心理是在购物过程中追求有新鲜感的产品多于满足其实际需要的产品，因此，企业应有不同的产品类型以满足不同顾客的心理需求。

(四)生活方式变化

随着社会经济发展和对外交流程度的不断增强，人们的生活方式也会随之发生变化。对物质需求的要求越来越高，对社交、自尊、求知、审美等精神需求的要求也会越来越高，这将给企业带来诸多新的机遇与挑战。

(五)文化传统

文化传统是一个国家或地区在较长历史时期内形成的一种社会习惯,它是影响经济活动的一个重要因素。例如,中国的春节和中秋节就为某些行业带来商机。

(六)价值观

价值观是指社会公众评价各种行为的观念和标准。不同国家和地区的人们的价值观存在差异,例如,西方国家的个人主义较强,而日本的企业则注重内部关系融洽等。

四、技术环境

技术环境是指企业所处环境中的科技要素及与该要素直接相关的各种社会现象的集合,包括国家科技体制、科技政策、科技水平和科技发展趋势等。在科学技术迅速发展变化的今天,技术环境对企业的影响可能是创造性的,也可能是破坏性的,企业必须预见这些新技术带来的变化,并在战略管理上做出相应的战略决策,以获得新的竞争优势。

市场或行业内部和外部的技术趋势与事件会对企业战略产生重大影响。某个特定行业内的技术水平在很大程度上决定了应生产哪种产品或提供哪种服务、应使用哪些设备以及应如何进行经营管理。

技术环境对战略所产生的影响包括以下几个方面。

第一,技术进步使企业能对市场及客户进行更有效的分析。例如,使用数据库或自动化系统来获取数据,能够更加准确地进行分析。

第二,新技术的出现使社会对本行业产品和服务的需求增加,从而使企业可以扩大经营范围或开辟新的市场。

第三,技术进步可创造竞争优势。例如,技术进步可促使企业利用新的生产方法,在不增加成本的情况下,提供更优质和更高性能的产品和服务。

第四,技术进步可导致现有产品被淘汰,或大大缩短产品的生命周期。

第五,新技术的发展可使企业更多地关注环境保护、企业的社会责任及可持续发展等问题。

【案例】S集团战略决策中的宏观环境分析

第三节 中观环境分析

一、行业环境分析

波特在《竞争战略》一书中指出:"形成竞争战略的实质就是将一个公司与其环境建立联系。尽管相关环境包含的范围较广,包括社会因素,也包括经济因素,但公司环境的最关键部分就是公司投入竞争的一个或几个产业。"波特认为一个产业是由一群生产相似替代品的公司组成的。

(一)产品生命周期

波特认为:"预测产业演变过程的鼻祖是我们熟知的产品生命周期。"关于生命周期是只适用于个别产品还是适用于整个产业存在着争论,本书采用适用于整个产业的观点。

产业发展要经过四个阶段:导入期、成长期、成熟期和衰退期。这些阶段是以产业销售额增长率曲线的拐点划分的。产业的增长与衰退由于新产品的创新和推广过程而呈"S"形。

当产业走过它的生命周期时,竞争的性质将会发生变化。波特总结了产业在其生命周期中如何变化以及生命周期如何影响战略的特征。

1. 导入期

导入期的产品用户很少,只有高收入用户才会尝试新的产品。产品虽然设计新颖,但质量有待提高,尤其是可靠性。由于产品刚刚出现,前途未卜,产品类型、特点、性能和目标市场等方面尚在不断发展变化中,总之导入期的产品具有很大的不确定性,只有很少的竞争对手。为了说服客户购买,导入期的产品营销成本高,广告费用大,但销量小,产能过剩,生产成本高。

产品的独特性和客户的高收入使得价格弹性较小,可以采用高价格、高毛利的政策,但是销量小使得净利润较低。

企业的规模较小时,企业的战略目标是扩大市场份额,争取成为"领头羊"。这个时期的主要战略是投资于研究开发和技术改进,提高产品质量。

导入期的经营风险非常高。研制的产品能否成功,研制成功的产品能否被顾客接受,被顾客接受的产品能否达到经济生产规模,可以规模生产的产品能否取得相应的市场份额等,都存在很大不确定性。通常,新产品只有成功和失败两种可能,成功则进入成长期,失败则无法收回前期投入的研发、设备投资和市场开拓等成本。

2. 成长期

成长期的标志是产品销量节节攀升,产品的客户群已经扩大。此时,消费者会接受参差不齐的质量,并对质量的要求不高。各厂家的产品在技术和性能方面有较大差异。广告费用较高,但是每单位销售收入分担的广告费在下降。生产能力不足,需要向大批量生产转换,并建立大宗分销渠道。由于市场扩大,竞争者涌入,企业之间开始争夺人才和资源,会出现兼并等意外事件,引起市场动荡。由于需求大于供应,此时,产品价格最高,单位产品净利润也最高。

此时企业的战略目标是争取最大市场份额,并坚持到成熟期的到来。如果以较小的市场份额进入成熟期,则在开拓市场方面的投资很难得到补偿。成长期的主要战略路径是市场营销,此时是改变价格、质量和形象的好时机。

成长期的经营风险有所下降,主要是产品本身的不确定性在降低。但是,经营风险仍然维持在较高水平,原因是竞争激烈了,导致市场的不确定性增加了。这些风险主要与产品的市场份额以及该份额能否保持到成熟期有关。

3. 成熟期

成熟期开始的标志是竞争者之间出现挑衅性的价格竞争。成熟期虽然市场巨大,但是已经基本饱和。新的客户减少,主要依靠老客户的重复购买支撑。产品逐步标准化,差异不明显,技术和质量改进缓慢。生产稳定,局部生产能力过剩。产品价格开始下降,毛利率和净利润率均下降,利润空间适中。

由于整个产业销售额达到前所未有的规模,并且比较稳定,任何竞争者想要扩大市场份额,都会遇到对手的顽强抵抗,并引发价格竞争。既然扩大市场份额已经变得很困难,经营战略的重点就会转向在巩固市场份额的同时提高投资报酬率。成熟期的主要战略路径是提高效率,降低成本。

成熟期的经营风险进一步降低,达到中等水平。因为创业期和成长期的高风险因素已经消失,销售额、市场份额和盈利水平都比较稳定,现金流量变得比较容易预测。经营风险主要是稳定的销售额可以持续多长时间,以及总盈利水平的高低。企业和股东希望长期停留在能产生大量现金流入的成熟期,但是价格战随时会发生,衰退期迟早会到来。

4. 衰退期

衰退期时,产品的客户大多很精明,对性价比要求很高。各企业的产品差别小,因此价格差异也会缩小。为了降低成本,产品质量可能会出现问题。产能严重过剩,只有大批量生产并有自己销售渠道的企业才具有竞争力。有些竞争者先于产品退出市场。产品的价格、毛利率都很低。只有到后期,多数企业退出后,价格才望上扬。

企业在衰退期的战略目标首先是防御,获取最后的现金流。其战略途径是控制成本,以求能维持正的现金流量。如果缺乏成本控制的优势,就应采取退出战略,尽早退出。进入衰退期后,经营风险会进一步降低,最后主要看在什么时间节点产品将完全退出市场。

5. 批评与挑战

实际中,产品生命周期理论也受到一些批评和挑战,主要有以下几个方面。

(1) 各阶段的持续时间随着产业的不同而显著不同,并且一个产业究竟处于生命周期的哪一阶段通常不清楚,这就削弱了此概念作为规划工具的有用之处。

(2) 产业的增长并不总是呈"S"形。有的产业跳过成熟阶段,直接从成长走向衰亡;有的产业在经历一段时间的衰退之后又重新上升;还有的产业似乎完全跳过了导入期这个起始阶段。

(3) 公司可以通过产品创新和产品的重新定位,来影响增长曲线的形状。如果公司认定所给的生命周期一成不变,那么,它就成为一种没有意义的自我臆想的预言。

(4) 与生命周期每一阶段相联系的竞争属性随着产业的不同而不同。例如,有些产业开始集中,后来仍然集中;而有些产业集中了一段时间后,就不那么集中了。

【案例】云南白药进入牙膏市场改变了产品生产周期曲线的形状

基于上述种种合理的批评,运用产品生命周期理论就不能仅仅停留在预测产业的演变上,而应深入研究演变的过程本身,以了解是什么因素真正推进这种演变过程。

(二)产业五种竞争力

波特在《竞争战略》一书中,从产业组织理论的角度,提出了产业结构分析的基本框

公司战略与风险管理

架——五种竞争力分析。波特认为，在每一个产业中都存在五种基本竞争力量，即潜在进入者、替代品、购买者、供应者与现有竞争者之间的抗衡。

在一个产业中，这五种力量共同决定产业竞争的强度以及产业利润率，最强的一种或几种力量占据着统治地位，并且从战略形成角度来看起着关键性作用。产业中众多经济技术特征对于每种竞争力的强弱都是至关重要的。

1. 五种竞争力分析

1) 潜在进入者的进入威胁

利润是对投资者的一个信号，并能够经常导致潜在进入者的进入。潜在进入者将在两个方面减少现有厂商的利润：第一，进入者会瓜分原有的市场份额，获得一些业务；第二，进入者减少了市场集中，从而激发现有企业间的竞争，减少价格——成本差。对于一个产业来说，进入威胁的大小取决于呈现的进入障碍与准备进入者可能遇到的现有在位者的反击。它们统称为进入障碍，前者称为"结构性障碍"；后者称为"行为性障碍"。

进入障碍是指那些允许现有企业赚取经济利润，却使产业的新进入者无利可图的因素。

(1) 结构性障碍。波特指出存在七种主要障碍：规模经济、产品差异、资金需求、转换成本、分销渠道、其他优势及政府政策。如果按照贝恩(Joe S. Bain)的分类，这七种主要障碍又可归纳为三种主要进入障碍：规模经济、现有企业对关键资源的控制以及现有企业的市场优势。

规模经济是指在一定时期内，企业所生产的产品或劳务的绝对量增加时，其单位成本趋于下降。当产业规模经济很显著时，处于最小有效规模(MES)或者超过最小有效规模经营的老企业对于较小的新进入者就有成本优势，从而构成进入障碍。

现有企业对关键资源的控制，一般表现为对资金、专利或专有技术、原材料供应、分销渠道、学习曲线等资源及资源使用方法的积累与控制。如果现有企业控制了生产经营所必需的某种资源，那么，它就会受到保护而不被进入者所侵犯。

【小贴士】"经验曲线"与"规模经济"的区别与联系

> "学习曲线"（又称"经验曲线"），是指当某一产品累积生产量增加时，由于经验和专有技术的积累所带来的产品单位成本的下降。它与规模经济往往交叉地影响产品成本的下降水平。区分由于学习曲线所产生的学习经济和由于规模而产生的规模经济是很有必要的。规模经济使得当经济活动处于一个比较大的规模时，能够以较低的单位成本进行生产；学习经济是由于累积经验而导致的单位成本的减少。在学习经济很小的情况下，规模经济也可能是很大的，这在诸如铝罐制造这样的简单资本密集型的生产中通常能够产生；同样地，在规模经济很小时，学习经济也可以是很大的，这存在于诸如计算机软件开发等复杂的劳动密集型产业中。
>
> (资料来源：米谢尔·E.波特, 徐二明. 竞争战略——分析工业和竞争者技术[J]. 管理世界, 1985(2): 159-176)

现有企业的市场优势主要表现在品牌优势上，这是产品差异化的结果。产品差异化是指由于顾客或用户对企业产品的质量或商标信誉的忠实程度不同，而形成的产品之间的差别。此外，现有企业的优势还表现在政府政策上。政府的政策、法规和法令都会在某些产业中限制新的加入者或者清除一些不合格者，这就为在位企业造就了强有力的进入障碍。

(2) 行为性障碍(或战略性障碍)。行为性障碍是指现有企业对进入者实施报复手段所形成的进入障碍。报复手段主要有限制进入定价和进入对方领域两类。

限制进入定价往往是在位的大企业报复进入者的一个重要武器，特别是在那些技术优势正在削弱、投资正在增加的市场上，情况更是如此。在限制价格的背后包含一种假定，即从长期看，在一种足以阻止进入的较低价格条件下所取得的收益，将比在一种会吸引进入的较高价格条件下取得的收益要大。在位企业试图通过实施低价来告诉进入者自己是低成本的，进入将是无利可图的。

进入对方领域是寡头垄断市场上常见的一种报复行为，其目的在于抵消进入者首先采取行动带来的优势，避免对方的行动给自己带来风险。

2) 替代品的威胁

研究替代品的威胁，首先需要澄清"产品替代"的两种概念。产品替代有两类：一类是直接产品替代；另一类是间接产品替代。

(1) 直接产品替代。直接产品替代即某一种产品直接取代另一种产品。如苹果计算机取代微软计算机。前面所引用的波特关于产业定义中的替代品，是指直接替代品。

(2) 间接产品替代。间接产品替代即由能起到相同作用的产品非直接地取代另外一些产品。如人工合成纤维取代天然布料。波特在这里所提及的对某一产业而言的替代品的威胁，是指间接替代品。

直接替代品与间接替代品的界限并不一定十分清晰，这取决于对产业边界的界定。因而，直接产品替代与间接产品替代只能是一个相对的概念。

替代品往往是新技术与社会新需求的产物。对于现有产业来说，这种"替代"威胁的严重性是不言而喻的。

新产品能否替代老产品，主要取决于两种产品的性能——价格比(性价比)的比较。如果新产品的性价比高于老产品，新产品对老产品的替代就具有必然性；如果新产品的性价比低于老产品，那么，新产品还不具备足够的实力与老产品竞争。这里"性能——价格比"的概念，事实上就是价值工程中"价值"的概念。价值工程中的一个基本公式——价值=功能/成本，贯穿于价值分析的整个过程，而价值工程就起源于寻找物美价廉的替代品。

由于老产品和新产品处于不同的产品生命周期，所以，提高新老产品价值的途径不同。这里我们着重讨论老产品提高价值的途径。

对于老产品来说，当替代品的威胁日益严重时，老产品往往已处于成熟期或衰退期，此时，产品的设计和生产标准化程度较高，技术已比较成熟。因此，老产品提高产品价值的主要途径是降低成本与价格、提高生产效率。

替代品的替代威胁并不一定意味着新产品对老产品最终的取代，几种替代品长期共存也是很常见的情况。例如，在运输工具中，汽车、火车、飞机、轮船长期共存；城市交通中，公共汽车、地铁、出租车长期共存等。但是，替代品之间的竞争规律仍然是不变的，那就是价值高的产品获得竞争优势。

3) 供应者、购买者讨价还价的能力

五种竞争力模型的水平方向是对产业价值链的描述。它反映的是产品(或服务)从获取原材料开始到最终产品的分配和销售的过程。企业战略分析的一个中心问题就是如何组织纵向链条。产业价值链描述了厂商之间为生产最终交易的产品或服务，所经过的价值增值的活动过程。因此，产业价值链上的每一个环节，都具有双重身份：对其上游单位来说，它是购买者；对其下游单位来说，它是供应者。购买者和供应者讨价还价的主要内容围绕价值增值的两个方面——功能与成本。讨价还价的双方都力求在交易中使自己获得更多的价值增值。因此，对购买者来说，希望购买到的产品物美而价廉；而对供应者来说，则希望提供的产品质次而价高。购买者和供应者讨价还价的能力大小，取决于它们各自以下几个方面的实力。

(1) 买方(或卖方)的集中程度或业务量的大小。当购买者的购买力集中，或者对卖方来说交易很可观时，该购买者讨价还价的能力就会增加。对应地，当少数几家公司控制着供应者集团，在其将产品销售给较为零散的购买者时，供应者通常能够在价格、质量等条件上对购买者施加很大的压力。

(2) 产品差异化程度与资产专用性程度。当供应者的产品存在着差异，因而，替代品不能与供应者所销售的产品相竞争时，供应者讨价还价的能力就会增强。反之，如果供应者的产品是标准的，或者没有差别，又会增加购买者讨价还价的能力。因为在产品无差异的条件下，购买者总可以寻找到最低的价格。与产品差异化程度相联系的是资产专用化程度，当上游供应者的产品是高度专用化的，它们的顾客将紧紧地与它们联系在一起，在这种情况下，投入品供应商就能够影响产业利润。

(3) 纵向一体化程度。如果购买者实行了部分一体化或存在后向一体化的现实威胁，在讨价还价中就处于能迫使对方让步的有利地位。在这种情况下，购买者对供应者不仅形成进一步一体化的威胁，而且由于购买者自己生产一部分零件，从而对相关成本了解较多，这对于谈判也很有帮助。同样，当供应者存在前向一体化的威胁，也会提高其讨价还价能力。

(4) 信息掌握的程度。当购买者充分了解需求、实际市场价格甚至供应商的成本等方面信息时，要比在信息贫乏的情况下掌握更多的讨价还价的筹码，保证自己从供应者那里得到最优惠的价格，并可以在供应者声称他们的经营受到威胁时予以回击。同样，如果供应者充分地掌握了购买者的有关信息，了解购买者的转换成本(即从一个供应者转换到另一个供应者的成本)，也会增加其讨价还价的能力，并能够在购买者盈利水平还能承受的情况下，拒绝提供更优惠的供货条件。

需要注意的是，劳动力也是供应者的一部分，他们可能对许多产业施加压力。经验表明，短缺的、高技能雇员以及紧密团结起来的劳工可以与雇主或劳动力购买者讨价还价而削减相当一部分产业利润潜力。

4) 产业内现有企业的竞争

产业内现有企业的竞争是指一个产业内的企业为市场占有率而进行的竞争。产业内现有企业的竞争是通常意义上的竞争，这种竞争通常是以价格竞争、广告战、产品引进以及增加对消费者的服务等方式表现出来。

产业内现有企业的竞争在下面几种情况下可能是很激烈的：产业内有众多的或势均力敌的竞争对手、产业发展缓慢、顾客认为所有的商品都是同质的、产业中存在过剩的生产能力、产业进入障碍低而退出障碍高。

产业内现有企业的竞争分析，是公司战略分析的重点部分。我们将在本节第三个大问题"竞争环境分析"中,对产业内现有企业的竞争进行更深入的阐述。

2. 对付五种竞争力的战略

五种竞争力分析表明了产业中的所有公司都必须面对利润产生威胁的,公司必须寻求几种战略来对抗这些竞争力量。

首先,公司必须自我定位,通过利用成本优势或差异优势把公司与五种竞争力相隔离,从而能够超过它们的竞争对手。

其次,公司必须识别在产业的哪一个细分市场中,五种竞争力的影响更少一点,这就是波特提出的"集中战略"。

最后,公司必须努力去改进这五种竞争力。公司可以通过与供应者或购买者建立长期战略联盟,以减少相互之间的讨价还价;公司还必须依赖进入阻碍战略来减少潜在进入者的威胁等。

3. 五种竞争力模型的局限性

波特的五种竞争力模型在分析企业所面临的外部环境时是有效的,但它也存在着局限性,具体包括以下几个方面。

(1) 该分析模型基本上是静态的。然而,在现实中竞争环境始终在变化。这些变化可能从高变低,也可能从低变高,其变化速度比模型所显示的要快得多。

(2) 该模型能够确定行业的盈利能力,但是对于非营利机构,有关获利能力的假设可能是错误的。

(3) 该模型基于这样的假设,即一旦进行了这种分析,企业就可以制定企业战略来处理分析结果,但这只是一种理想的方式。

(4) 该模型假设战略制定者可以了解整个行业(包括所有潜在的进入者和替代产品)的信息,但这一假设在现实中并不一定存在。对于任何企业来讲,在制定战略时掌握整个行业信息的可能性不大。

(5) 该模型低估了企业与供应商、客户或分销商、合资企业之间可能建立的长期合作关系,以减轻相互之间威胁的可能性。在现实的商业世界中,同行之间、企业与上下游企业之间不一定完全是你死我活的关系。强强联手,或强弱联手,有时可以创造更大的价值。

(6) 该模型对产业竞争力的构成要素考虑不够全面。哈佛商学院教授亚非在波特教授研究的基础上,根据企业全球化经营的特点,提出了第六个要素,即互动互补作用力,进一步丰富了五种竞争力的理论框架,如图3-2所示。

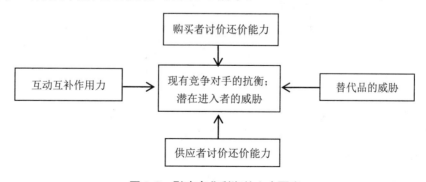

图 3-2 影响产业利润的六个要素

亚非认为，任何一个产业内部都存在不同程度的互动互补(指互相配合一起使用)的产品或服务业务。例如，对于房地产业来说，交通、家具、电器、学校、汽车、物业管理、银行贷款、有关保险、社区、家庭服务等都会对住房建设产生影响，进而影响到整个房地产业的结构。企业认真识别具有战略意义的互补互动产品或服务，并采取适当的战略，会使企业获得重要的竞争优势。

根据亚非教授提出的互补互动作用力理论，在产业发展的初期阶段，企业在对其经营战略定位时，可以考虑控制部分互补品的供应，这样有助于改善整个行业结构，包括提高行业、企业、产品、服务的整体形象，提高行业进入壁垒，降低现有企业之间的竞争程度。随着行业的发展，企业应该有意识地帮助和促进互补行业的健康发展，如为中介代理行业提供培训、共享信息等，还可以考虑采用捆绑式经营或交叉补贴销售等策略。

【案例】LB 电器五种竞争力分析

(三)成功关键因素分析

成功关键因素(Key Successful Factors，KSF)是指公司在特定市场获得盈利必须拥有的技能和资产。成功关键因素所涉及的是每一个产业成员所必须擅长的东西，或者说公司要取得竞争和财务成功所必须集中精力搞好的一些因素。

成功关键因素是企业取得产业成功的前提条件。下面三个问题是确认产业的成功关键因素必须考虑的：顾客在各个竞争品牌之间进行选择的基础是什么？产业中的一个卖方厂商要取得竞争成功需要什么样的资源和竞争能力？产业中的一个卖方厂商获取持久的竞争优势必须采取什么样的措施？

例如，在啤酒行业，成功关键因素是充分利用酿酒能力(以使制造成本保持在较低的水平上)、强大的批发分销商网络(以尽可能多地进入零售渠道)、上乘的广告(以吸引饮用人购买某一特定品牌的啤酒)；在服装生产行业，其成功关键因素是吸引人的设计和色彩组合(以引起购买者的兴趣)以及低成本制造效率(以便制定吸引人的零售价格和获得很高的利润率)；在铝罐行业，由于空罐的装运成本很大，所以，成功关键因素之一就是将生产工厂置于最终用户的近处，从而使得工厂生产出来的产品可在合适的范围之内进行销售(区域性的市场份额远远比全国性的市场份额重要)。

常见的几种成功关键因素如下。

1. 与技术相关的成功关键因素

(1) 科学研究技能(在下面这些领域中尤为重要：制药产业、空间探测以及其他一些高科技产业)。

(2) 在产品生产工艺和过程中进行有创造性改进的技术能力。

(3) 产品革新能力。

(4) 在既定技术上的专有技能。

(5) 运用因特网发布信息、承接订单、送货或提供服务的能力。

2. 与制造相关的成功关键因素

(1) 低成本生产效率(获得规模经济，取得经验曲线效应)。

(2) 固定资产很高的利用率(在资本密集型/高固定成本的产业中尤为重要)。
(3) 低成本的生产工厂定位。
(4) 能够获得足够的娴熟劳动力。
(5) 劳动生产率很高(对于劳动力成本很高的商品来说尤为重要)。
(6) 成本低的产品设计和产品工程(降低制造成本)。
(7) 能够灵活地生产一系列模型和规格的产品,以满足顾客的订单。

3. 与分销相关的成功关键因素

(1) 强大的批发分销商/特约经销商网络(或者拥有通过互联网建立起来的电子化的分销能力)。
(2) 能够在零售商的货架上获得充足的空间。
(3) 拥有公司自己的分销渠道和网点。
(4) 分销成本低。
(5) 送货速度快。

4. 与市场相关的成功关键因素

(1) 快速准确的技术支持。
(2) 礼貌的客户服务。
(3) 顾客订单的准确满足(订单返回很少或者没有出现错误)。
(4) 产品线和可供选择的产品很多。
(5) 商品推销技巧。
(6) 有吸引力的款式/包装。
(7) 顾客保修和保险(对于邮购零售、大批量购买以及新推出的产品来说尤为重要)。
(8) 精明的广告。

5. 与技能相关的成功关键因素

(1) 劳动力拥有卓越的才能(对于专业性的服务,如会计和投资银行,这一点尤为重要)。
(2) 质量控制诀窍。
(3) 设计方面的专有技能(在时装和服装产业尤为重要,对于低成本的制造也是一个关键的成功因素)。
(4) 在某一项具体的技术上的专有技能。
(5) 能够开发出创造性的产品和取得创造性的产品改进。
(6) 能够使最近构想出来的产品快速地经过研究与开发阶段达到市场上的组织能力。
(7) 卓越的信息系统(对于航空旅游业、汽车出租业、信用卡行业和住宿业来说是很重要的)。
(8) 能够快速地对变化的市场环境做出反应(简捷的决策过程,将新产品推向市场的时间很短)。
(9) 能够娴熟地运用互联网和电子商务来做生意。
(10) 拥有比较多的经验和诀窍。

6. 其他类型的成功关键因素

(1) 在购买者中间拥有有利的公司形象/声誉。
(2) 总成本很低(不仅是在制造中)。
(3) 便利的设施选址(对于很多零售业务都很重要)。
(4) 公司的职员在与所有顾客打交道的时候都很有礼貌，态度和蔼可亲。
(5) 能够获得财务资本(对那些最新出现的有着高商业风险的新兴产业和资本密集型产业来说是很重要的)。
(6) 专利保护。

成功关键因素随着产业的不同而不同，甚至在相同的产业中，也会因产业驱动因素和竞争环境的变化而变化。对于某个特定的行业来说，在某一特定时期，极少有超过三四个成功关键因素，甚至在这三四个成功关键因素之中，也只有一两个占据较重要的地位。

二、竞争环境分析

作为产业环境分析的补充，竞争环境分析的重点集中在与企业直接竞争的每一个企业。竞争环境分析又包括两个方面：一是从个别企业视角去观察分析竞争对手的实力；二是从产业竞争结构视角观察分析企业所面对的竞争格局。

(一)竞争对手分析

对竞争对手的分析有四个方面的主要内容，即竞争对手的未来目标、假设、现行战略和潜在能力，如图3-3所示。

什么驱使着竞争对手	竞争对手在做什么和能做什么
未来目标	现行战略
存在于多级管理层和多个战略方面	该企业现在如何竞争

竞争对手反应概貌
竞争对手对其目前的地位满意吗？
竞争对手将做什么行动或战略转变？
竞争对手哪里易受攻击？
什么将激起竞争对手最强烈和最有效的报复？

假设	潜在能力
关于其自身和产业	强项和弱项

图3-3 竞争对手目标分析框架图

1. 竞争对手的未来目标

对竞争对手的未来目标的分析与了解，有利于预测竞争对手对其目前的市场地位以及财务状况的满意程度，从而推断其改变现行战略的可能性以及对其他企业战略行为的敏感性。

对竞争对手的未来目标分析从以下三个方面展开：一是竞争对手目标分析对本公司制定竞争战略的作用；二是分析竞争对手业务单位(包括其各个公司实体)目标的主要方面；三是多元化公司的母公司对其业务单位未来目标的影响。

1) 竞争对手目标分析对本公司制定竞争战略的作用

制定战略的一种方法是在市场中找到既能达到目的又不威胁竞争对手的位置。了解竞争对手的目标，就有可能找到每个公司都相对满意的位置。当然这种位置不会永远存在，特别是要考虑到新进入者可能会尝试进入每家公司都经营良好的产业。大多数情况下，公司不得不迫使竞争对手让步以实现其目标。因此，公司需要找到一种战略，使其通过明显的优势抵御现有竞争对手和新进入者。

竞争对手的目标分析非常关键，因为这能帮助公司避免那些可能威胁到竞争对手达到其主要目标从而引发激烈战争的战略行动。例如，竞争对手业务组合分析中如果能将竞争对手的母公司正努力建立的业务与其准备收缩的业务区别出来，这时只要不威胁到母公司的现金流，占领其准备收缩的阵地通常有很大可能性。但是企图占领竞争对手的母公司打算建立的业务阵地(或者对母公司来说有深厚感情的业务阵地)，那将有爆炸性结果。

2) 竞争对手业务单位目标分析

波特认为，分析竞争对手业务单位目标可以考虑以下十个方面的因素。

(1) 竞争对手公开表示的与未公开表示的财务目标是什么？
(2) 竞争对手对风险持何种态度？
(3) 竞争对手是否有对其目标有重大影响的经济性或非经济性组织价值观或信念？竞争对手组织结构如何(职能结构情况、是否设置产品经理、是否设置独立的研究开发部门等)？
(4) 现有何种控制与激励系统？主管人员报酬如何？
(5) 现有何种会计系统和规范？
(6) 竞争对手的领导阶层由哪些人构成？
(7) 领导阶层对未来发展方向表现出多大的一致性？
(8) 董事会成分如何？
(9) 什么样的合同义务可能限制公司的选择余地？
(10) 对公司的行为是否存在任何条例、反托拉斯法案、其他政府或社会限制？

3) 母公司对其业务单位未来目标的影响分析

竞争对手分析适用于公司的二级战略——业务单位战略(竞争战略)，但如果竞争对手是某个集团公司的业务单位，其母公司很可能对这个单位有所限制或要求。这种限制或要求对预测它的行为非常关键。因此，波特认为，竞争对手分析除以上所讨论的问题以外，还需回答下列问题。

(1) 母公司当前的经营情况(销售增长、回报率等)如何？
(2) 母公司的总目标是什么？
(3) 一个业务单位在母公司的总体战略中有何重要的战略意义？
(4) 母公司为何要经营这项业务(因为剩余生产能力、纵向整合需要或为了开发分销渠道以及为了加强市场营销的力量)？
(5) 该业务在母公司业务组合中与其他业务的经济关系如何(纵向整合、相互补偿、分担、分享研究开发)？
(6) 整个公司高级领导层持何种价值观或信念？
(7) 母公司是否在其他业务中应用了一种基本战略，并将这种战略用于当前业务？
(8) 假定母公司的总体战略及其他部门的经营状况和要求已知，竞争对手的业务部门所面临的销售目标、投资收益障碍以及资金限制如何？
(9) 母公司的多元化计划如何？

(10) 母公司的组织结构中提供了何种关于该业务单位在母公司眼中的相对状况、地位以及目标等方面的线索？

(11) 在母公司的总体架构中，是如何对部门管理层进行控制和奖惩的？

(12) 母公司奖励了哪些类型的经理？

(13) 母公司从何处招聘？

(14) 是否存在对母公司整体的反托拉斯法案、法规或社会敏感因素，从而波及和影响到它的业务部门？

(15) 母公司或组织中个别高层经理是否对这个部门具有感情？

此外，当竞争对手是多元化公司的一个部分时，母公司的业务组合分析对于解答上述一些问题有很大启发。分析业务组合的全部技巧都可用来解答关于在母公司眼中竞争单位所满足需要的问题。

2. 竞争对手的假设

假设包括竞争对手对自身企业的评价和对所处产业以及其他企业的评价。假设往往是企业各种行为取向的最根本动因，所以，了解竞争对手的假设有利于正确判断竞争对手的战略意图。

1) 竞争对手假设分析对公司制定竞争战略的作用

竞争对手的假设分为两类：一是竞争对手对自己的假设；二是竞争对手对产业及产业中其他公司的假设。

每个公司都对自己的情形有所假设。例如，它可能把自己看成社会上知名的公司、产业领袖、低成本生产者、具有最优秀的销售队伍等。这些假设将指导它的行动方式和对事物的反应方式。例如，如果它自视为低成本的生产者，它可能以自己的降价行动来惩罚某一降价者。

竞争对手关于其公司情形的假设可能正确也可能不正确。不正确的假设可造成令他人感兴趣的战略契机。例如，假如某竞争对手相信它的产品拥有市场上最高的顾客忠诚度，而事实上并非如此的话，则刺激性降价就可能是抢占市场的好方法。这个竞争对手很可能拒绝降价，因为它相信该行动并不会影响它的市场占有率。只有在发现已丢失了一大片市场时，它才可能认识到其假设是错误的。

正如竞争对手对自己做出一定假设一样，每个公司对产业及其竞争对手也做出一定假设。同样，这可能正确也可能不正确。

对各种类型假设的检验能发现在管理人员认识其环境的方法中所存在的偏见及盲点。竞争对手的盲点可能是根本看不到事件(如战略行动)的重要性，没有正确认识它们，或者可能只是很晚才觉察到。根据这些盲点可帮助公司辨识立即遭报复的可能性，并有针对性地采取行动以使竞争对手的报复失灵。

2) 分析竞争对手假设的主要因素

波特指出，对下列问题的研究可以弄清竞争对手的假设以及他们不完全冷静或不完全现实之处。

从竞争对手的公开言论、领导层和销售队伍的宣称及其他暗示中，竞争对手表现出对其在成本、产品质量、技术的尖端性及产品的其他主要方面相对地位的何种认识？把什么看成优势？把什么看成劣势？这些看法正确吗？

(1) 竞争对手在某些特定产品、某些特定职能性方针政策上是否有很强的历史或感情上的渊源？在诸如产品设计方法、产品质量要求、制造场所、推销方法、分销渠道等方面，他们强烈坚持哪些方面？

(2) 是否存在影响竞争对手对事物认识程度和重视程度的文化性、地区性和国家性差别？例如，德国公司常常非常重视生产和产品质量，不惜以提高单位成本和市场营销费用为代价。

(3) 是否存在已根深蒂固的或影响观察事物方法的组织价值观或准则？公司奠基人十分相信的某些方针是否仍旧影响该公司？

(4) 竞争对手表现出的对产品未来需求和产业趋势显著性的看法是怎样的？它是否因毫无根据地对需求缺乏信心而不愿增加生产能力，抑或是因为相反的原因过度增强了生产能力？它是否容易错误地估计某种趋势的重要性？例如，它是否以为产业正在集中而事实并非如此？这些都是可围绕之制定战略的契机。

(5) 竞争对手表现出来的对其竞争者们的目标和能力的看法如何？他是否会高估或低估他们？

(6) 竞争对手是否表现出相信产业"传统思路"或相信历史经验以及产业中流行的方式，而这些却没有反映新的市场情况？

(7) 竞争对手的假设可能反映在现行战略里并受到现行战略的微妙影响。他可能从过去和当前环境出发看待产业中的新事物，而这并不一定客观。

3. 竞争对手的现行战略

对竞争对手现行战略的分析，目的在于揭示竞争对手正在做什么、能够做什么。

在对竞争对手目标与假设分析的基础上，判断竞争对手的现行战略就变得相对容易。非常有用的一种方法是，把竞争对手的战略看成业务中各职能领域的关键性经营方针以及了解它如何寻求各项职能的相互联系。

4. 竞争对手的潜在能力

对竞争对手能力实事求是地评估是竞争对手分析中最后的步骤。竞争对手的目标、假设和现行战略会影响其反击的可能性、时间、性质及强烈程度。而其优势与劣势将决定其发起或反击战略行动的能力以及处理所处环境或产业中事件的能力。

在具体分析竞争对手能力时，要依据表3-1给出的框架，分析竞争对手以下几方面的能力。

1) 核心能力

(1) 竞争对手在各职能领域中能力如何？最强之处是什么？最弱之处在哪里？

(2) 竞争对手在其战略一致性检测方面表现怎样？

(3) 随着竞争对手的成熟，这些方面的能力是否可能发生变化？随着时间的延长，这些方面的能力是增长还是减弱？

2) 成长能力

(1) 如果竞争对手有所成长，在哪些领域？其能力是增大还是减小？

(2) 在人员、技能和生产能力方面竞争对手发展壮大的能力如何？

(3) 从财务角度看，竞争对手在哪方面能持续增长？它能够随着产业的增长而增长吗？

表 3-1 竞争对手在关键业务领域中的优势和劣势分析框架

产品	每个细分市场中,用户眼中产品的地位
	产品系列的宽度和深度
代理商/分销渠道	渠道的覆盖面和质量
	渠道关系网的实力
	为销售渠道服务的能力
营销与销售	营销组合诸方面要素的技能水平
	市场调查与新产品开发的技能
	销售队伍的培训及其技能
运作	生产成本情况——规模经济性、经验曲线、设备新旧情况等
	设施与设备的先进性
	设施与设备的灵活性
	专有技术和专利或成本优势
	生产能力扩充、质量控制、设备安装等方面的技能
	工厂所在地,包括当地劳动力和运输的成本
	劳动力状况、工会情况
	原材料的来源和成本
	纵向整合程度
研究和工程能力	专利及版权
	企业内的研究与开发能力(产品研究、工艺研究、基础研究、开发、仿造等)
	研究及开发人员在创造性、简化能力、素质、可靠性等方面的技能
	与外部研究和工程技术的接触(如供方、客户、承包商)
总成本	总相对成本
	与其他业务单位分担的成本或活动
	竞争对手在何处正形成规模或其他对其成本状况至关重要的因素
财务实力	现金流
	短期和长期借贷能力(相对债务/权益比例)
	在可预见的将来获取新增权益资本的能力
	财务管理能力,包括谈判、融资、信贷、库存以及应收账目等
组织	组织中价值观的统一性和目标的明确性
	对组织的近期要求所带来的负担
	组织安排与战略的一致性
综合管理能力	首席执行官的领导素质和激励能力
	协调具体职能部门或职能集团间关系的能力(如生产制造与研究部门间的协调)
	管理阶层的年龄、所受培训及职能方向
	管理深度
	管理的灵活性和适应性

续表

公司业务组合	公司在财务和其他资源方面对所有业务单位的有计划变动提供支持的能力
	公司补充或加强业务单位的能力
其他	政府部门的特惠待遇及其获取的途径
	人员流动

(资料来源：杨建梅，邓智文，唐锡晋. 一个整合的企业竞争分析理论及应用[J]. 中国管理科学，2002(2)：63-67.)

3) 快速反应能力

竞争对手对其他公司的行动迅速做出反应的能力如何？或立即发动进攻的能力如何？这将由下述因素决定：自由现金储备、留存借贷能力、厂房设备的余力、定型的但尚未推出的新产品。

4) 适应变化的能力

(1) 竞争对手的固定成本与可变成本的情况如何？这些将影响其对变化的可能反应。

(2) 竞争对手适应各职能领域条件变化和对其做出反应的能力如何？例如，竞争对手是否能适应成本竞争、管理更复杂的产品系列、增加新产品和服务方面的竞争、营销活动的升级？

(3) 竞争对手能否对外部事件做出反应，诸如持续的高通货膨胀、技术革命引起对现有厂房设备的淘汰、经济衰退、工资率上升、最有可能出现的会影响该业务的政府条例、竞争对手是否面临退出壁垒？这将促使它避免削减规模或对该业务进行收缩。

(4) 竞争对手是否与母公司的其他业务单位共用生产设施、销售队伍、其他设备或人员？

5) 持久力

竞争对手支撑可能对收入或现金流造成压力的持久战的能力有多大？这将由以下因素决定：现金储备、管理人员的协调统一、财务目标上的长远眼光、较少受股票市场的压力。

虽然上述介绍的各类分析问题都与竞争对手有关，但是其思想同样可用于企业的自我分析。同样的概念为企业提供了识别自己在产业环境中所处位置的模式，在本章第二节，我们还将学习类似的分析。除此之外，通过这种考察也能使公司知道其竞争对手会对本公司作出何种结论。

(二)产业内的战略群组

竞争环境分析的另一个重要方面是要确定产业内所有主要竞争对手战略的各方面的特征。波特用"战略群组"的划分来研究这些特征。一个战略群组是指某一个产业中在某一战略方面采用相同或相似战略，或具有相同战略特征的各公司组成的集团。如果产业中所有的公司基本认同了相同的战略，则该产业中就只有一个战略群组，所以每一个公司也可能成为不同的战略群组。一般来说，在一个产业中仅有几个群组，它们采用特征完全不同的战略。

1. 战略群组的特征

如何确定战略群组？很难对此问题做出清晰的解答。尽管公司在许多方面会有差异，但并非所有的差异都有利于区分战略群组。在识别战略群组的特征时，可以考虑使用以下变量。

(1) 产品(或服务)差异化(多样化)的程度。

(2) 各地区交叉的程度。

(3) 细分市场的数目。

(4) 所使用的分销渠道。

(5) 品牌的数量。

(6) 营销的力度(如广告覆盖面、销售人员的数目等)。

(7) 纵向一体化程度。

(8) 产品的服务质量。

(9) 技术领先程度(是技术领先者还是技术追随者)。

(10) 研究开发能力(生产过程或产品的革新程度)。

(11) 成本定位(为降低成本而投资的大小等)。

(12) 能力的利用率。

(13) 价格水平。

(14) 装备水平。

(15) 所有者结构(独立公司或者集团关系)。

(16) 与政府、金融界等外部利益相关者的关系。

(17) 组织的规模。

为了识别战略群组，必须选择这些特征中的2~3项，并且将该产业的每个公司在"战略群组分析图"上标出来。选择划分产业内战略群组的特征要避免选择同一产业中所有公司都相同的特征。

2. 战略群组分析

相对于其他企业而言，战略群组分析有助于企业了解本企业的战略地位以及公司战略的变化可能引起的对竞争的影响。

(1) 有助于了解战略群组间的竞争状况，主动发现近处和远处的竞争者，也可以很好地了解某一群组与其他群组之间的不同。

(2) 有助于了解各战略群组之间的"移动障碍"。移动障碍即一个群组转向另一个群组的障碍。

(3) 有助于了解战略群组内企业竞争的主要着眼点。同一战略群组内的企业虽然采用了相同的或类似的战略，但由于群组内各个企业的优势不同会形成各企业在实施战略的能力上的不同，因而导致实施同样战略而效果不同。战略群组分析可以帮助企业了解其所在战略群组的战略特征以及群组中其他竞争对手的战略实力，以选择本企业的竞争战略与战略方向。

【案例】国内房地产行业战略群组分析

(4) 利用战略群组图还可以预测市场变化或发现战略机会。

本 章 小 结

（1）对外部环境进行了概述，对企业的外部环境进行了分类，即企业的外部环境可以从宏观环境、产业环境、竞争环境和国家竞争优势几个层面展开。

（2）将企业的宏观环境细分为政治和法律因素、经济因素、社会和文化因素、技术因素，并对每个因素进行了详细的分析。

（3）产业环境分析分为产品生命周期分析、产品的五种竞争力分析、成功的关键因素分析。

（4）竞争环境分析分为竞争对手分析和产业内的战略群组。

实 训 课 堂

基本案情：

伴随全球信息技术的高速发展和生活方式、消费方式的改变，跨境电商销售占据我国整体销售的比重不断增大，成为一项风靡全球的商业模式。但是2020年新冠疫情暴发并迅速蔓延至全球，给很多企业的经营发展带来很大冲击，外加中美贸易摩擦日趋激烈，进出口业务的成本不断升高，各行各业不少企业选择收缩战略来度过"寒冬"，但是，跨境电商企业大多还是选择了发展战略，并且2020年上半年销售额逆流而上。

跨境电商企业2020年上半年营业收入和销售费用均增长较大，有些甚至销售费用的增长幅度超出了营业收入的增长幅度，即"销售费用占收入比率"增长，净利润出现下滑。这是因为疫情期间出口运杂费波动较大，物流供应商根据航班价格波动而调整收费，部分平台也在疫情期间提高手续费，尤其是防疫物资的手续费，进一步压缩了跨境电商企业的利润。从部分已上市跨境电商企业2020年半年报的披露看，销售费用同比上涨的原因是因为疫情期间各国交通管制，正常物流中断情况较多，成本较高的专线等使用增加造成的。通常情况下，此时加大投资额，利润增长并不明显，投资回报率不会增加，应该是要减缓投资的。

但是，根据商务部《关于以新业态新模式引领新型消费加快发展的意见》政策披露的信息，2020年上半年，跨境电商零售进出口额整体增长了26.2%，跨境电商企业在疫情影响下仍然坚持走发展战略。

随着跨境电商的发展，进出口线上贸易已经成为我国开放型经济的重要构成部分和国民经济迅速发展的推动力，这几年我国政府相继出台了很多支持性、扶持性、规范性政策。紧随其后，2014年开始，国务院、商务部、财政部、国家税务总局等部门相继出台跨境电商贸易便利化措施，组建高效、便利、统一的服务平台，颁布税务优惠及退税政策《电子商务法》等一系列举措。2020年在疫情影响下，政策支持更是明显，2020年5月以后海关总署依次颁布《关于支持中国(湖北)自由贸易试验区加快发展若干措施的通知》《关于开展跨境电子商务企业出口监管试点的公告》《关于扩大跨境电子商务企业出口监管试点范围的公告》等公告。总体来说，国内整体政策对跨境电商企业还是呈有利影响，进一步扩大进口试点范围、扩大采购贸易试点范围，增加措施以稳定因疫情影响的外贸业务，结合外汇管制和银行服务以支持涉外业务发展，推进对外贸易创新。

2020年一季度，全球经济增长数据并不乐观，疫情的爆发成为影响全球的"黑天鹅"事件。在全球经济面临贸易摩擦加剧的情况下，全球经济面临的不确定性进一步上升，但是伴随危机的商机也应运而生。全球各国普遍采取宽松的货币政策来应对经济下行风险，以刺激经济的边际效应。风险和收益往往是相伴的，不确定性不意味着就肯定是损失，例如线上教育行业在整体疫情中反而营业额呈爆发式增长，此时，及时把握住各个国家经济和政策特点就显得尤为重要。第二季度我国GDP同比增速3.2%，与第一季度的下降6.8%相比，某种程度上反映了经济的复苏。并且由于外出减少，居家园艺用品、小型家电、家居用品等需求反而有报复性增长，美的集团很好地反映了这一现状。线下销售因疫情而持续低迷，反而可能给跨境电商迎来新的更大的爆发点，成为整个2020年全球GDP的一大亮点。就企业个体而言，整体跨境电商行业增长率较高，各个企业都想提高各自的市场占有率以使该部分产业成为自己公司的"明星产业"，为公司长久的良性发展提供保障。

不管是从消费习惯、消费心理还是生活方式等方面，欧美等发达国家市场的跨境电商发展已十分稳定甚至趋于饱和，但是这也是成熟的跨境电商企业的稳定现金流保障。从全球角度看，南美和非洲市场在社会和文化方面的逐步转变，给跨境电商带来令人激动的发展机遇。近年来，南美地区的生活方式发生很大变化，仅仅巴西一个国家，2015年就有1亿人能够使用手机访问互联网进行购物，且对信用卡的接受度比较高，但当时因为基础设施的局限性，跨境电商销售额还不高。近几年南美等地的基础建设正在逐步完善，所以该市场的红利有进一步挖掘的可能性。此外，南美人口密集且对社交网络访问日趋增多，而社交平台是电商营销的重要手段。

南美国家如巴西，原本就是移民国家，文化差异大，传统节日较多，每个行业都有自己的节日，如儿童节、母亲节、教师节、父亲节、商人节、公务员节等。此外还有不少宗教节日，且各州、各市不尽相同，再加上对新文化的包容性强，例如对于中国"双十一"的引入，给跨境电商行业又带来了新的商机。非洲市场跨境电商的发展仍在起步阶段，近几年，随着非洲信息技术水平的提高，非洲市场智能手机和网络开始普及，生活方式和支付方式都在悄然发生变化。根据IMF的预测，到2023年，非洲很可能成为全球经济增长速度第二的地区。随着经济的发展，非洲生育率又一直比较高，文化更新加快，那么非洲市场将成为新的角逐地。虽然非洲目前形势还是比较动荡，但是GDP如果真的像IMF预测的那样增长，生活方式和消费观念的改变也是必然结果，所以，从全球整体社会文化现状和发展潜力来看，各个跨境电商企业抓紧各地布局、抢占市场无疑是明智之举。

跨境电商的发展，离不开互联网、电子支付、人工智能等技术的组合运用作为支撑。第一，支付方式的便捷，以及4G、5G通信时代的来临，给跨境电商提供了发展的基础，手机购物比完全依靠电脑线上购物更加便捷；第二，人工智能在物流和仓储方面的应用，给跨境货物配送提供了有力保障，做到全链条覆盖；第三，大数据抓取技术能够有效识别客户需求，分析客户消费特征，做到精准营销，更是给跨境电商的发展增添助力；第四，软件开发的不断完善也是不可或缺的一部分，比如线上模拟试妆和在线翻译软件的开发。跨境电商销售市场的多元化广地域发展，使行业对销售人员的语言要求越来越高，在线翻译有效地解决了这个问题。上述技术在 2020 年都一直在谋求新的变革和创新，它们的完善，也将为未来跨境电商挖掘更大的发展空间。

从 PEST 模型分析的外部环境综合来看，外部环境对跨境电商企业还是有利的。但是，就跨境电商本身的行业内情况来看，呈现出以下态势。

出口跨境电商有阿里巴巴、通拓科技、跨境通、赛维网络等，进口跨境电商有京东国际、苏宁国际、小红书等电商服务企业，其中尤其是出口跨境电商，没有哪家企业有绝对性优势，势均力敌的对手较多。此外作为服务商，因为只是一个"中转站"性质，货源并不具有不可替代性，客户的转移成本较低，所以行业内现有企业之间竞争十分激烈。

跨境电商企业规模有像跨境通这类，在 2019 年能够实现 179 亿元营业收入的大型综合性电商企业，但更多的是小型跨境电商公司，仅仅 2019 年一年，全国新增跨境电商就超过 6000 家企业，其中不乏一个人、一台电脑、一间房的工作者，行业门槛低，属于轻资产行业。但是这些新进入者很多都是不容小觑的，很多个人从公司成立第一年，只需要 2～3 年，人员增加 10 人左右，销售额就可以达到 5000 万元每年。例如，从 HD 股份收购 TT 科技跨境电商的披露数据可以看出，TT 公司几乎每年的营收增长率都在 50%以上。可见，跨境电商的新进入者不仅数量庞大，威胁性也不容小觑，并且综合试点还在不断增加。

跨境电商企业本身就是实体销售的替代品，但是伴随着全球化的发展，很多传统实体销售甚至生产制造型企业也参与到全球销售的队伍中，它们很多具备强大的现金流和忠实的客户群，很多大型集团甚至本身就具备物流服务，可以结合传统跨境电商的线上销售模式，实现一站式线上服务到家，进而成为传统跨境电商的替代品。另外一些实体销售店，重新定位客户群体，实现线下高端定制，也对跨境电商构成一定威胁。

大多数跨境电商企业无论是 BTB 模式，还是 BTC 模式，都是简单的中间服务阶段，既不生产，也不运输，这样的经营模式就导致它们不论是对供应商还是对购买者，自身的议价能力都比较弱，所以现在很多小型跨境电商企业的利润越来越小。实力较强的跨境电商，要么开发自己的物流产业，例如京东国际，要么开发代理发货业务，联合众多跨境电商企业以增强议价能力。

(资料来源：徐亚健. 疫情影响下跨境电商企业的战略选择[J]. 现代商业，2021(14): 44-46.)

思考讨论题：
1. 利用 PEST 模型分析疫情影响下的跨境电商企业。
2. 利用波特五力模型分析疫情影响下的跨境电商企业。

复习思考题

一、基本概念

外部环境　产品生命周期　产品五种竞争力　成功的关键因素　产业内的战略群组

二、判断题

1. 生活方式的转变属于企业所处的社会和文化环境。　　　　　　　　　　　　（　）
2. 企业外部环境因素包括政治和法律因素、经济因素、社会和文化因素和技术因素。

（　）

3. 根据产品生命周期理论，产业从导入期进入衰退期，其经营风险不断上升。（ ）

三、选择题(有多选)

1. 每当在新的一年到来之际，我国家家户户开门的第一件事就是燃放爆竹，以噼里啪啦的爆竹声辞旧迎新。放爆竹可以创造出喜庆热闹的气氛，是节日的一种娱乐活动，可以给人们带来欢愉和吉利。随着时间的推移，爆竹的应用越来越广泛，品种花色也日见繁多，每逢重大节日及喜事庆典等都要燃放爆竹以示庆贺，图个吉利。许多厂商利用这一商机获得盈利。这属于宏观环境分析的(　　)。
   A. 政治和法律因素　　　　　　　　B. 经济因素
   C. 社会和文化因素　　　　　　　　D. 技术因素

2. 2014年8月，国内A省D化妆品公司收购B省两家化妆品公司的股权，进入B省市场。几个月以后，B省M化妆品公司也收购A省三家化妆品公司的股权，进入A省市场。该材料反映了行为性障碍中的(　　)。
   A. 现有企业的市场优势　　　　　　B. 限制进入定价
   C. 现有企业对关键资源的控制　　　D. 进入对方领域

3. 苹果公司与微软公司在个人电脑软件领域已经竞争多年。按照产业五种竞争力分析，这属于(　　)。
   A. 潜在进入者的进入威胁　　　　　B. 购买者的讨价还价能力
   C. 供应者的讨价还价能力　　　　　D. 产业内现有企业的竞争

4. 某酒店在进行客户满意度调查时发现，其并未完全满足有利可图的商务旅行者的需求，于是该公司向航空业了解航空公司是如何更好地去满足这类顾客的。从基准分析方法判断，该酒店的观点是基于(　　)。
   A. 竞争性基准　　B. 过程或活动基准　　C. 一般基准　　D. 内部基准

5. 某产业专家收集该产业内企业的某些数据进行企业间的比较，所收集的数据包括市场份额、成本结构、顾客满意度等。该核心能力的评价方法是(　　)。
   A. 企业的自我评价　　　　　　　　B. 产业内部比较
   C. 基准分析　　　　　　　　　　　D. 成本驱动力和作业成本法

6. 下列各项属于政治环境分析的有(　　)。
   A. 企业所在国家和地区的政局稳定状况　　B. 宏观经济政策
   C. 各政治利益集团对企业活动产生的影响　　D. 人口因素

7. 下列各项属于确认产业成功关键因素必须考虑的有(　　)。
   A. 顾客在各个竞争品牌之间进行选择的基础是什么
   B. 产业中的一个卖方厂商要取得竞争成功需要什么样的资源和竞争能力
   C. 产业中的一个卖方厂商获取持久的竞争优势必须采取什么样的措施
   D. 企业的市场营销是否合理

8. 下列关于产品生命周期的表述中，正确的有(　　)。
   A. 成长期，产品的经营风险仍然维持在较高水平，原因是竞争激烈，导致市场的不确定性增加
   B. 产业的增长总是呈"S"形
   C. 公司可以通过产品创新和产品的重新定位，来影响增长曲线的形状

D. 企业在衰退期如果缺乏成本控制的优势，就应采用退却战略
9. 下列关于产业内的战略群组分析的表述中，正确的有(　　)。
   A. 通过战略群组分析可以很好地了解组内竞争对手的状况，但是不能很好地了解与其他群组间的不同
   B. 战略群组分析可以帮助企业了解转向另一个群组的障碍
   C. 战略群组分析可以帮助企业突破产业边界，进入"蓝海市场"
   D. 同一战略群组内的企业虽然采用了相同或类似的战略，但战略效果也会不同
10. 下列关于企业核心能力与成功关键因素的表述，正确的有(　　)。
    A. 企业核心能力和成功关键因素都是公司盈利能力的指示器
    B. 企业核心能力是产业和市场层次的特征
    C. 成功关键因素随着产业的不同而不同，甚至在相同的产业中，也会因产业驱动因素和竞争环境的变化而变化
    D. 成功关键因素针对的是产业内某个个别公司

四、简述题

1. 企业的宏观环境包括哪些？
2. 产业的五种竞争力有哪些？
3. 产品生命周期主要有哪些？

第四章 战略分析(内部环境)

【学习要点及目标】

- 掌握企业资源与能力分析。
- 掌握价值链分析。
- 掌握业务组合分析。
- 掌握SWOT分析。

【核心概念】

企业资源　企业能力　价值链　波士顿矩阵

【引导案例】

拼多多的错位竞争

拼多多由黄峥于2015年9月创立，隶属于上海寻梦信息技术有限公司，是国内移动互联网的主流电子商务应用产品，专注于C2M拼团购物的第三方社交电商平台。作为新电商的开创者，拼多多致力于将娱乐社交的元素融入电商运营中，用户可以通过与朋友、家人、邻居拼团的方式，以更低的价格购买优质商品。算法也会通过用户的浏览数据进行精准推荐，使购物更加快捷方便。

随着我国经济转型升级、产业结构优化调整，国家对电商企业给予了政策与法律的支持，促进电商集聚发展。同时，我国经济总量增大，人均可支配收入增加，线上购物以其便利性、选择多样性、推荐精准性迎合甚至改变了消费者的消费观念与行为，再加上云计算、大数据、物联网以及人工智能等先进科学技术的发展，电商行业市场广阔、潜力巨大。值得一提的是，电商能够在巩固脱贫攻坚成果、推进乡村振兴方面起到一定的作用。例如，2018年拼多多上线的"一起拼农货"，就较好地解决了大蒜丰收、价低伤农的问题。正如《人民日报》评论，电商平台可以利用大数据指导贫困农业户，改善种植养殖结构，增加农民收入。随着农村地区基站普及、网络覆盖，交通改善，"多多直播"与农户结合，实现"从田间到餐桌"，拼多多在农村市场大有可为。

拼多多没有把消费升级定义为高品质、高价格，而是物美价廉的高性价比，一直坚持成本领先战略，其拼团购买的经营模式与低价优先的商品推荐机制避免了与原有电商巨头的正面对抗。拼多多靠着高性价比商品筑起竞争壁垒，通过补贴优惠、拼单团购以及百元红包等多样化的营销手段快速完成了用户裂变，占据了市场份额。用户需求的集中带来了大量的订单，规模优势使其对于上下游拥有了一定的议价权，不仅能够吸引品牌商入驻并获得价格优势，还可以与供货厂家直接对接，利用销售大数据为厂商提供生产建议，降低了中间成本，为用户提供了质优价廉的商品，实现了规模效益。

在不到三年的时间，拼多多有百万家商家进驻，拥有3亿名用户。2018年7月26日，拼多多成功地在美国上市，发行价19美元，按开盘价26.5美元计算，其市值达到了293.56亿美元，成为四年来中概股在美国最大的IPO，一跃成为仅次于淘宝和京东的国内第三大电商平台。从上线到上市，拼多多仅用了两年 11 个月，而这一历程阿里巴巴用了 13 年，京东用了 14 年。到 2020 年年底，拼多多活跃用户已经超越阿里巴巴，达到了 7.88 亿名。截至 2021 年 4 月 26 日，拼多多市值已达到 1772.91 亿美元。拼多多凭借社交电商的商业模式完成了爆发式的增长，让人们看到了下沉市场的潜力，这也是拼多多能在几近饱和的电商平台出奇制胜的关键。

(资料来源：《财经》杂志专访对话拼多多黄峥：他们建帝国、争地盘，我要错位竞争．http://yuncaijing.com/news/id_11061164.html)

第一节　内部环境分析

一、内部环境分析的意义

内部环境是企业内部与战略有重要关联的因素，是企业经营的基础，是制定战略的出发点、依据和条件，是竞争取胜的根本。企业战略目标的制定及战略选择既要知彼又要知己，其中"知己"便是要分析企业的内部环境或条件，认清企业内部的优势和劣势。

企业内部环境或条件分析的目的在于掌握企业的历史和现状，明确企业所具有的优势和劣势。它有助于企业有针对性地制定战略，有效地利用自身资源，发挥企业的优势；同时规避企业的劣势，或采取积极的态度改进企业劣势，扬长避短，更有助于实现企业目标。

二、内部环境分析的内容

在对企业进行详细而全面的外部环境分析之后，战略分析的另一个方面是进行企业内部环境分析。通过内部环境分析，企业可以决定"能够做什么"，即企业所拥有的独特资源与能力所能支持的行为。

企业内部环境(Enterprises Interior Environment)是指企业内部的物质、文化环境的总和，包括企业资源、企业能力、企业文化等因素，也称企业内部条件。即组织内部的一种共享价值体系，包括企业的指导思想、经营理念和工作作风。

企业内部环境分析(见图 4-1)的内容包括企业资源与能力分析、企业价值链分析、业务组合分析和 SWOT 分析。

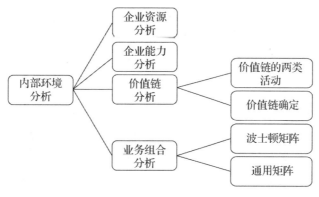

图 4-1　内部环境分析工具

三、内部环境分析的过程

企业资源分析在于识别企业的资源状况、企业资源方面所表现出来的优势和劣势及其对未来战略目标制定和实施的影响。企业能力主要由研发能力、生产管理能力、营销能力、财务能力和组织管理能力等组成。价值链分析把企业活动进行分解,通过考虑这些单个活动本身及其相互关系来确定企业的竞争优势。业务组合分析是对公司产品和服务的全面评估。SWOT 分析是一种综合考虑企业内部条件和外部环境的各种因素,进行系统评价,从而选择最佳经营战略的方法。

第二节 企业资源与能力

一、企业资源

企业资源分析的目的在于识别企业的资源状况、企业资源方面所表现出来的优势和劣势,及其对未来战略目标制定和实施的影响。

企业资源是指企业所拥有或控制的有效因素的总和。按照竞争优势的资源基础理论,企业的资源禀赋是其获得持续竞争优势的重要基础。

(一)企业资源的类型

企业资源主要分为三种:有形资源、无形资源和人力资源。

1. 有形资源

有形资源是指可见的、能用货币直接计量的资源,主要包括物质资源和财务资源。物质资源包括企业的土地、厂房、生产设备、原材料等,是企业的实物资源。财务资源是企业可以用于投资或生产的资金,包括应收账款、有价证券等。有形资源一般反映在企业的资产中。但是,由于会计核算的要求,资产负债表所记录的账面价值并不能完全代表有形资源的战略价值。

有些有形资源可以被竞争对手轻易地取得,因此,这些资源便不能成为企业竞争优势的来源。具有稀缺性的有形资源能使公司获得竞争优势。例如,在中国香港的五星级观光酒店中,半岛酒店因为位于九龙半岛的天星码头旁,占据有利的地理位置,游客可以遥望对岸的香港岛和维多利亚港,海景和夜景尽收眼底,是它的一大特色,构成其竞争优势的一个来源。

2. 无形资源

无形资源是指企业长期积累的、没有实物形态的、甚至无法用货币精确度量的资源,通常包括品牌、商誉、技术、专利、商标、企业文化及组织经验等。尽管无形资源难以精确度量,但由于无形资源一般难以被竞争对手了解、购买、模仿或替代,因此,无形资源是企业核心竞争力的一种十分重要的来源。

例如,技术资源就是一种重要的无形资源,它主要是指专利、版权和商业秘密等。技术资源具有先进性、独创性和独占性等特点，使得企业可以据此建立自己的竞争优势。

商誉也是一种关键的无形资源。商誉是指企业由于管理卓越、顾客信任或其他特殊优势而具有的企业形象，它能给企业带来超额利润。对于产品质量差异较小的行业，如软饮料行业，商誉可以说是最重要的企业资源。

需要注意的是，由于会计核算的原因，资产负债表中的无形资产并不能代表企业的全部无形资源，甚至可以说，有相当一部分无形资源是游离在企业资产负债表之外的。

3. 人力资源

人力资源是指组织成员向组织提供的技能、知识以及推理和决策能力。大量研究发现，那些能够有效开发和利用人力资源的企业比那些忽视人力资源的企业发展得更好、更快。是人掌握的技能和知识创造了企业的繁荣，而不是其他资源。在技术飞速发展和信息化加快的新经济时代，人力资源在企业中的作用越来越突出。

(二)决定企业竞争优势的企业资源判断标准

在分析一个企业拥有的资源时，必须知道哪些资源是有价值的，可以使企业获得竞争优势。其主要的判断标准如下。

1. 资源的稀缺性

如果一种资源是所有竞争者都能轻易取得的，那么，这种资源便不能成为企业竞争优势的来源。如果企业掌握了处于短缺供应状态的资源，而其他的竞争对手又不能获取这种资源，那么，拥有这种稀缺性资源的企业便能获得竞争优势。如果企业能够持久地拥有这种稀缺性资源，则企业从这种稀缺性资源中获得的竞争优势也将是可持续的。

2. 资源的不可模仿性

资源的不可模仿性是竞争优势的来源，也是价值创造的核心。资源的不可模仿性主要有以下四种形式。

(1) 物理上独特的资源。有些资源的不可模仿性是物质本身的特性所决定的。例如，企业所拥有的房地产处于极佳的地理位置，拥有矿物开采权或是拥有法律保护的专利生产技术等。这些资源都有物理上的特殊性，是不可能被模仿的。

(2) 具有路径依赖性的资源。这是指那些必须经过长期的积累才能获得的资源。例如，中国海尔公司在售后服务环节的竞争优势并不是仅仅在于有一支训练有素的售后服务人员队伍，更重要的是由于海尔多年来不断完善营销体制建设，能够为这支队伍健康运作提供坚实的基础和保障。其他公司想要模仿海尔售后服务的资源优势，需要花费大量的时间来完善自身的营销体制，这在短期内是不可能实现的。

(3) 具有因果含糊性的资源。企业对有些资源的形成原因并不能给出清晰的解释。例如，企业文化常常是一种因果含糊性的资源。美国西南航空公司以拥有"家庭式愉快，节俭而投入"的企业文化著称，这种文化成为企业的重要资源，竞争对手难以对其进行模仿。其原因就是没有人可以明确地解释形成这种文化的真实原因。具有因果含糊性的资源，是组织中最常见的一种资源，难以被竞争对手模仿。

(4) 具有经济制约性的资源。这是指企业的竞争对手已经具有复制其资源的能力，但因市场空间有限不能与其竞争的情况。例如，企业在市场上处于领导者的地位，其战略是在特定的市场上投入大量资本。这个特定市场可能会由于空间太小，不能支撑两个竞争者同时盈利，在这种情况下，企业的竞争对手即使有很强的能力，也只好放弃竞争。这种资源便是具有经济制约性的资源。

3. 资源的不可替代性

波特的五种竞争力模型指出了替代产品的威胁力量，同样，企业的资源如果很容易被替代，那么，即使竞争者不能拥有或模仿企业的资源，它们也仍然可以通过获取替代资源而改变自己的竞争地位。例如，一些旅游景点的独特优势就很难被其他景点的资源所替代。

4. 资源的持久性

资源的贬值速度越慢，就越有利于形成核心竞争力。一般来说，有形资源往往有自己的损耗周期，而无形资源和人力资源则很难确定其贬值速度。例如，一些品牌资源随着时代的发展实际上在不断地升值；反之，通信技术和计算机技术迅速地更新换代会影响建立在这些技术之上的企业的竞争优势。

【案例】携程公司资源分析

二、企业能力

企业能力是指企业配置资源，发挥其生产和竞争作用的能力。企业能力来源于企业对有形资源、无形资源和人力资源的整合，是企业各种资源有机组合的结果。

企业能力主要由研发能力、生产管理能力、营销能力、财务能力和组织管理能力等组成。

(一)研发能力

随着市场需求的不断变化和科学技术的持续进步，研发能力已成为保持企业竞争活力的关键因素。企业的研发活动能够加快产品的更新换代，不断提高产品质量，降低产品成本，更好地满足消费者的需求。企业的研发能力主要从研发计划、研发组织、研发过程和研发效果几个方面进行衡量。

(二)生产管理能力

生产是指将投入(原材料、资本、劳动等)转化为产品或服务并为消费者创造效用的活动，生产活动是企业最基本的活动。生产管理能力主要涉及五个方面，即生产过程、生产能力、库存管理、人力资源管理和质量管理。

(三)营销能力

企业的营销能力是指企业引导消费以占领市场、获取利润的产品竞争能力、销售活动能力和市场决策能力。

1. 产品竞争能力

产品竞争能力主要从产品的市场地位、收益性、成长性等方面进行分析。产品的市场地位可以通过市场占有率、市场覆盖率等指标来衡量。产品的收益性可以通过利润空间和量本利进行分析。产品的成长性可以通过销售增长率、市场扩大率等指标进行比较分析。

2. 销售活动能力

销售活动能力是对企业销售组织、销售绩效、销售渠道、销售计划等方面的综合考察。销售组织分析主要包括对销售机构、销售人员和销售管理等基础数据的评估。销售绩效分析是以销售计划完成率和销售活动效率分析为主要内容。销售渠道分析则主要分析销售渠道结构(如直接销售和间接销售的比例)、中间商评价和销售渠道管理。

3. 市场决策能力

市场决策能力是以产品竞争能力、销售活动能力的分析结果为依据,是领导者对企业市场进行决策的能力。

(四)财务能力

企业的财务能力主要涉及两个方面:一是筹集资金的能力;二是使用和管理资金的能力。筹集资金的能力可以用资产负债率、流动比率和已获利息倍数等指标来衡量;使用和管理资金的能力可以用投资报酬率、销售利润率和资产周转率等指标来衡量。

(五)组织管理能力

组织管理能力主要从以下几个方面进行衡量。
(1) 职能管理体系的任务分工。
(2) 岗位责任。
(3) 集权和分权的情况。
(4) 组织结构(直线职能、事业部等)。
(5) 管理层次和管理范围的匹配。

【案例】携程公司的能力分析

三、核心竞争力

20世纪80年代,库尔(Cool)和申德尔(Schendel)通过对制药行业的若干个企业进行研究,确定了企业的特殊能力是造成它们业绩差异的重要原因。1990年,美国学者普雷哈拉德(Prahald)和英国学者哈梅尔(Hamel)合作在《哈佛商业评论》上发表了《公司核心能力》一文,总结了世界上优秀公司的经验并提出公司核心能力的概念,竞争优势的真正源泉在于"管理层将公司范围内的技术和生产技能,合并为使各业务可以迅速适应变化机会的能力"。1994年哈梅尔与普雷哈拉德又发表专著《竞争未来》,由此,西方管理学界掀起对核心能力研究与讨论的热潮,对实务界也产生了很大的影响。作为竞争优势的源泉,企业独特的资源与能力日益受到人们的关注,"核心能力""核心业务"也成为流行术语。

核心能力的概念打破了以往管理人员把企业看成是各项业务组合的思维模式,重新认识到企业是一种能力的组合。而核心能力就是企业中有价值的资源,它可以使企业获得竞争优势,并且不会随着使用而递减。

(一)核心能力的概念

核心能力,就是企业在具有重要竞争意义的经营活动中能够比其竞争对手做得更好的能力。企业的核心能力可以是完成某项活动所需的优秀技能，也可以是在一定范围和深度上企业的技术诀窍，或者是那些能够形成很大竞争价值的一系列具体生产技能的组合。总体来讲，核心能力的产生是企业中各个不同部分有效合作的结果，也就是各种单项资源整合的结果。这种核心能力深深地根植于企业的各种技巧、知识和人的能力之中，对企业的竞争力起着至关重要的作用。

(二)核心能力的辨别

根据核心能力的概念，辨别企业能力是否属于核心能力的三个关键性测试如下。
(1) 它对顾客是否有价值？
(2) 它与企业竞争对手相比是否有优势？
(3) 它是否很难被模仿或复制？

但是，就其本质来讲，企业的核心能力非常复杂和微妙，有时很难满足上述三个关键性测试，在这种情况下，还需要综合运用其他识别方法，包括功能分析、资源分析以及过程系统分析。

1. 功能分析

考察企业功能是识别企业核心竞争力常用的方法，这种方法虽然比较有效，但是它只能识别出具有特定功能的核心能力。

2. 资源分析

分析实物资源比较容易，例如，企业商厦所处的区域、生产设备以及机器的质量等，而分析像商标或者商誉这类无形资源则比较困难。

3. 过程系统分析

过程涉及企业多种活动从而形成系统。过程和系统通常都会涉及企业的多种功能，因而过程和系统本身是比较复杂的。对企业整个过程和系统进行分析能够很好地判断企业的经营状况和核心能力。

(三)核心能力的评价

1. 评价的基础与方法

企业的核心能力不仅是企业的优势(如产品或服务的质量超越大多数的竞争对手)，而且只有当这种能力很难被竞争对手模仿时，这种优势才具有战略价值。企业可以通过以下几种方法判断自身的能力是否强于竞争对手。

(1) 企业的自我评价。企业在内部收集信息是一种既快速又经济的办法，例如，通过绩效趋势分析来判断与竞争对手相比企业经营是在改善还是在恶化；企业的内部人员根据自己的行业经验来判断企业是否在某一特定方面强于竞争对手。

(2) 产业内部比较。产业专家通常会收集这个产业内企业的某些数据并进行该产业内企业间的比较，所收集的数据包括市场份额、成本结构、关键成本以及顾客满意度等。这类信息可以告诉企业自己是否强于竞争对手，但是并没有说明导致该结果的原因。

(3) 基准分析。基准分析是企业运用一系列标准比较自己和竞争对手的业绩，包括单个或多种具体活动、系统或过程的比较。最理想的方法是企业把自己和一流企业相比较，无论它们是否处在同一个产业。另一种方法是把企业与产业内的国内外其他企业进行比较，通常跨国企业会把自己的子公司设在几个不同的国家，因而可以把企业与跨国公司在该国家设立的子公司进行比较，因为它们具有共同的经营环境与成本结构，特别是信息之间具有很强的可比性。基准的选择包括内部基准、竞争性基准、过程或活动基准、一般基准、顾客基准等五种类型。

(4) 成本驱动力和作业成本法。企业使用作业成本法以找出企业的成本驱动力，这与传统的成本会计方法相比，能提供更有用的信息。然而，找出成本驱动力并非易事，因为作业一般不只是某项具体的活动，而是由一系列活动形成的系统。为了判断简便，我们可以找出对顾客没有什么价值但投入较多，以及对顾客有价值但投入不够的活动。

(5) 收集竞争对手的信息。企业有多种收集其竞争对手信息的方式，主要包括：与顾客进行沟通；与供应商、代理人、发行人以及产业分析师进行沟通；对竞争对手进行实地考察；分析竞争对手的产品；通过私下沟通、电话交谈以及网上交谈的方式询问对方的产品；雇用竞争对手的员工等。

2. 基准分析概述

如上所述，基准分析是企业之间进行业绩比较的一种重要方法，其目的是发现竞争对手的优点和不足，针对其优点，补己之短；根据其不足，选择突破口，从而帮助企业从竞争对手的表现中获得思路和经验，冲出竞争者的包围，超越竞争对手。

(1) 基准对象。一般来说，能够衡量业绩的活动都可以成为基准对象。当然，把企业的每一项活动都作为基准对象是不切实际的，企业可以关注以下几个领域：占用较多资金的活动；能显著改善与顾客关系的活动；能最终影响企业结果的活动等。

(2) 基准类型。基准对象的不同决定了基准类型的不同。基准类型主要包括内部基准、竞争性基准、过程或活动基准、一般基准、顾客基准等五种类型。

① 内部基准。内部基准即企业内部各个部门之间互为基准进行学习与比较。企业内部由于存在着处于不同地理区域的部门，它们之间有着不同的历史和文化、不同的业务类型以及管理层与职员之间不同程度的融洽关系，因此可互为基准进行比较。

② 竞争性基准。竞争性基准即直接以竞争对手为基准进行比较。企业需要收集关于竞争对手的产品、经营过程以及业绩方面的具体信息，与企业自身的情况进行比较。由于有些在商业上比较敏感的信息不容易获取，因而有时还需要借助第三方的帮助。

③ 过程或活动基准。过程或活动基准即以具有类似核心经营的企业为基准进行比较，但是二者之间的产品和服务不存在直接竞争的关系。这类基准分析的目的在于找出企业做得最突出的方面，例如，生产制造、市场营销、产品工艺、存货管理以及人力资源管理等方面。

④ 一般基准。一般基准即以具有相同业务功能的企业为基准进行比较。

⑤ 顾客基准。顾客基准即以顾客的预期为基准进行比较。

越来越多的企业选择过程或活动基准进行分析比较。由于过程或活动基准的对象不是直接的竞争对手，因而更容易获取相关的信息，从而更有利于企业发现不足之处或创新点。例如，对于一家致力于提高质量、降低成本的酒店来说，需要确定能为酒店带来最大收益的客户，并着重满足这些客户的需求。酒店如果从客户满意度调查中发现其并未完全满足有利可图的商务旅行者的需求,就可以运用过程或活动基准分析方法,了解其他公司如何满足这类客户的需求。这些公司可能包括诸如航空业、餐饮业等其他产业的公司。

3. 基准分析实践

一个企业进行基准分析的成败主要取决于高层管理人员的行为,他们必须清楚地认识到企业需要改革的地方。企业实施基准分析的具体步骤如下。

第一步是选择基准对象。管理人员在明确基准对象时应尽可能地精确。例如,企业如果考察的是顾客服务质量,那么,管理人员就需要对与顾客服务相关的具体活动或领域非常熟悉。顾客服务包含相当多的活动,如订单管理、咨询回应、顾客投诉的处理、开立信用证以及货品计价等,这些活动之间都是相互独立的,它们有各自的技术与管理控制且属于不同的过程。

第二步是建立工作小组,小组成员需要包括涉及每项活动的战略上、功能上及战术上的代表成员。如果企业需要减少货品的返回率,那么,这个基准分析小组成员就需要包括顾客服务代表、收货员、运输人员以及质量控制管理人员。

第三步是决定进行基准分析的问题,并决定对哪家企业做这样的分析。借助专家顾问、产业协会以及产业新闻媒介的力量,企业可以做出正确的决定。

一旦确认了最优分析和比较对象,基准分析小组就可以收集对方的数据进行分析,把本企业的业绩与对方的业绩进行比较,以帮助自己找到可以改进的地方。工作小组通过衡量消除自身与对方差距的收益与成本来决定企业所要付出的努力水平。

4. 竞争对手分析

与竞争对手进行比较所得出的企业竞争优势能为企业带来有用的战略信息。本章第一节关于竞争对手的未来目标、假设、现行战略和潜在能力的分析都是企业自身核心能力识别和评价不可或缺的步骤和内容。

(四)企业核心能力与成功关键因素

企业核心能力与成功关键因素是两类不同的概念。成功关键因素应被看作是产业和市场层次的特征,而不是针对某个别公司。拥有成功关键因素是获得竞争优势的必要条件,而不是充分条件。比如,一个公司要成为成功的体育运动鞋的供应商,就必须有发展新款式、管理供应商和分销商网络以及进行营销活动的能力。但只有这些还不够,所有大型运动鞋公司都有产品发展部门、供应商和销售网络以及很大的营销预算,然而,只有少数公司如耐克,才能将这些活动做得很出色,从而创造出高于竞争对手的价值。

企业核心能力和成功关键因素的共同之处在于它们都是公司盈利能力的指示器。虽然它们在概念上的区别是清楚的,但在特定的环境中区分它们并不容易。例如,一个成功关键因素可能是某产业所有企业要成功都必须具备的,但它也可能是特定公司所具备的独特能力。

【案例】老板电器的核心竞争力分析

第四章 战略分析(内部环境)

【案例】马鞍山钢铁的核心竞争力分析

一、协同优势

公司积极融入中国宝武高质量钢铁生态圈,协同效应逐步显现。通过在规划、制造、营销、采购、管理等方面的协同,有益于公司增强采购议价能力,优化销售渠道,创新营销模式,突破技术瓶颈。公司通过管理对标以及实施技术支撑项目,改善经济技术指标,全面提升公司的综合竞争能力。

二、区位优势

公司处于安徽省融入长三角一体化发展国家战略的桥头堡地位,贴近下游市场,临江近海,交通运输便利。

三、产品结构优势

公司已经形成独具特色的"长材、板材、轮轴"三大类产品,可以灵活配置资源,向高附加值产品倾斜。

四、技术优势

截至2020年12月31日,本集团拥有有效国内外专利1810件,其中国外专利4项,发明专利748件;拥有技术秘密(非专利技术)4109项。

(资料来源:根据马鞍山钢铁股份有限公司官方网站资料收集整理而来。)

第三节 企业价值链分析

一、价值链的概念

迈克尔·波特在《竞争优势》一书中引入了"价值链"的概念。波特认为,企业每项生产经营活动都是其创造价值的经济活动。那么,企业所有的互不相同但又互相关联的生产经营活动,便构成了创造价值的一个动态过程,即价值链。

价值链最初是为了在企业复杂的制造程序中,分清各步骤的"利润率"而采用的一种会计分析方法,其目的在于确定在哪一步可以削减成本或提高产品的功能特性。波特认为,应该将确定每一步骤新增价值与对组织竞争优势的分析结合起来,了解企业资源的使用与控制情况,并从发现这些独立创造价值的活动开始。

价值链日益成为分析公司资源与能力的理论框架。价值链分析把企业活动进行分解,通过考虑这些单个活动本身及其相互关系来确定企业的竞争优势。

二、价值链的活动

(一)价值链的两类活动

价值链分析将企业的生产经营活动分为基本活动和支持活动两大类。如图4-2所示是价值链的图解。

公司战略与风险管理

图 4-2 价值链的图解

1. 基本活动

基本活动又称主体活动，是指生产经营的实质性活动，一般可以分为内部后勤、生产经营、外部后勤、市场销售和服务五种活动。这些活动与商品实体的加工流转直接有关，是企业的基本增值活动。每一种活动又可以根据具体的产业和企业的战略再进一步细分成若干项活动。

（1）内部后勤，又称进货物流，是指与产品投入有关的进货、仓储和分配等活动，如原材料的装卸、入库、盘存、运输以及退货等。

（2）生产经营，是指将投入转化为最终产品的活动，如加工、装配、包装、设备维修、检测等。

（3）外部后勤，又称出货物流，是指与产品的库存、分送给购买者有关的活动，如最终产品的入库、接受订单、送货等。

（4）市场销售，是指促进和引导购买者购买企业产品的活动，如广告、定价、销售渠道等。

（5）服务，是指与保持和提高产品价值有关的活动，如培训、修理、零部件的供应和产品的调试等。

2. 支持活动

支持活动，又称辅助活动，是指用以支持基本活动而且内部之间又相互支持的活动，包括采购管理、技术开发、人力资源管理和企业基础设施。

（1）采购管理。这里的采购是广义的，既包括原材料的采购，也包括其他资源投入的购买与管理。例如，企业聘请咨询公司为企业进行广告策划、市场预测、管理信息系统设计、法律咨询等都属于采购管理。

（2）技术开发，是指可以改进企业产品和工序的一系列技术活动。这也是一个广义的概念，既包括生产性技术，也包括非生产性技术。因此，企业中每项生产经营活动都包含着技术，只不过其技术的性质、开发的程度和使用的范围不同而已。有的属于生产方面的工程技术，有的属于通信方面的信息技术，还有的属于领导的决策技术。这些技术开发活动不仅与企业的最终产品直接相关，而且支持着企业全部的活动，成为判断企业竞争实力的一个重要因素。

(3) 人力资源管理，是指企业职工的招聘、雇用、培训、提拔和退休等各项管理活动。这些管理活动支持着企业中每项基本活动和支持活动，以及整个价值链。人力资源管理在调动职工生产经营的积极性上起着重要作用，影响着企业的竞争实力。

(4) 企业基础设施，是指企业的组织结构、惯例、控制系统以及文化等。企业高层管理人员往往能在这些方面发挥重要作用，因此，高层管理人员也被视为基础设施的一部分。企业的基础设施与其他支持活动有所不同，它一般是用来支撑整个价值链的运行，即所有其他的价值创造活动都通过基础设施进行。在多元经营的企业里，公司总部和经营单位各有自己的基础设施。

(二)价值链确定

为了在一个特定产业进行竞争并判定企业竞争优势，有必要确定企业的价值链。即从价值链分析入手，将各种不同的价值活动在一个特定的企业中得到确认。价值链中的每一项活动都能进一步分解成一些相互分离的活动。例如图 4-3 显示了在价值链中对基本活动中"市场销售"活动的再分解。

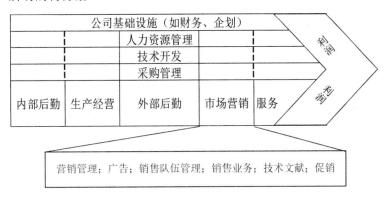

图 4-3 价值链再分解图

确定有关价值活动要求将在技术特征或经济效果等方面可分离的活动分解出来。如生产或营销这样一些广义的职能应该进一步细分为一些活动。一些活动的再分解能够达到范围日趋狭窄的活动的层次，这些活动在一定程度上相互分离。例如，工厂里的每台机器可以被看作一项分离的活动。经过这样的分解，潜在活动的数量通常巨大。

分解的适当程度依赖于这些活动的经济性和分析价值链的目的。分离这些活动的基本原则是：具有不同的经济性；对产品差异化产生很大的潜在影响；在成本中所占比例很大或所占比例在上升。如果分解一些活动对于揭示企业竞争优势的作用很明显，那么，对这些活动的分解就非常重要；相反，如果分解一些活动被证明对提升竞争优势无足轻重或这些活动具有相似的经济性，那么这些活动就没有必要分解，而是可以被组合起来。

将某一活动恰当归类需要进行判断。例如，订单处理可以作为外部后勤的一部分，也可以作为市场销售的一部分进行归类。对一个批发商而言，订单处理的作用更接近营销的一部分。同样，销售队伍也经常发挥服务的职能。各项活动应分别归入能最好地反映它们对企业竞争优势贡献的类别中。例如，若订单处理是一个企业与其买方相互作用的一个方面，则它应被归入市场销售这一类别。同样，假如进货材料处理和发货材料处理用的是同一套设施和人员，那么，二者就应该合并为同一活动，并从其职能具有最大的竞争性影响的角度进行分类。

三、资源使用的价值链分析

价值链分析的关键是，要认识企业不是机器、货币和人员的随机组合，如果不将这些资源有效地组织起来，生产出最终顾客认为有价值的产品或服务，那么，这些资源将毫无价值。因此，资源分析必须是一个从资源评估到对怎样使用这些资源的评估过程。

企业资源能力的价值链分析要明确以下几点。

1. 确认那些支持企业竞争优势的关键性活动

虽然价值链的每项活动，包括基本活动和支持活动，都是企业成功所必经的环节，但是，这些活动对企业竞争优势的影响是不同的。在关键活动的基础上建立和强化这种优势很可能使企业获得成功。支持企业竞争优势的关键性活动事实上就是企业的独特能力的一部分。

2. 明确价值链内各种活动之间的联系

价值链中基本活动之间、基本活动与支持活动之间以及支持活动之间存在各种联系，选择或构筑最佳的联系方式对于提高价值创造和战略能力是十分重要的。例如，在基本活动之间，保持高水平的存货会使生产安排变得容易，并且可以对顾客的需求作出快速反应，但会增加经营成本，因此，应该评估一下增加存货可能带来的利和弊。又如，传统的库存管理与 JIT(准时生产)反映了基本活动与支持活动之间不同的联系方式，前者要求库存部门按照既定的订货费用、准备结束费用、存货费用、保险量等因素来决定最佳库存量；后者则将这些因素都作为变量，因而将优化库存的过程变为优化整个生产管理的过程。这两种管理方式显然反映的是企业基础设施(企业整体的控制系统)与企业基本生产经营活动之间不同的联系方式。

3. 明确价值系统内各项价值活动之间的联系

价值活动的联系不仅存在于企业价值链内部，而且存在于企业与企业的价值链之间。图 4-4 所示的价值系统内包括供应商、分销商和客户在内的各项价值活动之间的许多联系。例如，一个企业的采购和内部后勤活动与供应商的订单处理系统相互作用；同时，供应商的工程人员与企业的技术开发和生产人员之间也可以协同工作；供应商的产品特点以及它与企业价值链的其他接触点能够十分显著地影响企业的成本和产品差异(如供应商频繁地运输能降低企业库存的要求；供应商产品适当地包装能减少企业搬运费用；供应商对发货的检查能减少企业对产品进行检查的需要)。近年来，战略联盟的发展正是基于这一思路。例如，美国一些铝罐生产商把它们的生产工厂建在啤酒厂的附近，用顶端传输器直接把产品传送到啤酒厂的装瓶线上，这样可为双方节约生产安排、装运以及存货等费用。

第四章 战略分析(内部环境)

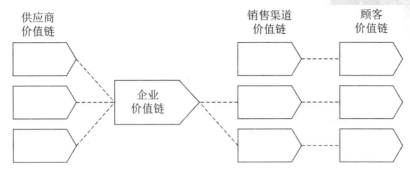

图 4-4 价值系统

【案例】京东的价值链分析

一、京东的内部价值链

企业内部价值链是指企业内部各项经营活动，是一种对产品研发、供应、生产和销售各阶段关系的分析，不涉及供应商和销售商。在管理方面，为了有效保留企业员工以及建立员工忠诚度，京东为企业员工提供了良好的工作环境、生活环境以及经常性的涨薪。公司上市之后，京东选择了新的办公大楼，并为员工提供了酒店式公寓，大大提升了员工的公司归属感。2017 年，京东给员工进行了大幅度加薪，基层员工加薪幅度不低于 10%，高层、经理级员工加薪超过 20%。在经营方面，京东在电子商务方面有着强大的优势，首先，京东着力发展电商的同时建立了自己的物流体系，以速度快为优势，半日到两日的配送时间打败了大多数第三方物流公司。其次，京东主打科技品牌，低价售卖正品赢得了大多数顾客的信任。凭借这一手段，京东快速拥有了自己的客户源，为其他商品的售卖奠定了基础，夯实了京东在电子商务行业的地位。最后，京东作为年轻企业，入市时缺乏用户；而腾讯作为老牌企业，开创的社交平台用户量数据庞大，但是缺少在电商方面的开拓，发展的微信支付用户使用量不及支付宝，京东和腾讯的合作，让京东与腾讯取长补短。

二、京东的外部价值链

企业外部价值链分析是指企业对与其紧密联系的外部行为主体对本企业价值的影响分析，主要表现为产业价值链。产业价值链分析是指由若干个环节构成的完整产业链条，每一个环节都有自身的特点。京东的产业价值链主要从供应商链和客户链出发。供应商链中，京东着力于发展京东金融，用于保障供应商的多样性和延续性。京东经营着巨大的电商平台，涉及的供应商超过 12 万余家。为了保证供求因素，京东发展了"京小贷"和"京保贝"两大京东金融品牌。在博弈论的视角下，京东对供应链借贷解决了现实中的两个问题：信息不对称和融资风险。在常规的市场中，很少有人能够将电子商务平台和金融机构联合起来。而京东同时管控着两者，将供应商的信息和供应商的需求连接在一起，若供应商贷款违约，则京东有能力封锁供应商的自营店铺，使得供应商损失客户源、损失公信力，最终造成更大的损失。所以在博弈机制下，诚信不好的供应商会选择不贷款。诚信优良的供应商则会选择京东金融这种快速、简单的贷款。这种机制大大提升了京东供应商的素质。客户链中，京东将客户定位于有购买能力、对产品要求较高、对配送速度要求较快的群体，以物美价廉的品质提供给这些客户。京东能够保证为消费者提供正品、电子发票和售后服务，与此同时还推出了价格保护、延长保险服务等措施，此类办法维系了客户对产品的需求。

(资料来源：根据京东集团官方网站及年报资料收集整理而来。)

价值链分析有助于对企业的能力进行考察，这种能力来源于独立的产品、服务或业务单位。但是，对于多元化经营的公司来说，还需要将企业的资源和能力作为一个整体来考虑。因此，公司战略能力分析的另一个重要部分就是对公司业务组合进行分析，保证业务组合的优化是公司战略管理的主要责任。波士顿矩阵与通用矩阵分析就是公司业务组合分析的主要方法。

四、波士顿矩阵

(一)基本概念

波士顿矩阵(BCG Matrix)，又称市场增长率——相对市场份额矩阵、波士顿咨询集团法、四象限分析法、产品系列结构管理法等，是由美国著名的管理学家、波士顿咨询公司创始人布鲁斯·亨德森(Bruce Henderson)于1970年首创的一种用来分析和规划企业产品组合的方法。这种方法的核心在于，解决如何使企业的产品品种及其结构适合市场需求的变化，并如何将企业有限的资源有效地分配到合理的产品结构中去，以保证企业收益，是企业在激烈竞争中能否取胜的关键。

波士顿矩阵认为一般决定产品结构的基本因素有两个，即市场引力与企业实力。市场引力包括市场增长率、目标市场容量、竞争对手强弱及利润高低等。其中，最主要的是反映市场引力的综合指标——市场增长率，它是决定企业产品结构是否合理的外在因素。企业实力包括企业市场占有率以及技术、设备、资金利用能力等，其中市场占有率是决定企业产品结构的内在要素，它直接显示出企业的竞争实力。

(二)基本原理

波士顿矩阵将企业所有产品从市场增长率和市场占有率的角度进行再组合。在坐标图上(见图4-5)，波士顿矩阵的纵轴表示市场增长率，它是指企业所在产业某项业务前后两年市场销售额增长的百分比。这一增长率表示每项经营业务所在市场的相对吸引力，通常用10%作为增长率高低的界限。横轴表示企业在产业中的相对市场占有率，是指企业某项业务的市场份额与这个市场上最大竞争对手的市场份额之比。这一市场占有率反映出企业在市场上的竞争地位。相对市场占有率的分界线为1.0(在该点，本企业的某项业务的市场份额与该业务市场上最大竞争对手的市场份额相等)，该分界线将市场占有率划分为高低两个区域。横轴之所以采用相对市场占有率，而不采用绝对市场占有率，是考虑到企业不同产品所在产业的集中度差异，绝对市场占有率不能够准确地反映企业在所处产业中实际的竞争地位。

图4-5中纵坐标与横坐标的交叉点表示企业的一项经营业务或产品，而圆圈面积的大小表示该业务或产品的收益与企业全部收益之比。

根据有关业务或产品的市场增长率和企业相对市场份额标准，波士顿矩阵把企业全部经营业务定位在四个区域中，具体如下。

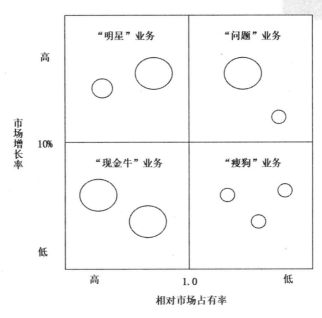

图 4-5 波士顿矩阵

1. 高增长——强竞争地位的"明星"业务

这类业务处于迅速增长的市场,具有很大的市场份额。在企业的全部业务中,"明星"业务的增长和获利有着极好的发展前景,但它们是企业资源的主要消费者,需要大量的投资。为了保护和扩展"明星"业务在增长的市场中的主导地位,企业应在短期内优先供给它们所需的资源,支持它们继续发展。

"明星"业务适宜采用的战略是:积极扩大经济规模和市场机会,以长远利益为目标,提高市场占有率,加强竞争地位。明星业务的管理组织最好采用事业部形式,由对生产技术和销售两方面都很精通的经营者负责。

2. 高增长——弱竞争地位的"问题"业务

这类业务通常处于最差的现金流量状态。一方面,其所在产业的市场增长率高,需要企业大量投资以支持其生产经营活动;另一方面,其相对市场占有率低,能够生成的资金很少。因此,企业对于"问题"业务的进一步投资需要进行分析,判断使其转移到"明星"业务所需的投资量,分析其未来盈利,研究是否值得投资等问题。

例如,在产品生命周期中处于导入期时因种种原因未能开拓市场的新产品,进入成长期后即成为"问题"业务。对"问题"业务应采取选择性投资战略。即首先确定对该象限中那些经过改进可能会成为"明星"的业务进行重点投资,提高市场占有率,使之转变成"明星"业务;对其他将来有希望成为"明星"的业务,则在一段时期内采取扶持的对策。对"问题"业务的改进与扶持方案一般均列入企业长期计划中。"问题"业务的管理组织,最好是采取智囊团或项目组等形式,选拔有规划能力、敢于冒风险的人负责。

3. 低增长——强竞争地位的"现金牛"业务

这类业务处于成熟的低速增长的市场中,市场地位有利,盈利率高,本身不需要投资,反而能为企业提供大量资金,用以支持其他业务的发展。

这一象限内的大多数产品,其市场增长率的下跌已成不可阻挡之势,因此,可采用收获战略,即投入资源以达到短期收益最大化为限。第一,把设备投资和其他投资尽量压缩;第二,采用榨油式方法,争取在最短时间内获取更多利润,为其他产品提供资金。对于这一象限内市场增长率仍有所增长的业务,应进一步进行市场细分,维持现存市场增长率或延缓其下降速度。对于"现金牛"业务,适合用事业部制进行管理,其经营者最好是市场营销型人物。

4. 低增长——弱竞争地位的"瘦狗"业务

这类业务处于饱和的市场当中,竞争激烈,可获利润很低,不能成为企业资金的来源。对这类业务应采用撤退战略。首先,应减少批量,逐渐撤退。对那些还能自我维持的业务,应缩小经营范围,加强内部管理;而对那些市场增长率和市场占有率均极低的业务则应立即淘汰。其次,是将剩余资源向其他业务转移。最后,是整顿产品系列,最好将"瘦狗"产品并入其他事业部进行统一管理。

(三)波士顿矩阵的运用

充分了解四种业务的特点后,还需进一步明确各项业务单位在公司中的不同地位,从而进一步明确其战略。通常有四种战略分别适用于不同的业务。

1. 发展战略

发展战略是指以提高相对市场占有率为目标,增加资金投入,甚至不惜放弃短期收益。如"问题"业务如果想尽快成为"明星"业务,就应以此为战略。

2. 保持战略

投资战略是指投资维持现状,目标是保持该项业务现有的市场占有率。对于较大的"现金牛"业务,以此为战略,以使它们产生更多的收益。

3. 收割战略

这种战略主要是为了获得短期收益,目标是在短期内得到最大限度的现金收入。对处境不佳的"现金牛"业务及没有发展前途的"问题"业务和"瘦狗"业务应视具体情况采取这种策略。

4. 放弃战略

这种战略的目标在于清理和撤销某些业务,减轻负担,以便将有限的资源用于效益较高的业务。这种战略适用于无利可图的"瘦狗"业务和"问题"业务。

(四)波士顿矩阵的启示

波士顿矩阵有以下几方面的重要贡献。

第一,波士顿矩阵是最早的组合分析方法之一,被广泛运用于产业环境与企业内部条件的综合分析、多样化的组合分析、大企业发展的理论依据等方面。

第二,波士顿矩阵将企业不同的经营业务综合在一个矩阵中,具有简单明了的效果。

第三,该矩阵指出了每个业务经营单位在竞争中的地位、作用和任务,从而使企业能够有选择地和集中运用有限的资金。每个业务经营单位也可以从矩阵中了解自己在总公司中的位置和可能的战略发展方向。

第四，利用波士顿矩阵可以帮助企业推断竞争对手对相关业务的总体安排。其前提是竞争对手也使用波士顿矩阵的分析方法。

(五)波士顿矩阵的局限

企业把波士顿矩阵作为分析工具时，应该注意到它的局限性。

(1) 在实践中，企业要确定各业务的市场增长率和相对市场占有率是比较困难的。

(2) 波士顿矩阵过于简单。首先，它用市场增长率和企业相对市场占有率这两个单一指标分别代表产业吸引力和企业竞争地位，不能全面反映这两方面的状况；其次，这两个坐标的划分都只有两个位级，划分过粗。

(3) 波士顿矩阵暗含了一个假设：企业的市场份额与投资回报是呈正相关的。但在有些情况下这种假设是不成立或不全面的。一些市场占有率小的企业如果实施创新、差异化和市场细分等战略，也能获得很高的利润。

(4) 波士顿矩阵的另一个条件是，资金是企业的主要资源。但在许多企业中，要进行规划和均衡的重要资源不是现金而是时间和人员的创造力。

(5) 波士顿矩阵在实际运用中有很多困难。例如，正确地应用组合计划会对企业的不同部分产生不同的影响和要求，这对许多管理人员来说是一个重要的文化变革，而这一文化变革往往是非常艰难的过程。又如，按波士顿矩阵的安排，"现金牛"业务要为"问题"业务和"明星"业务的发展筹资，但如何保证企业内部的经营机制能够与之配合？谁愿意将自己费力获得的盈利投资到其他业务中去？因此，有些学者提出，与其如此，不如让市场配置资源，可能会更有效率。

五、通用矩阵

通用矩阵，又称行业吸引力矩阵，是美国通用电气公司设计的一种业务组合分析方法。

(一)基本原理

通用矩阵改进了波士顿矩阵过于简化的不足。首先，在两个坐标轴上都增加了中间等级；其次，其纵轴用多个指标反映产业吸引力，横轴用多个指标反映企业竞争地位。这样，通用矩阵不仅适用于波士顿矩阵所能适用的范围，而且九个区域的划分，更好地说明了企业中处于不同竞争环境和不同地位的各类业务的状态(见图4-6)。

在图4-6中，产业吸引力和竞争地位的值决定着企业某项业务在矩阵上的位置。矩阵中圆圈面积的大小与产业规模成正比，圈中扇形部分(画线部分)表示企业在某项业务的市场占有率。

影响产业吸引力的因素有产业增长率、市场价格、市场规模、获利能力、市场结构、竞争结构、技术及社会政治因素等。评价产业吸引力的大致步骤是：首先，根据每个因素的相对重要程度，定出各自的权数；其次，根据产业状况定出产业吸引力因素的级数；最后，用权数乘以级数，得出每个因素的加权数，并将各个因素的加权数汇总，得出整个产业吸引力的加权值。影响经营业务竞争地位的因素，有相对市场占有率、市场增长率、买方增长率、产品差别化、生产技术、生产能力、管理水平等。评估企业经营业务竞争地位的原理，与评估产业吸引力的原理是相同的。

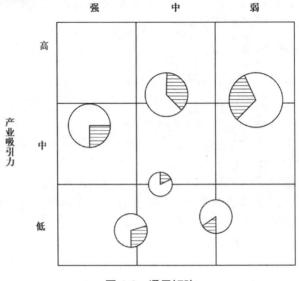

图 4-6 通用矩阵

从矩阵图九个方格的分布来看，企业中处于左上方三个方格的业务适合采取增长与发展战略，企业应优先分配其资源；处于右下方三个方格的业务，一般应采取停止、转移、撤退战略；处于对角线上三个方格的业务，应采取维持或有选择地发展的战略，维持原有的发展规模，同时调整其发展方向。

(二)通用矩阵的局限

通用矩阵虽然改进了波士顿矩阵过于简单的不足，但是也存在自身的不足。

用综合指标来测算产业吸引力和企业的竞争地位，这些指标在一个产业或一个企业的表现可能会不一致，评价结果也会由于指标权数分配的不准确而存在偏差。而且划分较细，这对于业务类型较多的多元化大公司来说必要性不大，且需要更多数据，方法比较繁杂，不易操作。

【案例】波士顿矩阵在油服行业的应用

第四节　SWOT 分析

一、SWOT 分析的基本内涵

SWOT 分析是一种综合考虑企业内部条件和外部环境的各种因素，进行系统评价，从而选择最佳经营战略的方法。这里，S 是指企业内部的优势(Strengths)，W 是指企业内部的劣势(Weakness)，O 是指企业外部环境的机会(Opportunities)，T 是指企业外部环境的威胁(Threats)。

第四章 战略分析(内部环境)

企业内部的优势和劣势是相对竞争对手而言的,一般表现在企业的资金、技术设备、员工素质、产品、市场、管理技能等方面。判断企业内部的优势和劣势一般有两项标准:一是单项的优势和劣势。例如,企业资金雄厚,则在资金上占优势;市场占有率低,则在市场上处于劣势。二是综合的优势和劣势。为了评估企业的综合优势和劣势,应选定一些重要因素,加以评价打分,然后,根据其重要程度按加权平均法加以确定。

企业外部环境的机会是指外部环境中对企业有利的因素,如政府支持、高新技术的应用、与购买者和供应者良好的关系等。企业外部环境的威胁是指外部环境中对企业不利的因素,如新竞争对手的出现、市场增长缓慢、购买者和供应者讨价还价能力增强、技术老化等。SWOT 分析的典型格式如图 4-7 所示。

优势	劣势
•企业拥有的专业市场知识	•缺乏市场知识与经验
•对自然资源的独有进入性	•无差别的产品和服务(与竞争对手比较)
•专利权	•企业地理位置较差
•新颖的、创新的产品或服务	•竞争对手进入分销渠道并占据优先位置
•企业地理位置优越	•产品或服务质量低下
•由于自主知识产权所获得的成本优势	•声誉败坏
•质量流程与控制优势	
•品牌和声誉优势	
机会	威胁
•发展中国家新兴市场(如中国互联网)	•企业所处的市场中出现新的竞争对手
•并购、合资或战略联盟	•价格战
•进入具有吸引力的新的细分市场	•竞争对手发明新颖的、创新性的替代产品或服务
•新的国际市场	
•政府规则放宽	•政府颁布新的规则
•国际贸易壁垒消除	•出现新的贸易壁垒
•某一市场的领导者力量薄弱	•针对企业产品或服务的潜在税务负担

图 4-7 典型的 SWOT 分析格式

二、SWOT 分析的具体应用

SWOT 分析根据企业的目标列出对企业生产经营活动及发展有着重大影响的内部及外部因素,并且根据所确定的标准对这些因素进行评价,从而判定出企业的优势与劣势、机会和威胁。

SWOT 分析的目的是使企业考虑:为了更好地对新出现的产业和竞争环境做出反应,必须对企业的资源采取哪些调整行动;是否存在需要弥补的资源缺口;企业需要从哪些方面加强其资源;要建立企业未来的资源必须采取哪些行动;在分配公司资源时,哪些机会应该最先考虑。这就是说,SWOT 分析中最核心的部分是评价企业的优势和劣势、判断企业所面临的机会和威胁并做出决策,即在企业现有的内外部环境下,如何最优地运用自己的资源,并且建立公司未来的资源(见图4-8)。

		外部环境	
		机会	威胁
内部环境	优势	增长型战略(SO) (I)	多种经营战略(ST) (IV)
	劣势	扭转型战略(WO) (II)	防御型战略(WT) (III)

图 4-8 SWOT 分析的四象限战略

从图 4-8 中可以看出,第 I 类企业具有很好的内部优势以及众多的外部机会,应当采取增长型战略,如开发市场、增加产量等。第 II 类企业面临着良好的外部机会,却受到内部劣势的限制,应当采用扭转型战略,充分利用环境带来的机会,设法清除劣势。第 III 类企业内部存在劣势,外部面临威胁,应当采用防御型战略,进行业务调整,设法避开威胁和消除劣势。第 IV 类企业具有内部优势,但外部环境存在威胁,应当采取多种经营战略,充分发挥自己的优势,在多样化经营中寻找长期发展的机会;或进一步增强自身竞争优势,以对抗威胁。

一家电力企业对发展风能业务的 SWOT 分析如表 4-1 所示。可以看出,通过 SWOT 分析可以将企业战略分析过程中总结出的内部的优势与劣势、外部的机会与威胁转换为企业下一步的战略开发方向。SWOT 分析成为战略分析与战略选择两个阶段的连接点。值得注意的是,该例中的几个不同的象限会出现相同的战略方向。例如,"规模化发展风电产业"既属于"SO"战略,又属于"ST"战略,即这一战略方向的选择是综合了 S、O、T 三个方面的因素得出的结果。又如,"寻找有经验的国际战略合作伙伴"既属于"ST"战略,又属于"WO"战略,即这一战略方向的选择是综合了 S、W、O、T 四个方面的因素得出的结果。事实上,企业在进行 SWOT 分析之后,对于可选择的战略方向还要进行总结和梳理,最终确定公司战略选择的主要方向。

表 4-1 一家电力企业对发展风能业务的 SWOT 分析

	机会(O)	威胁(T)
电力企业发展风能业务的 SWOT 分析	•国民经济持续增长形成的发展空间 •良好的外部环境和政策前景 •率先行动者的机遇优势 •世界风电产业的发展经验 •常规发电竞争力的减弱	•竞争对手的竞争优势 •潜在进入者的加入 •中小水电的替代压力 •竞价上网的改革趋势 •世界风电产业的快速发展引起与供应商砍价地位的降低

第四章 战略分析(内部环境)

续表

优势(S)		
•秉承集团公司的办电经验及良好客户关系 •秉承集团公司的无形资源 •全新公司的优势 •规模化运作电力项目的整体能力 •集团公司的支持与实力	SO 战略 •抢占优质风电资源 •规模化发展风电产业	ST 战略 •寻找有经验的国际战略合作伙伴 •规模化发展风电产业 •争取中小水电联动开发 •规模化促进国产化
劣势(W)		
•风电产业开发经验不足 •风电产业市场份额较小 •风电价格呈下降趋势 •风电储备资源不足	WO 战略 •寻找有经验的国际战略合作伙伴 •尽早进入竞争对手公司尚未涉及的海上风力发电领域	WT 战略 •聘请有经验的风电专家 •尽快培养并吸引风电人才 •选择新型高效风机,尽快形成规模并积累经验

【案例】顺丰速运的 SWOT 分析

一、优势(S)

(1) 速度优势。速度是快递市场竞争的决定性因素。想要分到更多的市场份额,快递企业必须把速度放在第一位。据了解,无论是同城快递还是城际快递,民营快递企业都比 EMS 快约 50%,而顺丰则比其他民营快递快约 20%。与此同时,顺丰在 2010 年创建了属于自己的航空公司,有自己的专运货机,这无论从配货的机动性上还是从输送快件的时效性上来看,都是有主动性的,显而易见,是速度造就了顺丰的成功。

(2) 经营灵活。顺丰速运的经营方式相对于中国邮政和国营快递则更加灵活。在服务方式上,民营快递实行"门到门"服务、手对手交接,上门收件送件,对大客户还可派驻专人到客户处提供收发快件服务,且对寄件封装、重量、尺寸,运递要求没有过多的限制。在服务时间上,灵活的民营快递企业更具有竞争力。顺丰目前实行的两班制,属于昼夜不间断的运营机制,能够保证客户的快件在第一时间进行中转派送。

二、劣势(W)

(1) 从业人员素质普遍较低。由于民营快递对从业人员的素质要求普遍不高,行业技术含量低,初始资本投入较少,行业利润较大,容易进入,并且廉价劳动力市场充足,因此导致快递市场很不规范。另外,国家对民营快递企业的管理相对"真空",有些企业仅追求短期效益,管理松散,人员流动性大,失信于客户的事时有发生,这大大影响了民营快递企业的整体信誉。

(2) 资金不足,融资渠道不畅通。物流快递企业是资金投入比较大的行业,FedEx、UPS、DHL 每年都以几十亿元的投入来扩大和完善其服务,而顺丰速运却是完全依靠自身的经济实力来维持着企业的发展,这在很大程度上制约了顺丰的快速壮大。企业自身的经济实力尚未强大,但自给自足的运作模式依然有很大的制约性。从全国工商联编写的《中国民营企业发展报告》蓝皮书中可以看到,民营企业融资通过银行贷款仅 4%、非金融机构 2.6%、其他渠道 2.9%,其自我融资的比例高达 90.5%。融资在一定程度上成了民营企业发展壮大的"瓶颈"。

(3) 人才缺乏。目前,我国快递企业包括民营快递的"领头羊"——顺丰。来自顺丰的一份内部通告显示出其他民营快递企业的状况甚至还不如顺丰,都存在着同样的人才缺乏问题,三大基地初中以下学历 25 153 人,占总人数的 25.73%;高中/中专学历 42 384 人,占总人数的 43.35%;大专学历 20 973 人,占总人数的 21.45%;本科学历 9 256 人,占总人数的 9.47%。三个基地大专以上学历仅占总人数的 30.92%,比例较低,本科以上学历的比例更低;高中学历比例占总人数的 43.35%,是较理想的,但初中学历比例过高,达到总人数的 25.73%,此比例应控制在 10%以下,才能提高一线员工的整体素质。

三、机会(O)

(1) 政府政策优惠。自从邮政部门进行政企分离改革之后,民营物流开始迅速崛起。国务院印发的《物流业发展中长期规划(2014—2020)》指出:加大土地等政策支持力度,着力降低物流成本。通过对物流企业仓储等土地的政策优惠,从而降低企业的成本。2009 年,新《邮政法》出台,不仅在法律上明确了物流企业的地位,还给予了民营物流企业更多的发展空间,并且鼓励企业直接的良性竞争,也为其良性竞争提供了法律保障。在十四五规划中,也提出要在之前取得的成果之上,继续推广智能物流服务,从而促进物流企业的发展。

(2) 货币政策优惠。2017 年央行下调存款准备金率,从而降低贷款利率。这对于物流企业来说,无疑是巨大的好消息。企业的发展离不开资金的投入,企业可以通过贷款获得资金,从而扩大企业规模,以便承接更多的业务,赚取更多的利润,并且金融机构也开展了适合物流企业特点的抵押贷款等业务。

(3) "一带一路"建设。我国与沿线国家实行"一带一路"建设,通过推进该建设,将会推动我国物流企业面向全球,企业想要走出国门,必须有足够的实力,这样将会间接地推动我国物流企业的实力。并且通过"一带一路"建设,将会促进我国和沿线国家的合作,进而推动物流的发展,加快物流企业转变成国际物流企业的步伐,同时,也会推进我国其他行业的发展。

四、威胁(T)

(1) 季节性。每年的"双十一"或者年终大促销的时候是网购的高峰时节,这对物流企业来说既是机遇也是挑战。突增的业务量将会对企业供货能力和运输能力提出较高的要求。对于顺丰来说,想要保质保量并且在较短的时间内将物品送到收货人手中,是比较困难的。一旦消费者看到顺丰的速度或者安全性降低,会使得消费者对企业的信赖度大大地降低。

(2) 进入壁垒低。对于物流行业来说,只要有足够的资产作为支撑,就能够承接任务,也不需要先进的技术作为支撑,使得进入该行业的门槛明显低于其他行业,这势必会对原有的企业产生一定的影响。

(3) 激烈的市场竞争。我国快递市场目前的形势是国际快递巨头、国营快递和民营快递多方并存,民营快递从诞生起就生存在夹缝之中。同时,在民营快递之间也进行着激烈的竞争,同时存在着大量的内讧,顺丰要想在这激烈的竞争中脱颖而出,确实需要付出更多的努力。

总结:从 SWOT 分析来看,顺丰速运应该属于扭转型。即市场空间是巨大的,但是其自身有很多不足，如产品的市场定位、价格偏高但服务质量与价格并不完全匹配、网络覆盖率不足等。顺丰可以采取扭转型战略，在现有产品的市场定位上，以提高自身的操作质量来提高服务质量。在销售上，应该设定专门的销售人员，掌握销售技巧，利用现有的产品组合加大销售力度。在管理上，应加强组织架构的搭建、人员的招募及培训；目标制定应具合理性并强调执行力的重要性；在控制方面，没有良好的控制，顺丰就会失去方向，没有良好的控制，顺丰就不知道自身的不足在哪里。

(资料来源：根据顺丰官网及年报资料收集整理而来。)

本 章 小 结

(1) 介绍了企业的资源分析、企业的能力分析和企业的核心能力。
(2) 在价值链确定的基础上，介绍了价值链上的两类活动——主体活动和支持活动，并进行企业资源能力的价值链分析。
(3) 介绍了业务组合分析，包括波士顿矩阵分析和通用矩阵分析。
(4) 介绍了 SWOT 分析，包括对企业内部的优势和劣势，外部环境的机会和威胁进行分析。

实 训 课 堂

基本案情：

2018 年 7 月 23 日，小米正式发布家电新品"米家互联网空调"(以下简称米家空调)。这款产品的发布除了丰富小米产品线外，也意味着小米正式向传统白色家电领域发起进攻。而此时白色家电行业的竞争已经异常激烈。格力、美的、海尔等龙头企业凭借其规模经济、品牌、技术、渠道和服务等优势，基本上占领了白色家电行业的市场。格力在空调领域拥有差异化竞争优势，其产品可以做到与其他品牌不同，更加优质、品牌更强；美的空调拥有目标聚集优势；相较于格力、美的空调占比较高，海尔的业务占比更加均衡，其在家电产品多元化和国际化上布局更优，整个产业的销售额保持稳定，且市场基本饱和。家电行业已经从快速增长期进入逐渐稳定的更新换代期，行业竞争进一步加剧，品牌集中度进一步提高。试图扩大市场份额的企业，总会遇到竞争对手的快速反击。各企业空调的库存已接近历史高位，产品价格竞争开始成为市场竞争的主要手段。根据"米家空调官微"的宣传，这一次米家空调的主要卖点为空调能实现 0.1 ℃的精准控温，对于消费者而言，这确实很有新意，因为传统空调的温度只能到整数，很少有到小数点后的。空调内部过滤网采用一体注塑成型防霉抗菌产品，抗菌率超过 99%。还有一个细节的设计也是传统空调所不具备的，空调在制冷或除湿结束后，并不会马上关闭，而是将风机继续运转一段时间，以便将蒸发器中的冷凝水吹干，起到防霉效果。同时用户也可以使用米家 App 和小爱同学来操控米家互联网空调，这也让远程启动成为可能，用户用手机 App 提前打开空调降温，一进门就可以投身于凉爽适宜的环境中，不必再等待空调启动的过程。米家互联网空调来自小米生态链企业智米科技，依托于小米生态链的大平台，核心技术牢牢掌握在自家手中。

思考讨论题：

1. 简要分析小米正式向传统白色家电领域发起冲击时，白色家电行业所处的产品生命周期发展阶段。
2. 判断小米掌握的互联网空调技术，能否称为该公司的核心能力？

分析要点：

运用企业核心能力的三个关键性测试判断公司的核心能力。

复习思考题

一、基本概念

企业资源　企业能力　价值链　波士顿矩阵

二、判断题

1. 企业内部环境是指企业内部的物质、文化环境的总和，包括企业资源、企业能力、企业文化等因素。（　　）
2. 低增长——强竞争地位的"现金牛"业务，通常市场地位有利，盈利率高，本身不需要投资，反而能为企业提供大量资金，用以支持其他业务的发展。（　　）
3. 某企业拥有业内领先的智能手机生产技术，资金实力雄厚。在经济危机期间，国际市场需求疲软，根据SWOT模型，该企业应采用多种经营战略。（　　）

三、选择题(有多选)

1. 根据产品生命周期理论，当企业的主要战略路径是投资于研究开发和技术改进，提高产品质量时，企业所在产业处于（　　）。
   A. 成长期　　　B. 导入期　　　C. 成熟期　　　D. 衰退期
2. 近年来，金融行业的工资率不断攀升。在此期间，甲公司分析其竞争对手乙公司发现，乙公司的成本费用非常少，乙公司不断精简公司部门机构，在保持公司活力的同时节省费用。甲公司对乙公司进行的上述分析属于（　　）。
   A. 成长能力分析　　　　　　　B. 快速反应能力分析
   C. 适应变化的能力分析　　　　D. 持久力分析
3. 在对企业外部环境和内部环境进行综合分析时，可以运用的战略分析工具包括（　　）。
   A. 波特五种竞争力模型　　　　B. 价值链分析
   C. 波士顿矩阵　　　　　　　　D. SWOT分析
4. 中国海尔公司在售后服务环节的竞争优势并不是仅仅在于有一支训练有素的售后服务人员队伍，更重要的是由于海尔多年来不断完善营销体制建设，能够为这支队伍健康运作提供坚实的基础和保障。其他公司想要模仿海尔的售后服务的资源优势，同样需要花费大量时间完善自身的营销体制，这在短期内是不可能实现的。海尔公司具有的不可模仿性资源是（　　）。

A. 具有路径依赖性的资源　　　　B. 物理上独特的资源

C. 具有经济制约性的资源　　　　D. 具有因果含糊性的资源

5. 某企业生产大型机器设备，每当有新客户时，企业都会对新客户进行培训，教客户一些机器的使用流程。该过程涉及价值链中的(　　)。

　　A. 内部后勤　　　B. 技术开发　　　C. 服务　　　D. 基础设施

6. 2013年11月9日恒大问鼎亚冠，恒大公司借机推出了一款新产品——恒大冰泉，该产品市场需求高增长但目前其市场占有率还比较低。该产品属于波士顿矩阵中的(　　)。

　　A. "明星"产品　　B. "现金牛"产品　　C. "问题"产品　　D. "瘦狗"产品

7. 某餐饮企业2014年开始增添外卖业务，外卖业务的市场增长速度非常快，据2015年1月统计，其市场增长率为17%，相对市场占有率为0.4。下列选项中，企业运用波士顿矩阵对外卖业务的分析正确的是(　　)。

　　A. 企业应采用保持战略，投资维持现状，保持外卖业务现有的市场占有率

　　B. 企业应采用发展战略，以提高相对市场占有率为目标，增加资金投入，甚至不惜放弃短期收益

　　C. 企业应对外卖业务采用撤退战略，立即淘汰该业务，或将外卖业务与其他业务合并

　　D. 企业应在短期内优先供给外卖业务所需的资源，支持它们继续发展

8. 下列关于通用矩阵的说法，不正确的是(　　)。

　　A. 企业中处于左上方三个方格的业务，适合采取增长与发展战略

　　B. 企业中处于右下方三个方格的业务，一般应采取停止、转移、撤退战略

　　C. 企业中处于对角线上三个方格的业务，一般应采取停止、转移、撤退战略

　　D. 企业中处于对角线上三个方格的业务，应采取维持或有选择地发展的战略

9. 某企业进行了SWOT分析，发现面临着以下问题：企业刚起步不久，缺乏市场知识与经验，在进行价格战的时候力不从心。以上分析说明，企业应该采用(　　)。

　　A. 增长型战略　　B. 多种经营战略　　C. 扭转型战略　　D. 防御型战略

10. 根据波特的五力模型，下列各项中，可以提高购买商议价能力的有(　　)。

　　A. 购买商主要为零散的个人，但是通过协议方式进行集体大量购买产品

　　B. 市场上的替代产品多

　　C. 购买商对于产品的性能、规格、质量以及售价信息很了解

　　D. 购买商对于产品的供应时间要求迫切

11. 下列关于企业资源的表述中，正确的有(　　)。

　　A. 企业的有形资源仅包括物质资源

　　B. 技术、商誉、专利属于企业的无形资源

　　C. 列示在资产负债表中的无形资产并不能代表企业的全部无形资源

　　D. 组织成员向组织提供的技能、知识属于企业的人力资源

12. 识别企业核心能力的方法主要有(　　)。

　　A. 功能分析　　B. 资源分析　　C. 过程系统分析　　D. 基准分析

13. 下列选项中属于物理上独特资源的有(　　)。

　　A. 甲企业所拥有的房屋处于极佳的地理位置

　　B. 乙企业拥有"家庭式愉快，节俭而投入"的企业文化

C. 丙公司拥有矿物开采权
D. 中国海尔公司在售后服务环节的竞争优势

14. 下列各项对企业资源能力的价值链分析表述中，正确的有（   ）。
    A. 价值链的每项活动对企业竞争优势的影响是不同的
    B. 价值活动的联系仅存在于企业价值链内部，不能存在于企业与企业的价值链之间
    C. 资源分析必须是一个从资源评估到对怎样使用这些资源的评估过程
    D. 支持企业竞争优势的关键性活动事实上就是企业的独特能力的一部分

15. 甲企业生产的保健饮料已占到同类饮料销售市场的71.1%，但每年市场增长率已变得很小，几乎没有上行的空间。针对此产品，企业应采取的投资组合战略为（   ）。
    A. 发展　　　　B. 保持　　　　C. 收割　　　　D. 放弃

16. 下列关于通用矩阵局限性的说法，正确的有（   ）。
    A. 用综合指标来测算产业吸引力和企业的竞争地位，这些指标在一个产业或一个企业的表现可能会产生不一致，评价结果也会由于指标权数分配的不准确而存在偏差
    B. 划分较细，对于业务类型较多的多元化大公司来说必要性不大，且需要更多数据，方法比较繁杂，不易操作
    C. 通用矩阵过于简单
    D. 用市场增长率和相对市场占有率两个单一指标分别代表产业吸引力和企业竞争地位，不能全面反映这两方面的状况

17. 光华公司为一家民营石油化工企业，近期对其业务发展状况进行分析，以下各项符合SWOT分析的有（   ）。
    A. 公司专家拥有专业的技术知识，政府对石油化工行业的政策正在逐渐放宽，应采用 SO 战略
    B. 公司的产品和竞争对手的产品并没有差别，但目前国际贸易壁垒已经消除，应采用 WO 战略
    C. 公司的产品不具有竞争优势，而且公司竞争对手具有垄断地位，控制着行业大部分的分销渠道，石油化工行业不断涌入新企业，应采用 WT 战略
    D. 石油化工行业近年来发展势头明显回落，公司石油资源储备不足，应采用 ST 战略

四、简述题

1. 如何进行波士顿矩阵分析？
2. 企业的核心能力有哪些？
3. SWOT 分析包括哪些内容？
4. 价值链上的两类活动分别是什么？

第五章 战略选择

▍【学习要点及目标】

- 掌握总体战略的类型。
- 掌握并购的类型、动机及失败的原因。
- 理解战略联盟的基本特征、动因、类型及管控。
- 掌握业务单位战略的类型、优势、实施条件和可能面临的风险。
- 理解六大职能战略的主要内容。

▍【核心概念】

总体战略　发展战略　并购　新建　战略联盟　业务单位战略　职能战略　市场营销战略　研究与开发战略　生产运营战略　采购战略　人力资源战略　信息战略

▍【引导案例】

白鹭湾度假酒店的战略分析

君澜酒店集团，前身为浙江世贸君澜酒店管理有限公司，成立于1998年，于2006年改组成立君澜酒店集团有限公司，并主打"澜"系高端酒店品牌。目前君澜酒店集团已经成为国内饭店集团10强和世界酒店集团60强。君澜酒店集团旗下包括了"君澜度假酒店""君澜大饭店"和"景澜酒店"三个子品牌，业务范围涵盖国内22个省市，共计140家酒店，拥有客房数量超过32 000间。其中，君澜度假酒店作为君澜集团的重点子品牌，将自身定义为顶级的休闲度假酒店，并主打相对稀缺的自然和人文资源，通过独特的建筑与设计风格和鲜明的地域文化主题吸引消费者，为消费者提供具有排他性的特色酒店产品和服务，突出江南细腻亲切的服务特点和高品质高审美的休闲设施。君澜度假酒店的品牌口号是"真正的度假在君澜"。目前君澜度假酒店立足于良好的口碑和多年的积淀，发展日益迅速。然而，作为休闲度假酒店，君澜也面临着诸多问题和挑战，具体来说，度假酒店的特点使得它们往往远离主要的客源地，并且市场需求非常多样化，因此对于度假酒店本身的品牌和知名度建设要求很高，对于度假酒店的产品开发也非常重要，这些现象和问题对于酒店的发展战略提出了新的挑战。

君澜度假酒店旗下的杭州良渚白鹭湾度假酒店最强调在集中化的基础上，坚定推进差异化战略，从而巩固自身在杭州这个度假酒店竞争激烈的城市所拥有的优势。具体来说，白鹭湾酒店的差异化竞争战略专注构建自身的特色，从而形成和竞争对手之间的差异。具体来说，这些特色的来源是多方面的：一方面来源于自身所持有的独特的人文和自然资源，包括良渚地区的湿地、森林等自然景观，以及良渚遗迹所带来的深厚的历史人文底蕴；另一方面来源则是酒店独特的设计和环境，与所处地区进行良好的融合，以及全套房的产品特色等。而基于构建自身的特色和壁垒所形成的差异，必须能够准确传达到消费者那里，这是差异化竞争战略得以实施的决定因素。白鹭湾度假酒店所实施的差异化战略的前提就是精准地定位自己的消费者群体，从而避免客户的不必要流失以及营销方面的成本浪费。白鹭湾酒店在传达差异化战略时，着重采用"主题活动+品牌塑造"等方式进行，通过各类营销手段和具体的互动建立与消费者的直接沟通，从而将差异化、特色化的经营理念传达给顾客。采用这种方式，能够快速地聚集起拥有较高品牌忠诚度的消费者群体，并且适应了当前越来越普遍的个性化旅游、住宿需求。这也是白鹭湾度假酒店实施差异化战略的基本前提。

而从现实角度来看，白鹭湾度假酒店所属的君澜酒店集团已经有所行动：2017年12月5日，君澜酒店集团与同程旅游于苏州工业园区同程大厦举行仪式并签订了战略合作意向。这次战略合作是君澜酒店集团首次引入主题IP亲子房这一新兴的酒店住宿形式，并以儿童视觉进行了包装和风格设计，通过融入热门IP和具有IP元素的产品和活动，对亲子出行的需求表现出了良好的预见性和把握力。这一行动也足以表明，君澜酒店集团在寻求专一化和差异化的道路上迈出了第一步。其集中化主要表现在，君澜酒店集团所服务的客户群体主要是70后、80后等经济条件成熟的高收入人群，而这批人群一般拥有较强的亲子需求。而差异化的主要表现则是，面对众多同质性严重的杭州度假酒店，主打亲子游无疑是一项突破同质化产品和服务的良好途径。在市场方面，在2020年将市场影响力逐步扩展到除了杭州和上海之外的其他长三角核心城市，包括南京、苏州、宁波等经济发展程度较高的城市，使得入住客源方面本地客源占比逐年降低。2019年实现江浙沪地区(除杭州外)客源占比超过50%，2020年该占比超过70%。在产品和服务方面，逐步将亲子度假房型推广，作为主打产品，结合良渚文化村丰富的人文历史活动，吸引更多游客前来。2021年该酒店打造成为专门的、标杆性的亲子度假酒店。其具体目标为：2021年以后，成为国内最著名的亲子度假酒店；在各大OTA平台以及搜索平台，在刨除竞价排名的因素之外，成为亲子度假酒店等相关关键词搜索下的第一家酒店。在营收和利润方面，白鹭湾酒店的目标是2025年回收投资成本。白鹭湾酒店在2009年投入运营仅一年，就实现了收支平衡，而在2013年则实现单月营业额突破千万元，在2016年的息税折旧摊销前利润率达到了9.68%。白鹭湾酒店在2017年获评五星级酒店之后，在2020年达利润率15%左右的增长，达到目前长三角地区主要五星级高端酒店的利润率，并继续保持。

(资料来源：根据君澜酒店集团和白鹭洲酒店官方网站信息收集整理。)

第一节 总体战略

总体战略又称公司层战略，是企业最高层次的战略。它需要根据企业的发展目标，选择企业的竞争领域，合理配置企业的现有资源，调整企业组织结构和财务结构，使各项业务互相支持、互相协调，进而获得长远发展。总体战略主要包括发展战略、稳定战略以及收缩战略。

一、发展战略

(一)发展战略的含义

当企业充分利用外部环境资源，深度发掘自身优势，向更高平台发展时所采取的战略为发展战略。发展战略包括三种基本类型：一体化战略、密集型战略和多元化战略。具体可以采取外部发展、内部发展以及战略联盟的实施途径，其中，外部发展战略(并购)或者内部发展战略(新建)是为了获取相应的所有权，而战略联盟的实施途径则是为了获取相应的控制权。

(二)一体化战略

一体化战略是指企业对具有优势和增长潜力的产品或者业务，沿其经营链条的纵向或者横向延展业务的深度和广度，扩大经营规模，实现企业成长。如图5-1所示，一体化战略具体包括横向一体化战略及纵向一体化战略。

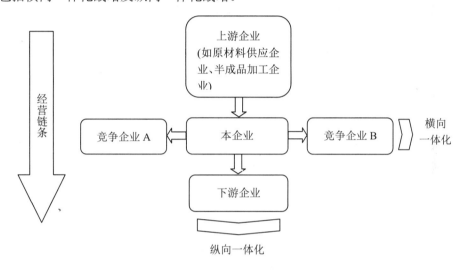

图 5-1 横向一体化战略和纵向一体化战略结构图

1. 纵向一体化战略

纵向一体化战略也称垂直一体化战略，是指公司将生产与原材料、零部件供应或者将生产与产品销售联合在一起的战略形势，是公司向两个方向扩展自身业务的一种发展战略。纵向一体化战略按照是否沿着经营链条的方向实施一体化，分前向一体化和后向一体化。

1) 前向一体化战略

前向一体化战略是指企业为了获得分销商或零售商的所有权或加强对他们的控制权的战略。当企业内部具备前向一体化所需的资金、人力资源时，所在产业的增长潜力较大，销售环节利润率较高，同时，企业现有销售商的销售成本较高或者可靠性较差难以满足企业的销售需求时，可以采取前向一体化战略。企业通过控制销售过程和销售渠道，有利于企业控制和掌握市场，洞察市场走向，增强自身对消费者需求变化的敏感性，提高改进产品的市场适应性与竞争力。如格力空调建立自己的专卖店来经销自己的产品正是采取了前向一体化战略。

2) 后向一体化战略

后向一体化战略是指企业为了获得供应商的所有权或者加强对供应商控制的战略。当企业内部具备后向一体化战略所需的资金、人力资源等，所在产业的增长潜力较大，供应环节利润率较高，同时，企业现有供应商数量较少，供应成本较高或者可靠性较差，难以满足企业对原材料等的需求时,可以采取后向一体化战略。后向一体化战略有利于企业有效控制关键原材料等投入的成本质量及供应可靠性,确保企业生产经营活动稳步进行。目前,许多汽车、钢铁等制造行业采用后向一体化战略较多,伊利集团投资建设奶源基地是后向一体化的典型。

2. 横向一体化战略

横向一体化战略是指企业为了实现规模经济,向产业价值链相同方向扩张,以此获取竞争优势的战略。当企业内部具备横向一体化所需的资金、人力等资源,且符合反垄断法律法规并能够获得一定的垄断地位,外部面临较为激烈的行业竞争,并且企业所在产业的规模经济效应显著,增长潜力较大时,可以采取横向一体化战略。

企业可以通过一体化战略节约向上下游企业在市场上进行购买或者销售的交易成本,控制稀有资源,重要的是可以保证关键投入的质量或者获得新客户。当然,采取一体化战略时,企业涉猎全新的业务领域,由于不熟悉具体的经营业务会带来一定的风险,并且增加企业内部管理成本。此外,纵向一体化战略,尤其是后向一体化战略,往往涉及巨大的投资数额且资产的专用性较强,增加了企业在该产业的退出风险。

(三)密集型战略

如图5-2所示,安索夫的"产品——市场战略组合"矩阵以产品和市场为维度,构成研究企业密集型战略的基本框架。

1. 市场渗透

强调发展单一产品,企业坚守阵地,立足于现有产品和市场,试图通过更强的营销手段来获得更大的市场占有率。当企业拥有强大的市场地位时,就能够利用经验和能力来获得强有力的独特竞争优势。

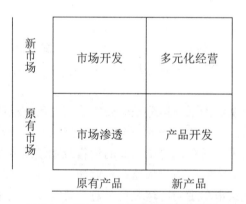

图5-2 "产品—市场战略组合"矩阵

企业是否采取市场渗透战略,取决于市场是否处于快速增长的性质以及竞争对手的市场地位。当整个市场正在增长时,想要增加市场份额的企业能够通过市场渗透战略以较快的速度达到目标。若一家企业决心将其利益局限在现有产品或市场领域,即使在整个市场衰退时,也不允许销售额下降,此时,企业必须采取市场渗透战略。当然,若其他企业由于自身各种原因离开现有市场或者企业拥有强大的市场地位时,也可以采取市场渗透战略。

企业可以通过采取广告宣传、降价促销、人员推销等措施，以及借助多渠道将同一产品销售到同一市场等措施，在现有市场扩大现有产品的销售。例如，牙膏生产厂商向客户宣传早起、饭后、睡前都刷牙的良好口腔卫生，目的在于增加消费者的使用次数；牙膏生产厂商增加牙膏包装管口的直径，目的在于增加产品的单次使用量。

2. 市场开发

市场开发是指开辟其他领域市场和明细市场，将现有产品或服务打入新市场的战略。若企业拥有扩大经营所需的人力及资金，或在现有经营领域比较成功，存在过剩的生产能力，并且可以获得新的、可靠的、高质量的销售渠道，或者存在未开发或者未饱和的市场，则可以选择市场开发战略以获得进一步发展。

3. 产品开发

产品开发是指在原来市场上，通过技术改进与开发研制新产品，拥有特定的细分市场。综合性不强、产品和服务范围较小的企业可能会采用这一种战略。

企业通过开发新的产品可以延长产品的生命周期，提高产品的差异化程度，满足市场不断出现的新需求，改善企业的竞争地位。采用产品开发战略，有利于企业利用现有产品的声誉和商标，吸引用户购买新产品。企业利用其对现有市场的了解，能够有针对性地开发新产品。产品开发战略可以帮助企业发展，创造需求，引领市场，这是因为在大多数情况下，比起对消费者的变化做出反应，提前对市场进行预测更容易营销成功。但是这样的战略富有挑战性，开发新产品极具风险，导致战略实施有难度。

若企业具有较强的研究开发能力，产品的市场信誉度和顾客满意度较高，或者企业所在的产业正处于高速发展阶段或适宜创新的高新技术产业，其主要竞争对手正以相近的价格提供更高质量的产品时，可以采用产品开发战略。

产品开发不仅包括全新产品的开发，还包括对现有产品进行较小的改进和升级等。例如，将含糖饮料改为零脂零糖零卡饮料，但口味不变。此外，增加不同尺寸和颜色的产品，对产品进行的改变调整(如对产品使用不同的包装等)都属于产品开发。

【小贴士】"改变包装"到底是什么战略？

为促销而改变包装属于市场渗透，为满足顾客需求改变包装属于产品开发。例如，普通矿泉水变为会议专用的小瓶包装属于产品开发。

(四)多元化战略

多元化战略是指新产品新市场组合的发展战略，这一战略从"产品—市场"战略组合矩阵中分离出来，归为发展战略的另一种基本类型。

1. 采取多元化战略的原因

有些企业现有产品或者市场中持续经营不能达到企业目标，因此采取多元化发展战略。有些企业处于成熟期，现有业务实现的现金流量充沛，在财务上达到了现金流平衡，但市场基本饱和，发展空间有限，企业通过多元化战略将多余资金投向成长性更高的企业。还有些企业为了获取新的利润增长点而采取多元化发展战略。

2. 多元化战略的优点

(1) 利用现有优势。企业可以充分利用现有优势，包括未被充分利用的资源、盈余资金以及在某个产业或者市场的形象来进入另一个产业或者市场。

(2) 获取新的利益。多元化战略中新业务的实施，能为企业带来新的利益。当企业原有的经营领域没有更大的盈利机会时，开辟新的领域往往是更好的选择。通过并购实施多元化，使得企业的权益资本扩大、财务风险降低、偿债能力提高，从而更容易从资本市场中获得融资；而且被并购的信用等级较低的企业，提升了自身信用等级，减少外部融资障碍，从而更容易从外部市场获得资本融资。

(3) 分散风险。选择多元化战略，进入更多的产业，生产更多类型的产品，提供更加多样的服务，可以更加自如地应对市场风险，分散企业经营风险。

3. 多元化战略面临的风险

多元化经营战略会为企业经营带来来自原有业务、新业务以及整体的风险。

(1) 来自原有业务的风险。企业扩展新的业务，会分散原有业务的财务、人力等资源，原有业务的经营受到一定程度的影响。

(2) 来自新业务的风险。对于新业务的发展，存在产业进入风险以及产业退出风险，因此要有良好的退出渠道。

(3) 整体风险。企业资源的分散降低了其应对市场风险的能力，带来了业务整合难度高、文化融合困难大的内部经营整合风险。

4. 多元化战略的分类

多元化战略具体分为相关多元化战略与非相关多元化战略。

(1) 相关多元化战略又称同心多元化，是指企业以现有业务或者市场为基础进入相关产业或市场的战略。相关多元化战略有利于企业利用原有产业的产品知识、制造能力、营销渠道等优势来获取融合优势。

(2) 非相关多元化战略又称离心多元化战略，是指企业进入与当前产业和市场均不相关领域的战略。采用离心多元化战略的目标是从财务上考虑平衡现金流或者获取新的利润增长点，规避产业或者市场的发展风险。如果企业当前产品或市场缺乏吸引力，而企业也不具备较强的能力和技能发展相关产品或者市场，那么，较好的选择是采用非相关多元化战略。

【案例】小米公司的多元化战略

2014年12月，小米以不超过12.66亿元入股美的，并入股优酷、爱奇艺、荔枝FM等内容公司。至此，小米边界分明，只做手机、电视、路由器三大产品线，掌控小米网、MIUI、供应链等核心环节，形成软件、硬件、服务、内容联动的"生态链"系统。小米通过"生态链"系统连接一切可以连接的智能设备，接入点越多，护城河就越稳固，平台的价值就越高。2016年雷军启动第六次转型。2016年3月底，小米发布全新品牌"米家"，宣称打造50~100个小米生态链产品，以接近成本价销售，构建一个移动互联网平台靠增值服务赚钱。2018年6月小米提交了上市申请。

在小米的示范效应下，中华酷联纷纷拥抱互联网，用小米的方式去与小米竞争成为他们的共识。中华酷联孵化出了各自的互联网品牌，华为的荣耀、中兴的努比亚、酷派的大神，联想也推出自己的互联网手机品牌，这些厂商以比小米更强的配置、更低的价格，给小米以强大的打击。中华酷联的围剿，压缩了小米的利润空间，分流了小米的用户。特别是华为也与它针锋相对，VIVO 和 OPPO 已经抢占了小米手机不小的市场份额，造成小米不得不进行多元化扩张。

根据 IDC 数据，2013 年全球物联网的市场规模近 1.6 万亿美元，市场潜力非常大。在 2013 年年底小米嗅到了物联网的商机，开始通过投资孵化快速布局物联网，抢占家庭物联网市场。小米的战略布局由千亿美元级别的手机红海市场扩展到万亿美元级别的物联网蓝海市场。从最初的手机周边产品，比如小米移动电源、小米插线板、活塞耳机等，到后来的智能硬件和生活耗材，小米生态链的业务不断壮大，涉及智能硬件、智能家居等。

小米企业采取了一系列相关多元化的战略措施。首先是手机产品的多元化。小米拥有小米系列、红米手机、小米 Note、红米手机 2A 等。小米手机以新产品红米手机杀入千元智能手机市场，在 2012 年出货量为 719 万台。2014 年小米联合中国电信推出红米手机，小米 3 电信版也同时发售。3 月份，小米顺势推出红米 Note 手机。其次是手机相关多元化，其产品包括耳机、音响、自拍杆、存储卡等。2013 年 6 月公司首款产品小米活塞耳机上市，引发网络抢购热潮，创下 20 秒售罄 2 万条的销售记录，2015 年 7 月累计销量突破 1300 万条，并获 2014 年 iF 设计奖，为首个获奖的国产耳机产品。此外，小米进入智能可穿戴设备行业，包括小米手环、VR 眼镜等。小米手环自 2014 年正式推出以来，经历过小米手环 1 代、小米手环光感版和小米手环 2 代等产品，截至 2017 年 4 月份，小米生态链公司华米科技宣布小米手环全球市场累计出货量已超过 3000 万台，市场占有率达到 17%。

对于非相关多元化，小米进入智能生活电器行业。小米产品包括净化器、净水器、小米路由器、小米盒子、电视、加湿器、空气净化器等。2017 人工智能电视行业大会上，小米电视斩获"人工智能电视行业贡献奖"。无论是小米电视，还是小米 AI 音箱，都是一把开启智能家庭的钥匙。截至 2017 年小米智能家居联网设备总量已超过 6000 万，并且还在高速增长。随后，小米进入箱包鞋服行业，其产品包括箱包、枕头、智能鞋、沙发、毛巾等。作为小米生态链中第一家在 A 股的上市公司"开润股份"，借力于小米手机的成功经验和小米平台的支持，致力于打造优质出行生活场景，是"出行场景化市场(商务、旅游、户外等场景)"的新零售、新电商品牌。小米进入生活周边行业，其产品包括体重秤、血压计、插线板、手电筒等。小米的产品中还包含着极客酷玩类产品，例如无人机、平衡车、智能玩具、滑板车等。

分析小米公司采取多元化发展战略的类型与动因。

(资料来源：根据小米集团官方网站及年报资料收集整理而来。)

【解析】在本案例中，小米集团采取多元化战略的类型既包括相关多元化，又包括非相关多元化。

① 相关多元化。首先是手机产品多元化、手机相关多元化，然后进入智能可穿戴设备行业。

② 非相关多元化。包括生活电器行业、箱包鞋服行业、生活周边行业。

小米集团采取多元化战略的动因如下。

(1) 企业现有业务的市场基本饱和，发展空间有限，企业通过多元化战略可将多余资金投向成长性更高的企业。中华酷联孵化出了各自的互联网品牌，华为的荣耀、中兴的努比亚、酷派的大神，联想也推出自己的互联网手机品牌，这些厂商以比小米更强的配置、更低的价格，给小米以强大的打击。中华酷联的围剿，压缩了小米的利润空间，分流了小米的用户。特别是华为也与它针锋相对，VIVO和OPPO已经抢占了小米手机不小的市场份额，造成小米不得不进行多元化扩张。

(2) 企业为了获取新的利润增长点而采取多元化发展战略。在2013年年底，小米嗅到了物联网的商机，开始通过投资孵化快速布局物联网，抢占家庭物联网市场。小米的战略布局由千亿美元级别的手机红海市场扩展到万亿美元级别的物联网蓝海市场。

(五) 发展战略的主要途径

企业发展战略的主要途径包括外部发展(并购)战略、内部发展(新建)战略以及战略联盟。

1. 外部发展(并购)战略

外部发展是指企业通过取得外部经营资源谋求发展的战略。外部发展狭义的内涵是并购——收购与合并。收购是指一个企业购买或吸纳了另一个企业的业务股权；合并是指两个或两个以上的企业之间重新组合成立一个新的企业。

1) 并购战略的类型

并购战略按照不同的标准可以分为多种类型，具体如下。

(1) 按并购双方所处的产业分类，分为横向并购、纵向并购、多元化并购。横向并购是指并购方与被并购方处于同一产业，通常意味着横向一体化的发展战略。纵向并购是指并购双方在经营对象上有着密切联系，但处于不同产销阶段的企业之间的并购，通常意味着纵向一体化的发展战略。多元化并购是指并购双方处于不同产业，在经营上没有密切联系的企业之间的并购，通常意味着多元化的发展战略。

(2) 按被并购方的态度分类，分为友善并购和敌意并购。友善并购是指并购双方通过友好协商确定并购条件，在双方意见基本一致的情况下实现产权转让的并购。敌意并购是指并购方采取非协商的手段，在被并购方不情愿或者不知情的情况下强行并购目标公司。

(3) 按并购方的身份分类，分为产业资本并购和金融资本并购。产业资本并购的并购方为非金融企业，主要是为了分享目标企业的产业利润，往往经过较长时间的谈判，并购条件苛刻。金融资本并购的并购方为投资银行或者非银行的金融机构，包括金融投资企业、私募基金、风险投资基金等。金融资本并购主要是以买卖企业所有权的差额赚取利润，具有较大的风险性。

(4) 按收购资金来源分类，分为杠杆收购、非杠杆收购。杠杆收购中收购方的主体资金来源是银行贷款、金融市场借贷等对外负债。非杠杆收购中收购方的主体资金来源是企业自有资金。

2) 企业实施并购战略需要考虑的因素

企业可以采取很多方式实施发展战略，但应充分考虑自身实际情况及选择外部发展(并购)的优势。具体应考虑如下问题。

(1) 有利于企业利用现有资源，避开进入壁垒，迅速进入争取市场机会，规避过多的风险。企业并购将目标企业合并过来，不存在进入障碍的问题，并购方可以直接利用现有资源，包括管理人员、技术人员、生产设备等。尤其对于制造企业，采用并购战略可以避免漫长复杂的准备工作，迅速进入市场做出反应，抓住机会。

(2) 获得协同效应。并购方与被并购方的资源实现互补，可以通过技术转移或经营活动共享实现"1+1>2"的效果。

(3) 并购战略能够减少残酷的竞争，增强自身竞争优势，克服企业外部性，增强对市场的控制力。

3) 并购失败的原因

并购战略能为企业带来许多好处，但是选择并购也意味着要承担失败的风险，在实际的企业并购中，许多企业并没有达到预期的目标，甚至面临失败。究其原因，主要有以下几种。

(1) 企业事前决策不当，或者没有认真分析目标企业的现状以及潜在的成本效益，或者高估并购对象的收益，夸大了并购对象对自身的吸引力，或者未考虑并购之后面临的问题，过于草率地做出了并购决定。

(2) 企业在并购过程中支付了过高的并购费用，如果不能对被并购方进行准确的价值估计，并购方可能会承担支付过高并购费用的风险，被并购方可能会设置种种障碍，增加收购的代价，总之，过高的并购费用会给企业带来效益问题。

(3) 合并之后不能进行很好的整合。合并方与被合并方在组织战略、组织结构、规章制度、企业文化等各方面存在差异，其中，企业文化的整合是最困难、最核心的基础工作。如果被合并方的员工不接受合并方的企业文化，并购后的企业管理面临挑战，进一步影响企业效益。

(4) 跨国并购面临政治风险，近年来，中国跨国公司遭遇到来自东道国的政治风险。企业应当加强风险防范意识，完善动态监测和预警系统，加强对东道国的政治风险的评估，采取更加灵活的国际投资策略，尽力做到与当地政策相适应，减少与东道国政府不必要的矛盾与摩擦。

2. 内部发展(新建)战略

内部发展是指企业不收购其他企业的情况下，利用自身内部资源谋求发展的战略。内部发展的狭义内涵是新建，是指建立一个新的企业。对于许多企业来说，特别是对那些高科技创新或制造业企业来说，内部发展已经成为主要的战略发展方式。

1) 实施内部发展战略的优势

(1) 开发新产品的过程使企业能够深刻地了解市场及产品。

(2) 代价较低，避免了并购战略带来的风险，不存在不合适的收购对象，同时，无须为商誉支付过高的并购费用。

(3) 风险较低，不会产生隐藏的或者无法预测的损失。

(4) 能够为管理者提供职业发展机会。

(5) 企业自己新建企业后，能够保持统一的管理风格和企业文化，不存在文化整合的难题。

(6) 企业可以按照自己的节奏有计划地进行，可以获得财务支持，新建成本可以按时间分摊。

(7) 这可能是唯一合理的实现技术创新的方法。

2) 内部发展战略的风险

(1) 激化市场竞争,可能受到现有市场上其他竞争企业的排挤与打压。

(2) 企业对其他企业的知识系统运营模式了解不够深入,这可能带来风险。

(3) 新建企业从一开始就缺乏规模经济或经验曲线效应。

(4) 当市场发展较快时,内部发展战略显得过于缓慢。

(5) 进入新市场可能要面临较高的障碍。

3. 战略联盟

1) 战略联盟和含义

企业之间的战略联盟是指两个或者两个以上的经营实体之间,为了达到某种战略目的而建立的一种合作关系。

企业战略联盟具有以下基本特征:从经济组织形式来看,战略联盟是一种介于企业与市场之间的"中间组织"。第一,根据交易费用理论,企业组织存在是对市场交易费用的节约,企业和市场是两种可以相互替代的资源配置组织。第二,并购方式的实质是运用"统一规制"方式实现企业一体化,即以企业组织形态取代市场组织形态。新建方式的实质是运用"市场规制"实现企业的市场交易,即以市场组织形态取代企业组织形态。第三,战略联盟内交易既是非企业的(交易的组织不完全依赖于某一企业的治理结构),也是非市场的(交易的进行并不完全依赖于市场价格机制)。战略联盟的形成模糊了企业和市场之间的具体界限。

从企业关系来看,组建战略联盟的企业各方在资源共享、互相信任的基础上通过事先达成的协议而结成一种平等的合作伙伴关系,这既不同于组织内部的隶属关系,又不同于组织与组织之间的市场交易关系。联盟企业之间的协作关系主要表现为:①相互往来的平等性。联盟企业各自具有独立的法人资格,拥有自己独立的决策权。②合作关系的长期性。长期的合作增强自身竞争关系,实现长远收益最大化。③整体利益的互补性。联盟关系并不是企业与企业之间的市场交易关系,也不是一个企业对另一个企业的辅助关系,而是各成员之间的一种利益互补关系。联盟中的每个企业都可以根据其在联盟中的地位以及对联盟做出的贡献获得相对应的收益,这是难以通过单独企业力量获得的。④组织形式的开放性。企业联盟往往是松散、动态、开放的协作关系。

2) 企业战略联盟的形成动因

(1) 促进技术创新。高新技术企业要想开发新的产品,需要投入巨大的研发费用,单个企业难以独立支付,必须通过建立战略联盟的方式共同分担。部分企业与高校达成战略联盟的合作协议。

(2) 避免经营风险。企业通过建立战略联盟,扩大信息传递的密度与速度,可以避免单个企业在市场开发和研究开发中的盲目性和因孤军奋战而引起的全社会范围内的创新资源浪费,并降低市场开发与技术创新的风险。

(3) 避免或减少竞争。建立战略联盟,有利于形成以合作取代竞争的新模式,减少应付激烈竞争的高昂费用。这种思路不仅表现在供应者和购买者之间,也表现在同产业中的竞争对手之间。

(4) 实现资源互补。通过战略联盟可达到资源共享、优势互补的效果。

(5) 开拓新的市场。建立广泛的战略联盟可迅速实现经营范围的多样化和经营地区的扩张。

(6) 与并购战略相比，可以降低协调成本。战略联盟的方式不需要进行企业的整合，因此，可以降低协调成本。

注意：上述(1)至(5)条是企业实施战略联盟的动因，通过并购的方式也能够实现，但与并购方式相比，战略联盟的方式不需要进行企业的整合，因此，可以降低协调成本。例如，美国思科公司在成功地并购了80多家大大小小的公司之后，总结出来的经验是对大的目标企业并购后整合效果一般不理想，因此，采用战略联盟的方式进行合作最合适。其原因就是并购大企业的协调成本太大。

【案例】上海迪士尼度假区与好孩子集团的战略联盟

2021年5月28日，上海迪士尼度假区与好孩子集团共同宣布双方达成为期数年的战略联盟协议，业内领先的儿童与亲子用品提供商好孩子成为上海迪士尼度假区官方童车合作伙伴。上海迪士尼度假区是由华特迪士尼公司与上海申迪集团共同投资的合作项目，合作双方投资设立了两家业主公司和一家管理公司。上海申迪集团持有两家业主公司57%的股份，华特迪士尼公司持有剩余的43%的股份。华特迪士尼公司持有管理公司70%的股份，上海申迪集团持有剩余的30%的股份。管理公司负责度假区的运营工作。

好孩子品牌由宋郑还先生创立于1989年，总部位于江苏省昆山市。经过以创新、标准、品质为基石的原创32年发展，好孩子从最初仅有一辆四功能婴儿车，到如今产品涵盖婴幼儿出行、居家、护理、衣着、玩教等板块，成长为享誉全球的儿童用品公司及母婴产品品牌商、分销和零售平台，为全球育儿家庭提供美好生活整体解决方案。

由好孩子为上海迪士尼乐园特别定制的全新童车将为携带儿童出行的家庭游客提供更轻松舒适的游园体验。上海迪士尼度假区总裁及总经理薛逸骏(Joe Schott)和好孩子集团创始人、董事局主席宋郑还在上海迪士尼度假区庆祝双方达成为期数年的战略联盟协议。

上海迪士尼度假区总裁及总经理薛逸骏(Joe Schott)表示："上海迪士尼度假区致力于打造高质量的游客体验，不断通过创新的方式在每一个细节中提升整体游客体验。我们很高兴与好孩子达成战略联盟。在过去数月中，我们与好孩子紧密合作，共同设计打造了这款全新的童车，为携带儿童来到上海迪士尼乐园游玩的游客创造更加轻松舒适的体验。"

这款兼具美观和实用的童车将为小朋友们及其家长带来更多便利，让他们的游园体验更加轻松。全新的童车拥有更大的座椅空间，让6个月至7周岁的儿童都可以舒适地乘坐其中；可调节的靠背宜坐宜躺。童车的刹车系统安装于推把之上，更加易于操作。座椅下的置物篮提供更多储物空间，让家长在游园时可以卸下随身物品，轻松游园。

上海迪士尼度假区和好孩子都始终将安全放在首位，因此，安全性也是设计这款童车的首要考量因素。设计团队从各方面入手，在童车设计完成之前进行了数百轮严格的测试。童车前缘做了弧面平滑处理，以避免对使用者和来往游客带来安全隐患。

好孩子集团创始人、董事局主席宋郑还表示："我们十分激动和上海迪士尼度假区达成战略联盟。我们拥有32年专业的童车研发制造经验，此次与度假区的合作让我们在设计上又有了新的突破。度假区团队深入参与了每一个细节，他们对打造更好的游客体验的不懈追求令我们印象深刻，而这同时也是好孩子对消费者体验的承诺。我们很兴奋地看到我们的产品能成为上海迪士尼乐园众多游客体验的一部分，也希望能为家庭游客每一次轻松愉悦的游玩出一份力。"好孩子遵循严格的环保标准，从童车的材料选择到量产过程，都体现了好孩子对保护环境的承诺。童车的所有零部件都使用可轻松拆卸的可回收材料，便于回收和再利用。

在童车投入使用后，上海迪士尼乐园和好孩子将继续打造更多提升用户体验的童车功能，进一步满足游客的需求。2021年年底，该款童车还将增加蓝牙锁功能，游客只需在智能手机上配对即可轻松实现开锁和解锁。

（资料来源：根据上海迪士尼官方网站服务信息收集整理而来。）

【解析】在本案例中，上海迪士尼度假区与好孩子集团结成战略联盟的主要动机如下。

第一，促进技术创新。对于好孩子集团来说，拥有32年专业的童车研发制造经验，此次与度假区的合作让好孩子集团在设计上又有了新的突破。设计团队从各方面入手，在童车设计完成之前进行了数百轮严格的测试。童车前缘做了弧面平滑处理，以避免对使用者和来往游客带来安全隐患。

第二，实现资源互补。由好孩子为上海迪士尼乐园特别定制的全新童车将为携带儿童出行的家庭游客提供更轻松舒适的游园体验。

第三，开拓新的市场。我们很高兴致力于打造高质量的游客体验，不断地通过创新的方式在每一个细节中提升整体游客体验。上海迪士尼度假区与好孩子达成战略联盟，上海迪士尼度假区共同设计打造了这款全新的童车，为携带儿童来到上海迪士尼乐园游玩的游客创造更加轻松舒适的体验。

3) 战略联盟的分类

按照企业达成战略联盟的方式，可以将企业战略联盟分为股权式联盟和契约式联盟。

(1) 股权式战略联盟。股权式战略联盟有利于扩大企业的资金实力，增强双方的信任感和责任感，因而，更有利于长久合作，但股权式战略联盟的灵活性相对较差。股权式战略联盟中，合作企业可以选择成立合资企业。合资企业是指将各自不同的资产组合在一起进行生产，共担风险共享收益，更多地体现了联盟企业之间的战略意图，并非寻求较高的投资回报率。在股权式战略联盟中，合作企业也可以选择互相持有对方的股权，联盟成员之间通过交换彼此的股份建立一种长期合作的关系。与合资企业相比，相互持有股份不需要将彼此的设备和人员合并。与并购相比，这种投资性的联盟仅持有对方少量的股份，联盟企业之间仍保持着相对独立性，而且股权持有往往是双向的。

(2) 契约式战略联盟。契约式战略联盟也称无资产性投资的战略联盟，是指企业之间决定在某些具体领域进行合作，常见的合作形式包括技术交流协议、合作研究开发协议、生产营销协议、产业协调协议等，在研发、生产、供给和销售等各个价值链环节上都可能形成战略联盟。契约式战略联盟与股权式战略联盟相比，更能体现出战略联盟的本质特性，更强调协调与默契，而且在经营灵活性、自主权和经济效益等方面更优越。但是契约式战略联盟中企业对联盟的控制能力差、组织松散、缺乏稳定性和长远利益，联盟内成员之间的沟通不充分，组织效率较低。契约式联盟也可以涉及股权投资，只不过在契约式联盟下不是互相持股，可能只是单方面投资，从而开展更加深入的合作。

战略联盟需要通过订立协议建立合作信任的联盟关系。战略联盟通过契约或协议关系生成时，联盟各方能否遵守所签署的契约或协议主要靠企业的监督管理，发生纠纷时往往不会选择执行成本较高的法院判决或第三方仲裁，而是联盟成员之间自行商议解决。因此，订立协议时需要明确一些基本内容：第一，严格界定联盟的目标；第二，周密设计联盟结构，联盟各方应建立在平等的基础上；第三，准确评估投入的资产，尤其是对于无形资产的评估；第四，规定违约责任和解散条款。建立合作信任的联盟关系，可以降低联盟伙伴之间的监督成本，大大提升联盟成功的可能性，是影响和控制联盟伙伴行为最有效的手段。联盟企业之间必须互相信任，并且以双方利益最大化为导向，而不是以自身利益最大化为导向。一旦合作双方相互信任，那么，正式的联盟契约就显得不那么重要了，联盟关系还将因为信任而更加牢固。

二、稳定战略

稳定战略也称维持战略，是指企业为巩固现有市场地位，维持现有竞争优势的战略。稳定战略表面看起来无须企业采取多余的措施，但实际上是企业根据内部经营及外部环境条件做出的相应调整。采用稳定战略的企业不需要调整改变自身的宗旨和目标，只需要集中资源于原有的经营范围和产品，以增加其竞争优势。企业想要做到稳赢的前提是"赢"，因此，稳定战略适用于环境变化不大，前期经营成功的企业。采用这种战略避免了开发新市场或者新产品所必需的资金投入等，避免了资源重新配置和组合的成本，防止由于发展过快造成的失衡问题，风险相对较小。但当外部环境发生重大变化时，这种战略的选择会使企业无法应对变化，陷入困境。稳定战略还容易使企业处于舒适区，降低风险意识。

三、收缩战略

收缩战略也称撤退战略，是指企业缩小原有经营规模和规模范围的战略。

(一)实施原因

企业实施撤退战略，既有出于自身发展考虑的主动原因，也包括内外部变化的被动原因。规模较大的企业基于战略重组的需要，为了筹措资本运营所需的资金、改善企业投资回报率等会选择实施撤退战略。规模较小的企业基于短期行为的利益考虑，也可能选择撤退战略。除此之外，整体经济形势、产业周期、技术变化、政策出台、社会价值观或者时尚变化、市场饱和、竞争行为等外部环境危机造成企业缩小自身经营范围与规模，当然如果企业由于自身原因失去某业务竞争优势，经营陷入困境，也不得不采取防御战略。

(二)实施方式

1. 紧缩与集中战略

紧缩与集中战略往往集中于短期效益，主要涉及采取补救措施制止利润下滑，以达到立即产生效果的目的。其具体做法如下。

(1) 机制变革。调整管理层领导班子；重新制定新的政策和管理控制系统，以改善激励机制和约束机制等。

(2) 财政和财务战略。引进和建立有效的财务控制系统，严格控制现金流量；与关键的债权人协商，重新签订偿还协议，甚至把需要偿付的利息和本金转换成其他的财务证券，例如将贷款转换成普通股或者可转换优先股等。

(3) 削减成本战略。削减人工成本、材料成本、管理费用以及资产等；缩小职能部门的规模。

2. 转向战略

转向战略更多涉及企业经营方向或经营策略的改变。企业可以重新定位或者调整现有的产品和服务，或者在价格、广告、渠道等环节推出新的举措。

3. 放弃战略

放弃战略是比较彻底的撤退方式，是指将企业的一个或几个主要部门转让、出卖或者停止经营，涉及企业或者其子公司产权的变更。

(三)实施困难

企业在实施收缩战略时，一方面，面临判断错误的风险，收缩战略的效果如何，取决于对公司以及业务状况判断的准确程度。另一方面，面临退出障碍，当资产所涉及具体业务或地点的专用性很高时，其转移及转换成本高，从而难以退出现有产业；如果人员的重新安置成本、劳工协议、备件维修能力等费用过高，会加大退出障碍；企业内部之间的业务并不是孤立存在的，在市场形象、市场营销、设施共享等方面内部之间互相联系，一项业务的退出极有可能影响另一项业务的发展；同时企业的退出战略会引发一些利益受损的管理人员和职工的抵触情绪；此外，政府考虑到企业所在地失业问题以及对地区经济的影响，有时会干预企业的退出战略。

第二节　业务单位战略

业务单位战略，也称竞争战略，业务单位战略将公司总体战略所包括的企业目标、发展方向和措施具体化，形成本业务单位具体的竞争与经营战略。波特在《竞争战略》一书中把竞争战略描述为：采取进攻性或防守性行动，在产业中建立起进退有据的地位，成功地对付五种竞争力，从而为公司赢得超常的投资收益。为了达到这一目的，各个企业可以采用不同的方法，但其最佳战略是最终反映公司所处的内外部环境的独特产物。从最广泛的意义上来说，波特按照企业战略目标和竞争优势总结了三种具有内部一致性的基本战略，即成本领先战略、差异化战略和集中化战略。这三种竞争战略之间的关系可由图5-3所示。

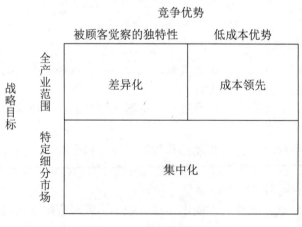

图 5-3　三种基本战略

从图 5-3 可以看到，在三种基本战略中成本领先战略和差异化战略是基本战略的基础，它们是一对"对偶"的战略，而集中化战略不过是将这两种战略运用在一个特定的细分市场而已。

一、成本领先战略

成本领先战略是指企业通过在内部加强成本控制，在研究开发、生产、销售、服务和广告等领域把成本降到最低限度，成为产业中的成本领先者的战略。按照波特的思想，成本领先战略是指生产与销售与竞争对手相似产品但成本(价格)在合理范围内低于竞争对手，体现为产品相对于竞争对手而言的低价格。但是，成本领先战略并不意味着仅仅获得短期成本优势或者仅仅削减成本，它是一个可持续成本领先的概念，即企业通过其低成本地位来获得持久的竞争优势，而非"赔本赚吆喝"的短期行为。

(一)采用成本领先战略的动因

企业为了应对产业中的五种竞争力量，选择成本领先战略，想要成为产业中的成本领先者，往往出于以下动因。

1. 形成进入障碍

企业低成本的生产给那些技术不熟悉、缺乏经验以及规模经济的企业设置了较高的进入障碍。

2. 增强讨价还价能力

企业成本低，可以增强企业与供应商以及购买者的讨价还价能力。

3. 降低替代品的威胁

企业可以凭借自身低成本的优势吸引更多的购买者，使自己处于有力的竞争地位，降低替代品的威胁。

4. 保持领先的竞争地位

企业可以利用自身低价优势，趁对手不备，扩大市场份额，保持绝对的竞争优势。

(二)成本领先战略的实施条件

企业应结合市场情况以及自身资源与能力，深入考虑成本领先战略的实施条件。从市场情况来考察，成本领先战略更适用于以下一些情况。

1. 市场情况

对于消费者而言，成本领先战略适用于更加关心产品的价格的消费者，这意味着该产品具有较高的价格弹性，市场中存在大量的价格敏感用户；产品品牌等因素并不是购买者主要考虑的对象，大家几乎都在以同样的方式使用产品；此外，消费者的转换成本较低，选择 A 企业的产品与选择 B 企业的产品并不会对消费者造成实质影响。对于产品而言，产业中所有企业的产品都是标准化的产品，产品难以实现差异化。对于竞争者而言，产品价格是该市场竞争的主要手段。

2. 企业自身资源和能力

从企业自身资源和能力考察，成本领先战略更适用于以下一些情况。

(1) 选择适宜的交易组织形式。企业选择自制还是外购，其成本会有很大差别。

(2) 降低各种要素成本。企业成本投入来源于方方面面，包括资金、劳动力、原材料和零部件等生产要素，企业应力求以最优惠的价格获取各要素。

(3) 重点集聚。

(4) 显著的产业中装备相应的生产设施来实现规模经济。

(5) 提高生产能力利用程度。

(6) 提高生产率。

(7) 改进产品工艺设计。

(三)成本领先战略可能面临的风险

企业实施成本领先战略可能面临着来自成本、竞争者和消费者方面的风险，企业应注意这些风险，及早采取防范措施。

在成本方面，技术的变化可能使过去用于降低成本的投入(如扩大规模、工艺革新等)与积累的经验一笔勾销；在竞争者方面，产业的新进入者或追随者通过模仿或者以更高技术水平设施的投资能力，达到同样甚至更低的产品成本；在消费者方面，市场需求从注重价格转向注重产品的品牌形象，使得企业原有的优势变为劣势。企业应多加关注消费者的动态变化，及时掌握甚至创造市场需求。

【案例】蜜雪冰城的成本领先战略

现如今各种茶饮品牌遍布全国城市的大街小巷，夏日有清凉解暑的冷饮，冬日有温暖身心的奶茶，这已经成了年轻消费群体的不二之选。蜜雪冰城，这个始于1997年的茶饮品牌，仿佛蛰伏了近20年，近些年才频繁进入媒体和大众的视野。蜜雪冰城最早是靠摆刨冰摊起家。2006年，创始人张红超研制出了1元1支的新鲜冰激凌，这既是蜜雪冰城能够走到现在的关键，也是它与生俱来的品牌基因。1元1支的冰激凌一炮而红后，蜜雪冰城在短短的几个月开了26家加盟店，2008年加盟店达到180余家，现在蜜雪冰城门店数量已经接近1.5万家。2019年，蜜雪冰城位列中国茶饮十大品牌榜第三。2020年6月，蜜雪冰城成为第一个门店破万的茶饮品牌。蜜雪冰城的最大特点是低价实惠，其门店主要集中在三四线城市以及各地的大学城，年轻人和学生就是它的主要消费群体，他们的消费能力一般，但人口基数大、消费频次多。吸引这些消费者的就是足够的低价和不错的口味，而非是品牌调性或者其他因素。就口味而言，消费者比较欣赏蜜雪冰城的冰激凌和果茶，这两类也是蜜雪冰城的招牌产品，蜜雪冰城的奶茶普遍不受欢迎。

蜜雪冰城带给消费者的整体印象是简单、直接、快速、便宜。3元的冰激凌、4元的柠檬水，低价给予了蜜雪冰城在下沉市场首屈一指的位置，使其用20多年时间扩张出现在的规模，但与此同时，低价也会限制住了它的未来。这么多年来，蜜雪冰城从来没有回避有些"低端"的品牌形象，但它适当地进行了品牌升级，既保持"价廉"，也着重打造"物美"。

蜜雪冰城的社交营销也非常直接，就是给予消费者额度小、频次高的优惠。例如，关

第五章 战略选择

注+转发，抽奖送 5 杯柠檬水，或者发放 2000 张 1 元券，是最常见的优惠活动。这些券不可叠加使用，蜜雪冰城本身单价也不高，社交营销更多是为了维持日常互动热度和增加复购率。"520"节日期间，蜜雪冰城推出了消费满两杯送情侣证的活动，热度还不错的同时也有不少负面反馈，比如买两杯居然只给 1 张不给 1 对、异地恋独自去门店不能领、合成的照片不像本人、不能上传合照等，可见蜜雪冰城在营销活动的具体运营上比较粗心，或者说经验不足。

不管是品牌形象的升级，还是营销活动的成败，都可以说明蜜雪冰城对自身品牌精确的认知，它围绕着"价廉物美"的定位，进行一些细微且日常的改变，发放人人都可触及的小优惠，举办易于交流和传播的小活动，只是目前远远达不到"小而美"的标准。

蜜雪冰城能够这么低价，就是因为成本低廉。与茶农深度合作、核心原料全部自产、自建仓储物流中心实现物料免费运送、三四线城市房租和人工成本低，这些细节上的减法，使得蜜雪冰城的成本被压缩到最低。其中很有意思的一点是，蜜雪冰城会利用原料的多次搭配创造新品，尽量不增加新物料，使原有物料反复使用从而降低库存。比如爆款摇摇奶昔，就是用原有的冰激凌、果酱、糖浆等创造出的新品。

前段时间，蜜雪冰城旗下三家门店被曝存在食品安全问题，包括篡改开封食材日期标签、随意更改或不记录食材有效期追踪卡、违规使用隔夜奶浆等食材、柠檬表皮不清洗等。在蜜雪冰城的道歉微博下面，多数消费者的态度比较宽容，希望蜜雪冰城加强门店管理，不要让一颗老鼠屎坏了一锅粥，甚至是借此机会"威胁"某一款饮品重新上架。当初喜茶、奈雪的茶纷纷涨价的时候，蜜雪冰城坚持不涨价的公告也刷了一波好感。相对于个别店的卫生问题，消费者们似乎更受不了店员的服务态度。在蜜雪冰城官方微博下面，有不少吐槽和投诉店员服务的信息，诸如态度傲慢、多次忘记加料、不配合官方的活动等。品牌形象虽已形成，但如果服务和态度跟不上，消费者和品牌一时的和谐关系很容易破裂。

从某种意义上来说，因为长久以来的低价策略，如今蜜雪冰城和消费者共同维护着"物美价廉"这个标准，这既是消费者的期待，也是消费者的底线，是不能够打破的。蜜雪冰城应该再想想，如何将物美价廉更好地坚持到底，保证服务、品控和食品安全，坚守住下沉市场，这也是它唯一能走的路。

扩张到一定程度之后，不管是品牌调性、消费者的消费习惯还是万店加盟的管理问题，都导致蜜雪冰城很难再向高端市场转型，也会影响它在客户需求个性化和多元化的时代走得长远。但在未来一段时间内，蜜雪冰城的脚跟还是站稳的，原因很简单，因为在这个同质化严重、竞争激烈的茶饮赛道上，它依旧是大街上最便宜的一家。

(资料来源：根据蜜雪冰城官方网站活动信息及主要媒体报道收集整理而来。)

问题：请分析蜜雪冰城如何实施成本领先战略？

【解析】在本案例中，"蜜雪冰城成为第一个门店破万的茶饮品牌，蜜雪冰城的最大特点是低价实惠，其门店主要集中在三四线城市以及各地的大学城，年轻人和学生就是它的主要消费群体，他们的消费能力一般，但人口基数大、消费频次多""蜜雪冰城能够这么低价，就是因为成本低廉。与茶农深度合作、核心原料全部自产、自建仓储物流中心实现物料免费运送、三四线城市房租和人工成本低，这些细节上的减法，使得蜜雪冰城的成本被压缩到最低"体现出蜜雪冰城采用成本领先战略。

二、差异化战略

企业向顾客提供独具特色的产品或者服务,这种特色可以带来额外的加价,如果一个企业的产品或服务的溢出价格超过因其独特性所增加的成本,那么,拥有这种差异化的企业将获得竞争优势。

(一)采用差异化战略的动因

企业为了应对产业中的五种竞争力量,选择差异化战略,想要为消费者提供产业范围内独具特色的产品或服务,往往出于以下动因。

1. 形成进入障碍

企业所生产的极具特色的产品,是其他竞争者难以模仿的,差异化的生产给那些技术不熟悉、缺乏经验以及创造性的企业设置了较高的进入障碍。

2. 增强讨价还价能力

产品差异化战略可以使企业获得较高的边际收益,降低企业的总成本,增强企业抵御供应者讨价还价的能力。同时,由于购买者别无其他选择,对价格敏感度又低,企业可以运用这一战略抵御购买者讨价还价能力。

3. 抵御替代品威胁

企业产品与服务具有特色,能够赢得顾客的信任,可以在与替代品的竞争中,比同类企业处于更有利的地位。

4. 降低顾客敏感度

由于顾客对企业产品和服务的忠诚度较高,当产品价格发生变化时,顾客对价格的敏感度不高,生产该产品的企业便可以运用产品差异战略,在行业的竞争中形成一个隔离地带,避免竞争者的竞争。

(二)差异化战略的实施条件

企业应结合市场情况以及自身资源与能力,深入考虑差异化战略的实施条件。从市场情况考察来看,差异化战略更适用于以下一些情况。

1. 市场情况

对于消费者而言,差异化战略面对的顾客需求是多样化的;对于产品而言,产品能够充分地实现差异化,并且能够获得顾客的认可;对于竞争者而言,企业所在产业技术变革较快,创新成为竞争制胜的关键举措。

2. 企业自身资源和能力

从企业自身资源和能力考察来看,差异化战略要求企业具备管理、生产、销售等各方面的能力。其具体适用情况如下。

(1) 企业在管理方面有能够确保激励员工创造性的激励体制、管理体制和良好的创造性文化。

(2) 企业在生产方面具有强大的研发能力和产品设计能力。
(3) 企业在销售方面具有很强的市场营销能力。
(4) 企业具有从总体上提高某项经营业务的质量、树立产品形象、保持先进技术和建立完善分销渠道的能力。例如管理层的理念正确、决策正确或者公司实施了一项重要战略或者措施等都体现出企业从总体上具有实施差异化战略的能力。

(三)差异化战略的风险

企业实施成本领先战略可能面临着来自成本、竞争者以及消费者方面的风险，企业应注意这些风险，及早采取防范措施。在成本方面，企业形成产品差别化的成本过高；在竞争者方面，竞争对手的模仿和进攻使已建立的差异缩小甚至转向；在消费者方面，市场需求发生变化。

【案例】小熊电器差异化战略研究

三、集中化战略

集中化战略是指针对某一特定购买群体、产品细分市场或区域市场，采用成本领先或产品差异化来获取竞争优势的战略。集中化战略分为两类：集中成本领先战略和集中差异化战略。

(一)采用集中化战略的动因

成本领先和差异化战略抵御产业五种竞争力的优势也都能在集中化战略中体现出来。集中化战略可使中小企业在大范围内避开与竞争对手直接竞争，增强其相对竞争优势，也可帮助大企业避免与竞争对手正面冲突，使企业处于竞争的缓冲地带。

(二)集中化战略的实施条件

企业应结合市场情况以及自身资源与能力，深入考虑集中化战略的实施条件。从市场情况考察来看，差异化战略更适用于以下一些情况。

1. 市场情况

对于消费者来说，购买者群体之间在需求上存在着差异，甚至对产品追求个性化。对于产品(或市场)来说，目标市场在市场容量、成长速度、获利能力、竞争强度等方面都有吸引力。对于竞争者来说，在目标市场上，其他竞争对手并没有采用类似的战略。

2. 自身资源和能力考察

如果企业资源和能力有限，难以在整个产业实现成本领先或差异化，此时集中化战略对企业来说是最好的选择。

(三)集中化战略的风险

集中化战略针对特定购买群体、产品细分市场或区域市场，这样狭小的目标市场导致了风险，同时，不断有竞争对手进入与现有企业抢占市场，随着时间的流逝，购买者群体之间的需求差异变小，这些都是采取集中化战略需要应对的风险。

最后，对三种基本业务单位战略在消费者、产品/市场特征进行总结，见表5-1。

表5-1 业务单位战略对比分析

类　　型	消费者	产品/市场
成本领先	关心价格、不关心品牌、转换成本低	标准化
差异化	需求多样化	差异化
集中化	群体之间需求多样化	有吸引力

资料来源：对波特竞争战略理论的理性反思及其启示[J]. 科研管理，2004(05)：35-40.

第三节　职　能　战　略

职能战略主要涉及企业各职能部门，如营销、财务、生产、研发、人力资源、信息技术等，确保更好地配置企业内部资源，为各级战略服务，提高组织效率。

一、市场营销战略

(一)市场细分(Market Segmenting)

市场细分是指根据整体市场上用户的差异性，以影响用户选择的某些因素为依据，将一个整体市场划分为两个或两个以上的用户群体，每一个需求特点相类似的用户群体就构成一个细分市场(或子市场)。各个不同的细分市场，即用户群体之间存在明显的需求差异。

1. 消费者市场细分

消费者市场可以按照地理、人口、心理以及行为进行细分。

(1) 地理细分是按照消费者所在的地理位置以及其他地理变量(包括城市农村、地形气候、交通运输等)来细分消费者市场。

(2) 人口细分是指按照人口变量(包括年龄、性别、收入、职业、教育水平、家庭规模、家庭人口细分生命周期阶段、宗教、种族、国籍等)来细分消费者市场。

(3) 心理细分是指按照消费者的生活方式、个性等心理变量来细分消费者市场。

(4) 行为细分是指按照消费者购买或使用某种产品的时机、消费者所追求的利益、使用者情况、消费者对某种产品的使用率、消费者对品牌(或商店)的忠诚程度、消费者待购阶段和消费者对产品的态度等行为变量来细分消费者市场。

注意：消费者市场的细分通常要将几种变量结合起来考虑，以便将市场划分得更精准。

【小贴士】如何辨析心里细分与行为细分？

心理细分主要强调消费者的生活方式和个性。生活方式是指一个人如何进行生活，例如消费者追求生活质量、追求时尚感、追求高品质等。个性是指一个人的心理倾向或特征，例如消费者的风险偏好程度，有的消费者愿意承担高收益带来的风险，有的消费者厌恶风险。而行为变量则更加直接地反映消费者的需求差异，例如，消费者的购买时机、购买目的、购买频率、购买群体的数量、忠诚度及态度。

2. 产业市场细分

产业市场的细分变量有些与消费者市场的细分变量相同，如地理因素、追求利益、使用者情况、使用程度、对品牌的信赖程度、使用者对产品的态度等。但产业市场也有自己的特殊性，可以按照用户的行业类别、用户规模、用户地理位置和购买行为因素进行细分。

(1) 产业市场可以按照用户的行业类别进行划分。在产业市场上，不同的最终用户对同一种产业用品的市场营销组合往往有不同的要求。例如，飞机制造商所需要的轮胎必须达到的安全标准，比农用拖拉机制造商所需轮胎必须达到的安全标准要高得多，豪华汽车制造商比一般汽车制造商需要更优质的轮胎等。

(2) 产业市场可以按照用户规模进行划分。不同规模的用户，其购买力、购买批次、频率、购买行为和方式都有可能不同，要求供应商提供的服务水平也有可能不同。

(3) 产业市场可以按照用户的地理位置进行划分。国界、地区、气候、地形、交通、产业布局、自然环境与资源等都可以作为重要的细分变量。

(4) 产业市场还可以按照购买行为进行划分。具体包括用户追求的利益、使用频率、品牌忠诚度、使用者地位(如重点户、一般户、常用户、临时户等)和购买方式等进行划分。

(二)目标市场选择(Market Targeting)

市场细分是选择目标市场的基础。市场细分后，企业由于受到内外部条件的制约，可根据产品的特性、自身的资源和能力，在众多细分市场中，选择一个或几个有利于发挥企业优势，能够达到最佳或满意的经济效益的细分市场作为目标市场。

1. 目标市场选择策略

(1) 无差异营销策略。企业把整个市场作为自己的目标市场，只考虑市场需求的共性，而不考虑其差异，生产一种产品、运用一种价格、采取一种推销方法面对所有的消费者。

采取无差异营销战略的企业，产品品种单一，能够进行大批量生产和销售，主要通过发挥规模经济的优势降低生产存货和运输的成本，缩减广告、推销、市场调研和市场细分的费用，达到以低成本在市场上赢得竞争优势的目的。无差异营销战略与成本领先战略相呼应。

无差异营销策略的缺点：应变能力差，一旦市场需求发生变化，难以及时调整企业的生产和市场营销策略，特别是在产品生命周期进入成熟阶段时，竞争手段过于单一，因而风险较大。

(2) 差异性营销策略。企业选择两个或两个以上直至所有的细分市场作为目标市场，并根据不同细分市场的需求特点，分别设计生产不同的产品，制定个同的营销组合策略，有针对性地满足不同细分市场顾客的需求。

差异性营销策略面临的市场十分广阔，能够满足不同消费者的需要，有利于扩大销售量，增强企业竞争力。同时，可以提高企业适应性与应对环境变化的能力，企业有回旋余地，不单独依赖一个市场或者一种产品。

但是差异性营销策略面对每个细分市场生产的产品批量较小，难以形成规模经济，同时，由于产品品种、价格、销售渠道、广告、推销手段的多样化，面临更多的生产成本、研发成本、存货成本、销售费用、市场调研费用，要求企业具有较高的经营管理水平，这些都有可能使经济效益降低。

(3) 集中化营销策略。企业受到资源等条件的限制，以一个或少数几个性质相似的子市场作为目标市场，力求在较少的子市场上占领较大的市场份额，实现自身收益的突破。

集中化营销策略特别适合于资源有限的小企业或刚刚进入某个新领域的企业。企业集中运用有限的资源，实行专业化的生产和销售，既可以节省营销费用，又可以逐步提高产品性价比和企业知名度。但是集中化营销策略对单一和窄小的目标市场依赖性太大，一旦目标市场情况突然发生变化，企业周旋余地小，难以合理地应对外部市场条件的变化，面临较大的风险。同时，当强有力的竞争者进入目标市场时，会对企业产生较大的威胁。

2. 选择目标市场需考虑的因素

选择目标市场时，需要考虑市场相似性、产品同质性、企业实力、产品生命周期阶段以及竞争者策略这些因素，选择适合自己的最佳策略。

(1) 对于市场相似性，若市场需求类似程度很高，则适宜采用无差异营销策略；反之，则适宜采取差异性营销策略或集中化营销策略。

(2) 对于产品同质性，一些差异较小的产品适合采用无差异营销策略，而一些差异性较大的产品，适宜采用差异性营销策略或集中化营销策略。

(3) 对于企业实力，实力强劲的企业更适合采用无差异营销策略或差异性营销策略；实力有限的企业则更适宜采用集中化营销策略。

(4) 对于产品生命周期阶段，若产品在引入期，采用无差异营销策略能取得很好的效果；而当产品进入成长期和成熟期后，更适宜采用差异性营销策略。

(5) 对于竞争者，企业为了有效地应对竞争者，应反其道而行之。假如竞争者实行无差异竞争策略，企业应采取差异性营销策略与之抗衡；如果竞争者已采取差异性竞争策略，企业可以考虑在进一步细分的基础上，采取差异性营销策略或集中化营销策略。

(三)市场定位(Market Positioning)

市场定位就是使本企业产品具有一定特色，适应目标市场一定的需求和偏好，塑造产品在目标消费者心目中的独特形象和合适位置。例如，沃尔玛的市场定位是"天天低价"，海尔的市场定位是"高品位、高价格"，麦当劳的市场定位是"卫生、方便的快餐"，七喜的市场定位是"非可乐"，它们都由于市场定位的合理而获得了巨大的成功。

1. 初次定位与重新定位

初次定位是指企业确定目标市场后，对产品进行第一次市场定位。一般新产品投入市场均属于初次定位。

重新定位是指产品随着市场情况的变化重新定位，即对产品进行二次或再次定位。在重新定位前，企业应慎重考虑和评价企业改进产品特色和转移到另一种定位时所需付出的代价是否小于在此新市场上的销售收入，以保证产品重新定位后仍有利润。

2. 市场定位策略

企业可以选择不同的市场营销策略类型，包括抢占或填补市场空位、与竞争者并存和对峙、取代竞争者。

抢占或填补市场空位是指将企业产品定位在目标市场的空白处，生产并销售目标市场上尚没有的某种特色产品，避开与目标市场上竞争者的直接对抗，以增强企业的相对竞争优势，获取更好的经济效益。

与竞争者并存和对峙是指将本企业的产品位置确定在目标市场上现有竞争者的产品旁，相互并存并对峙。采用这种市场定位策略的前提是该市场还有消费者的需求未被满足，企业推出的具有特色的新产品足以吸纳这些客户。

取代竞争者是指将竞争者赶出原有位置，并取而代之。企业要实施这种定位策略的前提是比竞争对手有明显的优势，有实力提供比竞争对手更加优越和有特色的产品，同时还要做好大量的推广宣传工作，提高本企业的形象和知名度，冲淡顾客对竞争者产品的印象和好感。

(四)设计市场营销组合

市场营销组合是指企业为追求预期的营销目标，综合运用企业可以控制的各种要素，并对之进行最佳组合的过程。在营销战略的指导下，企业需要设计出由产品(Product)、价格(Price)、分销(Place)和促销(Promotion)的市场营销组合。这四个在企业控制之下的因素所构成的营销组合，简称 4P 组合。

1. 产品策略

1) 产品组合策略

一般情况下，主要从产品组合的宽度、长度、深度以及关联性来探讨产品组合策略。产品组合的宽度，是指一个企业有多少产品大类。产品组合的长度，是指一个企业的产品组合中所包含的产品项目的总数。产品组合的深度，是指产品大类中每种产品有多少花色、品种、规格。产品组合的关联性，是指一个企业的各个产品大类在最终使用、生产条件、分销渠道等方面的密切相关程度。例如，我国国产 OPPO 手机主营手机及手机配件两大类，在手机板块中，拥有众多系列，包括 Find，Reno，R，A，K 系列等，不同系列针对的目标客户有所不同，具体来说，Reno 系列包括 OPPO Reno5、OPPO Reno5 pro、OPPO Reno6 等。其中，企业经营的产品宽度包括手机及手机配件两大类，产品长度包括 Find，Reno，R，A，K 系列等，Reno 系列的产品深度包括 Reno5、Reno5 pro、Reno6 等。

企业应当根据不同情形选择扩大、缩减或者延伸现有产品。

扩大产品组合：包括拓展产品组合的宽度(产品大类)、长度(产品组合中的产品项目总数)和产品组合的深度(产品组合中每种产品的花色、品种、规格)。

缩减产品组合：当市场不景气或者原料能源供应紧张时，从产品组合中剔除那些获利很小甚至亏损的产品大类或产品项目，使企业可以集中力量发展获得利润较多的产品大类和产品项目。

产品延伸：指全部或部分地改变公司原有产品的市场定位，具体包括向上延伸、向下延伸、双向延伸。

2) 品牌和商标策略

企业可以采取的品牌和商标策略如下。

(1) 单一品牌名称。本企业所有产品都使用同一商标。单一品牌策略可以利用已有产品的影响力，提高新产品的认可度，简化了新产品上市宣传推广的过程。

(2) 多品牌名称。如果企业生产的产品在市场中的定位显然不同，或者市场被高度细分，则企业通常对每个产品都采用不同的品牌名称。例如，联合利华公司的产品，包括家庭及个人护理类(中华、夏士莲等)、食品类(家乐、立顿)。

(3) 自有品牌。该策略主要针对零售商。许多零售商销售自有品牌的杂货、服饰和五金器具，以使客户建立对零售商的忠诚度。

3) 产品开发策略

新产品的定义较为广泛，主要是指打开了新市场的产品、取代了现有产品的产品以及现有产品的替代品。

产品开发的原因如下。

(1) 企业具有较强的研究开发能力。

(2) 产品的市场信誉度和顾客满意度较高。

(3) 企业所在的产业正处于高速发展阶段或适宜创新的高新技术产业。

(4) 企业主要竞争对手正以相近的价格提供更高质量的产品时，可以采用产品开发战略。

(5) 企业具有较高的市场份额和较强的品牌实力，并在市场中具有独特的竞争优势。

2. 价格策略

1) 基本定价方法

企业进行定价时，需要综合考虑成本、市场或消费者需求、竞争三方面的因素。其中，成本是价格的下限，消费者满意度是产品价值感知的上限，竞争企业的产品和替代品的价格为本企业的定价提供了参考依据。其具体包括成本导向定价法、需求导向定价法与竞争价格定价法。

成本导向定价法是最简单、最常用的定价方法。其具体方法包括：成本加成定价法、收支平衡定价法、目标利润定价法和变动成本定价法。

需求导向定价法是根据市场情况的变化制定不同的价格。若市场上没有同类产品的竞争者，愿意付出高价的购买者较多，则可以选择高定价策略。若市场上的消费者对产品价格比较敏感，企业可通过规模经济实现低价，进而对抗潜在竞争者。

竞争价格定价法是以市场上同类其他产品为价格依据，并随着竞争情况的变化调整价格。

2) 主要定价策略

(1) 心理定价策略。心理定价策略是为了适应消费者的购买心理所采取的定价策略。常见的方法包括尾数定价、整数定价、声望定价和招徕定价。

(2) 产品组合定价策略。该策略包括系列产品定价、副产品定价、关联产品定价和捆绑定价等。

(3) 折扣与折让策略。该策略包括各种减价策略，有现金折扣、数量折扣、交易折扣、季节性折扣和推广折扣等。

(4) 地理差价策略。这是根据买卖双方地理位置的差异，考虑买卖双方分担运输、装卸、仓储、保险等费用的一种价格策略。该策略包括产地价、目的地交货价、统一交货价、分区运送价和津贴运费定价等。

3) 新产品定价策略

新产品的定价策略主要包括渗透定价法、撇脂定价法以及满意定价法。

渗透定价法是一种低价策略，是指将新产品以非常低的价格投放市场，利用价格优势抢占销售渠道和消费者群体，从而使其他竞争者较难进入市场。这是一种通过牺牲短期利润来换取长期利润的策略。

撇脂定价法是一种高价策略，是指在新产品上市之初，以较高的价格进入市场，随着企业生产能力的提高逐渐降低价格的定价策略。这一方法旨在产品生命周期的最初阶段获取较高的单位利润。

满意定价法是一种中间价策略，即介于上述两种定价策略之间的适中定价策略。这一方法意图同时达到产品价格既能被顾客接受，企业又有一定利润的目的。

3. 分销策略

分销策略是选择产品到达客户手上的最佳方式的策略。分销策略要克服地点、时间、产品数量和所有权上的差异，解决如何分销产品以及如何确定实体店的位置等问题。

分销策略应当与价格、产品和促销三个方面密切相关。可获取产品的渠道对于客户对产品的质量和状况的感知非常重要。分销渠道必须使产品的形象与客户的产品感知相符合。

分销策略按照不同的方式可以分为如下几类。

(1) 分销策略按照分销渠道的长度分为直接分销与间接分销。

直接分销是指产品不经过中间商，而直接从生产商到消费者手中。

间接分销是指产品经过中间商从而到达消费者手中。

(2) 分销策略按照分销渠道的宽度分为独家分销、选择性分销及密集分销。

独家分销是指生产企业在某一地区仅通过一家中间商推销其产品。这样的分销策略有利于企业控制中间商的服务水平和产品质量，但也需要生产商与经销商之间更加紧密的配合，由于中间商缺乏竞争，热情度不高，消费者的满意度可能会因此受到影响。独家分销策略更加适用于技术含量较高，需要售后服务的专门产品分销，如机械产品、耐用消费品、特殊产品等。

选择性分销是指生产企业在某一地区仅通过几个经过仔细筛选后的中间商推销其产品。相比独家分销，选择性分销能给消费者带来更大的便利；相比密集分销，选择性分销能够取得经销商更多的支持。选择性分销中分销商的竞争比独家分销更加激烈，适用于消费品中的选购品和特殊品。

密集分销是指生产商以选择尽可能多的中间商推销自己的产品。在这样的分销策略之下，企业产品的市场覆盖率更高，消费者十分便利。密集分销策略下众多的经销商竞争激烈，可能会导致市场混乱且营销渠道的管理成本较高。密集分销策略比较适宜日常消费用品的销售。

(3) 分销策略按照分销渠道是否采用网络方式，可分为线上分销和线下分销。

线上分销是指通过网络上的电商平台等渠道推销企业产品或服务。

线下分销是指通过面对面或其他非网络方法进行交易。

4. 促销策略

促销的目的在于赢得潜在客户的注意，激发客户的购买欲望和购买行为。企业将其产品或服务的特性传达给预期客户的方式被称为促销组合。

1) 促销组合要素构成

促销组合要素包括广告促销、营业推广、公关宣传与人员推销。

(1) 广告促销是指通过媒体等方式投放广告，使本公司的产品被潜在消费者熟知或产生良好印象。

(2) 营业推广是指为鼓励客户购买产品或服务而设计采用非媒体的手段进行促销。例如，许多企业采用试用品、折扣、礼品等方式吸引消费者。

(3) 公关宣传也称公众关系，是指组织或个人正确处理与社会公众的关系，通过有利的宣传树立良好的企业形象，使公众接受和认同。公关宣传是一项很有用的宣传措施，也包括妥善处理各种对组织或个人不利的流言和事件。

(4) 人员推销：企业的销售代表直接与预期客户进行接触。

【小贴士】广告促销与公关宣传有什么区别？

广告促销与公共关系都是大众沟通式。这两者的区别在于，由公共关系引发的新闻报道或新闻采访、媒体传播是免费的，而广告是付费的。公共关系宣传中的信息要比广告令人信服。但是，公共关系也有局限性，有些企业认为公共关系不直接与销售挂钩，怀疑公共关系形象沟通对企业的价值，因此对此类活动缺乏兴趣。同时，在公共活动宣传中，企业无法严格控制信息，因为信息的发布时机、覆盖面等受媒体控制。企业在特定时期需要宣传，如新产品上市、店铺开张等但媒体可能无法及时报道，此时寻求广告促销是更好的选择。此外，公关宣传活动可能事先很难计划，因为具有新闻价值的事件往往突如其来、不期而至。

(资料来源：周蕾，刘秀萍. 浅谈企业市场营销管理及创新策略[J]. 宏观经济管理，2017(S1)：138-139.)

2) 促销组合策略

促销组合策略包括推式策略、拉式策略以及推拉结合策略。

(1) 推式策略是指企业主要利用人员推销的方式，以中间商为主要促销对象，把产品推入分销渠道，最终推向市场。这种推销策略要求人员针对不同顾客、不同产品采用相应的推销方法。常用的推式策略有：示范推销法、走访销售法、网点销售法、服务推销法等。

(2) 拉式策略是指企业利用广告、公共关系和营业推广等促销方式，以最终消费者为主要促销对象，设法激发消费者对产品的兴趣和需求，促使消费者向中间商、中间商向制造商购买该产品。拉式策略的目的在于激发消费者的消费欲望和购买动机，刺激市场需求，从而增加分销渠道的压力。

(3) 推拉结合策略是指企业将推式策略和拉式策略配合起来使用，同时向中间商和最终消费者进行大力促销的方式。

二、研发战略

研究与开发被定义为组织层面的企业创新，不能独立于企业其他部分单独进行。

(一)研发的类型

1. 按照企业进行研究开发的方式分为企业自主研发、联合企业研发以及产学研发

(1) 企业自主研发是指完全依靠企业自身能力进行研究与开发。

(2) 联合企业研发是指企业与其他同类行业或非同类企业一起研究与开发。

(3) 产学研发是指企业和其他科研机构如大学的实验室、研究所等一同进行研究与开发。

2. 按照研究目标与成果分为基础研究、应用研究与开发研究

(1) 基础研究是指为获得关于现象和事实的基本原理及新知识而进行的实验性和理论性工作，它不以任何专门或特定的应用或使用为目的。

(2) 应用研究是指为获得新知识而进行的创造性的研究，它主要是针对某一特定的实际目的或商业用途。

(3) 开发研究是利用研究的成果和现在的知识与技术，创造新技术、新方法和新产品，是一种以生产新产品或完成工程技术任务为内容而进行的研究活动。

3. 按照研究内容分为产品研究与流程研究

(1) 产品研究是指新产品开发，这是企业拥有竞争优势的主要来源，是实施差异化战略的关键所在。

(2) 流程研究对于实施成本领先战略或差异化战略的企业都是必不可少的。

(二)研发的战略作用

研发战略并不能独立于企业的其他部分单独进行。一方面企业业务单位战略关注着企业的产品与可竞争的市场，另一方面竞争战略给予研发战略以支持。企业进行研发的战略作用体现在方方面面，具体如下。

(1) 对于企业基本竞争战略，产品创新是产品差异化的来源，流程创新使企业能够采用成本领先战略或差异化战略。

(2) 对于企业价值链，研发属于价值链的支持性活动，通过提供低成本的产品或改良的差异化产品可以强化价值链。

(3) 对于"产品—市场战略组合"，研发支持四个战略象限。企业可以通过产品求精来实现市场渗透战略和市场开发战略，通过研究创造新产品实现产品开发和产品多元化。

(4) 对于产品生命周期理论，产品研发会加速现有产品的衰退，因而需要研发来为企业提供替代产品。

(三)研发定位战略

企业需尽早找到适合自己的研发定位。具体研发定位战略包括进攻型战略、追随型战略、成本引领战略。

进攻型战略是指向市场推出新技术产品的企业，企业通过自主创新的方式研发新产品。这种战略足够令人兴奋但同时充满了挑战，面临较大的风险。

追随型战略是指新产品的模仿者，该战略启动风险和成本最小，但却必须有先驱企业开发第一代新产品并证明该产品具有发展优势及未来市场，同时要求企业拥有优秀的研发人员和优秀的营销部门。

成本引领战略是指各种产品的低成本生产者，通过对工厂和设备进行投资改造，大量生产与先驱企业开发的产品相类似但价格相对低廉的产品来成为低成本引领者，这类产品已经被市场接受，因此价格显得尤为重要。规模营销成为企业的主要销售战略。成本引领战略与前两种战略相比所需的研发费用较低。

三、生产运营战略

生产运营战略是企业根据目标市场和产品特点构造其生产运营系统时所遵循的指导思想，以及在这种指导思想下的一系列决策规划、内容和程序。

(一)生产运营战略涉及的主要因素

(1) 批量。

批量大，单位成本低；批量小，单位成本高。

(2) 种类。

种类少，单位成本低；种类多，单位成本高。

(3) 需求变动。

需求稳定，单位成本低；需求波动，单位成本高(会产生产能利用率问题)。例如，旺季的时候旅游业聘用兼职员工；而在旅游淡季，企业的设备和员工都处于未被充分利用的状态，因而单位成本很可能比较高。

(4) 可见性。

可见性是指生产运营流程为客户所见的程度。当可见性高时，客户的感性认识会在很大程度上影响他们对生产运营流程的满意度，客户会因等待时间长而产生不满，这时员工需要具备很高的人际沟通技巧，因而，单位成本较高；当可见性较低时，生产和销售之间可以存在时间间隔，从而允许生产运营流程充分发挥作用，因此联系客户的技巧并没有那么重要，单位成本相对较低。总之，可见性低，单位成本低；可见性高，单位成本高。

(二)生产流程计划需考虑的因素

以下几个方面的生产流程计划或决策对战略实施的成败具有重大影响：工厂规模、工厂地点、产品设计、设备的选择、工具的类型、库存规模、库存控制、质量控制、成本控制、标准的使用、工作专业化、员工培训、设备与资源利用、运输与包装及技术创新。

在研究工厂地点和生产设备之前所必须考虑的因素包括：主要资源的可利用性、该地区的当前平均工资水平、与收发货物相关的交通费用、主要市场的地点、该地区所在国家的政治风险及可用的培训过的员工。

对于高新技术企业而言，由于经常需要改变主要产品，因此，生产成本与生产灵活性同等重要。某些产业(如生物技术和整形外科等)所依赖的生产体系必须具有足够的灵活性，以使其能够进行频繁的产品变更和新产品的快速引入。

(三)产能计划

产能是指企业在指定时间内能够完成的最大工作量。产能计划指确定企业所需的生产能力以满足其产品不断变化的需求的过程。企业产能与客户需求之间的差距会导致效率低下，产能计划的目标就是使这种差距最小化，因此，企业需根据因变量的变化来调整企业产能。产能计划类型包括领先策略、匹配策略与滞后策略。具体产能计划类型和平衡产能与需求的方法见表5-2。

表 5-2　产能计划类型对比表

策略类型	特点	含义	方法	举例
领先策略 (进攻型)	产能大于需求	根据需求增长预期来增加产能。目标是将客户从竞争者手中吸引过来	库存生产式生产：需求稳定且能提前预测。 步骤：采购→生产→接单	某国政府规划十二五期间对高铁的投资达到 30 000 亿元。甲公司作为国内仅有的三家高铁列车轴承提供商之一，从国外采购了新的生产线以提高企业竞争力
匹配策略 (稳健型)	产能等于需求	少量增加产能来应对市场需求的变化	资源订单式生产：客户需求不确定，企业难以预测。 步骤：接单→采购→生产	建筑企业可能会收到承建新的道路桥梁的大订单。该建筑企业将仅在签订了合同之后才开始采购必需的资源
滞后策略 (保守型)	产能小于需求	需求增加倒逼产能增长，能够降低产能过剩风险	订单生产式生产：对未来需求有较大信心。 步骤：采购→接单→生产	甲公司是一家高科技环保企业，其自主研发的智能呼吸窗一经推向市场，就受到消费者的欢迎，产品供不应求，企业一直处于满负荷生产状态。为满足持续增长的订单要求，公司决定增加一条生产流水线

(四)准时生产系统(JIT)

准时生产方法是指生产的产品能够精确地满足客户在时间、质量和数量上的需求。1953年，日本丰田公司的副总裁大野耐一提出 JIT 生产管理模式，JIT 指企业生产系统的各个环节、工序只在需要的时候，按需要的量，生产出所需要的产品。其实质是保持物质流和信息流在生产中的同步，实现以恰当数量的物料，在恰当的时候进入恰当的地方，生产出恰当质量的产品。这种方法可以减少库存，缩短工时，降低成本，提高生产效率。

1. JIT 理论的关键要素

(1) 不断改进。
(2) 消除浪费。
(3) 良好的工作场所。
(4) 缩短生产准备时间。
(5) 企业中所有员工的参与。

2. JIT 的优点

(1) 库存量低，节省仓储空间、租赁和保险费用。
(2) 按需采购，降低了花费在存货上的运营成本。
(3) 降低了存货变质、陈旧或过时的可能性。
(4) 避免因需求突然变动而导致大量产成品无法出售的情况出现。

(5) Right first time，降低检查产品质量和返工产品的时间。

3. JIT 的缺点

(1) 由于只给不合格产品的补加工预留了最少量的库存，因而一旦生产环节出错，弥补空间较小。

(2) 生产对供应商的依赖性较强，如果供应商没有按时提供货物，则整个生产计划都会被延误。

(3) 由于企业按照实际订单生产所有的产品，因此并不能很好地应对预期之外的订单需求，可能会失去潜在客户。

4. 适用范围

JIT 生产管理模式适用于制造型企业和服务型企业。对于制造型企业，其主要目的在于降低库存。对于服务型企业，其主要目的在于消除客户排队现象。

四、采购战略

采购是指企业取得所用的材料资源和业务服务的过程。采购过程主要包括：识别恰当潜在供应商、对潜在供应商进行评价、招标、报价、对价格及支付事项进行谈判、下订单、监测已经下达的订单、清点并检查货物以及支付货款。

(一)货源策略

企业可以选择的货源策略包括单一货源策略、多货源策略以及由供应商负责交付一个完整的子部件的策略。

1. 单一货源策略

单一货源策略是指企业只选择唯一的供应商。采购方采用单一货源策略能够与供应商建立较为稳固的关系，同时有利于信息的保密，能产生规模经济并且随着采购方与供应商关系的加深，采购方可能获得高质量的货源。但这样的策略降低了采购方的议价能力，存在供应中断的风险，而且供应商容易受到订单量变动的影响。

2. 多货源策略

多货源策略是指企业选择多家供应商。采购方采用多货源策略能够取得更多的知识和专门技术，多个供应商之间的竞争有利于对供应商压价，增强采购方的议价能力，若一个供应商出现供货中断的情形，其产生的影响较低。但在这样的采购策略之下，采购方与供应商之间的关系并不稳固，也不利于实现规模经济，难以设计出有效的质量保证计划。

3. 由供应商交付一个完整的子部件

由供应商负责交付一个完整的子部件的策略允许采用外部专家和外部技术的同时可为内部员工安排其他任务，采购方能够就规模经济进行谈判。第一阶段供应商处于显要地位，其议价能力强，这意味着企业在货源上不太可能取得竞争优势。

(二)采购组合

企业采用不同的基本战略决定了业务单位的不同，采用低成本战略的企业侧重于以尽可能低的成本进行采购。企业最佳采购组合可从以下四方面考虑：质量、数量、价格、交货。

大型企业能够通过要求数量折扣以低成本进行采购，而小型企业的采购趋势是组成产业网络，即与同一产业内其他小型企业进行合作以集中采购，该网络使小型企业与大型企业一样能够要求数量折扣。

(三)采购经理的职责

采购经理在采购战略中显得尤为重要，最高级别的采购经理应当是董事会成员或者至少应向执行总监报告。

采购经理的职责包括控制采购成本、管理资金等各方面的投入、把控生产投入、建立完善的供应商管理机制，如确定供应商并与其讨论采购条件、规格、交货间隔期以及交易价格等事项，及时获取有用的市场信息以评价各种采购方案，如可用性、质量、价格、分销及供应商，还需要维持库存水平。

五、人力资源战略

(一)人力资源战略的内容

人力资源管理是指在经济学与人本思想的指导下，通过招聘、甄选、培训、报酬等管理形式对组织内外相关人力资源进行有效运用，满足组织当前及未来发展的需要，保证组织目标实现与成员发展最大化的一系列活动的总称。它是预测组织人力资源需求并做出人力需求计划、招聘选择人员并进行有效组织、考核绩效支付报酬并进行有效激励、结合组织与个人需要进行有效开发以便实现最优组织绩效的全过程，企业可以借此实现可持续竞争优势的目标。

有效的人力资源战略应包括如下事项。

(1) 精确识别出企业为实现短期、中期和长期的战略目标所需要的人才类型。
(2) 通过培训、发展和教育来激发员工潜力以适应岗位需求。
(3) 尽可能地提高任职早期表现出色的员工在员工总数中所占的比重。
(4) 招聘足够的、有潜力成为出色工作者的年轻的新就业者。
(5) 招聘足够的、具备一定经验和成就的人才，并使其迅速适应新的企业文化。
(6) 确保采取一切可能的措施来防止竞争对手挖走企业的人才。
(7) 激励有才能的人员达到更高的绩效水平，并激发其对企业的忠诚度。
(8) 创造企业文化，使人才能在这种文化中得到培育并能够施展才华，这种文化应当能够将不同特点的人才整合在共享价值观的框架内，从而组建起一个金牌团队。

(二)人力资源规划

人力资源规划是指在企业发展战略和经营规划的指导下，对企业在某个时期内的人员供给和人员需求进行预测，并根据预测的结果采取相应的措施来平衡人力资源的供需，以满足企业对人员的需求，为企业的发展提供合质合量的人力资源保证，为达成企业的战略目标和长期利益提供人力资源支持。

1. 人力资源规划的内容

企业人力资源规划包括人力资源总体规划和人力资源业务计划两个层次。人力资源总体规划是指在计划期内人力资源管理的总目标、总政策、实施步骤和总预算的安排。人力资源业务计划更加详细具体，包括人员补充计划、分配计划、提升计划、教育培训计划、工资计划、保险福利计划、劳动关系计划、退休计划等。

人力资源业务计划是总体规划的展开和具体化，每一项业务计划都由目标、政策、步骤及预算等部分构成，这些业务计划的实施应能保证人力资源总体规划目标的实现。

2. 人力资源供需平衡策略

人力资源规划的最终目的是实现企业人力资源供给和需求的平衡，因此在预测出人力资源的供给和需求之后，就要对这两者进行比较，并根据比较的结果采取相应的措施。

1) 供给=需求，但结构不匹配

针对这样的情况，企业人力资源管理策略应主要调整内部人员结构。其具体操作如下。

(1) 进行人员内部的重新配置，包括晋升、调动、降职等，来弥补那些空缺的职位，满足这部分的人力资源需求。

(2) 对现有人员进行有针对性的专门培训，使他们能够从事空缺职位的工作。

(3) 进行人员的置换，清理企业不需要的人员，补充企业需要的人员，以调整人员的结构。

2) 供给>需求

(1) 扩大经营规模，或者开拓新的增长点，以增加对人力资源的需求。

(2) 永久性地裁员或者辞退员工，但会给社会带来不安定因素，可能会受到政府的限制。

(3) 鼓励员工提前退休，给那些接近退休年龄的员工以优惠的政策，让他们提前离职。

(4) 停止从外部招聘人员，通过自然减员来减少对人力资源的供给。

(5) 缩短员工的工作时间或者降低员工工资等方式也可以减少供给。

3) 供给<需求

(1) 招聘新的员工，可以从外部雇用人员，也可以返聘退休人员。

(2) 提高现有员工的工作效率。

(3) 延长工作时间，让员工加班加点。

(4) 降低员工的离职率，减少员工的流失，同时进行内部的调配，增加内部的流动来提高某些职位的供给。

(5) 将企业的某些业务进行外包，减少对人力资源的需求。

(三)人力资源获取

人力资源获取是通过员工招聘来实现的。招聘包括招募、甄选与录用三部分。

1. 招募

企业可以选择内部招募与外部招募的方法，具体如下。

1) 内部招募

企业内部招募包括晋升、调换或轮换以及降职。晋升是由下级职位上的人员来填补空缺职位；调换或轮换是由同级职位上的人员填补空缺职位；降职是由上级职位上的人员来填补空缺职位。企业可以选择工作公告法或档案记录法来实现内部招募。

企业内部招募节约了招募的时间与成本，有利于提高员工的士气和发展期望，本就属于该企业的员工可靠性较高，企业对其工作能力、绩效及人品有基本的了解，同时该员工对组织工作程序、企业文化、领导方式、同事合作等比较熟悉，能够迅速地展开工作，对企业目标有认同感，辞职的可能性小，有利于个人和企业的长期发展。

但内部招募容易引起同事间的过度竞争，产生不公平现象，造成企业内耗，竞争失利者感到心理不平衡，积极性下降，难以安心工作。若新上任者是大家原本熟悉的"老人"，思想观念守旧，思考范围狭窄，则难以建立起预期的领导声望。这样的方式并不能为企业注入新鲜的血液，企业面临缺乏创新和活力的问题。

2) 外部招募

企业面向学校、竞争者和其他公司、失业者、老年群体、退伍军人和自由职业者等，通过校园招募、广告招募、外出招募、借助职业中介机构招募和推荐招募等方式实现外部招募。

外部招募的选择范围较广，企业有更多机会招聘到需要的人才。同时这样的方式不仅可以避免企业内部相互竞争所造成的紧张氛围，而且为企业带来了创新与活力。企业内部现有工作人员的压力增加，新进同事成为激发他们工作热情的动力。

但外部招募对内部人员是一种打击，过大的压力让他们感到晋升无望，会影响工作热情。外部人员对企业情况不了解，需要较长的时间来适应新的环境，而且外部人员可能不认同企业的价值观与文化，无法适应新的环境。企业对外部人员不是很了解，不容易做出客观的评价，可靠性比较差，会给企业稳定造成不好的影响。

2. 甄选与录用

员工甄选是指通过运用一定的工具和手段对已经招募到的求职者进行鉴别和考察，区分他们的人格特点与知识技能水平，预测他们的未来工作绩效与水平，从而最终挑选出企业所需要的、恰当的职位空缺填补者。员工甄选工具一般包括面试、评价中心、心理测试、工作样本和知识测试等。

3. 企业竞争战略与人力资源获取战略的匹配

企业竞争战略与人力资源获取战略的匹配如表 5-3 所示。

表 5-3　企业竞争战略与人力资源获取战略的匹配

获取策略	成本领先	差异化	集中化
员工来源	外部	内部	两者兼有
晋升阶梯	狭窄、不宜转换	广泛、灵活	狭窄、不宜转接
甄选决策	人力资源部	业务部门	结合两者
甄选方法	简历和面试为主	多重方法	心理测试
甄选标准	强调技能	强调与文化契合	结合两者
社会化过程	正式的雇佣和社会化过程	非正式的雇佣和社会化过程	结合两者

(四)人力资源培训与开发

人力资源培训与开发就是指组织为实现自身和员工个人的发展目标，有计划、系统地为员工提供学习或训练机会，使之提高、完善、改进与工作相关的知识、技能、能力以及态度等素质，以适应并胜任职位工作的战略性人力资本投资活动。

1. 培训与开发流程

员工培训的流程包括：培训需求分析、培训计划设计、培训实施和培训效果评估。

2. 培训的类型

(1) 培训按照培训对象的不同分为新员工培训和在职员工培训。其中，按照员工所处的层次不同，在职员工培训又可以进一步划分为基层员工培训、中层员工培训和高层员工培训三类。

(2) 培训按照培训形式的不同分为在岗培训和脱产培训。

(3) 培训按照培训性质的不同分为传授性培训和改变性培训。

(4) 培训按照内容的不同分为知识性培训、技能性培训和态度性培训。

3. 与竞争战略相匹配的人力资源培训与开发

企业竞争战略与人力资源培训与开发战略的匹配如表 5-4 所示。

表 5-4　企业竞争战略与人力资源培训与开发战略的匹配

战略类型	侧重点	培训与开发的形式
成本领先	强调范围有限的知识和技巧	设立企业大学或者定期培训
差异化	要求具有广泛的知识、技巧和创造性	传递外部新颖信息、购买所需技能或者利用外部培训机构
集中化	强调应用范围适中的知识和技巧	在职培训或者外部培训

(五)人力资源绩效评估

完整意义上的绩效管理是由绩效计划、绩效监控、绩效考核和绩效反馈这四个部分组成的系统。

1. 绩效计划

绩效计划是整个绩效管理系统的起点，是指在绩效周期开始时，由上下级一起就员工绩效考核期内的绩效目标、绩效过程和手段等进行讨论并达成一致。绩效计划会随着绩效周期的推进而不断地做出相应的修改。在实践中，企业普遍使用的绩效计划工具主要有关键绩效指标法(KPI)、平衡计分卡(BSC)、目标管理法。

2. 绩效监控

绩效监控是指在整个绩效期间内，通过上级与员工之间持续的正式或非正式的沟通，来预防或解决员工实现绩效时可能发生的各种问题的过程。

3. 绩效考核

绩效考核是指确定合适的考核主体，借助合适的考核方法，对员工的工作绩效做出评价。主要有以下几方面的工作：考核对象的确定、考核内容的确定、考核主体的确定、考核方法的选择。考核对象一般包括组织、部门和员工三个层面。考核内容由工作能力、工作态度和工作业绩组成，考核主体一般包括五类成员：上级、同事、下级、员工本人和客户。考核方法大致可以分为三种：比较法、量表法和描述法。

4. 绩效反馈

绩效反馈是指绩效周期结束时在上级和员工之间进行绩效考核面谈，由上级将考核结果告知员工，指出员工在工作中存在的不足并和员工一起制订绩效改进计划。

5. 绩效管理与企业基本竞争战略的匹配

绩效管理与企业基本竞争战略的匹配如表 5-5 所示。

表 5-5　绩效管理与企业基本竞争战略的匹配

战略类型	管理目标	特征
成本领先	以控制成本为目的，强调结果导向	评估范围狭窄，评估的信息来源单一(上级作为考核的主要考官)
差异化	关注创新和新颖性，既评估结果，也评估行为	评估范围宽广，评估信息丰富
集中化	上述两者结合	

(资料来源：赵雪, 张喜峰. 构建引入基本竞争战略的企业集团财务公司绩效管理评价体系[J]. 商场现代化, 2009(30)：74-75.)

(六)人力资源薪酬激励

薪酬管理是指在组织经营战略和发展规划的指导下，综合考虑内外部各种因素的影响确定薪酬体系、薪酬水平、薪酬结构、薪酬构成，明确员工所应得的薪酬并进行薪酬调整和薪酬控制的过程。

1. 薪酬的构成类型

薪酬的构成包括基本薪酬、可变薪酬与间接薪酬。

基本薪酬是根据员工所承担的工作或者所具备的技能而支付给他们的较为稳定的经济收入，在吸引、保留人员方面效果比较显著，在激励人员方面效果一般。

可变薪酬是根据员工、部门或团队、组织自身的绩效而支付给他们的具有变动性质的经济收入，在吸引、激励人员方面效果比较显著，在保留人员方面效果中等。

间接薪酬是给员工提供的各种福利，在保留人员效果方面比较显著，在吸引、激励人员方面效果一般。

2. 薪酬的公平性原则

(1) 外部公平性：指在不同企业中，类似职位或者员工的薪酬应当基本相同。

(2) 内部公平性：指在同一企业中，不同职位或者员工的薪酬应当与各自对企业的贡献成正比。

(3) 个体公平性：指在同一企业中，相同或类似职位上的员工，薪酬应当与其能力、贡献成正比。

3. 薪酬水平策略

(1) 领先型策略：即薪酬水平高于市场平均水平的策略。

(2) 匹配型策略：即薪酬水平与市场平均水平保持一致。

(3) 拖后型策略：即薪酬水平要明显低于市场平均水平。

(4) 混合型策略：即针对企业内部的不同职位采用不同的策略，例如，对关键职位采用领先型策略，对辅助性职位采用匹配型策略。

4. 企业竞争战略与薪酬战略的匹配

企业竞争战略与薪酬战略的匹配如表 5-6 所示。

表 5-6 企业竞争战略与薪酬战略的匹配

战略类型	公平性侧重	工资基础	薪酬构成	决策过程
成本领先	对外公平	岗位或年资	固定薪酬（基本薪酬）	集权，高层做出决策
差异化	对内公平	能力或绩效	多使用浮动薪酬（可变薪酬）	授权中层或子公司进行决策
集中化	对内公平	能力与绩效结合	固定＋浮动	针对市场和公司能力采用不同的形式

六、信息战略

(一)信息战略的类型

信息战略具体包括：信息系统战略、信息技术系统战略、信息管理战略。

1. 信息系统战略

信息系统战略确定了一个企业的长期信息要求，并且对可能存在的不同信息技术提供了一把保护伞。信息系统战略应遵循企业的经营战略，并且必须确保在经营战略实施的过程中，可获得、保存、共享和使用恰当的信息。信息系统包括所有涉及信息收集、储存、产生和分配的系统和程序。具体来说，信息系统可分为以下七类。

(1) 事务处理系统。事务处理系统执行和处理常规事务。事务处理报告对控制和审计而言很重要，但是只能提供很少量的管理决策信息。

(2) 管理信息系统。将主要是来自内部的数据转化成综合性的信息，这些信息使管理层能对与自己所负责的活动领域有关的计划、指导和控制及时做出有效的决策。

(3) 企业资源计划系统。企业资源计划系统有助于整合数据流和访问与整个公司范围的活动有关的信息。企业资源计划系统的发展方向：①面向供应商，满足供应链的需求；②面向客户，具有客户关系管理功能；③面向管理层，通过战略性企业管理系统，来满足管理层的信息需求和决策需要。

(4) 战略性企业管理。战略性企业管理是一种为战略管理过程提供所需支持的信息系统。它能使企业各个层次的决策过程变得更快更完善。

(5) 决策支持系统。决策支持系统包含了一些数据分析模式,这些分析模式能使管理层模拟并提出假设的问题,从而使管理层在决策过程中能考虑到不同的选项并获得对决策有帮助的信息。

(6) 经理信息系统。经理信息系统是提供决策支持的系统,它包含了对摘要数据的访问,使高层经理能对与企业及其环境有关的信息进行评价。

(7) 专家系统。专家系统储存从专家处获得的与专门领域相关的数据,并且将其保存在结构化的格式或知识库中。专家系统为那些需要酌情判断的问题提供解决方案。专家系统的最佳应用实例是用于信用批准。

2. 信息技术系统战略

信息技术系统战略定义了满足企业信息需要所必需的特定系统,包括硬件、软件、操作系统等。每个信息技术系统必须能够获取、处理、概括和报告必要信息。

信息技术系统战略的有用性体现在以下几个方面。

(1) 信息技术一般涉及高成本,而信息技术战略能对预算进行分配和控制。
(2) 信息技术对企业的成功至关重要,所以信息技术系统必须在任何时候都是可靠和可访问的。
(3) 要形成和保持竞争优势,离不开信息技术。
(4) 信息技术可以降低成本。
(5) 信息技术提供用于计划、决策和控制的信息,有助于管理者进行企业管理。

3. 信息管理战略

信息管理战略涉及信息的储存及访问方式,重点关注各个信息业务单元,使它们能满足内部或外部用户的信息需求。信息技术系统战略以供应信息为导向,它重点关注供应信息活动以及支持这些活动所需的技术。信息管理战略在整个企业层次上以管理为导向。

这三个战略会随着企业目标的改变、新信息技术的发展、软件硬件的更新以及企业的发展和多样化而变化。

(二)信息技术在战略管理中的作用

1. 信息技术与组织变革的关系

信息技术的提升与组织变革之间相互作用,信息技术是推动组织变革的诱因,组织变革进一步促进信息技术的应用。一方面,信息技术可以对传统组织结构进行一些良性调整;另一方面,信息技术也带来了一些新的协调手段,使得一些新型的组织结构在现实中成为可能。

2. 信息技术与竞争战略

1) 信息技术与成本领先战略

信息技术在企业中的应用可以帮助企业在生产、工程、设计、服务等环节有效降低成本,甚至达到行业中最低的运营成本。

2) 信息技术与差异化战略

企业可以借助信息技术推出区别于竞争对手的新产品、新服务,从而获取竞争优势。

借助这类信息技术，企业可以不需要再响应竞争对手基于价格上的竞争，而是通过提供难以复制的产品和服务，拉开与竞争对手的差距，阻断竞争对手。

3) 信息技术与集中化战略

借助类似数据挖掘这样的信息技术可以帮助企业聚焦于目标市场，并在目标市场的竞争中胜出。企业可以利用产品销售和客户数据分析消费者的购买模式和偏好，从而更好地发现目标客户、服务于目标市场，并有针对性地开展营销和市场竞争活动。

3. 信息技术与业务流程重组

业务流程重组是通过对业务流程彻底再设计而大幅度改善成本、质量、进度和服务效益，从而企业可以在市场上成为一名成功的竞争者的过程。信息处理能力以及计算机与互联网技术的连通性增加了组织信息和知识的存取性、存储量和传播性，可以大大提高业务流程的效率，还可以使组织打破传统规则，建立全新的工作方式。企业过程创新不是简单的自动化，而是利用技术的最新潜能达到崭新的目标。

4. 信息技术与企业价值链网

信息技术能够帮助企业全面渗透到企业价值链的各主要环节，有效地降低成本，提升客户价值，赢得竞争优势。

(三)大数据时代的战略分析和对决策模式的影响

1. 大数据时代的数据分析

(1) 大数据：指所涉及的资料规模巨大，无法通过目前常规软件工具，在合理时间内达到撷取、管理、处理、整理成为有用信息的数据集合。大数据具有大量性、多样性、高速性、价值性。

(2) 大数据时代：指在大量数据信息的基础上所形成的新型信息时代，是建立在通过互联网、物联网等现代网络渠道广泛大量数据资源收集基础上的数据存储、价值提炼、智能处理和展示，促进数据发挥价值的信息时代。

(3) 数据分析：是指用合适的统计方法及与分析对象有关的知识，定量与定性相结合，对收集到的大量数据进行分析的过程，是为了提取有用信息和形成结论而对大量数据进行详细研究和概括总结的过程。

数据分析是大数据处理流程的核心。大数据的价值产生于分析过程，从规模巨大的数据中挖掘隐藏的、有价值的信息所进行的分析过程就是大数据分析。

2. 大数据对企业战略决策模式的影响

首先，大数据技术可以为管理者提供更深层次的数据结论作为决策依据。其次，在大数据时代，由于信息的垄断被打破，企业的管理决策活动从原本的管理层独立决策模式转化成全员决策模式，这可以为企业带来更多的经济利润。此外，在大数据时代，数据处理与分析技术对企业的决策模式产生了颠覆性的影响：基于云计算的数据处理与分析技术为数据使用提供技术支持；知识发现技术可以有效地提升决策质量与决策速度；大数据下的决策支持系统，通过大数据云计算技术建立适应全员参与的决策方法。

3. 大数据时代企业战略转型的主要方面

(1) 市场调研与预测。
(2) 生产管理。
(3) 应收账款管理。
(4) 营销管理。

4. 大数据时代企业战略转型的困难

(1) 数据容量问题。
(2) 数据安全问题。
(3) 数据分析与处理问题。

5. 大数据时代企业战略转型的主要任务

(1) 树立大数据思维，转变经营管理模式。
(2) 优化专业人才队伍，提升对数据收集、挖掘与分析的能力。
(3) 加强基础设施建设，积极推进共享模式。
(4) 提高风险管理水平，确保企业与客户信息安全。

本 章 小 结

(1) 本章首先分析了不同层面的战略类型，在此基础上详细介绍了总体战略、业务单位战略以及职能战略。

(2) 接下来介绍了总体战略下的发展战略、稳定战略及收缩战略，并且详细分析了采取发展战略的主要途径，包括外部发展(并购)战略及内部发展(新建)战略。

(3) 在业务单位战略中，主要介绍了三种基本竞争战略的选择。

(4) 在职能战略中，主要介绍了市场营销战略、研究与开发战略、生产运营战略、采购战略、人力资源战略以及信息战略。

实 训 课 堂

基本案情：

2015 年 4 月，一个水果生鲜类 APP——"聚好货"出现在国人眼中。聚好货公司采取一种新颖的由三方共同完成的拼团模式。首先是由商家推出产品，并提供单买价和拼团价。如果顾客希望享受优惠，则需要发起拼单，将产品分享给好友，凑齐所需人数，则拼团成功。拼团模式激发了人们的分享和购买热情，使聚好货公司在几个月中累计活跃用户破千万人，日订单量超百万单。

五个月后，以"聚好货"为基础的"聚好好"诞生了。它将以往的水果产品销售扩展到全面的产品种类，并深入贯彻"聚好货"的拼单模式。强大的社交属性使得聚好好公司在电商领域披荆斩棘，仅用一年时间就获得平台成交金额 10 亿元的成就：成立的三年内聚好好公司累计获得四轮融资，并获得大量品牌和平台的进驻。平台内的商品种类众多，涵

公司战略与风险管理

盖母婴、服饰、食品、电器、美妆等,用户体量达到3亿多。2018年7月,聚好好公司在美国上市。

聚好好公司能够在激烈的电商竞争中获得如此迅猛的增长,归功于其所采用的独特战略与举措。

(1) 运用低价策略,深入开发低端市场需求。聚好好公司把目标人群定位于其他电商尚未顾及的三四线城市和农村市场中对价格敏感而不太关注品牌的人群,以低价吸引用户。聚好好公司约14%的用户在此前没有在互联网上做过任何交易,是其他电商没有渗透的顾客群。从市场规模来看,国内低端城市人口和农村人口的需求空间巨大,同时作为"世界工厂"的供给端也有无限潜力。聚好好公司运用拼单低价策略开发出大量新的顾客群体与尚未实现的市场需求,也因此形成规模经济优势。

(2) 采用新颖的电商模式,将社交平台和电商服务有机结合。聚好好公司"社交+电商"模式的关键点在于借助微信强化社交关系,以此刺激社交圈内的消费需求,将个人随机的消费欲望转变成群体性的有计划的消费行为,发掘了"人多力量大"的优势,增强与商家讨价还价的能力。而对商家而言,这种运营模式减少了营销的费用,做到了"零推广、零广告"。

(3) 压缩流通渠道、压缩毛利争抢用户。电商的优势在于突破门店的地理限制,让商家与用户可以跨越空间直接实现商品交易,压缩了中间渠道商的数量,降低了商品价格。聚好好公司与其他电商一样,通过利用压缩流通渠道来降低商品价格。不仅如此,与其他电商不同的是,聚好好公司还通过压缩毛利手段争抢用户。首先是压缩平台自身毛利。与其他电商平台不同的是,聚好好公司不收取任何佣金和扣点,仅收取0.6%的手续费,且该手续费是第三方支付平台收取的支付服务费。在聚好好平台的店铺缴纳的保证金比其他电商平台要少很多(退店后退还保证金),这也是众多商家和低端供应链选择聚好好公司及其商品价格低廉的重要原因。其次是压缩商家毛利。在这种拼单模式下,消费者联合起来增强了讨价还价筹码,规模经济的诱惑使商家以微利经营,主动压缩毛利来获得更多订单。

(4) 打造"聚工厂"。"聚工厂"是由聚好好公司牵头,为其线上的爆款产品提供全套代工服务的工厂。聚好好电商平台低价爆款策略中,每个品牌只销售少量的爆款产品,聚好好公司的商家又多为中小型品牌企业,很难自建全套设备。因此,聚好好公司通过建设和发展"聚工厂",实现一站式生产,既能保证产能,也能更好地对产品进行质量管理。例如,光洁造纸园区就是聚好好公司打造的典型"聚工厂"模式。在国内的纸巾市场,四大品牌垄断了大部分市场。聚好好打造光洁造纸园区,将中小企业的资源能力进行整合。光洁造纸工厂是整个产业链的上游,负责加工原浆、切割纸巾,为光美、洁净等中小企业提供大量特定种类的多样化的纸巾。工业园区的下游设有光美、洁净等企业的加工车间,负责将裁切好的纸巾塑封、打包和批量发货。这种模式有利于光洁造纸工厂简化造纸流程,专注特定款式,将原料和机器的使用效率达到最高。光洁造纸园区中工厂配件齐全,规模较大。整个园区占地面积为160万平方米,拥有物流、电商园等配套产业。"聚工厂"为聚好好平台的中小供应商提供了广阔的市场空间,解决了以往订单少、产量不稳定、生产效率低的问题,在与大品牌企业竞争中获得一席之地,也为聚好好公司低价策略提供了源头支持。

(5) 多种营销手段争夺市场。首先,聚好好花重金将广告投入在各大城市地铁、公交和影视与综艺节目中,并且同步推出洗脑神曲——《聚好好》。不论你身在何方,聚好好公司的广告与"魔音"都会在你眼前"刷屏"。其次,聚好好公司大量推出"狂欢节撒红包""周年庆""年底清仓"等一系列特价售卖活动,使得平台客流量极速增长。再次,聚好好公司建立了自身独特的海淘、助力免单、名品折扣和砍价免费拿等多种促销活动。以"砍价免费拿"为例,这是借用社交平台的一种主要方式。在规定的时间内用户邀请朋友帮助砍价,一直到砍价成功,这让用户有极大的参与感,同时价格优势也会让参与用户心动。最后,聚好好公司开创了"实时信息"营销方法。用户打开商品链接,页面左上方会显示"××正在浏览这个商品""××秒前开团了"等字样,营造了拼单团购气氛,让使用者产生购买竞争感,增加了消费欲望。正是这些游戏化的设计,促使聚好好在短短三年时间内收割了微信的社交流量红利。

(资料来源:根据聚好货公司官方网站及新闻媒体报道的信息收集整理而来。)

思考讨论题:

1. 简要说明聚好好公司所采取的基本竞争战略的类型,分析聚好好公司实施这一竞争战略的条件。

2. 从市场营销组合角度,简要分析聚好好公司所体现的竞争优势。

复习思考题

一、基本概念

相关多元化　发展战略　成本领先战略　集中化战略　市场营销战略

二、选择题(有多选)

1. 联想公司是一家电脑制造公司。由于销售渠道的利润比较高,为了企业的长期发展,联想成立了 1+1 专营店,以实体店的形式销售自己生产的电脑。根据以上描述,联想公司采用的战略属于(　　)。

　　A. 后向一体化战略　　　　　　　B. 横向一体化战略
　　C. 相关多元化战略　　　　　　　D. 前向一体化战略

2. 下列具有不同特征的企业中,可以选择后向一体化战略的是(　　)。

　　A. 甲企业供应环节的利润率较高
　　B. 乙企业现有销售商的销售成本较高或者可靠性较差
　　C. 丙公司销售环节的利润率较高
　　D. 丁公司所在产业竞争较为激烈

3. R 公司一直以来以生产高档香烟闻名。近年来,由于人们对健康生活越来越关注,R 公司的香烟销量骤减,随后 R 公司推出了健康的清肺电子烟。该产品一经推出,便深受广大消费者的欢迎。R 公司采用的密集型战略为(　　)。

　　A. 市场渗透战略　　　　　　　　B. 市场开发战略
　　C. 产品开发战略　　　　　　　　D. 多元化战略

4. 下列关于密集型战略的说法，不正确的是(　　)。
   A. 如果企业拥有强大的市场地位，不适宜采用市场渗透战略
   B. 实施市场开发战略的主要途径包括开辟其他区域市场和细分市场
   C. 产品开发战略可以提高产品的差异化程度
   D. 迪斯尼在上海新建一家主题公园属于市场开发战略

5. 采用稳定战略的企业不需要改变自己的宗旨与目标，而只需要集中资源用于原有的经营范围和产品，以增加其竞争优势。下列关于稳定战略的描述中错误的是(　　)。
   A. 稳定战略适用于对战略期环境的预测变化不大，而在前期经营相当成功的企业
   B. 企业可以充分利用原有生产经营领域中的各种资源，因此风险较小
   C. 稳定战略不会降低企业对风险的敏感性和适应性
   D. 稳定战略容易使企业减弱风险意识

6. 甲公司是国内一家领先的新媒体、通信及移动增值服务公司。由于遭受世界金融危机，甲公司经济利润严重下滑，经营面临困境，但为了稳定职工队伍，公司并未进行裁员，而是实行高层管理人员减薪措施。甲公司此举采用的收缩战略方式是(　　)。
   A. 转向战略　　　B. 放弃战略　　　C. 紧缩与集中战略　　　D. 稳定战略

7. 甲公司是一家手机制造商。由于自身没有掌握其中的关键技术，所以只能依靠一些外部手机零部件企业供应，价格一直处于较高水平。为了改善这一现状，甲公司于2014年年底收购了韩国一家规模较大的手机零部件供应商，以此来保障手机零部件的供应。结合上述信息，按照并购方与被并购方所处的产业相同与否分类，甲公司的并购类型属于(　　)。
   A. 前向并购　　　B. 后向并购　　　C. 横向并购　　　D. 多元化并购

8. 中国L集团与香港D电脑公司"瞎子背瘸子"式的联盟，充分嫁接了两者的优势，L集团的资金技术优势与香港D电脑公司的市场信息优势的有效结合，使它们很快拥有了开拓海外市场的能力。上述资料中体现L集团和D电脑公司战略联盟的动因是(　　)。
   A. 促进技术创新　　B. 避免经营风险　　C. 避免或减少竞争　　　D. 实现资源互补

9. E航空公司改变了传统模式，取消了机票，并取消了登机卡，节省了在机票印刷、生产、邮费方面的花费，并且E航空公司不提供餐饮服务。E航空公司采取的竞争战略是(　　)。
   A. 集中化战略　　B. 差异化战略　　C. 集中差异化战略　　D. 成本领先战略

10. 广东欧莱公司是我国一家大型手机制造企业，其主要的目标市场是一些讲究款式的年轻消费者，因此该公司的手机拥有着独特的外观设计，而且功能齐全，深受年轻消费者的喜爱，在手机市场上占据了较高的市场份额。由此可见，该公司采用的基本竞争战略类型是(　　)。
    A. 成本领先战略　B. 差异化战略　C. 集中成本领先战略　D. 集中差异化战略

11. 对于一些力量还不足以与实力雄厚的大公司抗衡的中小企业来说，可以增强它们相对竞争优势的战略是(　　)。
    A. 成本领先战略　B. 差异化战略　C. 集中化战略　　　D. 多元化战略

12. 美国零售业W公司20世纪80年代初花费了4亿美元买卫星，"用卫星卖鸡蛋"的做法曾不被人们所理解。而正是由于W公司在信息技术上的投资，在传统零售业中创造了规模经济，使得W公司在21世纪连续多年稳居世界500强第一位。上述材料体现了克服

零散的途径是( )。

A. 连锁经营或特许经营　　　　B. 技术创新以创造规模经济
C. 尽早发现产业趋势　　　　　D. 增加商品附加价值

13. 麦当劳有美国国内和国际市场,不管是在国内还是国外,都有各自不同的饮食习惯和文化背景。麦当劳主要是分析各区域的差异,如美国东西部的人喝的咖啡口味是不一样的,通过把市场细分为不同的地理单位进行经营活动,从而做到因地制宜。上述资料描述的是麦当劳市场细分中的( )。

A. 人口细分　　B. 地理细分　　C. 行为细分　　D. 心理细分

14. 某企业的竞争战略为成本领先战略,那么营销部门在制定营销战略的时候,较好的选择是( )。

A. 无差异市场营销　　　　　　B. 差异市场营销
C. 集中市场营销　　　　　　　D. 以上三者都不合适

15. SZ电脑制造商原来只生产价格较低的笔记本电脑,现在开始逐渐推出一系列高价位产品。这种做法属于产品组合策略类型的( )。

A. 产品向下延伸　　　　　　　B. 产品双向延伸
C. 产品向上延伸　　　　　　　D. 以上都不是

16. 某演唱会票价根据座位而定,人们虽然观看的是同样的演出,但是需要根据其所在的座位类型支付不同的票价,看台座位价格偏低,包厢座位价格偏高。该演唱会的差别定价方法是( )。

A. 基于细分市场定价　　　　　B. 基于地点定价
C. 基于产品的版本定价　　　　D. 动态定价

17. 下列关于研究与开发战略的说法,错误的是( )。

A. 研发的类型包括产品研究和流程研究
B. 研发战略可以由研发部门独立进行
C. 成为成功产品的创新模仿者是研发战略定位之一
D. 研究与开发可以是"需求拉动"的,也可以是"技术推动"的

18. 李某经营一家餐馆,逢年过节餐馆的客流量会大量增加,由于食材在过节时价格上涨幅度也非常大,于是李某决定,每逢过节前几个月都事先储备好大量食材,以备过节使用。根据以上信息,李某采用平衡产能与需求的方法是( )。

A. 资源订单式生产　　　　　　B. 订单生产式生产
C. 库存生产式生产　　　　　　D. 领先策略

19. 甲公司是一家电脑制造公司,甲公司将鼠标的制造授权给了乙公司和丙公司,由乙公司和丙公司负责鼠标制造,甲公司所采取的货源策略具有的缺点是( )。

A. 供应商的承诺较低　　　　　B. 疏忽了规模经济
C. 第一阶供应商处于显要地位　D. 采购方容易受到供应中断的影响

20. 下列选项中,属于外部招聘优点的是( )。

A. 外部招聘人员可能带来有利于企业发展的新理念和新思维
B. 能节约大量的招聘和选拔时间及费用
C. 调动员工积极性,培养员工的忠诚度,激发员工的工作热情

D. 对招聘对象是否适合该工作判断更加准确

21. 下列选项中，属于企业总体战略的有(   )。
    A. 甲牙膏生产企业通过扩大牙膏管口直径的方式来增加消费者使用牙膏的频率
    B. 乙汽车制造公司由于存在内部管理问题导致公司发展不景气，于是决定将公司的大部分业务卖给本公司的管理层，从而使母公司在短期内保留股权
    C. 丙自行车生产企业针对高收入人群专门开发生产出了一种性能优良的折叠式自行车
    D. 丁通信公司斥资 500 亿元人民币收购了国内位列第五的通信公司，并成为本国第三大通信公司

22. 市场渗透战略的基础是增加现有产品或服务的市场份额，或增加正在现有市场中经营的业务。它的目标是通过各种方法来增加产品的使用频率，其主要方法有(   )。
    A. 扩大市场份额
    B. 开发小众市场
    C. 研发新产品
    D. 保持市场份额

23. 甲公司是一家粮食产品公司。为使消费者对其产品有新鲜感，该公司不断致力于开发新产品，并看准了开发大米系列食品在现有市场的潜力，于是在现有市场推出了各种加工类型的产品，如方便型的糯米粉、糕点型的膨化食品等大米系列产品。下列选项中，属于甲公司采用该战略可能的原因有(   )。
    A. 充分利用企业对市场的了解
    B. 现有市场或细分市场已经饱和
    C. 企业发现现有产品生产过程的性质导致难以转而生产全新的产品
    D. 保持相对于竞争对手的领先地位

24. 海尔集团在冰箱领域巩固市场之后，开始实行"从白色家电进入黑色家电领域"的发展战略，经过几年的发展，如今的海尔已经从家电业进入 IT 业、房地产业等领域。海尔的发展战略经历的阶段包括(   )。
    A. 横向一体化战略
    B. 相关多元化战略
    C. 非相关多元化战略
    D. 纵向一体化战略

25. 收缩战略的方式包括(   )。
    A. 紧缩与集中战略
    B. 转向战略
    C. 放弃战略
    D. 多元化战略

26. 某家电销售公司准备并购一家空调生产厂家。在制定并购案时，公司管理层提出进行并购的风险很大，需要提前做好准备，分析可能导致并购失败的原因，防患于未然。下列各项中，可能导致并购失败的有(   )。
    A. 并购后不能很好地进行企业整合
    B. 没有获取规模经济
    C. 决策不当
    D. 支付过高的并购费用

27. 企业采取内生增长的动因包括(   )。
    A. 不存在合适的收购对象
    B. 可能需要的代价较低，风险也较低
    C. 可能会对进入新市场产生非常高的壁垒
    D. 可能会激化某一市场内的竞争

28. 下列选项中，关于股权式战略联盟和契约式战略联盟的描述，正确的有(   )。
    A. 契约式战略联盟具有较好的灵活性，股权式战略联盟则灵活性较差

B. 股权式战略联盟更具有战略联盟的本质特征

C. 契约式战略联盟在经营的灵活性、自主权和经济效益等方面比股权式战略联盟具有更大的优越性

D. 股权式战略联盟有利于扩大企业的资金实力,增强双方的信任感和责任感

29. 目前消费的主流观念是追求个性化,因此许多企业选择采用差异化战略来适应消费者的需求。但采用该战略也存在着许多弊端,其中包括( )。

A. 形成进入障碍

B. 市场需求发生变化

C. 竞争对手的模仿和进攻使已建立的差异缩小甚至转向

D. 企业形成产品差别化的成本过高

30. 甲电脑厂商主要有两项业务:一是配置一般、价格便宜的"学生本";二是行业内顶尖配置、外观设计个性化的笔记本。这两项业务对应的战略分别为( )。

A. 低价战略   B. 低价低值战略
C. 高价高值战略   D. 高值战略

31. 如果从三种基本竞争战略的角度出发,零散产业的战略选择包括( )。

A. 克服零散——获得成本优势

B. 塑造产业结构

C. 增加附加价值——提高产品差异化程度

D. 专门化——目标集聚

32. 下列选项中,属于新兴产业的早期进入障碍的有( )。

A. 专有技术   B. 获得分销渠道
C. 经验造成的成本优势   D. 风险

33. 下列关于红海战略与蓝海战略的比较中,说法正确的有( )。

A. 红海战略是拓展非竞争性市场空间,蓝海战略是在已经存在的市场内竞争

B. 红海战略是参与竞争,蓝海战略是规避竞争

C. 红海战略是创造并攫取新需求,蓝海战略是争夺现有需求

D. 红海战略遵循价值与成本互替定律,蓝海战略打破价值与成本互替定律

34. 下列选项中,开创蓝海战略采用重设客户的功能性或情感性诉求的有( )。

A. 日本K理发店将长达1小时的按摩、享用咖啡、皮肤护理、理发仪式改为10分钟的只做理发

B. Q日用品公司,提出婴儿护肤品成人也适用的宣传

C. A水泥公司通过互助系统,推出将水泥作为人们梦想的礼物,建造充满爱的房子

D. N客车工业公司使用玻璃纤维作为汽车材料,弥补了汽车零配件的更换成本高的劣势,并且新材料汽车更加节能环保

35. 乙公司为了提高销量,激发消费者的购买欲望,遂在某台黄金时段投放广告,同时在各大商场安排销售人员进行推销。根据以上描述,该公司采用的促销组合有( )。

A. 营业推广   B. 广告促销   C. 人员推销   D. 公关宣传

36. 下列选项中,说法正确的有( )。

① 参观旅游景点的时候,学生、军人和老人均可享受打折优惠

② 在周杰伦演唱会上，看台的票价较低，内场的票价较高
③ 冬天卖电扇，夏天卖电暖气，均可以打折出售
④ 新推出的手机在上市之初确定一个较高的价格，并随着生产能力的提高价格逐渐降低

A. 上述四项策略均涉及产品差别定价法
B. ①是基于细分市场定价，④是动态定价
C. ②是基于地点差别定价，③是基于时间差别定价
D. ③是基于时间差别定价，④是撇脂定价法

37. 甲公司是一家汽车制造工厂。该公司在生产过程中收到的轮胎数量和类型正好满足一天的生产需求，并且供应商将在非常短的时间内将所需的轮胎配送给生产线上正确的进料台。甲公司应用的理论的优点有（　　）。

A. 库存量低
B. 降低了存货变质、陈旧或过时的可能性
C. 生产对供应商的依赖性较强
D. 由于仅在需要时才取得存货，因此降低了花费在存货上的运营成本

38. 下列选项中，属于产能计划类型的有（　　）。

A. 领先策略　　　B. 适中策略　　　C. 滞后策略　　　D. 匹配策略

39. 下列选项中，不属于单一货源策略的有（　　）。

A. 一家百货公司与一家塑料袋生产企业签订一份长期采购合同
B. 某面包店的面粉有70%来自甲公司
C. PC制造商将键盘的生产授权给一个供应商
D. 乙丙两家公司为合作伙伴，乙公司的原料全部由丙公司提供

四、简述题

1. 佳彩公司是一家食品加工公司，最初只生产面包，并且该公司通过面包这一产品赢得了消费者的信赖，建立起良好信誉和较为完善的分销渠道。为使消费者对其产品有新鲜感，佳彩公司不断致力于开发新产品。佳彩公司高层管理人员看准了开发大米系列食品在现有市场的潜力，于是推出了各种加工类型的产品，比如大米饼、大米酿制的营养饮料、大米膨化食品等，从而也让公司在食品加工行业站稳了脚跟。在原料供应方面，佳彩公司为确保其主要产品有持续的原料供应，通常会选择多家供应商来为其供应原料。

经过佳彩公司全体员工的共同努力，佳彩公司在2018年年末成为食品加工行业的"领头羊"，于是其高层管理人员决定再接再厉，延伸公司的企业链条，决定收购当地一家质量上乘但规模较小的原料供应商，从而保证企业生产经营活动稳步进行。

要求：

(1) 简要分析佳彩公司所采用的一体化战略类型以及相应的实施途径。
(2) 简要分析佳彩公司所采用的密集型战略类型，并简述该战略的适用情形。
(3) 简要分析佳彩公司所采用的货源策略类型以及该货源策略所具有的优缺点。

2. 近年来，石油石化工业也步入成熟期。石油石化工业的竞争变得更加激烈，盈利空间逐渐变小。天硕公司是我国一家实力雄厚的石油化工企业，在业内享有较高的市场地位。但是由于近年来石油石化行业发展不景气，天硕公司进行了大规模的业务重组，把核心业

务定位在裂解产品、石油化工基础原料和大宗聚合物,出售大约 30%的非相关业务,减少了大约 30%的占用资本。同时,该公司领导层决定取消中层生产公司,减少管理层次,精简机构,并对全球范围内所有原料供应服务部门进行了重大调整,减少了1000名雇员。相关数据显示,天硕公司通过调整这些方面的问题,可以为公司节约10亿美元的税前开支。

除此之外,天硕公司也加强了装置运作管理,有效地提高了装置开工率,同时通过提高装置适应能力的改造,提高炼油和乙烯装置进料的灵活性,从根本上降低了原料成本,为公司争夺市场份额获取了有利的前提条件。

要求:

(1) 简要阐述收缩战略的方式,并分析天硕公司所采取的收缩战略方式。

(2) 简要分析天硕公司所采取的业务单位战略类型,并简要说明实施该战略应具备的资源和能力以及可能面临的风险。

第六章　战　略　实　施

【学习要点及目标】

- 掌握组织结构的基本类型。
- 了解企业文化的类型、作用。
- 掌握企业文化与公司战略的关系。
- 理解高层管理人员的类型、组成。

【核心概念】

战略实施　组织结构　企业文化　企业战略　高层管理人员　领导类型

【引导案例】

京东的组织变革

京东成立之初，规模太小，尚谈不上组织结构。2004 年，京东开始涉足电商领域，公司规模也逐渐壮大并建立了职能型的组织结构。2013 年 3 月，为了提高组织效率，更好地为客户提供服务，京东将原来的职能型组织结构转变为事业部制的组织结构，具体来说，主要是通过资源整合，设立营销研发部、硬件部和数据部三大事业部。其中，营销研发部主要负责管理前端的网站、零售系统、营销系统、供应链系统和开放平台；硬件部主要根据订单流程，负责从配送到客服及售后的管理；数据部则负责管理整个系统的数据流。

2013 年 7 月，京东成立金融集团。2014 年 4 月，为解决商城和金融集团经营模式的差异问题，京东一拆为四，设立子(集团)公司和事业部，即京东商城集团、京东金融集团、拍拍网(子公司)和海外事业部。这次变革体现了京东对阿里巴巴经营模式的学习与借鉴，即京东商城对标天猫、京东金融对标阿里金融、拍拍网对标淘宝、京东海外事业部对应阿里国际。

2015 年 8 月，京东将原商城的采销体系整合为 3C、家电、消费品和服饰家居四大事业部。2016 年 6 月，京东整合原大市场、无线业务和用户体验设计部资源，成立商城营销平台体系(CMO)。2017 年 4 月，京东设立集团 CMO 体系，全面负责包括商城、金融、保险、物流、京东云等业务在内的整合营销业务以及集团整体的国内市场公关业务。同时，京东宣布组建物流子集团，以更好地发挥京东物流的专业能力。

2018 年 12 月，京东以客户为中心，将组织结构划分为前台、中台、后台。其中，前台主要围绕 B 端和 C 端客户建立灵活、创新和快速响应的机制，包括平台运营业务部、拼购业务部、生鲜事业部、新通路事业部和拍拍二手业务部，其核心能力包括：对市场和客户行为的深刻洞察，服务客户的产品创新和精细化运营。中台主要通过沉淀、迭代和组件化的输出服务于前端不同场景，不断适配前台，包括新成立的三大事业群(3C 电子及消费品零售事业群、时尚居家平台事业群、生活服务事业群)、商城市场部、商城用户体验设计部以及技术中台和数据中台，其核心特点是专业化、系统化、组件化、开放化。后台主要为中前台提供保障和专业化支持，包括 CEO 办公室、商城财务部和商城人力资源部，其核心是专业化、服务意识与能力。

第六章 战略实施

2018年9月,京东金融更名为京东数科。2019年4月,京东数科将原来的10多个中后台部门精简为8个。2019年9月,京东数科再次调整组织架构,在原个人服务群组和企业服务群组的基础上成立数字金融群组,以构建面对个人、企业、金融机构等不同客户的金融科技服务方案,实现闭环协同发展。2020年4月,京东数科宣布将内部组织划分为三层,即面向客户的行业层、产品服务层和核心能力层,以进一步做大做强以金融科技、数字营销、AI技术及机器人、智能城市为代表的四大核心业务。

2019年3月,京东商城正式升级为京东零售集团。2019年5月,京东整合旗下医药零售、医药批发、互联网医疗、健康城市四个业务板块,组建京东健康子集团。2020年9月,京东在港交所发布公告,拟通过以京东健康股份于香港联交所主板独立上市的方式拆京东健康。

2020年3月,京东发布的2019年财报显示,京东全年实现净收入5769亿元,同比增长24.9%;非美国通用会计准则下(Non-GAAP)归属于普通股股东的净利润107亿元,增长211%。这表明,在熬过2018年下半年的低谷期后,京东已重回增长轨道。纵观京东的发展历程,从之前的连年亏损到2016年开始盈利,多次入榜《财富》全球500强,其组织结构变革可以说功不可没。

(资料来源:京东集团官方网站及年报数据收集整理而来。)

第一节 战略实施概述

一、战略实施的内涵

著名管理学家安索夫认为:战略实施就是管理层为贯彻战略计划所采取的行动。战略实施即战略执行,是指整个企业运营等计划活动都按照既定的战略予以实施的全部活动过程。只有将战略付诸实施,才能实现战略目标。战略实施是一个自上而下的动态管理过程,涉及从高层到基层工作目标的分解、落实,常常需要在"分析—决策—执行—反馈—再分析—再决策—再执行"的不断循环中达成战略目标。这个过程需要大量的工作安排和资源配置,同时,也需要企业的每个人都参与其中。

【小贴士】企业战略

企业战略是对企业各种战略的统称,其中既包括竞争战略,也包括营销战略、发展战略、品牌战略、融资战略、技术开发战略、人才开发战略、资源开发战略等。企业战略是层出不穷的,例如信息化就是一个全新的战略。企业战略虽然有多种,但基本属性是相同的,都是对企业的谋略,都是对企业整体性、长期性、基本性问题的计谋。

(资料来源:项保华,李庆华.企业战略理论综述[J].经济学动态,2000(07):70-74.)

二、战略实施的模式

战略实施模式包括指挥模式、变革模式、合作模式以及文化模式。

(一)指挥模式

指挥模式的特点是将战略制定者和执行者分开,高层管理人员只是关注战略的制定,一旦企业制定出满意的战略,高层管理人员便指挥下属执行,而自己不参与。这种模式适合高度集权、环境相对稳定、资源较为充裕的小型企业,对信息条件要求较高。

这种模式的优点在于决策时间短、效率高;缺点在于不能适应快速变化的环境,由于战略制定和战略执行者分开,可能造成战略执行与既定战略相脱节的情况。同时,由于战略执行者处于被动执行状态,也不利于企业战略目标的实现。

(二)变革模式

变革模式的特点是高层管理人员更加关注战略实施,他们通过建立一个机构来推动战略的实施。因此,在高层管理人员的主导下,组织会进行一系列变革,例如,建立新的组织结构、塑造新的企业文化、重新进行资源配置等。这种模式适合于稳定行业中的小型企业。

这种模式的特点是虽然保障了战略的实施,但是缺乏灵活性;同时,由于这种模式仍然是自上而下地实施战略,不利于调动员工的积极性。

(三)合作模式

合作模式的特点是负责制定战略的高层管理人员和其他相关人员运用头脑风暴法,采取集思广益的方式制定战略。高层管理人员在其中充当了参与人和协调人的角色,他们力求采纳各方面意见,保证战略制定的科学性。同时,他们也参与战略的实施工作。

这种模式的优点在于集思广益,能够收集到各方面意见,同时,战略制定人员也参与到战略实施当中,增加了实施成功的可能性;缺点在于制定出的战略可能带有倾向性,集体决策可能流于形式,同时,也会影响决策效率,从而降低了战略的经济合理性。

(四)文化模式

文化模式的特点是扩大了合作型模式的范围,将企业的基层员工也吸纳进来。高层管理人员对战略实施充分授权,企业高层领导运用企业文化的手段,不断地向企业全体成员灌输战略思想,建立共同的监制关系和行为准则,使所有成员在共同的文化基础上参与战略的实施活动。

这种模式的优点在于使每个员工都参与到了战略制定与实施中来,有利于战略合作。其缺点在于需要耗费较多的人力和时间,并且,要求基层人员具备一定的知识水平;同时,文化的形成需要很长时间,且形成后又难以改变,在企业战略进行调整或变革时,文化也许会成为绊脚石。

三、战略实施的主要任务

(一)编制战略计划

战略计划就是将战略分解为重大方案和项目、政策和预算、职能层战略等。组织中的各个管理层级要按照自上而下的原则对战略目标进行分解,在每个层面上制订出详细的战略计划。彼得·德鲁克指出,高层管理者的首要任务就是制定与实施战略。他认为要通过企业的使命来思考管理的任务，要随时思考我们的企业是什么样的企业，战略计划不仅可以避免实施过程中出现混乱局面，而且，可以让企业所有人员有明确、具体的工作目标。在编制战略计划时，必须为每个战略实施阶段制定分阶段目标，并相应地制定每个阶段的措施和策略等。

一般的战略计划包括以下内容：第一，制定任务进度安排。它包括企业总体战略目标的分解，明确进度计划和分阶段目标，并分析论证既定时间框架下的可行性。第二，制定分战略。在对总体战略目标分解后，就需要制定各事业部和各职能部门的分战略，并进一步制定出相应的实施措施和策略。第三，明确工作重点和工作难点。明确企业在不同时期、不同阶段和企业各个部门的工作重点和难点，明确工作的先后顺序，以便有针对性地重点推进企业战略的实施，保证战略目标的实现。

(二)建立与战略相适应的组织结构

"组织"是战略执行中最重要、最关键的要素之一。完善而有效的组织结构不仅为资源或要素的运行提供最适当的空间，而且，可以部分地补足或缓解资源、要素等方面的缺陷。一个好的企业战略只有通过与其相适应的组织结构去执行才能起作用，因此，战略决定组织结构，组织结构必须按照战略目标的变化进行调整。如今的企业处在动态变化的环境之中，企业面临的内、外部环境也越来越复杂，经营战略调整或变革的步伐也更加紧凑，在这样的环境下，企业更应该根据新的战略来调整旧的组织结构，以期获得更大的效益。

(三)配置企业资源

资源配置是战略实施的重要内容，企业在战略实施过程中必须保证资源的优化配置。企业资源的配置包括外部资源配置和内部资源配置两个方面。外部资源配置是指企业利用外部资源保证战略实施，比如，外部的公共关系资源、物力资源等。内部资源配置包括两部分：第一，是在组织不同部门之间，如不同的子公司、分公司、分厂以及不同业务或部门之间如何分配资源；第二，是在同一部门内部如何分配资源。内部资源包括人力资源、物力资源和财务资源。由于资源的配置受到诸多因素的限制，而且很难具体量化，这就造成企业的资源配置和战略实施不匹配的情况。因此，在战略实施过程中，如何根据企业战略和实际情况配置合适的资源也是一个很关键的问题。

(四)发挥领导者的主导作用

企业领导者的能力和作用是战略得以有效实施的重要保证。领导是决定一个组织兴衰的关键因素，同时，也是战略计划贯彻实施的决定性因素。发挥领导者的作用具体表现在两个方面，首先是领导者对战略实施的支持。这种支持包括制定战略计划、配置企业资源、改进组织结构等内容。其次是领导者能力与战略的匹配。由于不同的战略对战略实施者的知识、价值观、技能及个人品质等方面有不同的要求，因此，只有领导者的能力与所选择的战略相匹配，才能促进战略的有效实施。这种匹配包括总经理的能力与战略类型的匹配和总经理班子中每个成员能力的相互匹配。

(五)处理好战略实施与企业文化的关系

从战略实施的角度看，企业文化既要为战略实施服务，又有可能制约着企业战略的实施。一方面，企业文化的特点要求企业战略必须符合企业的文化背景，否则会妨碍企业战略方案的实施；另一方面，原有的企业文化可能不适合现有的战略，从而制约战略的实施。到底是"企业文化追随战略"，还是"战略追随企业文化"？在这问题上，一种观点认为企业为实施战略而改变企业文化需要付出巨大代价；另一种观点认为，企业，特别是发展迅速行业中的企业，必须改变企业文化，使之适应战略实施的需要，并成为企业发展的动力之一。在处理战略实施与企业文化的互动关系时，我们要注意以下三点：首先，注意战略与任务的衔接问题。战略与任务的衔接就是必须要让主要的变化与企业的基本使命相衔接，要让现有内部人员去填补由新战略产生的位置空缺；要对那些与公司目前文化不相适应的变化予以特别关注，保证现存的价值观念与规范的主导地位。其次，注意要围绕文化进行管理。当公司的战略实施与企业文化不一致时，就需要围绕文化进行管理。其基本点就是要实现公司所期望的某些战略变化，但不与现存的企业文化直接冲突。最后，要注意对战略的调整。当公司文化与战略存在较大冲突时，企业首先需要考虑是否有必要对战略进行调整。

(六)适当的战略调整或战略变革

如果企业新制定的战略在战略实施中出现的偏差较大，企业应考虑采取纠正措施或实施权变计划。在战略实施过程中，一旦推断出公司外部环境带来的机会或威胁可能造成的后果，则必须对战略进行调整或变革。企业在实施战略调整或变革过程中，可以采取三种模式，如表6-1所示。

表6-1 战略调整或变革的三种模式

模 式	含 义	特 点
常规模式	企业按照常规的方式去解决所出现的偏差	费时较多
专题解决模式	企业就目前所出现的问题进行专题重点解决	反应较快，费时较少
预算计划模式	企业事先对可能出现的问题制定权变计划	反应最快，费时最少

第二节 企业战略与组织结构

组织结构是波特价值链理论中公司重要的支持活动，组织结构的调整与完善是战略实施的重要环节。本节首先阐述企业组织结构的构成要素；接着阐述纵向分工结构与横向分工结构，分析不同结构对战略的影响。最后阐述组织结构与战略的关系。

一、组织结构的构成要素

组织结构是组织为实现共同目标而进行的各种分工和协调的系统。它可以平衡企业组织内专业化与整合两个方面的要求，运用集权和分权的手段对企业生产经营活动进行组织和控制。不同产业、不同生产规模的企业结构是不同的。因此，组织结构的基本构成要素是分工与整合。

1. 分工

分工是指企业为创造价值而对其人员和资源的分配方式。一般来讲，企业组织内部不同职能或事业部的数目越多越专业化，企业的分工程度就越高。

企业在组织分工上有两个方面。

(1) 纵向分工。企业高层管理人员必须在如何分配组织的决策权上做出选择，以便很好地控制企业创造价值的活动。这种选择就是纵向分工的选择。例如，企业高层管理人员必须决定对事业部的管理人员授予多少权责。

(2) 横向分工。企业高层管理人员必须在如何分配人员、职能部门以及事业部方面做出选择，以便增加企业创造价值的能力。这种选择就是横向分工的选择。例如，企业高层管理应该是设立销售部门与广告等促销部门，还是将两个部门合并为一个整体。

2. 整合

整合是指企业为实现预期的目标而用来协调人员与职能的手段。为了实现企业目标，企业必须建立组织结构，协调不同职能与事业部的生产经营活动，以便有效地执行企业的战略。例如，为了开发新产品，企业可以建立跨职能的团队，使不同部门、不同职能的员工一起工作。这就是一般意义上的整合。

总之，分工是将企业转化成不同职能及事业部的手段，而整合是要将不同的部门结合起来。

二、组织结构的基本类型

(一)纵向分工结构

纵向分工是指企业高层管理人员为了有效地贯彻执行企业的战略，选择适当的管理层次和正确的控制幅度，并说明连接企业各层管理人员、工作以及各项职能的关系。

1. 纵向分工结构的基本类型

纵向分工基本有两种形式：一是高长型组织结构；二是扁平型组织结构(见图6-1)。

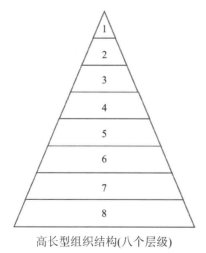
高长型组织结构(八个层级)

扁平形组织结构(三个层级)

图6-1　高长型组织结构和扁平型组织结构

公司战略与风险管理

(1) 高长型组织结构。高长型组织结构是指具有一定规模的企业的内部有很多管理层次。在每个层次上，管理人员的控制幅度较窄。这种结构有利于企业内部的控制，但对市场变化的反应较慢。从实际管理来看，拥有 3000 名员工的企业平均的管理层次一般为七个层次。如果某公司有八个管理层次，则为高长型结构。

(2) 扁平型组织结构。扁平型组织结构是指具有一定规模的企业的内部管理层次较少，在每个层次上，管理人员的控制幅度较宽。这种结构可以及时地反映市场的变化，并做出相应的反应，但容易造成管理的失控。

企业应根据自己的战略以及战略所需要的职能来选择组织的管理层次。例如，企业为了更及时地满足市场的需求，追求产品的质量与服务，通常采用扁平型组织结构。相关研究表明，在拥有 1000 名员工的公司里，一般有四个管理层次，即总经理、部门经理、一线的管理人员以及基层的员工。而在有 3000 名员工的公司里，管理层次增加到八个。当员工超过 3000 人，甚至超过 10 000 人时，管理层次很少增加，一般不超过九个或十个。这说明当企业达到一定规模时，企业便会使组织的管理层次保持在一定的数目上，尽可能地使组织结构扁平化。企业的管理层次过多，不仅企业的战略难以实施，而且管理费用也会大幅度增加。

2. 纵向分工结构组织内部的管理问题

(1) 集权与分权。在企业组织中，集权与分权各有不同的适用条件，应根据企业的具体情况而定。

集权是指企业的高层管理人员拥有最重要的决策权力。在战略管理中，集权可以使企业高层管理人员比较容易地控制与协调企业的生产经营活动，以达到企业预期的目标。集权型企业一般拥有多级管理层，并将决策权分配给顶部管理层；其管理幅度比较窄，从而呈现出层级式结构。较为典型的集权型企业包括多个专门小组，如营销、销售、工程、产品、研发、人事和行政小组。产品线数量有限且关系较为密切的企业更适合采用集权型结构，而专业化就意味着收益和节约。然而，当企业产品线数量过多或者专业化并非企业的重要资产时，集权型结构的效果就略微逊色了。

集权型决策的优点如下。

① 易于协调各职能间的决策。
② 易于对上下沟通的形式进行规范(比如利用管理账户)。
③ 能与企业的目标达成一致。
④ 危急情况下能够做出快速决策。
⑤ 有助于实现规模经济。
⑥ 这种结构比较适用于由外部机构(比如专业的非营利性企业)实施密切监控的企业，因为所有的决策都能得以协调。

集权型决策的缺点如下。

① 高级管理层可能不会重视个别部门的不同要求。
② 由于决策时需要通过集权职能的所有层级向上汇报，因此决策时间过长。
③ 对级别较低的管理者而言，其职业发展有限。

分权型结构一般包含更少的管理层次，并将决策权分配到较低的层级，从而具有较宽的管理幅度并呈现出扁平型结构。

近年来，组织结构的设计多倾向于分权和员工授权程度更大的结构，而不太采用独裁型结构和集权型结构。这种转变的基础理念是：企业应当将权力分配给各个决策层来授权和激励员工，这样企业能对其所在市场做出更快反应。

分权型结构减少了信息沟通的障碍，提高了企业反应能力，能够为决策提供更多的信息并对员工产生激励效应。在分权型业务单元中，将活动按照业务线和产品线进行分类，可以避免在多元化经营中使用职能型结构导致的复杂性，因此，分权型结构中的基础构建模块是单一业务企业。

类似地，近年来，分权理论提倡将非关键性活动外包出去。采用这一方法的前提是某些情况下由外包者提供服务可以比企业内部提供服务更好、更有效率。当企业需要实施战略控制来培养战略能力并实现竞争优势时，采用外包的方式能够使企业将其资源和精力集中在关键的价值链活动上。这一过程会减少公司内部管理层次，并使组织结构扁平化。但批评的观点认为外包过量会使企业成为皮包企业，从而受到外部供应商的支配，并丧失主宰自身市场地位的技术和能力。值得注意的是，公司采用集权型组织还是分权型组织，并不是简单依据其采取的组织结构的类型(如是事业部结构还是职能部结构)，企业采用以产品为基础的事业部结构，而由公司总经理进行所有决策，这样的情况也是屡见不鲜的。比较重要的一点是，企业不仅应选择适当的结构，还应对各个级别的权力做出适当的分配。此外，决策度与责任的大小也与企业的文化密切相关。比如：分权型企业要想成功，其员工必须在实际中承担责任，但仅仅要求他们承担责任还远远不够，管理这种文化的变化是一个企业成功的关键要素。

(2) 中层管理人员人数。企业在选择组织层次和指挥链时，要根据自己的实际情况：选择高长型结构时，要注意这种结构需要较多的中层管理人员，会增加行政管理费用；企业为了降低成本，使其结构效率化，应尽量减少管理层次。

(3) 信息传递。企业内部信息传递是企业组织管理中的一个重要环节。企业内部管理层次越多，信息在传递的过程中就会发生不同程度的扭曲，不可能完整地到达信息传递的目的地，这样，也会增加管理的费用。因此，企业在选择高长型结构时，应比较慎重。

(4) 协调与激励。企业的管理层次过多时，会妨碍内部员工与职能部门间的沟通，增加管理费用。指挥链越长，沟通越困难，会使管理没有弹性。特别是，在新技术的企业里，如果采用高长型结构模式，企业通常会遇到各种障碍，不能有效地完成企业的目标。在这种情况下，企业应当采用扁平化结构。

在激励方面，高长型组织中的管理人员在行使权力时，往往会受到各种限制。结果，企业的管理人员容易产生推诿现象，不愿意承担责任，高层管理人员就需要花费大量的时间从事协调工作。而在扁平型结构中，一般管理人员拥有较大的职权，并可对自己的职责负责，效益也可以清楚地显现，并有较好的报酬。因此，扁平型结构比高长型结构更能调动管理人员的积极性。

(二)横向分工结构

1. 横向分工的基本类型

从横向分工结构考察，企业组织结构有八种基本类型：创业型组织结构、职能制组织结构、事业部制组织结构、M型企业组织结构(多部门结构)、战略业务单位组织结构(SBU)、矩阵制组织结构、H型结构(控股企业/控股集团组织结构)和国际化经营企业的组织结构。

1) 创业型组织结构

创业型组织结构是多数小型企业的标准组织结构模式。采用这种结构时,企业的所有者或管理者对若干下属实施直接控制,并由其下属执行一系列工作任务。企业的战略计划(若有)由中心人员完成,该中心人员还负责所有重要的经营决策。这一结构类型的弹性较小并缺乏专业分工,其成功主要依赖于该中心人员的个人能力。

这种简单结构通常应用于小型企业。从一定意义上说,简单结构几乎等同于缺乏结构,至少是缺少正式意义上的组织结构。在这种结构中,几乎没有工作描述,并且每个人都参与正在进行的任务。然而,随着企业的发展,所有管理职能都由一个人承担就变得相当困难,因此,为了促进企业的发展,应将该结构朝着职能制组织结构进行调整。

例如,一家书店在某地区内拥有数家分店,由创办人一人负责管理。每家分店的数名店员都由他亲自聘用,帮忙打理日常店务。这属于简单的创业型组织结构。最近,创办人得到一名投资者的赏识,投入资金,利用创办人的品牌在全国开设80多家连锁书店。随着企业规模的扩大,更多复杂的流水线和一体化机制,使该连锁书店实现从简单结构到职能制/事业部制组织结构的转变。

2) 职能制组织结构

职能制组织结构被大多数人认为是组织结构的典型模式。这一模式表明组织结构向规范化和专门化又迈进了一步。

随着企业经营规模和范围的不断扩大,企业需要将职权和责任分派给职能部门的管理者。这样,中心人物——首席执行官的职责就变得更加细化,这反映了协调职能单元的需要,并更多地关注环境问题和战略问题。这是一个适用于单一业务企业的职能型结构。

如图6-2所示,不同的部门有不同的业务职能:营销部负责产品的营销和推广;产品部负责生产销售给客户的所有产品;财务部负责记录所有交易并控制所有与经费和财务相关的活动。理论上各部门之间相互独立,但是在实务上部门之间通常有一定的相互作用和影响。

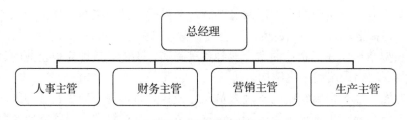

图6-2 职能制组织结构

职能制组织结构的优点如下。

(1) 能够通过集中单一部门内所有某一类型的活动来实现规模经济。比如:所有的销售和营销工作都通过销售和营销部门来执行。

(2) 有利于培养职能专家。

(3) 由于任务为常规和重复性任务,因而工作效率得到提高。

(4) 董事会便于监控各个部门。

职能制组织结构的缺点如下。

(1) 由于对战略重要性的流程进行了过度细分,在协调不同职能时可能出现问题。
(2) 难以确定各项产品产生的盈亏。
(3) 导致职能间发生冲突、各自为政,而不是出于企业整体利益而进行相互合作。
(4) 等级层次以及集权化的决策制定机制会放慢反应速度。

例如,某玩具生产商的组织结构如图6-3所示。

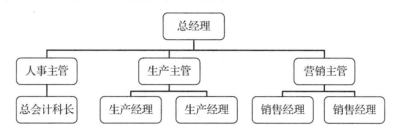

图6-3 某玩具生产商的组织结构

总会计科长正在准备和整理明年不同部门的预算资料。生产经理不愿意提供预算数字,因为他们认为应该直接报告给生产主管。这个案例中的问题在于职能制组织结构很容易会使员工狭隘地理解各自的职能,各自为政。而事实上,生产经理的职能应当包括预算信息的提供。该问题的解决办法在于财务主管(以及总经理,若必要)应先向生产主管解释整个企业预算信息,然后再向各部门的主管寻求支持。

3) 事业部制组织结构

当企业逐步发展至有多个产品线之后,或者由于消费者市场迅速扩张,企业必须进行跨地区经营时,企业的协调活动就变得比较困难。在这一阶段,事业部制组织结构就应运而生。事业部制结构按照产品、服务、市场或地区定义出不同的事业部。将企业人员划分为不同的事业部被称为事业部制。由于总经理的时间和精力都被过度挤占,对分权化和半自治的需求就被放大了。企业总部负责计划、协调和安排资源。事业部则承担运营和职能责任。随着复杂性的增加,通过多元化,事业部自身的战略规划责任会有所增加。在某些情况下,采用区域事业部结构比较适当;而在其他情况下,采用产品事业部结构效果更好。

事业部制结构强化了这一点,即制定战略并不仅仅是高层管理者和领导者的任务。企业层、业务层和职能层的管理者都应在其各自的层级上参与战略制定流程。

如前所述,在事业部制组织结构内可按产品、服务、市场或地区为依据进行细分,具体可以分为区域事业部结构、产品/品牌事业部制结构以及客户细分或市场细分事业部制结构。

(1) 区域事业部制结构。当企业在不同的地理区域开展业务时,区域式结构就是一种较为适当的结构,它按照特定的地理位置来对企业的活动和人员进行分类。这种结构可用于本地区域(可将城市划分成销售区域)或国家区域(见图6-4)。例如,可按照北美区域、东南亚区域以及中东区域等进行划分。北美区域负责该地区的所有活动、所有产品以及所有客户。

区域事业部制结构的优点:第一,在企业与其客户的联系上,区域事业部制能实现更好更快的地区决策。第二,与一切皆由总部来运作相比,建立地区工厂或办事处可以削减成本费用。比如,可以削减差旅和交通费用。第三,有利于海外经营企业应对各种环境变化。

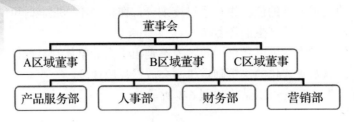

图 6-4　区域事业部制结构

区域事业部制结构的缺点：第一，管理成本的重复。比如，一个国家企业被划分为 10 个区域，则每个区域办事处都需要一个财务部门。第二，难以处理跨区域的大客户的事务。

(2) 产品/品牌事业部制结构。产品事业部制结构适用于具有若干生产线的企业。产品事业部制结构是以企业产品的种类为基础设立若干产品部，而不是以职能或区域为基础进行划分(见图 6-5)。该结构可以将总体业务划分为若干战略业务单位。如果将某项工作按产品线划分，则单一的战略业务单位就负责与该特定产品相关的所有方面：产品开发、产品生产、产品营销等。

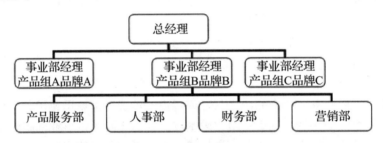

图 6-5　产品/品牌事业部制结构

产品事业部制结构的优点：第一，生产与销售不同产品的不同职能活动和工作可以通过事业部/产品经理来予以协调和配合。第二，各个事业部都可以集中精力在其自身的区域。这就是说，由于这种结构更具灵活性，因此，更有助于企业实施产品差异化。第三，易于出售或关闭经营不善的事业部。

产品事业部制结构的缺点：第一，各个事业部会为了争夺有限资源而产生摩擦；第二，各个事业部之间会存在管理成本的重叠和浪费；第三，若产品事业部数量较大，则难以协调；第四，若产品事业部数量较大，事业部的高级管理层会缺乏整体观念。

品牌是设计的名称，用于区别制造商或供应商提供的产品或服务，并使之与竞争对手的产品或服务相区别。品牌可以表示同一企业生产的不同产品或(通常)类似产品，以便给客户一种感官差异。

品牌代表了一种独特的市场地位。在进行产品事业部制的同时，实行品牌事业部制也变得很有必要。在保留职能事业部制的基础上，品牌经理还负责进行品牌营销，而这会涉及各个职能。品牌事业部制与产品事业部制具有类似的优缺点，具体来说，会增加管理成本和管理结构的复杂性；处理不同的品牌部门与单一的生产部门之间的关系会变得尤为困难。

(3) 客户细分或市场细分事业部制结构。客户细分事业部制结构通常与销售部门和销售工作相关，批销企业或分包企业也可能采用这种结构，在这些企业中由管理者负责联系主要客户。另一种方式是将不同类型的市场按照客户进行划分,比如:企业客户、零售客户或个人客户等。

如图 6-6 所示是某银行集团按市场细分事业部制来管理的示例。

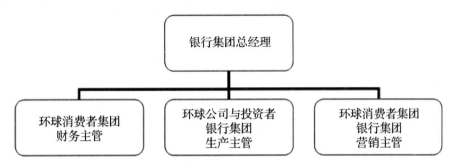

图 6-6　某银行集团的市场细分事业部

某银行的零售业务基本上是在消费者集团中进行,包括信用卡、保险销售等业务,而私人银行被划归至投资管理集团。

4) M 型组织结构(多部门结构)

通过产品线的增加,企业会不断扩张;随着企业规模的扩大,上述结构将不再适用。在这一阶段,具有多个产品线的企业应采用 M 型组织结构。M 型组织结构将该企业划分成若干事业部,每一个事业部负责一个或多个产品线。

图 6-7 所示为某公司(A 公司)的例子。该器具企业的组织结构曾经非常简单,仅拥有三个产品事业部:燃气系列产品、洗衣系列产品以及电子系列产品。但是通过收购 B 公司(一家空调、冰箱和火炉生产商)和 C 公司(一家小型家电制造商),企业不断扩张产品线。M 型结构包含了若干事业部,而每一个事业部都含有一个或多个产品线。

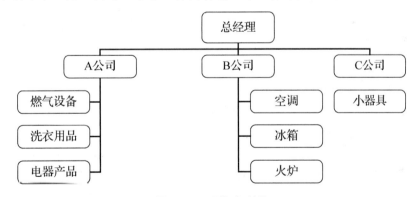

图 6-7　M 型组织结构

M 型组织结构的优点如下。

(1) 便于企业的持续成长。随着新产品线的创建或收购,这些新产品线可能被整合到现有的事业部中,或者作为新开发的事业部的基础。

(2) 由于每一个事业部都有其自身的高层战略管理者,因此首席执行官所在的总部员工的工作量会有所减轻。这样,首席执行官就有更多的时间来分析各个事业部的经营情况以及进行资源配置。

(3) 职权被分派到总部下面的每个事业部,并在每个事业部内部进行再次分派。

(4) 能够通过诸如资本回报率等方法对事业部的绩效进行财务评估和比较。

M 型组织结构的缺点如下。

(1) 为事业部分配企业的管理成本比较困难并略带主观性。

(2) 由于每个事业部都希望取得更多的企业资源，因此，经常会在事业部之间滋生功能失调性的竞争和摩擦。

(3) 当一个事业部生产另一事业部所需的部件或产品时，确定转移价格也会产生冲突。

【小贴士】转移价格

转移价格是指一个事业部就其向另一事业部提供的产品或部件收取的价格。销售事业部通常希望收取稍高的转移价格来增加利润，而购买事业部则希望支付稍低的价格来降低成本。

5) 战略业务单位组织结构(SBU)

企业的成长最终需要将相关产品线归类为事业部，然后，将这些事业部归类为战略业务单位。战略业务单位组织结构尤其适用于规模较大的多元化经营的企业(见图 6-8)。

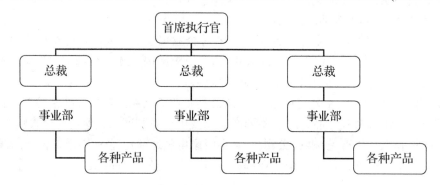

图 6-8　战略业务单位组织结构

战略业务单位组织结构的优点如下。

(1) 降低了企业总部的控制跨度。采用这种结构后，企业层的管理者只需要控制少数几个战略业务单位而无须控制多个事业部。

(2) 由于不同的企业单元都向其上级领导报告其经营情况，因此减轻了总部的信息过度情况。

(3) 这种结构使得具有类似使命的产品、市场或技术的事业部之间能够更好地协调。

(4) 由于几乎无须在事业部之间分摊成本，因此易于监控每个战略业务单位的绩效(在职能制组织结构下也如此)。

战略业务单位组织结构的缺点如下。

(1) 由于采用这种结构多了一个垂直管理层，因此，总部与事业部和产品层的关系变得更疏远。

(2) 战略业务单位经理为了取得更多的企业资源会引发竞争和摩擦，而这些竞争会演导致功能性失调并会对企业的总体绩效产生不利影响。

6) 矩阵制组织结构

矩阵制组织结构是为了处理非常复杂项目中的控制问题而设计的。这种结构在职能和产品或项目之间起到了联系的作用。这样，员工就拥有了两个直接上级，其中一名上级负责产品或服务，而另一名负责职能活动，如图6-9所示。

在上述小组中，开发和生产产品C的员工不仅对产品C的主管负责，还对每个职能的主管负责。矩阵制组织结构的目标就是充分利用企业中专门技术的结合，而普通的分级结构就难以实现这一目标。矩阵制组织结构将个人或单元横向归类为小组，并由小组处理正在进行的战略事务，从而实现这一目标。这一混合制结构在保持职能制结构和M型结构的优点方面做出了尝试。简而言之，矩阵结构是一种具有两个或多个命令通道的结构，包含两条预算权力线以及两个绩效和奖励来源。

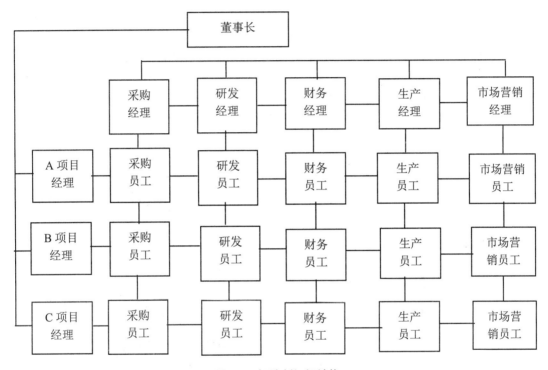

图 6-9　矩阵制组织结构

矩阵制组织结构的优点如下。

(1) 由于项目经理与项目的关系更紧密，因而，能更直接地参与到与其产品相关的战略中来，从而激发其成功的动力。

(2) 能更加有效地优先考虑关键项目，加强对产品和市场的关注，从而避免职能型结构对产品和市场的关注不足。

(3) 与产品主管和职能主管之间的联系更加直接，从而能够做出更有质量的决策。

(4) 实现了各个部门之间的协作以及各项技能和专门技术的相互交融。

(5) 双重权力使得企业具有多重定位，这样职能专家就不会只关注自身的业务范围。

但是，这种结构也存在缺点如下。

(1) 可能导致权力划分不清晰(比如谁来负责预算)，并在职能工作和项目工作之间产生冲突。

(2) 双重权力容易使管理者之间产生冲突。如果采用混合型结构，非常重要的一点就是确保上级的权力不相互重叠,并清晰地划分权力范围。下属必须知道其工作的各个方面应对哪个上级负责。

(3) 管理层可能难以接受混合型结构,并且管理者可能会觉得另一名管理者将争夺其权力,从而产生危机感。

(4) 协调所有的产品和职能会增加时间成本和财务成本,从而导致制定决策的时间过长。

7) H型结构(控股企业/控股集团组织结构)

当企业不断发展时,可能会实施多元化的战略,业务领域涉及多个方面,甚至上升到全球化竞争层面上,这时企业就会成立控股企业。其下属子企业具有独立的法人资格。控股企业可以是对某家企业进行永久投资的企业,主要负责购买和出售业务。在极端形态下,控股企业实际上就是一家投资企业。或者,控股企业只是拥有各种单独的、无联系的企业的股份,并对这些企业实施小的控制或不实施控制;还可以是一家自身拥有自主经营权的业务单位组合的企业。虽然这些业务单位组合属于母公司的一部分,但是它们都独立经营并可能保留其原本的企业名称。母公司的作用仅限于做出购买或出售这些企业的决策,而很少参与它们的产品或市场战略。

在控股组织结构中,中央企业的员工和服务可能非常有限。控股企业与其他企业类型相区别开来的一个关键特点就是其业务单元的自主性,尤其是业务单元对战略决策的自主性。企业无须负担高额的中央管理费,因为母公司的职员数量很可能非常少;各单元能够自负盈亏并从母公司取得较便宜的投资成本,并且在某些国家如果将这些企业看成一个整体,业务单元还能够获得一定的节税收益。控股企业可以将风险分散于各个企业中,但是有时也很容易撤销对个别企业的投资。

8) 国际化经营企业的组织结构

前面阐述了七种企业组织结构的基本类型,国际化经营企业的组织结构也包括在这七种类型之中,只不过是范围扩展至国际市场甚至全球市场。

前文阐述了企业国际化经营的战略基本上有四种类型,即国际战略、多国本土化战略、全球化战略与跨国战略,而这些战略所依托的组织结构如图6-10所示。

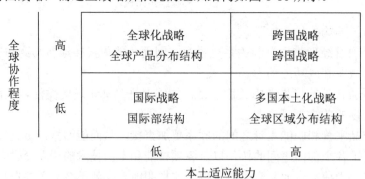

图6-10 国际化经营战略类型及其相对应的组织结构

(1) 与"国际战略"相配套的"国际部结构"。

"国际战略"是企业国际化经营早期的战略类型。这时企业的全球协作能力差,产品对东道国市场需求的适应能力也比较弱,在这种情况下,企业多把产品开发的职能留在母国,而在东道国建立制造和营销职能。其组织结构往往采用国际部结构,如图 6-11 所示。

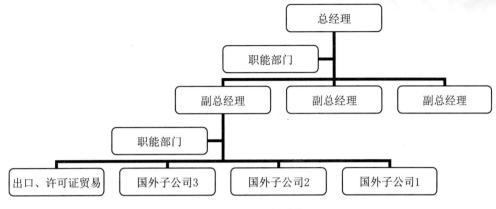

图 6-11　国际部结构

在前面所提及的八种基本类型中,国际部也应该是一种事业部制,其事业部的划分可以按区域划分,也可以按产品划分,甚至还可以按产品和区域的混合划分。

(2) 与"多国本土化战略"相配套的"全球区域分部结构"。

多国本土化战略是根据不同国家的不同市场,提供更能满足当地市场需求的产品和服务。采用这种战略类型的企业往往采用全球区域分部结构,如图 6-12 所示。

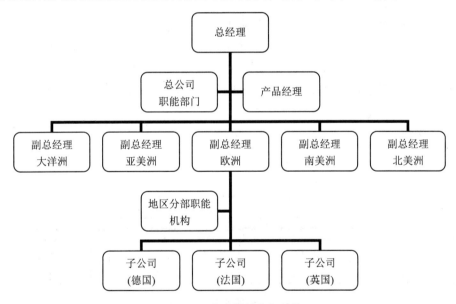

图 6-12　全球区域分部结构

这里的地区分部可以是事业部,也可以是战略业务单位。东道国长期一直使用"袖珍翻牌"来描述传统的多国本土下属公司。使用这个词是因为下属公司就像母公司的小型版本,它为较小的"国内"市场规模较少地生产了同样的产品。下属公司的生产成本通常比母公司高,因为它要以相对较小的规模生产各种产品。但在很多种情况下,贸易壁垒把国际市场隔离开来,使下属公司仍能盈利地运转。图 6-13 描述了传统的多国本土下属公司的结构。

公司战略与风险管理

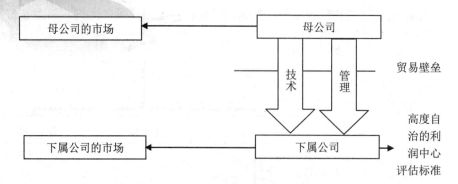

图 6-13 传统的多国本土下属公司的结构

地区分部结构使国家或地区经理有高度的自主权，可以改变本国的产品战略，使它能适应所在国家或地区的特殊环境，例如美国的 K 公司就曾对它的地区分部结构下放了很大的权力。K 公司拥有世界上最畅销的 15 个速食谷类食品品牌中的 12 个。但是，生产、销售哪个品牌是由地区决定的。这个公司的 4 个地区经理(欧洲、亚洲、北美、拉美)在营销、生产和原料选择(这些都支持并帮助其建立起世界性品牌)等方面有很大的决策权。

通常，当地情况对消费者需求影响越大，国家或地区经理所获的自主权也就越大。这样做的主要目的是公司获得了迅速适应本地的能力。因此，地区分部结构对追求多国本土化策略的公司最适用。

(3) 与"全球化战略"相配套的"全球性产品分部结构"。

全球化战略是向全世界的市场推销标准化的产品和服务，并在较有利的国家集中地进行生产经营活动，由此形成经验曲线和规模经济效益，以获得高额利润。采用这种类型的企业往往采用全球性产品分部结构，如图 6-14 所示。

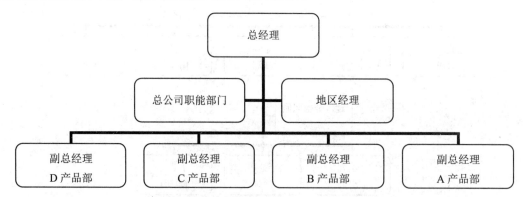

图 6-14 全球性产品分部结构

这里的产品分部可以是事业部，也可以是战略业务单位。当公司在全球范围内进行资源寻求时，产品经理可以根据各国成本和技术的差异来设置活动。在全球性产品分部结构下，一些活动会被分散进行，如零件加工和装配，而其他活动则集中进行，如研制开发活动。为了降低成本，欧美公司通常把一些劳动密集型的活动转移到那些工资水平低、拥有熟练技术工人的国家和免税地区。

在全球性产品分部结构下，由企业总部确定企业的总目标和经营战略，各产品根据总部的经营目标和战略分别制订本部的经营计划。下属公司的运营并没有太大的自主权，它们成为全球组织的一个组成部分，下属公司生产的产品是提供整个公司使用的某一模型或部件，产品的设计和说明很少由下属公司来决定，因为它的主要目标不是这个下属公司自己的市场。在这些情况下，母公司和下属公司的协调变得非常关键，通常可以通过委派母公司的执行官员去下属公司工作3～5年的办法来实现。因为专门化是全球性公司战略的核心，因此各下属公司应以服从为重，并被作为一个成本中心来评估。"利润中心"的策略不符合这个战略。全球性的下属公司几乎没有战略自主权，也不采取什么自发行动。

在全球性产品分部结构下运作的下属公司在很大程度上被视为供货的来源。工艺和零部件由母公司或其他下属公司提供，输入到这个纵向控制的结构中进一步加工，部件被精制、装配，再输送回母公司或下属公司的兄弟公司。部门经理控制每一输入品的目的地和售价，一旦最终产品装配完成，由母公司管理整个国际市场的营销，而下属公司可能会雇用自己市场的营销人员，这些营销人员一般对部门营销经理负责。图6-15描述了全球性产品分部结构的下属公司的结构。

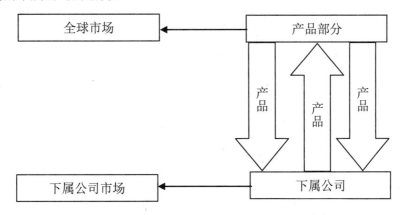

图6-15　全球性产品分部结构的下属公司的结构

(4) 与"跨国战略"相配套的"跨国结构"。

跨国战略是将全球化战略的高效率与多国本土化的适应能力结合起来的战略类型。采用这种战略的企业试图通过发展混合型的结构来同时获得这两种结构的优势。跨国结构是从全球性产品——地区混合结构的思路出发(见图6-16)，从下属公司的功能与权力角度，对组织结构作进一步优化。

全球性产品——地区混合结构也是一种矩阵结构，在这种结构中，产品分部和地区分部都由副总经理负责，企业总部从全球范围来协调各产品分部和地区分部的活动，以取得各种产品的最佳地区合作，管理各子公司的经营活动。公司凭借这种混合结构，能够针对不同产品或劳务的具体特点进行不同程度的集中决策和控制，并尽可能使集中决策和分散决策结合起来。全球性产品——地区混合结构适用于那些产品多样化程度很高、地区分散化程度也很大的跨国公司，尤其是那些销售、计划、财务、人事、研究与开发等职能难以全部下放到产品分部或地区分部，而这些职能又是对各分部以下的子公司之间的协调具有重要意义的企业。

跨国结构试图同时获得地区分部结构和产品分部结构的所有优势。为了获得这两种好处，企业活动的配置和协调应是相互关联的。下属公司应对某些业务有领导权，而对其他业务提供支持。决策建立在最大限度增大公司的经营技巧和实力的基础上，而不考虑业务的地点及下属公司所处的国家。为了有效和高效地运作，公司总部与分支机构之间、分支机构相互之间的联系要适应迅速的变化，因此，一个具有跨国结构的公司本质上是一个运作网络，其多个总部分布在不同的国家。下属公司对本地产品有绝对的控制权，对某些全球化产品提供支持，并且控制部分其他全球化产品。为了有效地运作，跨国结构强调广泛的横向联系、有效的交流和极度的灵活性，不仅使公司总部，而且使周边的下属公司都能增强对竞争的反应能力。

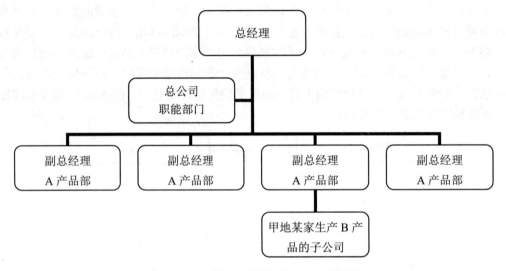

图 6-16　全球性混合结构(产品——地区型)

跨国结构的目的是力求同时最大限度地提高效率、地区适应能力和组织学习能力。下属公司仍可生产一种或两种提供给世界市场的产品，但它们不但要起到国内工厂的作用，还要对其他产品承担世界范围的责任。换句话说，下属公司可在某些地区起类似国内产品分部的作用，而在另一些地区承担全球产品的责任，图 6-17 给出了跨国下属公司结构的这些特征。

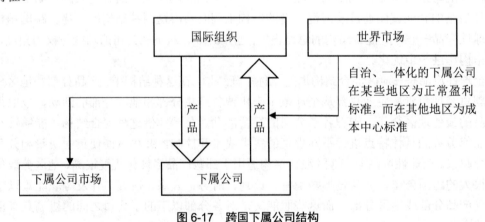

图 6-17　跨国下属公司结构

2. 横向分工结构的基本协调机制

协调机制是以企业的分工与合作为基础的，企业组织的协调机制基本上有以下六种类型。

第六章 战略实施

1) 相互适应，自行调整

这是一种自我控制方式。组织成员直接通过非正式的、平等的沟通达到协调，相互之间不存在指挥与被指挥的关系，也没有来自外部的干预。这种机制适合于最简单的组织结构。在十分复杂的组织里，由于人员构成复杂，工作事务事先不能全部规范化，因而也采用这种协调机制，使组织成员边工作、边调整，互相适应、互相协调(见图6-18(A))。

2) 直接指挥，直接控制

这是指组织的所有活动都按照一个人的决策和指令行事(见图 6-18(B))。这位负责人发布指示，监督工作。形象地讲，这种协调机制如同人的大脑一样，同时协调两只手的活动。

3) 工作过程标准化

这是指组织通过预先制定的工作标准，来协调生产经营活动(见图 6-18(C))。在生产之前，企业向职工明确工作的内容，或对工作制定出操作规程及其规章制度，经营中所有的活动都要按这些标准进行，以实现协调。例如，企业在制定好自动流水线的标准以后，工人在生产过程中便根据这个标准，进行生产和检验产品。一旦生产出现问题，管理人员便用这个标准来检查和调整。这样，企业的成员在执行标准的同时，就形成了某种程度的协调。

4) 工作成果标准化

这是指组织通过预先制定的工作成果标准，实现组织中各种活动的协调(见图 6-18(D))。这种协调只规定最终目标，不限定达到目标的途径、方法、手段和过程。就像书籍装订一样，出版社只要求印刷厂按照一定的质量标准完成任务，而不限制书的内页和封皮在什么地方印刷。

5) 技艺(知识)标准化

这是指组织对其成员所应有的技艺、知识加以标准化。有些组织内的工作专业性强，工作过程和工作成果均无法标准化。例如，外科大夫在给病人进行手术时，需要麻醉师的配合。在手术前配合方案可能已经制定好，但外科大夫在手术台上所遇到的情况往往难以预料，又没有过多的时间与麻醉师讨论，只有凭借他们各人所掌握的知识及经验各自处理自己遇到的情况。因此，这种协调机制主要是依靠组织成员在任职以前就接受了必要的、标准化的训练，成为具有标准化知识和技能的人才，在实际工作中，他们便可以根据自己掌握的知识和技艺，相互配合与协调。这是一种超前的间接协调机制(见图6-18(E))。

6) 共同价值观

组织内全体成员要对组织的战略、目标、宗旨、方针等有共同的认识和共同的价值观念，充分了解组织的处境和自己的工作在全局中的地位和作用，互相信任、彼此团结，具有使命感，组织内的协调和控制达到高度完美的状态。鉴于内部条件和外部环境都是不断变化的，因而，企业对内要及时调整，发挥创新精神、协同效果和整体优势；对外要灵活适应，快速行动(见图6-18(F))。

从以下六种类型的关系来看，企业组织简单时，只需要相互适应，自行调整的协调机制。企业组织扩大后需要某人单独执行控制工作时，便产生了直接指挥，直接控制机制。当工作变为更加复杂时，协调机制便趋向标准化。在工作任务相当复杂时，企业需要采用成果标准化或技艺标准化。在工作极其复杂、难以标准化时，企业往往又自行转回到互相适应调整这种最简单而又最灵活的协调机制上。不过，这不是一种简单的循环，而是螺旋式上升。实际上，企业不可能在一段时间内只依靠一种协调机制，往往根据不同任务的侧重点不同，混合使用这六种协调机制。

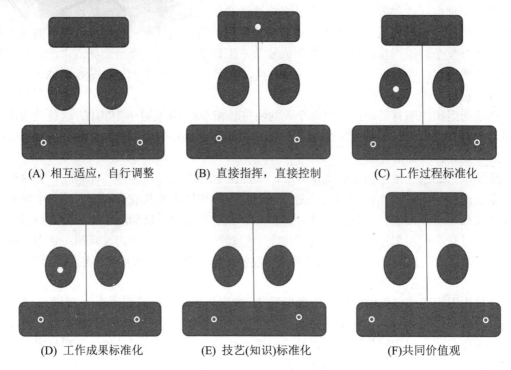

图 6-18　企业组织的协调机制

三、组织结构与企业战略的关系

组织结构的功能在于分工和协调，这是保证战略实施的必要手段。企业的目标和战略通过组织结构转化成一定的体系或制度，在企业的日常生产经营活动中发挥指导和协调的作用，保证企业战略目标的实现。

在探索战略与结构的关系方面，艾尔弗雷德·钱德勒(Chandler A. D.)在其经典著作《战略和结构》中，首次提出组织结构服从战略的理论。《战略和结构》一书给出了有关杜邦公司、通用汽车公司、新泽西标准石油公司(后来成为埃克森公司)，以及西尔斯公司的组织结构演化的案例研究。从中可发现各个公司在处理战略与结构的关系上有一个共同的特点，即在企业选择一种新的战略以后，由于管理人员在现行结构中拥有既得利益，或不了解经营管理问题以外的情况，或对改变结构的必要性缺乏认识，使得现行结构未能立即适应新的战略而发生变化。直到行政管理出现问题、企业效益下降，企业才将改变结构纳入议事日程。组织结构改变以后，保证了战略的实施，企业的获利能力也大幅度提高。

通用电气公司的发展史证明了钱德勒论断的正确性。20世纪50年代末期，通用电气公司实行的是简单的事业部制，但已开始实施多种经营战略。到了20世纪60年代，该公司的销售额大幅度提高，但行政管理工作却没有跟上，造成多种经营失控，影响了利润的增长。20世纪70年代初，通用电气公司重新设计组织结构，采用了战略业务单位结构，使行政管理滞后的问题得到了解决，妥善地控制了多种经营，利润也相应地得到提高。

钱德勒的组织结构服从战略理论可以从以下两个方面展开。

(一)战略的前导性与结构的滞后性

战略与结构的关系基本上是受产业经济发展制约的。在不同的发展阶段中,企业应有不同的战略,企业的组织结构也相应地进行调整。企业最先对经济发展做出反应的是战略,而不是组织结构,即在反应的过程中存在着战略前导性和结构滞后性的现象。

1. 战略前导性

这是指企业战略的变化快于组织结构的变化。企业一旦意识到外部环境和内部条件的变化为企业发展提供了新的机会和需求时,首先会在战略上做出改变,以此谋求经济效益的增长。例如,经济的繁荣与萧条、技术革新的发展都会刺激企业发展或减少现有企业的产品或服务。而当企业自我积累了大量的资源以后,企业也会据此提出新的发展战略。当然,一个新的战略需要有一个新的组织结构,至少应在一定程度上调整原来的组织结构。如果组织结构没有进行相应的变化,新的战略也不会使企业获得更大的效益。

2. 结构滞后性

这是指企业组织结构的变化常常慢于战略的变化速度,特别是在经济快速发展时期更是如此。因此,组织内部机构的职责在变革的过程中常常含糊不清。造成这种现象的原因有两种:一是新、旧结构交替需要一定的时间过程。新的战略制定出来以后,原有的结构还有一定的惯性,原有的管理人员仍习惯运用旧的职权和沟通渠道去管理新、旧两种经营活动。二是管理人员的抵制。管理人员在感到组织结构的变化会威胁他们个人原有的地位、权利,特别是心理上的安全感时,往往会运用行政管理的方式去抵制需要做出的变革。

从战略的前导性与结构的滞后性可以看到,经济发展时,企业不可错过时机,要制定出与发展相适应的经营战略与发展战略。一旦战略制定出来以后,要正确认识组织结构有一定反应滞后性的特性,不可操之过急。但是,结构反应滞后时间过长将会影响战略实施的效果,企业应努力缩短结构反应滞后的时间,使结构配合战略的实施。

(二)企业发展阶段与结构

钱德勒有关结构跟随战略的理论是从对企业发展阶段与结构的关系的研究入手的。企业发展到一定阶段,其规模、产品和市场都发生了变化,这时,企业会采用合适的战略,并要求组织结构做出相应的反应。从发展战略的各种类型中,可以看到企业在各个发展阶段的变化,表 6-2 反映了企业发展阶段与组织结构的关系。

表 6-2 企业发展阶段与组织结构

发展阶段	企业特征	结构类型
1	简单的小型企业。只生产一种产品,或生产一个产品系列,面对一个独特的小型市场	从简单结构到职能结构
2	在较大的或多样化的市场上提供单一的或密切相关的产品与服务系列	从职能结构到事业部结构
3	在多样化的市场上扩展相关的产品系列	从事业部结构到矩阵结构
4	在大型的多元化产品市场进行多种经营,提供不相关的产品与服务	从事业部结构到战略业务单位

1. 市场渗透战略

在产业处于发展阶段、外部环境竞争不激烈的条件下，企业着重发展单一产品，试图通过更强的营销手段获得更大的市场占有率。这时，企业只需采用简单的结构或形式。

2. 市场开发战略

随着产业进一步发展，在一个地区的生产或销售已不能满足企业的发展速度和需要时，则要求企业将产品或服务扩展到其他地区中去。为了协调这些产品和服务形成标准化和专业化，企业组织要求有职能部门结构。

3. 纵向一体化战略

在产业增长阶段后期，竞争更加激烈，为了减少竞争的压力，企业需要拥有一部分原材料的生产能力，或拥有销售产品的渠道。在这种情况下，组织应运用事业部制结构。

4. 多元化经营战略

在产业进入成熟期后，企业为了避免投资或经营风险，需要开发与企业原有产品不相关的新产品系列。这时企业应根据规模和市场的具体情况，分别采用矩阵结构或经营业务单位结构。

组织结构服从战略理论已被应用于那些参与国际竞争的企业。前面关于"国际化经营企业的组织结构"的阐述已经展示了这一点。

随着在国内进行多元化经营的企业变得越来越大，它们开始向海外扩张，并最初创立了"国际部"来管理国外的业务，但这种结构在对国外的业务进行协调时逐渐变得无效，从而导致了企业按多国本土化战略的结构进行重组，即针对不同的国家设立各自独立的部门。

随着多国企业海外业务的进一步发展，它们面临着来自跨国协调的进一步压力和在国家内部进行专业化分工的问题。这就导致了把全世界都看作企业利益市场的全球化战略的产生。那些选择全球战略的企业，为了促进在全球的生产和分销活动中实现规模经济而进行了重组。

近年来，多国企业发现，它们需要在对当地情况做出快速反应和为获得全球范围内的规模经济而要求的集中之间进行平衡。这就导致了跨国战略的产生，它正逐步与更加灵活的组织形式相联系，这种结构把矩阵结构和网络结构结合到了一起。

第三节　企业战略与企业文化

一、企业文化的内涵

什么是企业文化？企业界和学术界对这一概念有多种定义。以下两种定义较为简单明了：一种是赫尔雷格尔(Hellreigel)在1992年给出的定义：企业文化是企业成员共有的哲学、意识形态、价值观、信仰、假定、期望态度和道德规范。另一种定义则是基于文化的经济学含义，考虑到企业所遵循的价值观、信念和准则这些构成文化基础的东西都很难被观察和测量，因而，采用一个更容易操作的观点：企业文化代表了企业内部的行为指南，它们不能由契约明确下来，但却制约和规范着企业的管理者和员工。

但是，必须看到，尽管存在着企业文化，然而要将它从其他文化中区别开来却可能很困难。在特定环境下所呈现出来的企业文化实际上可能是国家文化、地方文化、企业文化、子公司文化和团体文化相互交织的结果。此外，在一个大企业中要识别出一种能涵盖所有成员的单一文化是困难的，而且，企业的不同部门可能也有不同的文化。在这里，我们研究企业文化，所关心的只是那些能潜在影响企业经济绩效的方面，特别是主要存在于企业决策制定者中的文化(或亚文化)。

二、企业文化的类型

尽管在企业文化的定义和范围上存在着很大的分歧，也没有两个企业的文化是完全相同的，但是，查尔斯·汉迪(Charles Handy)在1976年提出的关于企业文化的分类至今仍具有相当重要的参考价值。他将文化类型从理论上分为四类：权力(Power)导向型、角色(Role)导向型、任务(Task)导向型和人员(People)导向型。

(一)权力导向型

这类企业中的掌权人试图对下属保持绝对控制，企业组织结构往往是传统框架。企业的决策可以很快地做出，但其质量在很大程度上取决于企业经理人员的能力。企业的变革主要由企业中心权力来决定。这类文化是小业主企业的典型模式，它要求相信个人，但在企业运行中明显忽视人的价值和一般福利。这类企业经常被看成是专横和滥用权力的，因此，它可能因中层人员的低士气和高流失率而蒙受损失。权力导向型文化通常存在于家族式企业和刚开创的企业中。

(二)角色导向型

角色导向型企业应尽可能追求理性和秩序。与权力文化的独裁截然不同的是，角色文化十分重视合法性、忠诚和责任。这类文化一般是围绕着限定的工作规章和程序建立起来的，理性和逻辑是这一文化的中心，分歧由规章和制度来解决，稳定和体面几乎被看成与能力同等重要。但是，这类企业的权力仍在上层，这类结构十分强调等级和地位，权利和特权是限定的，大家必须遵守。这种企业被称作官僚机构，此类文化最常见于国有企业和公务员机构。

角色导向型文化具有稳定性、持续性的优点，企业的变革往往是循序渐进，而不是突变。在稳定环境中，这类文化能够提高效率，但是这类企业不太适合动荡的环境。

(三)任务导向型

在任务导向型文化中管理者关心的是不断地和成功地解决问题，对不同职能和活动的评估，完全是依据它们对企业目标做出的贡献。这类企业采用的组织结构往往是矩阵式的，为了对付某一特定问题，企业可以从其他部门暂时抽调人力和其他资源，而一旦问题得到解决，人员将转向其他任务。所以，无连续性是这类企业的一个特征。

实现目标是任务导向型企业的主导思想，不允许有任何事情阻挡目标的实现。企业强调的是速度和灵活性，专长是个人权力和职权的主要来源，并且决定一个人在给定情景中的相对权力。这类文化常见于新兴产业中的企业，特别是一些高科技企业。

这类文化具有很强的适应性，个人能高度控制自己分内的工作，在十分动荡或经常变化的环境中会很成功。但是，这种文化也会给企业带来很高的成本。由于这种文化依赖于不断地试验和学习，所以建立并长期保持这种文化的成本很高。

(四)人员导向型

这类文化完全不同于上述三种类型。在这种情况下，企业存在的目的主要是为其成员的需要服务，企业是其员工的下属，企业的生存也依赖于员工。这类企业为其专业人员提供了他们自己不能为自己提供的服务，职权往往是多余的。员工通过示范和助人精神来互相影响，而不是采用正式的职权。决策中的意见一致是企业所需要的，角色分配的依据是个人的爱好及学习和成长的需要。这一文化常见于俱乐部、协会、专业团体和小型咨询公司。

这类文化中的人员不易管理，企业能给他们施加的影响很小，因而，很多企业不能持有这种文化而存在，因为它们往往有超越员工集体目标的企业目标。

虽然汉迪关于企业文化的分类不可能囊括所有的文化类型，而且一个企业内部可能还存在着不同的亚文化群，但是，这四种分类较好地总结了大多数企业的文化状况，可以作为研究企业文化与战略关系重要的分析基础。

三、企业文化的作用

企业文化对企业有着诸多重要的功能与作用，正是因为其诸多的作用，才使得企业文化得到企业的高度重视而得以持续建设。其作用主要通过以下六大功能来体现。

第一，导向功能。导向功能是指对企业整体及其成员的价值与行为取向所起的引导推动作用。其具体表现在两方面：一是对企业成员个体的思想和行为所起的引导作用；二是对企业整体的价值取向和经营管理所起的引导作用。

第二，凝聚功能。凝聚功能是指通过其共同价值观的作用而形成一种黏合力，从而产生一种巨大的向心力和凝聚力，将企业所有员工聚合成团结、积极向上的整体。

第三，激励功能。激励功能是指企业文化发挥积极向上的理念和行为准则的作用，使企业员工从内心产生一种高昂情绪和奋发进取的精神的效应。

第四，协调功能。协调功能是指企业文化借助其共同价值观的作用使企业能够正确而和谐地处理组织内外各种关系，为组织正常运转创造良好的条件和环境，有效地促进企业目标的实现。

第五，约束功能。约束功能是指对企业员工的思想、心理和行为所具有的约束和规范作用。它既有各种制度强制性的硬约束，也有通过文化氛围、道德规范等发挥的无形的软约束。

第六，美化与品牌功能。美化与品牌功能是指通过学习、企业文化植入等手段提升员工个人素质，进而美化员工心灵与企业形象，对企业员工产生作用与影响的同时，通过企业形象与各种宣传渠道而产生的品牌与美化效应，对社会产生影响。

第六章 战略实施

【案例】从影片《哪吒》看企业文化

《哪吒》是2019年夏天最火的动画电影,从企业文化的角度来看,我们能从中获得一些不一样的启示。

从表面上看,影片讲述的是灵珠与魔丸的宿命,背后实际上是龙宫集团和李氏集团的斗争。

李氏集团,负责守护东海之滨的陈塘关,在陆地上斩妖除魔,肩负守护陆地上百姓安宁之责。李氏集团董事长李靖守关多年,勤政爱民,立功无数,颇受百姓爱戴。龙宫集团董事长东海龙王立下了"脱离海洋、重返天庭"的企业使命,坚持"实力突围、振兴龙族"的价值观。与此同时,太乙真人的师兄申公豹因为觊觎十二仙的位置与龙宫集团不谋而合,被聘为龙宫集团顾问。于是申公豹施计将灵珠与魔丸调包,魔丸投胎使李夫人生下哪吒,而灵珠则转世成为龙太子敖丙。在两大集团的企业文化推动下,激烈的斗争由此展开。李氏集团的李靖夫妇、太乙真人秉持正确的企业使命、价值观,克服种种困难,耗费了无数心血重塑哪吒。哪吒的重生,是李氏集团长期坚持为社会服务、为百姓造福、以奉献为本的精神的胜利,是大爱对私利的胜利,也是正义对邪恶的胜利。而龙宫集团将家族利益凌驾于社会整体利益之上,坚持自私自利、以自我为中心的狭隘的价值观,从一开始就注定了失败的结局。

成功的企业,其成功的原因各不相同。失败的企业有各自的宿命,但追根溯源,一定会发现企业文化是症结所在。在企业经营过程中,要回归原点,寻找初心。只有建设健康、正确的企业文化,才能使企业走得更远、发展得更好。

(资料来源:根据光线传媒对《哪吒》的宣传资料及各大媒体报道整理而来。)

四、企业战略与企业文化的关系

总经理们对文化与战略关系的研究最注重的是组织文化是否会影响组织的绩效。但是,要表明两者的直接关系并非易事。文化可能与高绩效相联系,但它又不一定是高绩效的必然原因。下面我们从三个方面讨论文化与绩效的关系:企业文化为企业创造价值的途径;文化、惯性和不良绩效;以及企业文化成为维持竞争优势源泉的条件。

(一)企业文化为企业创造价值的途径

企业文化可以通过以下三个途径为企业创造价值。

1. 文化简化了信息处理

企业文化中的价值观、行为准则和相应的符号,可以使员工的活动集中于特定的范围的安排之中。这使他们没有必要就他们在企业中的工作任务是什么进行讨价还价,因而可以减少决策制定的成本并促进工作的专门化,也使得一起工作的员工分享对他们工作的一系列预期,因而减少了不确定性。同时,共同的文化,使得在一起工作的员工始终存在共同关注的焦点。例如,对于本企业的产品与其他企业的区别,本企业在广告和新产品开发上的风险水平,本企业员工、顾客和利益相关者之间相互作用的方式(包括适当的语言、交换规则及其他)等,从而提高企业的技术效率。

2. 文化补充了正式控制

文化作为集体价值观和行为准则的集合体，在组织中能发挥一种控制功能。文化对员工行动的控制是基于他们对企业的依附，而不是基于激励和监督。那些在价值观上依附企业文化的员工将会调整他们个人的目标和行为，使之符合企业的目标和行为。如果文化在企业中具有这种功能，那么，员工主动的自我控制、员工间的非正式监督和不涉及具体细节的组织准则结合在一起，员工会比在正式制度下更有可能地去服从，从而控制员工行为将比只有正式控制制度更有效。

威廉姆·奥奇(Ouchi W. G.)引入了一个"团体控制"概念来阐述文化对于官僚控制或市场控制模式的替代作用。官僚控制的特点是组织的角色和任务具有很高的专业化水平、短期雇佣、个人责任和个人决策；团体控制则是通过组织准则和价值系统的控制，其特征是组织中角色和任务的专业化降至很低的水平、长期雇佣、个人自我激励与负责和集体决策。这两者又都区别于市场控制，市场控制是建立在市场价格基础上的控制。

奥奇的分析是建立在对日本企业不同于西方企业的管理模式的分析基础之上，詹姆斯·林肯和阿恩·卡莱伯格(Lincoln J. R. and A. L. Kalleberg)对奥奇的理论作了补充，他们认为，对日本企业的团体控制的一种更好的解释是，通过工作保障、员工参与决策、福利设施和必要的补偿，日本企业的管理人员能提高员工的满意度和忠诚度，而不仅仅是依靠日本企业价值观的力量。当然，文化可以影响组织活动、管理活动，也会影响企业的主导价值观。

大多数企业运用市场控制、官僚控制、团体控制三种控制技术的组合。例如，美国DB银行具有很强的文化和一个涉及很广的控制系统，它同时也没有忽视市场需求。事实上，企业采用利润中心制度，也可以由很强的文化规范来管理；在竞争激烈的市场上，很难想象一个团体组织没有正式的组织与控制，却能满足参与竞争的产品市场的需求。

3. 文化促进合作并减少讨价还价的成本

在企业内部，由于各利益相关者讨价还价的权力之争，也会导致市场竞争中，各利益相关者的利益出现矛盾。企业文化通过"相互强化"的道德规范，会减轻企业内权力运用的危害效应，这就使得在市场上奉行利己主义的个人，在企业内部可能出现多方受益的合作行为。

【案例】海底捞的情感型企业文化

> 张勇曾经说过海底捞的企业文化就是充分地授权，比如海底捞的服务员有权给任何一桌客人免单、送菜等。给予员工充分的授权和最大程度上的宽容，是海底捞提高员工服务水平和调动其积极性的重要原因之一。
>
> 海底捞注重选拔培育有感恩之心的员工。海底捞员工对企业、对上级、对老师都有感恩之心，这是支撑海底捞高效率、高质量服务的根本。海底捞在提拔某个人到重要岗位时，其老板张勇往往会到员工家里做家访，以确定该员工是不是真的符合企业所需要的特质。其次，情感型文化的核心理念是大家庭主义，即员工都以所在的组织为家，同事之间都培养出类似于兄弟姊妹之间那种亲密感情。海底捞鼓励员工介绍自己的亲人、朋友到海底捞

工作，从一定程度上推进了这种家庭氛围。如果想要打造情感型的企业文化，海底捞就是一个范例。

(资料来源：根据海底捞官方资料及新闻媒体报道资料整理而来。)

(二)文化、惯性和不良绩效

但是，也必须看到，企业文化也可能损害企业的绩效。企业文化和绩效之间存在明显消极联系的例子几乎与存在积极联系的例子一样普遍。事实上，有时同一个企业可以提供相反的例子，见下面案例。

文化与绩效相联系，是因为企业战略成功的一个重要前提是战略与环境相匹配。当战略符合其环境的要求时，文化则支持企业的定位并使之更有效率；而当企业所面对的环境发生了变化，并显著地要求企业对此适应以求得生存时，文化对绩效的负面影响就变得重要起来。尤其是在一个不利的商业环境中，文化的不可管理性将使之成为一种惯性或阻碍变化的来源。管理人员企图阻碍变化而不是解决环境问题，这种不合时宜的决策也将变得十分明显。这种惯性的产生来自多方面的原因：在企业中任职很长的行政人员，可以在企业繁荣时期熟悉他们的工作，却可能对处

【案例】瑞幸咖啡，最终失败在哪里？

理变化毫无经验，他们所选择的规划和所运行的工作程序对突然的变化可能是保守的；企业中的权力基础可能使企业中受威胁的团体去阻碍变化等。

(三)企业文化成为维持竞争优势源泉的条件

杰伊·巴尼(Barney J.B.)给出了企业文化可以成为维持竞争优势的一个源泉的条件：首先，文化必须为企业创造价值，前面我们已经详细阐述了文化为企业创造价值的三种途径。其次，作为维持竞争优势的一个源泉，公司文化必须是企业所特有的。如果一个企业的文化和市场上大多数企业是相同的，它往往反映的是国家或地区文化或一系列行业规范的影响，那么它不可能导致相对竞争优势。最后，企业文化必须是很难模仿的。如果成功的企业文化体现了企业的历史积累，这种复杂性就会让其他企业很难仿效，也使得其他企业的管理者很难从本质上修改他们的企业文化以显著提高绩效。相反，如果企业文化很容易被模仿，那么，一旦该企业成功的话，其他企业都会模仿它，这将使文化带给企业的优势很快消失。

五、企业文化形成竞争优势的关键

在市场竞争中，政治力、经济力和文化力是构成企业竞争力的三个主要方面，这三方面组合就构成了企业的立体文化竞争力。

(一)政治力

政治力包括四方面的内容：第一，国家的国际地位。如果国家落后，没有实力，在国际上没有发言权，没有影响力和号召力，那么该国家的企业在国际市场上的处境将会十分艰难。第二，政府政策。这是企业外部环境的重要组成部分。争取政府政策的有利倾斜，

并充分利用所有的优惠政策,是企业赢得竞争的必要条件。第三,政党的作用。在中国,发挥党组织的保证监督作用、发挥共产党员的模范带头作用,是发挥中国企业政治优势的重要方面。第四,社会制度。在中国,企业管理者必须认真考虑诸如何让员工当家做主人、按劳取酬制度、思想政治工作制度和传统等问题。

(二)经济力

经济力包括四方面的内容:第一,劳动力和人才的数量和质量。第二,资金状况、资金来源、资金运作和流动情况,即财力。第三,厂房和设备水平,即固定资产的实力。第四,技术和管理水平。科学技术和管理科学都是生产力,向技术要效益,向管理要效益,就是充分发挥技术和管理的经济潜能。

(三)文化力

文化力最先是 20 世纪 80 年代日本学者名和太郎在《经济与文化》一书中提出的,书中认为文化是产业的重要因素。文化力就是组织文化对组织管理的作用,包括导向、规范、激励、凝聚、约束和辐射等方面。具体而言,文化力由以下八个方面组成。

(1) 企业目标的牵引力。根据企业的发展战略,适时地调整企业的中短期目标,并将其层层分解,变成每个部门、每个员工的奋斗目标,让企业的长远目标振奋人心,吸引员工为之奋斗,最终化为员工的自觉行动。

(2) 企业哲学的指导力。它使企业的生产经营活动建立在明确的哲学思考之上,具有足够的稳定性、连续性和深刻性。

(3) 企业宗旨的号召力。企业宗旨正确地阐述企业经营管理的方针,以及企业存在的社会价值,对内对外都具有号召力。

(4) 企业精神的凝聚力。企业精神是企业的整体价值观,是企业竞争动力的主要来源,在企业精神的指引下,员工的行动具有深刻的自觉性和主动性。

(5) 企业道德、企业风气和企业制度的规范力。企业制度是企业内在的法规,具有外加的强制约束力,即硬约束;企业道德和企业作风则是非强制性的群体压力,即软约束。这两方面相结合会对员工的行为形成有效的规范作用。

(6) 企业风俗、企业典礼、仪式和企业活动的感染力。这些仪式、风俗、特色活动形成的文化氛围,是对企业理念和群体价值观的正强化,往往具有鲜明的情境性和浓厚的感情色彩,因此具有巨大的感染力。

(7) 企业标志、企业旗帜、厂容厂貌、厂服、厂花、厂歌、纪念建筑、广告语、音像作品、文艺作品、文化体育设施、产品外形和包装的形象力。这些看得见、摸得着、听得到的外在形象,可以让人切实地感受到企业文化的渗透,进一步扩大文化的影响,宣传企业的精神境界,取得较高的美誉度。

(8) 企业公共关系活动的辐射力。企业通过有计划的公共活动,增进传播媒介和社会公众对企业的了解,全面地将企业的理念层、行为层和视觉层展示出来,全方位地树立企业形象,生成有利于企业竞争的无形资产。

第四节 企业战略与高层管理人员

一、高层管理人员的组成

高层管理者，又称高层管理人员，是公司中直接向董事会报告与负责、执行董事会决议、承担公司日常经营决策与运营管理职责的高级管理人员，在大型、多层次结构的公司中，通常指执行委员会成员。其具体工作为：监督与解释外部环境状况以及就影响整个公司的问题进行决策；负责制定和规划公司战略目标、制定实现既定目标的战略和路径；合理配置资源、组织和监控公司业务正常运营，确保公司经营总体的成功。

高层管理者位于层级组织的最高层，需要对整个组织负责。他们一般具有如下职位或称呼：总裁、董事长、执行总裁、首席执行官等。高层管理者需要负责确定组织目标，制定实现既定目标的战略，监督与解释外部环境状况以及就影响整个组织的问题进行决策。他们需要面向更长期的未来考虑问题，需要关心一般环境的发展趋势和组织总体的成功。在高层管理者的所有职责中，最重要的责任是沟通组织的共同远景。

二、高层管理人员应具备的素质

(一)良好的道德和社会责任感

道德品质是对领导者道德风范和个人品质的要求，社会责任感是对社会责任的重视程度。企业的任何一个决策都不可避免会牵涉到他人或社会组织的利益，因此，企业战略领导者的道德和社会责任感，对于战略决策的后果会产生十分重要的影响。领导者是企业的典范，应该具备良好的道德意识，勇于承担社会责任。

(二)高瞻远瞩的眼光

企业的战略领导者作为企业战略的制定者和战略实施的指导者，必须具备远见卓识，要根据自己丰富的经验和广博的知识对企业未来的发展做出正确判断。作为战略领导者应该时刻关注市场环境、行业环境和竞争格局，找到自身企业与竞争对手的差距，详细掌握自身企业的优势和劣势，按照企业未来的发展做出正确的战略抉择。

(三)较高创新能力

"创新之父"熊彼特认为：创新就是"建立一种新的生产函数"，即把一种从来没有过的关于生产要素和生产条件的新组合引入生产体系。管理大师彼得·德鲁克则指出："创新的行动就是赋予资源以创造财富的新能力。事实上，创新即创造出新资源……凡是能改变已有资源的财富创新潜力的行为，就是创新。"创新能力的高低，直接关系到一个企业的竞争力，而企业的创新能力大多来自企业领导者的创新能力。企业领导者要树立知识价值观念，确立"终身学习"理念，不断提高学习能力。企业领导者一方面要高度重视自身知识结构的更新，树立自身的知识价值观念；另一方面，要顺应企业的变化，不断改进思维方式和工作思路，重视企业的知识价值，并通过有效的激励促进企业所拥有的知识价值的增值。

(四)较强执行力

执行力就是贯彻战略意图,完成预订目标的操作能力。再好的战略如果没有强有力的执行力来推动其顺利实施,战略就会一文不值。战略领导者应该具备较强的执行力,这样才能保证战略的成功实施。

三、高层管理人员的管理类型

不同的领导人在工作以及与下属相处的过程中会采取不同的行事作风。高层管理人员按照平时的行事作风以及性格习惯,可以分为懒散型、求全型、隐匿型、操纵型、否定型、生存型、专制型、创造型以及指导型。

(一)懒散型

(1) 喜欢推迟决策,拖拖拉拉。
(2) 工作中一出现差错,就认为别人办事不妥、考虑不周、行动草率,于是很难和同级、下级人员相处。
(3) 认为工作只要正常,就不需要什么指导。
(4) 喜欢开会,但不愿意做出决定,推说先让秘书或助手将会议记录整理后再考虑。

(二)求全型

(1) 热衷于详细的材料和大量的资料档案。
(2) 面临决策时,还嫌材料不足。
(3) 只注意抓细节,不顾及大目标。
(4) 经常安排各小组再送补充材料完善之。

(三)隐匿型

(1) 依靠信息和少数几个信赖的人来管理。
(2) 喜欢单独工作,严密封锁各种信息,不向外扩散。
(3) 信息主要来自上级文件。
(4) 把闲谈看成是浪费时间。
(5) 喜欢参加上级召开的各种会议。

(四)操纵型

(1) 对能指挥别人按他的意愿行事津津乐道、自鸣得意。
(2) 希望下级人员作用相互抵消。
(3) 总是自己先作决定,要别人照办。
(4) 下级人员若不同意他的观点,就千方百计地加以排斥。
(5) 公开的场合声称任凭自由讨论,民主办事;私底下竭力施展手段层层控制。

(五)否定型

(1) 对任何建议都只看消极的一面,借故要求作补充说明。
(2) 从不担心优柔寡断会坐失良机。

(3) 设置障碍，反对一切改革，主张维护现状。
(4) 对下级人员中比自己能干者特意出难题，以便找错贬谪。

(六) 生存型

(1) 追求太平，怕风险。
(2) 面临决策时，总是挑选最保险的方案。
(3) 难以同能干的下级人员相处。
(4) 利用各种机会美化自己。

(七) 专制型

(1) 把目标看得高于一切，而实现目标的方法是次要的。
(2) 看不起同级和下级人员，不愿意放权。
(3) 愿意对自己的决断承担责任和风险。
(4) 对人毫不留情。

(八) 创造型

(1) 喜欢静坐独思、能全面探索问题的人才。
(2) 重视有才干、有想象力的人才。
(3) 对枝节问题毫无兴趣。
(4) 让大家畅所欲言。
(5) 不喜欢说得多、做得少的人。
(6) 国际社会已经将创新纳入各项评比中，因此对于管理高层而言必须在这方面努力跟上。

(九) 指导型

(1) 主要以才能和贡献来衡量人。
(2) 不害怕调往新的工作岗位。
(3) 能得到下级人员的尊重和响应。
(4) 喜欢进行面对面的管理。
(5) 善于同各级人员融洽相处。

本 章 小 结

(1) 战略实施就是管理层为贯彻战略计划所采取的行动。战略实施即战略执行，是指整个企业运营等计划活动都按照既定的战略予以实施的全部活动过程。战略实施模式分为指挥模式、变革模式、合作模式和文化模式。战略实施的主要任务是编制战略计划；建立与战略相适应的组织结构；配置企业资源；发挥领导者的主导作用；处理好战略实施与企业文化的关系；适当的战略调整或战略变革。

(2) 组织结构是战略实施的重要基础。按照分工与整合方式的不同，组织结构可以分

公司战略与风险管理

成纵向分工结构和横向分工结构。纵向分工结构有两种形式：一是高长型组织结构；二是扁平型组织结构。从横向分工结构考察，企业组织结构有八种基本类型：创业型组织结构、职能制组织结构、事业部制组织结构、多部门结构(M 型企业组织结构)、战略业务单位组织结构、矩阵制组织结构、控股企业/控股集团组织结构(H 型组织结构)。不同的组织结构适用于不同的企业战略。

(3) 企业文化从理论上可以分为权力导向型、角色导向型、任务导向型和人员导向型四种类型。企业文化对企业管理和发展具有十分重要的作用。对企业文化与战略关系的研究主要集中于企业文化是否会影响组织的绩效。在市场竞争中，政治力、经济力和文化力是构成企业竞争力的三大主要方面，这三方面组合就构成了企业的立体文化竞争力。

(4) 高层管理人员，是公司中直接向董事会报告与负责、执行董事会决议、承担公司日常经营决策与运营管理职责的高级管理人员。作为高层管理人员应具备良好的道德和社会责任感、高瞻远瞩的眼光、较高创新能力、较强执行力。不仅如此，高层管理人员的管理类型还分为懒散型、求全型、隐匿型等九种类型。

实 训 课 堂

基本案情：

"鸿星尔克"无疑是当下最流行的国产运动品牌，这个企业的名字寓意像鸿鹄一样志怀高远，无惧挑战，不断拼搏，成为杰出的典范。这个名字定义了一种精神——鸿星尔克倡导的坚韧、拼搏、奋进的企业理念。

广告语中的"To Be No.1"倡导的是一种坚韧、拼搏的奋斗精神，是敢为天下先、争做第一的决心和勇气，是不息的追求和旺盛的斗志，深深地印在消费者的心中。它代表了不屈服于平庸的有志之士对成功、对冠军的渴望和追求，是"更快、更高、更强"的奥林匹克精神、企业理念及消费者心理融为一体的精神超越和延伸。

始终坚持"专业运动品牌"的定位，走"科技创新"之路，一直致力于产品科技的研发，同时聘请知名设计师主持产品设计，紧密结合国际流行趋势，结合人体工程学、运动力学、商业美学等多领域原理，提供集高科技、高品质、高品位于一身的专业运动装备，有效提升竞技场上的运动表现，在拼搏和超越的过程中提升生活品质，成就非凡的运动人生。

在鸿星尔克制鞋厂创立初期，一次台风的突袭，让制鞋工厂全被水淹没了，数不尽的鞋子泡在了水中，而一个星期后就是交货的日子。有人建议把泡水的鞋子晾干再卖出去，但这个提议一出就被老板否定了，因为他清楚质量代表着什么。他召集高层管理人员商讨对策，技术人员花了一天的时间维修好机器，恢复生产后，工人们加班加点地在交货日期内完成了订单，并且保证了质量。虽然工厂蒙受了巨大损失，但是品牌终于引起了一些代理商的注意。

2006 年又突发变故，这个品牌用了一种市面上常用的超细纤维材料，这种材料可以让鞋子更轻便，也更结实。在科研部门前期的研究和实验中，并没有发现什么问题，便投入生产了。可生产了十几万双鞋子后才发现，这种纤维虽然有众多好处，但是时间一久白色纤维会发黄，影响鞋子美观。当时有一部分鞋子已经流入市场了，技术部门的人员建议继续销售，因为如果这批鞋子不销售出去，将会损失几百万元。但老板当机立断，把这批产品销毁，流入市场的产品一律召回。

2021年，鸿星尔克品牌因为河南水患时宣布捐助5000万元的义举迎来了一波现象级的品牌价值爆发。而吴荣照本人，也在7月拥有了更多广为人知的故事和金句，比如深夜扫共享单车冲到直播间，劝大家理性消费；比如"二十年公司没有拖欠过银行一分钱的贷款，没有拖欠过供应商一分钱的货款。疫情期间公司加上供应商上下游8万员工，一个都没有裁"。

鸿星尔克因一颗"红心"红出了圈，销售额直线上升，实体店货架上所有的商品被一抢而空，直播间卖断货成为常态。甚至爆出实体店内一男子看着空荡荡的店铺，沉思良久，扔下500元钱，拿起衣架就跑这样的奇葩购物场景。继而有人断言，鸿星尔克有望冲击国产运动第一品牌。

鸿星尔克的企业文化价值观直接带动企业爆发式发展。对鸿星尔克而言，这是一次无意间但极度成功的品牌事件营销，同时，也是作为"低调善良""国货之光"的价值胜利。任何一个品牌深入人心，既不是一蹴而就的运气爆发，也不是蹭热度作秀的表面功夫，其背后一定有坚定的企业文化价值观支撑，以及行稳致远的使命责任坚持。鸿星尔克吃到过低用工成本的时代红利，也经历过非理性扩张的悲惨后果，它也曾面对产品为王、渠道为王、客户至上、资本扩张、品牌升级等企业发展的课题挑战苦苦探索、艰难求存。事实证明，品牌最终的崛起，靠的仍然是踏实做事、诚恳做人。鸿星尔克用长远的目光放眼全球，立志超越行业对手，成为当之无愧的No.1，综合实力跃居全球体育用品行业前列。

(资料来源：鸿星尔克官方网站信息整理而来，http://www.erke.com/。)

思考讨论题：

1. 什么是企业文化？
2. 鸿星尔克的企业文化属于什么类型？
3. 案例中，企业文化发挥了什么作用？

分析要点：

着重从企业文化的相关知识进行分析。

复习思考题

一、单项选择题

1. 企业在制定好自动生成流水线的标准后，工人在生产过程中便根据这个标准，进行生产和检验产品。一旦生产出现问题，管理人员便使用这个标准来检查和调整。这体现的是基本协调机制中的(   )。

    A. 工作过程标准化   B. 技艺(知识)标准化

C. 共同价值观　　　　　　　　D. 直接指挥，直接控制

2. 下列关于统计分析报告的说法中，不正确的有( )。
   A. 统计分析报告是统计分析结果全部表现形式中最完善的一种
   B. 统计分析报告是以统计数据为主体
   C. 统计分析报告有助于企业对具体问题进行控制
   D. 统计分析报告在结构上的突出特点是脉络清晰、层次分明

3. 集新企业是一家高科技企业，企业的主导思想是实现目标，并且企业强调速度和灵活性，下列关于该类企业的说法正确的是( )。
   A. 该企业文化属于权力导向型
   B. 该企业的文化具有稳定性、持续性的优点
   C. 无连续性是这类企业的一个特征
   D. 该类企业的职权往往是多余的

4. 下列关于预算与预算控制目的的说法中，不正确的是( )。
   A. 预算就是财务计划
   B. 预算要求各业务部门对其预算控制目标负责
   C. 正规的预算应当作为对预算经理发生费用的授权
   D. 可以通过比较现实结果和预算计划来提供对于实际业绩的控制

5. 国外研究表明，在拥有1000名员工的公司里，管理层次为四个，即总经理、部门经理、一线管理人员以及基层员工。泰兴公司是一个拥有2000余名员工的高科技企业，该企业拥有多达12个管理层次，据此判断泰兴公司的组织结构属于( )。
   A. 扁平型组织结构　　　　　B. 高长型组织结构
   C. 矩阵制组织结构　　　　　D. 职能制组织结构

6. 如果某企业的结构类型适合从矩阵结构到战略业务单位结构，则该企业特征的描述中正确的是( )。
   A. 只生产一个产品系列，面对一个独特的小型市场
   B. 在较大的或多样化的市场上提供单一的产品与服务系列
   C. 在大型的多元化产品市场进行多种经营，提供不相关的产品与服务
   D. 在多样化的市场上扩展相关的产品系列

7. 国丰电力公司通过大数据分析发现了停电以后恢复供电时间的长短与客户满意度的高度相关性，并依据具体的数据调整了服务战略，提高了客户满意度。根据上述信息，公司运用大数据分析影响的战略转型的主要方面是( )。
   A. 营销管理　　　　　　　　B. 生产管理
   C. 市场调研与预测　　　　　D. 成本管理

8. 截至2016年秋，U国N航空公司与M航空公司合并已有5年，但原N公司和M公司机舱服务员的劳工合约仍未统一。为此，原N公司与M公司的机舱服务员在临近圣诞节期间，发起抗议行动，有效地推动了该项问题的解决。本案例中原N公司与M公司机舱服务员的权力来源于( )。
   A. 在管理层次中的地位　　　B. 个人的素质和影响
   C. 参与或影响企业战略决策与实施过程　D. 利益相关者集中或联合的程度

第六章 战略实施

9. 通达公司实施全面预算管理,每年年底都重新判断所有的费用,编制下一年的预算。下列关于通达公司编制预算使用的方法的说法中,正确的是( )。
   A. 该方法可能强调短期利益而忽视长期目标
   B. 该方法没有降低成本的动力
   C. 该方法关注财务结果,而不是定量的业绩计量
   D. 该方法不能拥有启发新观点的动力

10. UYK 是一家集团企业,其核心业务为批发高级品牌的休闲服及内衣,其他业务包括代理世界各地不同品牌的化妆品、手表和箱包。为了扩大规模,最近,UYK 购入了在国内拥有五家玩具连锁分店的 M 公司,并与 W 公司签订战略联盟协议参与酒店业务。为配合 UYK 公司的总体战略实施,UYK 公司适合采用的组织结构类型是( )。
   A. 区域事业部制组织结构　　　　　B. 职能制组织结构
   C. M 型企业组织结构　　　　　　　D. 战略业务单位组织结构

二、多项选择题

1. 下列各项表述中,属于大数据时代企业战略转型的主要任务的有( )。
   A. 树立大数据思维,转变经营管理模式
   B. 提高风险管理水平,确保企业与客户信息安全
   C. 科学制订生产计划
   D. 提高固定资产利用率

2. 下列选项中,说法不正确的有( )。
   A. 在收益和股利降低的情况下,股票的市值不一定下降
   B. 除了正式的战略控制系统,还有很多明确的战略目标或里程碑并未被确定为管理控制程序中的一部分而受到约束和正式监控。这种非正式性的存在对战略控制来说有害无益
   C. 由于非财务信息的不可计量性,因此,企业业绩评价往往基于财务信息,而不是非财务信息
   D. 股东回报率的计算采用的是基于会计信息的方法

3. 下列关于企业文化类型的表述中,正确的有( )。
   A. 权力导向型企业经常被看成是专横和滥用权力的
   B. 角色导向型文化具有稳定性、持续性的优点
   C. 人员导向型文化常见于俱乐部、协会、专业团体和小型咨询公司
   D. 任务导向型文化具有很强的适应性,也会给企业带来很低的成本

4. 下列关于国际化经营企业的组织结构的说法中,正确的有( )。
   A. 国际部结构也是一种事业部制结构
   B. 地区分布结构对追求多国本土化策略的公司最适用
   C. 全球区域分部结构和全球产品分部结构中的分部既可以是事业部,也可以是战略业务单位
   D. 全球性产品——地区混合结构也是一种矩阵结构

5. 下列关于企业内部利益相关者的说法中,正确的有( )。
   A. 投资者对企业主要的利益期望是资本收益

B. 传统理论认为投资者对企业的主要期望就是利润最大化

C. 经理对企业的主要利益期望是销售额最大化

D. 企业员工主要追求个人收入和职业稳定的极大化

6. 远中企业是一家传统的制造企业，一直以低成本领先于竞争对手，但是随着市场经济的发展，该企业发现利润一直在降低，于是部分董事提出要改变原来的战略，但是也有一部分股东仍坚持原始的成本领先战略。对于原始战略是否有效，董事们的意见如下，你认为正确的有( )。

A. 原始战略是否有效，在于它是否能原封不动地运用到底

B. 原始战略是否有效，在于它的每个细小目标和环节是否都在实际执行中得以实现

C. 原始战略是否有效，在于它能否成功地适应不可知的现实

D. 原始战略是否有效，在于能否根据现实情况做出相应的调整和修正，并能最终有效地运用多种资源实现既定的整体目标

7. 甲公司是一家证券公司，成立了十多年，一直以来传统的经纪业务在本地市场占据较大的市场份额。近年来，通过金融产品创新，甲公司陆续开通了融资融券、金融产品代销、资产管理、期权、IB业务，在保持传统优势的情况下，不断地完善产品服务体系。从组织的战略类型看，下列关于甲公司适合的组织战略类型的说法正确的有( )。

A. 甲公司适合采用开拓型的组织战略类型

B. 这种组织需要在保持技术的灵活性与稳定性之间进行平衡

C. 这种稳定性与灵活性并存的状态，在一定程度上会限制组织的应变能力

D. 这种结构能够同时兼顾效能和效率

8. 根据战略稳定性和文化适应性矩阵，当企业实施一个新的战略时，重要的组织要素发生很大变化，这些变化与目前的文化具有潜在的一致性。企业在处理战略与文化关系时应该重点关注( )。

A. 发挥企业现有人员在战略变革中的作用

B. 根据经营的需要，在不影响企业总体文化一致的前提下，对某种经营业务实行不同的文化管理

C. 考虑进行与企业组织目前的文化相适应的变革

D. 招聘或从内部提拔一批与新文化相符的人员

9. 下列关于企业业绩衡量的表述，错误的有( )。

A. 业绩评价可以提供控制行为的必要反馈

B. 股东认为，应当采用基于会计的方法衡量业绩

C. 利益相关者认为企业是为所有利益相关者的利益而存在

D. 业绩衡量主要基于财务信息

10. 甲公司是一家国有企业，其特点是决策权力主要集中在总部，普通员工只要按照公司的规章制度履行好岗位职责，在指定范围内执行日常事务。从企业文化类型的角度看，下列说法正确的有( )。

A. 甲公司属于权力导向型的企业

B. 甲公司的文化适合稳定型的环境，但如果面临动荡的环境效率不高

C. 甲公司的文化强调人员对制度的遵守执行，属于人员导向型企业

D. 甲公司的文化强调员工的忠诚，属于角色导向型企业

三、简答题

甲公司是中国领先的管理软件供应商，长期致力于为政府部门和企业客户提供电子政务、集团管控、数字传播及互联网等综合信息服务及行业解决方案，于2009年8月11日在深圳证券交易所上市。甲公司围绕"情"字稳健构筑企业文化，实现目标是企业的主导思想，全面倡导"尊重人才、重用人才、善待人才"的人才观念、"简单、规范、高效、创新"的价值观以及"身体健康、心理健康、知识共享、富足自强"的人生追求，具有成熟的企业文化体系。设立员工俱乐部、度假公寓、创新奖励基金等福利，将实施员工创业基金扶持、打造创业孵化基地写进2010—2019的十年发展规划，积极参与社会公益，用实际行动履行企业责任。作为一家大型软件企业，甲公司经常承揽一些复杂的大型软件项目。为保证各部门之间的协作以及各项技能和专门技术的相互交融，该企业通常会从各个部门抽调员工，组成小组，完成各个项目。软件企业具有生产产品本身的特殊性、内部流程复杂、人员流动相对频繁、技术更新迅速、软件危机的威胁等特点，企业的经营风险比较高。甲公司的管理者也清楚地了解对内部绩效进行控制和管理的重要性。为了进一步完善企业的业绩评价体系，甲公司引入了平衡计分卡的业绩衡量方法，设置了比较全面的业绩评价指标体系，部分内容如下：第一，对顾客提出的需求，能否做到在最短的时间内完成客户的所有要求。第二，软件质量管理方面的可维护性。第三，软件过程管理方面的有效性，即返工工作量。第四，新开发软件产品的销售情况及市场占有率。第五，高技术人员流动情况。第六，新技术引进情况，可通过员工培训计划进行考核。第七,项目成本下降率，与竞争对手成本之比。

请回答下列问题：

(1) 从横向分工组织结构角度，分析甲公司采用的组织结构类型，并简述该组织结构类型的优缺点。

(2) 分析甲公司采用的企业文化类型。

(3) 请简述平衡计分卡的定义，并将甲公司设置的业绩评价指标从平衡计分卡的四个角度进行归类。

第七章 战略控制

【学习要点及目标】

- 掌握战略控制的内涵。
- 了解战略控制的基本方法。
- 掌握战略控制的过程。
- 了解战略控制的内容。
- 掌握平衡计分卡的内涵。
- 理解基于平衡计分卡的战略控制内涵。

【核心概念】

战略控制　战略失效　平衡计分卡　专题报告　统计分析报告

【引导案例】

华夏幸福的战略失效

产业新城运营商华夏幸福基业股份有限公司(华夏幸福，600340.SH)的违约债务如雪球般越滚越多。2021年4月16日，华夏幸福发布关于公司及下属子公司部分债务未能如期偿还的公告。公告显示，近期公司及下属子公司新增未能如期偿还银行贷款、信托贷款等债务形式的债务本息金额51.01亿元。华夏幸福累计未能如期偿还债务本息合计420.63亿元。

2020年下半年以来，华夏幸福遭遇流动性危机。根据华夏幸福2020年第三季度报告，前三季度，华夏幸福营业收入567.34亿元，同比减少11.79%；归属于上市公司股东的净利润72.8亿元，同比减少25.3%；经营活动产生的现金流量净额为负的250.72亿元，比去年同期减少145亿元；加权平均净资产收益率为15.23%，比去年同期减少9.96个百分点。

2021年2月1日，华夏幸福召开债务委员会组建会议暨第一次会议。当日晚间，该公司公告，自2020年第四季度至今，公司到期需偿还融资本息金额559亿元，剔除主要股东支持后的融资净现金流为-371亿元，公司流动性出现阶段性紧张，导致出现部分债务未能如期偿还的情况。

华夏幸福的财务危机不能简单地概括为外部疫情的影响，实际上，华夏幸福的战略控制已经失效，它的财务费用大涨173%，但投资活动现金流量净额下降461%，筹资活动现金流量净额下降50.44%。

斯蒂芬·罗宾斯曾这样描述控制的作用："尽管计划可以制订出来，组织结构可以调整得非常有效，员工的积极性也可以调动起来，但是这仍然不能保证所有的行动都按计划执行，不能保证管理者追求的目标一定能达到。"

(资料来源：根据华夏幸福2021年年报信息收集整理而来。)

第七章 战略控制

第一节 战略控制概述

客观环境是不断变化的,企业的战略目标和实施方案只是根据目前内外部条件所提出的规划、设想和部署,因而,这种设想不应该也不可能是一成不变的。相反,它必须随着环境的变化适时地做出相应的调整,并在企业发展的实践过程中不断修改、完善,以逐步实现企业的发展目标。保证战略的实施过程和企业发展目标一致的管理手段即战略控制。

一、战略控制的内涵

战略控制主要是指在企业经营战略的实施过程中,检查企业为达到目标所进行的各项活动的进展情况,评价实施企业战略后的企业绩效,把它与既定的战略目标与绩效标准相比较,发现战略差距,分析偏差产生的原因,纠正偏差,使企业战略的实施更好地与企业当前所处的内外环境、企业目标协调一致,使企业战略得以实现。

企业经营战略实施的控制是企业战略管理的重要环节,它能保证企业战略的有效实施。战略决策仅能决定哪些事情该做,哪些事情不该做,而战略实施控制的好坏将直接影响企业战略决策实施的效果好坏与效率高低。因此,企业战略实施的控制虽然处于战略决策的执行地位,但对战略管理来说十分重要,是必不可少的。

二、战略控制的方法

常见的战略控制方法有编制预算、业绩评价和使用管理报告三种。

(一)预算与预算控制

预算就是财务计划。短期计划试图在长期战略计划的框架的提供一个短期目标。目标通常用预算的形式来表示。预算是一个多目标的活动,在每个企业中广泛应用。

常见的预算类型有增量预算和零基预算两种,具体概念如下。

1. 增量预算

增量预算是指使用以前期间的预算或以实际业绩为基础来编制新的预算,在原有基础上增加相应的内容。现在的资源分配是基于以前期间的资源分配情况。这种方法并没有考虑具体情况的变化,关注财务结果而不是业绩计量,和员工的业绩没有联系。

增量预算的优点包括以下几方面。
(1) 预算是稳定的,并且变化是循序渐进的。
(2) 经理能够在一个稳定的基础上经营他们的部门。
(3) 系统相对容易操作和理解。
(4) 遇到类似威胁的部门能够避免冲突。
(5) 容易实现协调预算。

而增量预算的缺点在于以下几方面。
(1) 它假设经营活动以及工作方法都在以相同的方式继续下去。

(2) 不能拥有启发新观点的动力。
(3) 没有降低成本的动力。
(4) 它鼓励将预算全部用光以便明年可以保持相同的预算。
(5) 它可能过期,并且不能和经营活动的层次或者执行工作的类型有关。

2. 零基预算

零基预算是指在每一个新期间必须重新判断所有的费用。零基础预算开始于"零基础",需要分析企业每个部门的需求和成本。无论这种预算比以前的预算高还是低,都应当按照未来的需求编制预算,零基础预算通过在企业的特定部门试行,从而在预算过程中制定高层次的战略性目标。此时,应当归集成本,然后根据以前的结果和当前的预算进行计量。

零基预算的优点包括以下几方面。
(1) 能够识别和去除不充分或过时的行动。
(2) 能够促进更为有效的资源分配。
(3) 需要广泛的参与。
(4) 能够应对环境的变化。
(5) 鼓励管理层寻找替代方法。

而零基预算的缺点在于以下几方面。
(1) 它是一个复杂的、耗费时间的过程。
(2) 它可能强调短期利益而忽视长期目标。
(3) 管理团队可能缺乏必要的技能。

(二)企业业绩衡量指标:财务业绩评价指标

财务业绩评价指标是最常用的业绩评价指标,通常会采用比率的形式。常用的财务业绩评价指标有盈利能力和回报率、股东投资指标、流动性指标、负债和杠杆的作用。具体的计算方法如下。

1. 盈利能力和回报率指标

(1) 毛利率与净利润率。利润通常由成本和收益两部分组成,因此企业的盈利水平与成本和收益两个方面息息相关。反映企业盈利水平和能力的指标主要有毛利率与净利润率。

$$毛利率=[(营业收入-营业利润)/营业收入]\times 100\%$$

$$净利润率=[(营业收入-营业利润-期间费用)/营业收入]\times 100\%$$

(2) 已动用资本报酬率(ROCE)。已动用资本报酬率又被称作资本报酬率(ROI)或净资产回报率(RONA)。具体计算公式如下:

$$资本报酬率(ROCE)=(息税前利润/当前平均已动用资本)\times 100\%$$

2. 股东投资指标

(1) 每股盈余或市净率。每股盈余或者每股股利是确认企业为股东带来收益的主要指标。没有令人满意的每股盈余或每股股利将导致股东抛售他们的股票。比率的计算方法如下:

$$每股盈余=净利润/股票数量$$

$$每股股利=股利/股数$$

市净率=每股市价/每股净资产

(2) 股息率。股息率低表示企业保留大量利润进行再投资。股息率通常高于利息率。股东希望价格上升,并希望得到的回报(股息+资本得利)超过投资者从固定收益证券中得到的回报。

股息率=每股股利/每股市价×100%

(3) 市盈率。流通市值是指企业在股票市场中的股票总值。在收益和股利很低的情况下,股票市值也将下降,除非股利成长前景很好。股东关心他们得到的报酬,以及获得这种报酬需要投资的规模。为了解决这个问题,收益和股利增长应当表示为收到股利加上市值上的资本增加。市盈率表示每股盈余和每股股价之间的关系。市盈率的计算公式为

市盈率=每股市价/每股盈利×100%

市盈率高反映了市场对盈余的高速增长或低风险的信心。市盈率也会受到变动的影响;利率的增加意味着股票的吸引力下降,这意味着市盈率的下降。市盈率也取决于市场预期和信心。

3. 流动性指标

计算企业提供服务和避免拖欠债务的能力最常用的指标包括以下几个。

流动比率=流动资产/流动负债×100%

速动比率=(流动资产-存货)/流动负债×100%

存货周转期=存货×365/销售成本

应收账款周转期=应收账款借方余额×365/销售收入

应付账款周转期=应付账款贷方余额×365/购买成本

4. 负债和杠杆的作用

为了评估企业的财务杠杆和评价企业经营所得的现金是否能够满足预计负债,通常使用下列计量方法:

负债率=有息负债/股东权益×100%

现金流量比率=经营现金净流量/(流动负债+非流动负债)×100%

采用比率的原因在于比较各个时期的比率可以很容易发现这些比率的变动情况;相对于实物数量或货币价值的绝对数,比率更易于理解;可以进行项目比较并有助于计量绩效;比率可以用作目标;比率提供了总结企业结果的途径,可以在类似的企业之间进行比较。

当然比率评价也存在一定的局限性,如可比信息难以获得、信息存在滞后性、比率存在多变性、鼓励短视行为等。

(三)企业业绩衡量指标:平衡计分卡

平衡计分卡是由哈佛商学院的教授卡普兰(Kaplan)和诺顿(Norton)于1993年提出的,作为一种战略评价和控制技术一直延续至今。它需要平衡财务措施与产品质量和客户服务等非财务措施。它能表明员工需要什么样的知识技能和系统,分配创新和建立适当的战略优势和效率的要求,使企业能够把特定的价值带给市场,最终实现更高的股东价值。

(四)管理报告

专题报告和统计分析报告是战略控制中最常用的两种管理报告形式。

1. 专题报告

专题报告是根据企业管理人员的要求，指定专人对特定问题进行深入、细致的调查研究，形成包括现状与问题、对策与建议等有关内容，以供决策者参考。专题报告有助于对具体问题进行控制，有助于企业管理人员开拓战略视野，有助于企业内外的信息沟通。

2. 统计分析报告

统计分析报告，就是指运用统计资料和统计方法，以独特的表达方法和结构特点，表现所研究事物本质和规律性的一种应用文章。它的特点如下。

(1) 统计分析报告是以统计数据为主体。统计分析报告主要以统计数字语言来直观地反映事物之间各种复杂的联系，以确凿的数据来说明具体时间、地点、条件下社会经济领域的成就和经验、问题与教训、各种矛盾及其解决办法。它是以统计数字为主题，用简洁的文字来分析叙述事物量的方面及其关系，并进行定量分析。

(2) 统计分析报告是以科学的指标体系和统计方法来进行分析研究说明的。统计分析报告是通过一整套科学的统计指标体系进行数量研究，进而说明事物的本质，在整个分析研究中，运用一整套科学的方法，进行灵活、具体的分析。

(3) 统计分析报告具有独特的表达方式和结构特点。统计分析报告属于应用文体，基本表达方式是叙述事实，让数字说话，在阐述中议论，在议论中分析。

(4) 统计报告在结构上的突出特点是脉络清晰、层次分明。统计分析报告的行文，通常是先后有序、主次分明、详略得当、紧密联系，做到统计与基本观点统一，结构形式与文章内容统一，数据、情况、问题和建议融为一体。

三、战略控制的特征

(一)可行性

可行性是指企业一旦选定了战略，就必须认真考虑能否成功实施，企业是否有足够的财力、人力或其他资源、技能、诀窍和组织优势，换言之，企业是否有有效实施战略的核心能力。如果在可行性上存在疑问，就需要将战略研究的范围扩大，将能够提供所缺乏的资源或能力的其他公司或金融机构合并，通过联合发展达到可行的目的，特别是管理层必须确定实施战略要采取的初始的实际步骤。

(二)适宜性

判断企业战略是否适宜，首先要求这个战略具有实现公司既定的财务和其他目标的良好前景。因此，适宜的战略应处于公司希望经营的领域，必须具有与公司的经营哲学相协调的文化，如果可能的话，必须建立在公司优势的基础上，或者以某种人们可能确认的方式弥补公司现有的缺陷。

(三)可接受性

可接受性强调的问题是：与公司利害相关的人员，是否对推荐的战略非常满意，并且给予支持。一般来说，公司越大，对公司有利害关系的人员越多。要保证得到所有的利害相关者的支持是不可能的，但是，所推荐的战略必须经过最主要的利害相关者的同意，且在战略被采纳之前，必须充分考虑其他利益相关者的反对意见。

(四)多样性和不确定性

战略具有不确定性。公司的战略只是一个方向，其目的是某一点，但其过程可能是完全没有规律、没有效率和不合理的，因此，这时的战略就具有多样性。同时，虽然经营战略是明确的、稳定的且是具有权威的，但在实施过程中由于环境变化，战略必须适时地调整和修正，因而，也必须因时因地提出具体控制措施，这即是说战略控制具有多样性和不确定性。

(五)整体利益和局部利益、长期利益和短期利益的不一致性

企业的整体是由局部构成的。从理论上讲，整体利益和局部利益是一致的，但在具体的问题上，整体利益和局部利益可能存在一定的不一致性。企业战略控制就是要对这些不一致性的冲突进行调节，如果把战略控制仅仅看作一种单纯的技术、管理业务工作，就不可能取得预期的控制效果。

(六)弹性和伸缩性

战略控制中如果过度控制，频繁干预，容易引起消极反应。因而针对各种矛盾和问题，战略控制有时需要认真处理，严格控制，有时需要适度的、弹性的控制。只要能保持与战略目标的一致性，就可以有较大的回旋余地而具有伸缩性。所以战略控制中只要能保持正确的战略方向，尽可能地减少干预实施过程中的问题，尽可能多地授权下属在自己的权力范围内解决问题，对小范围、低层次的问题不要在大范围、高层次上解决，反而能够取得有效的控制。

第二节　战略控制过程

现代经济系统中的市场通常划分为产品市场、要素市场和金融市场。产品市场是商品和劳务进行交易的场所。要素市场分配土地、劳动力、资本等生产要素。在金融市场中资金供求双方借助金融工具引导储蓄向投资转化。在现代市场经济中，金融市场在其发展中扮演着主导和枢纽的角色。

一、战略失效

战略失效，是指企业战略实施的结果偏离了预定的战略管理的理想状态。

(一)战略失效的原因

(1) 企业内部缺乏沟通，企业战略未能成为全体员工的共同行动目标，企业成员之间缺乏协作共事的愿望。

(2) 战略实施过程中各种信息的传递和反馈受阻。

(3) 战略实施所需要的资源条件与现实存在的资源条件之间出现较大缺口。

(4) 用人不当，主管人员、作业人员不称职或玩忽职守。

(5) 公司管理者决策错误，使战略目标本身存在严重缺陷或错误，例如企业管理者做出不当并购决策。

(6) 企业外部环境出现了较大变化，而现有战略一时难以适应等。

(二)战略失效类型

(1) 早期失效。在战略实施的初期，一方面，由于新战略还没有被全体员工理解和接受；另一方面，战略实施者对新环境、工作还不适应，就有可能导致较高的早期失效。

(2) 晚期失效。晚期失效是指当战略推进一段时间之后，之前对战略环境条件的预测与现实变化发展情况之间的差距，会随着时间的推移变得越来越大，从而使失效率大为提前。

(3) 偶然失效。在战略实施过程中，偶然会因为一些意想不到的因素导致战略失效，这就是偶然失效。

二、战略控制

战略控制是指监督战略实施进程，及时纠正偏差，确保战略有效实施，使战略实施结果符合预期战略目标的必要手段。

(一)战略控制的内容

战略控制包括三项基本活动，分别是检查战略基础、衡量企业绩效和采取纠正措施。

1. 检查战略基础

该活动主要承担了审视企业是否具有战略实施条件的任务，如果企业制定了与内外部条件不适宜的战略，就要及时进行调整。具体来说，检查企业的战略基础主要包括以下两个方面的内容：检查企业内部的关键战略要素，一般包括企业研发、生产、营销、财务、人力等各职能的资源配置情况以及企业的品牌声誉、创新能力等方面；检查企业外部的关键战略要素，主要包括竞争者的行动、需求变化、技术变化、经济环境变化和政策变化等方面。这些因素都会对战略的适宜性与战略实施的效果产生重大影响。

2. 衡量企业绩效

该活动主要通过对比实际的战略实施绩效与制定的战略目标，对战略实施的效果进行评价，找出产生偏差的原因。绩效衡量已经被公认为企业日常经营活动的一部分，主要目的在于提供能刺激所有必要的控制行为的必要反馈；帮助与利益相关者团体进行沟通；帮助实现激励政策及绩效管理；增加管理层的动力。

(1) 绩效衡量的不同观点。关于衡量企业绩效当前主要有两种观点。一种观点被称为股东观，认为企业因股东的利益而存在，以股东盈利为目的，所以应该把股东回报率作为衡量企业业绩的指标。股东回报率由资本利得和股利构成。另一种观点被称作利益相关者观，认为企业因所有利益者的利益而存在。每个利益相关者在一定程度上都对该企业具有依赖性，他们会对企业提出相应的要求，这些要求很可能与其他利益相关者的利益相冲突，此观点下绩效衡量更为复杂。

(2) 绩效衡量的指标。衡量企业绩效的标准因企业而异，制定一套适合本企业的评价指标是比较困难的，不仅需要科学的计量工具，也需要企业家具备高超的管理艺术。由于每个企业的具体情况不同，企业绩效通常从定量与定性两个方面进行衡量。

定量指标既包括投资收益率、市场占有率、销售增长率等常规财务指标，也包括诸如人员流失、新产品开发周期、次品率等涉及各个部门的测量指标。对于企业绩效的定性评价，西摩·蒂尔斯提出了以下六个关键问题。

① 战略与企业内部条件是否一致？
② 战略与企业外部环境是否一致？
③ 战略与可利用的资源是否匹配？
④ 战略设计的风险是否可以接受？
⑤ 战略实施的时间与进度是否恰当？
⑥ 战略是否可行？

3. 采取纠正措施

这是战略控制的最后一项活动，发挥反馈与调整作用。针对企业战略目标与企业绩效产生偏差的原因，战略管理者可以采取的纠正措施有以下三种。

（1）如果企业制定了不合适的战略，那么，必须从企业实际具备的内外部条件出发，重新修订或制订战略计划，使其符合企业实际。

（2）如果企业没能有效地实施战略，那么，需要改善企业战略与具体工作间的联系，并从日常的职能活动入手，加强监管控制，确保各项工作都指向企业的战略方向。

（3）如果企业内外部环境发生了变化，那么，需要根据环境变化的程度，充分发挥战略管理者的管理艺术，在环境变化不大时，对相应的职能战略与各项政策进行微调，使其与环境动态相匹配；如果环境发生了重大改变，那么，战略管理者可能需要领导企业进行战略转型，以适应新的环境。

【小贴士】战略控制与预算控制

> 从企业经营层面上说，在预算的时候也常遇到控制问题。在预算费用的控制中，一年或者更短的一个期间内，使用定量方法来确定实际费用是否超过了计划支持，重点是内部经营，通常在预算期结束之后采取正确的行动。但在战略控制中，该期间通常从几年到十几年不等。定性和定量的方法都要采用，且对内部经营和外部环境都要进行评估。

第三节　基于平衡计分卡的战略控制

基于企业的使命和目标，决策者会采取一系列策略，设立企业组织结构，使企业获得最大效用，通过战略的实施创造达成目标所需要的竞争优势。为了评估策略和组织结构的优劣，决策人开发出明确的绩效衡量方法来评估企业在需要建立竞争优势的四个基础方面做得如何。通过平衡计分卡的全面衡量，决策人可以站在更高的角度重新审视企业的使命和目标。

一、平衡积分卡的内涵

平衡计分卡突破了将财务作为唯一指标的限制，做到了多个方面的平衡。与传统评价体系相比，平衡计分卡具有为企业战略管理提供强有力的支持、提高企业整体管理效率、注重团队合作、提高企业激励作用、减少企业信息负担的特点。

(一)平衡计分卡的基本概念

平衡计分卡表明了企业员工需要什么样的知识技能和系统，分配创新和建立适当的战略优势和效率，使企业能够把特定的价值带给市场，从而最终实现更高的股东价值。

然而，并非所有的企业都适合采用平衡计分卡，企业须具有以下条件。

第一，具有明确的发展战略，即只有以战略为导向的企业才适合采用平衡计分卡。第二，具有完善的信息传递和反馈系统。建立平衡计分卡需要以完善的信息收集系统为基础，要求企业全体员工通力合作，上下协作。只有具备完善的信息沟通系统，才可能实现各方面量大而广的数据收集与传递工作。第三，具有完整的价值链。运用平衡计分卡要以一个较为完整且明确的价值链为基础，并通过价值链各个部分的影响传递来实现其功效。

平衡计分卡从财务、顾客、内部流程及创新与学习四个角度对企业进行综合考察和评价，具体如下。

1. 财务角度

平衡计分卡在财务角度中包含了股东的价值。企业需要股东提供风险资本，它也同样需要顾客买产品和服务及需要员工生产这些产品和服务。财务角度主要关注股东对企业的看法，以及企业的财务目标。用来评估这些目标是否已达到的方法主要是考察管理层过去的行为，以及这些行为导致的财务层面上的结果，通常包括利润、销售增长率、投资回报率以及现金流。

2. 顾客角度

运用平衡计分卡从更广、更平衡的角度来考虑企业的战略目标和绩效考核时，一定要非常重视客户。企业的平衡计分卡最典型的客户角度通常包括：定义目标市场和扩大关键细分市场的市场份额。

客户角度的目标和指标可以包括目标市场的销售额(或市场份额)以及客户保留率、新客户开发率、客户满意度和盈利率。卡普兰和诺顿把这些称为滞后指标。他们建议经理人要明确对客户提供的价值定位。在明确价值定位的过程中，卡普兰和诺顿定义了几个与客户满意度有关的驱动指标：时间、质量、价格、可选性、客户关系和企业形象。他们把这些称为潜在的领先指标，领先指标的设定取决于企业的战略和对目标市场的价值定位。在开发平衡计分卡时，需要考虑这些领先指标。

高级管理层在设计企业的平衡计分卡的客户目标时要考虑以下三个关键问题。

(1) 对目标市场提供的价值定位是什么？

(2) 哪些目标最清楚地反映了对客户的承诺？

(3) 如果成功兑换了这些承诺，在客户获取率、客户保留率、客户满意度和盈利率这几个方面会取得什么样的绩效？

3. 内部流程角度

把管理重心放在流程再造上将对促进组织改进起到一个非常重要的作用,运用平衡计分卡的一个重要原因就在于它对业务流程的关注。

业务流程角度包括一些驱动目标,它们能够使企业更加专注于客户的满意度,并通过开发新产品和改善客户服务来提高生产力和效率。至于重点要放在哪些方面或设定哪些目标,必须以企业战略和价值定位为依据。

高级管理层在设计企业的平衡计分卡的业务流程目标时,要考虑以下两个关键问题。

(1) 要在哪些流程上表现优异才能成功实施企业战略?

(2) 要在哪些流程上表现优异才能实现关键的财务和客户目标?

4. 创新与学习角度

平衡计分卡最大的优点就是能够把创新与学习列为四个角度中的一个。多年来。知识型领导一直提倡把人力资源管理提升到企业的战略层面。卡普兰和诺顿通过平衡计分卡确定了创新与学习战略的重要性。

创新与学习角度对任何企业能否成功执行战略都起到了举足轻重的作用。平衡计分卡能否成功运用的关键就是能否把企业战略和这个角度很好地衔接起来。很多企业都对人力资源投入了很多精力,但它们没能将企业战略与组织的学习和成长衔接起来。卡普兰和诺顿在对其创立的平衡计分卡工具进行描述时,特别强调了这个问题。

高级管理者在设计企业的平衡计分卡学习和成长目标时要考虑以下三个问题。

(1) 经理(和员工)要提高哪些关键能力才能改进核心流程,达到客户和财务目标,从而成功执行企业战略?

(2) 如何通过改善业务流程,提高员工团队合作、解决问题的能力以及工作主动性,从而进一步提高员工的积极性和建立有效的组织文化,最终成功地执行企业战略?

(3) 应如何通过实施平衡计分卡来创造和支持组织的学习文化并加以维持?

企业的成长与员工和企业素质能力的提高是息息相关的,从长远角度来看,企业唯有不断学习与创新,才能实现长远的发展。

(二)平衡计分卡的特点

平衡记分卡方法因突破了财务作为唯一指标的衡量工具,做到了多个方面的平衡。与传统评价体系比较,平衡计分卡具有以下特点。

1. 平衡计分卡为企业战略管理提供强有力的支持

随着全球经济一体化进程的不断加快、市场竞争的不断加剧,战略管理对企业持续发展而言更为重要。平衡计分卡的评价内容与相关指标和企业战略目标紧密相连,企业战略的实施可以通过对平衡计分卡的全面管理来完成。

2. 平衡计分卡可以提高企业整体管理效率

平衡计分卡所涉及的四项内容,都是企业未来发展成功的关键要素,通过平衡计分卡所提供的管理报告,将看似不相关的要素有机地结合在一起,可以大大节约企业管理者的时间,提高企业管理的整体效率,为企业未来成功发展奠定坚实的基础。

3. 注重团队合作，防止企业管理机能失调

团队精神是一个企业文化的集中表现，平衡计分卡通过对企业各要素的组合，让管理者能同时考虑企业各职能部门在企业整体中的不同作用与功能，使他们认识到某一领域的工作改进可能是以其他领域的退步为代价换来的，促进企业管理部门考虑决策要从企业出发，慎重选择可行方案。

4. 平衡计分卡可增强企业激励作用，扩大员工的参与意识

传统的业绩评价体系强调管理者希望(或要求)下属采取什么行动，然后通过评价来证实下属是否采取了行动以及行动的结果如何，整个控制系统强调的是对行为结果的控制与考核。而平衡计分卡则强调目标管理，鼓励下属创造性地(而非被动)完成目标，这一管理系统强调的是激励动力。因为在具体管理问题上，企业高层管理者并不一定会比中下层管理人员更了解情况，所做出的决策也不一定比下属更明智。所以，由企业高层管理人员规定下属的行为方式是不恰当的。另外，目前企业业绩评价体系大多是由财务专业人士设计并监督实施的，但是，由于专业领域的差别，财务专业人士并不清楚企业经营管理、技术创新等方面的关键性问题，因而，无法对企业整体经营的业绩进行科学合理的计量与评价。

5. 平衡计分卡可以使企业信息负担降到最小

在当今信息时代，企业很少会因为信息过少而苦恼，随着全员管理的引进，当企业员工或顾问向企业提出建议时，新的信息指标总是不断增加。这样，会导致企业高层决策者处理信息的负担大大加重。而平衡计分卡可以使企业管理者仅仅关注少数而又关键的相关指标，在保证满足企业管理需要的同时，尽量减少信息负担成本。

(三)平衡计分卡的作用

(1) 平衡计分卡的出现，使得传统的绩效管理从人员考核和评估工具转变成为战略实施的工具。

(2) 平衡计分卡的出现，使得领导者拥有了全面的统筹战略、人员、流程和执行四个关键因素的管理工具。

(3) 平衡计分卡的出现，使得领导者拥有了可以平衡长期和短期、内部和外部，确保持续发展的管理工具。

(4) 平衡计分卡被誉为近75年最重要的管理工具和方法。

二、平衡积分卡与企业战略控制

运用平衡计分卡可以使组织内部的业务单元、职能单元、小组和个人的目标和组织的目标紧密地结合起来，使组织内部的关键管理流程(如计划、预算、资源配置方案和定期汇报等)都围绕着战略来制定和开展，使企业的长期战略计划和短期预算相连接。组织的愿景、战略和资源配置方案等能流畅地自上而下传播，而对它们实施、反馈和收获同样流畅地从基层返回高层。通过平衡计分卡的应用，使整个组织聚焦于战略，从而实现组织内部协调。平衡计分卡用于战略控制主要体现在以下三个方面。

(一)用平衡计分卡解释战略

如前所述,传统的绩效评价体系的主要弊端之一就是它无法清晰地描绘出企业的价值创造过程和无形资产的重要作用。而平衡计分卡则将企业看得见的顾客和财务上的收益与看不见的无形资产的作用,通过一系列因果关系联系起来。例如,如果外部顾客将价值定位于"时尚和精美的设计",那么,作为无形资产之一的设计能力就对战略的成功十分重要。因此,平衡计分卡将看不见的企业的技术、能力,甚至价值观、文化与对企业的内部流程(如采购、分销)结合起来,创造出看得见的有形的产出,如收入的增长和利润等。进一步,平衡计分卡再通过这一系列的因果关系来展示公司的总体战略,将公司的战略转化为具体的目标和衡量指标。例如,某一企业的战略之一是提高收入,则分解出下列的因果关系,在财务上,可以采用增加新的收入来源和提高每位顾客的利润率两种目标;在顾客方面,可以通过吸引新顾客和留住老顾客两种目标;在内部流程上,可以通过改进顾客管理流程、研发流程和创新流程等方式;在学习和成长方面,可以通过增加对雇员销售技能的培训,引入新技术等方式。

平衡计分卡概念框架中每一衡量指标都是因果关系中的一环。它们既反映实现某项战略所需达到的目标及近期的完成状况,也反映实现这一目标的相关驱动因素和它们的完成情况。平衡计分卡为组织描述和解释战略提供了有力的框架。

(二)运用平衡计分卡,将战略与团队、个人目标联系起来

平衡计分卡通过一整套具有因果关系的目标、衡量指标来解释战略。最重要的是,在运用平衡计分卡的过程中,组织中的部门、团队和个人能够真正地理解战略,在"战略具体是什么"和"它如何得到实现"两方面形成统一的认识。原先由许多组织相信通过对战略的解释和宣传,组织中的每个人都对战略达成共识,然而,在建立平衡计分卡的过程中,他们发现原来每个人对战略都有着不同的理解。通过平衡计分卡的建立和运用,他们对什么是目标顾客、差异化的价值定位、创新和学习的重要作用等一些战略的核心问题形成了一致的理解。组织中的每个人都真正地理解和明确了战略。在这一基础上,团队、个人将目标与战略联系在一起,通过平衡计分卡的目标和衡量指标来完成。各事业部、职能部门和小组将总公司的平衡计分卡作为参考,部门经理从公司的计分卡中找到自己可以施加影响的目标和衡量指标,然后制定本部门的计分卡和目标。通过个人对组织战略的充分认识,运用平衡计分卡的概念框架,团队、个人形成自己对组织价值的理解和职业成长目标的规划,整个组织围绕着战略形成统一的整体。

(三)平衡计分卡使战略成为一个连续的过程

许多组织在实施战略的过程中遭遇挫折,其中一个很重要的原因是它们的战略与战略的实施是分离的,彼此之间很少有联系,缺少一个有效的管理系统。一般情况下,在大多数企业里,预算扮演着计划和控制系统的角色,它决定了在下一个会计年度里,每个经营单元所分配到的资源和应达到的绩效目标。在这一年里,管理者根据预算来考核绩效,发现偏差,并在必要的时候进行调整。而实际上,在这些企业里,预算很少与战略相联系,管理者的注意力和行动仅仅集中在短期的运作细节上,而不在长期战略的实施上。并且,

公司战略与风险管理

在许多组织中,这样的预算系统也得不到实现。

组织的外部环境在不断地发生变化,而预算系统却静止不变,这样的系统是无法有效实施战略的,它既没有将战略与实际运作联系起来,也没有反馈信息和数据来调整和支持战略。运用平衡记分卡,以它为基础,建立新型的管理系统,可以使战略与战略的实施有效地联系起来。

第一,平衡计分卡将战略和预算联系在一起。通过平衡计分卡上的目标和衡量指标将概括性的鼓舞人的战略与严谨的预算计划联系起来。

第二,平衡记分卡的应用使战略得到不断的调整,形成战略学习圈。一方面,平衡计分卡为战略提供了一个战略反馈系统:由于平衡计分卡中的衡量指标之间存在因果联系,因此,当组织发现某项指标在运作过程中未达到预期目标时,便可以根据因果关系层层分析引起这项指标的其他指标是否合格。如果不合格,则能找出相关原因并进行调整;如果均已合格,那么就应该对企业内外部环境重新分析,检查据以确定战略的环境因素是否已发生变化,是否需要调整战略。另一方面,利用平衡计分卡的概念框架来完成有关战略实施情况的报告和举行定期的以战略为核心的管理会议,通过及时的反馈和持续的关注,使战略得到不断的实践、学习和调整。

这样以平衡计分卡为基础的两环结构,使组织的战略能够随着外部环境的变化而不断调整,并逐渐成熟。平衡计分卡为战略成为一个持续的过程提供了基础。

运用平衡计分卡,将组织的愿景和战略转化为一整套全方位的绩效度量,并清楚明确地解释组织内各层面工作与成果之间的因果关系,使各层面相辅相成,最终转化为战略真正地具体落实。

【案例】中国华电集团内蒙古公司的平衡计分卡

中国华电集团是中国五大电力集团之一。随着中国电力改革"厂网分离"之后,"竞价上网"的深入推进使得发电企业面临越来越大的经营压力。在三层集团组织架构下提升战略执行力的管理变革已经显得迫在眉睫。

第一步是阐明与战略计划相关的财务措施,然后以这些措施为基础,设定财务目标并且确定为实现这些目标而应当采取的适当行动。

根据电力集团特点,紧紧抓住成本控制与发电效率两大主题,从企业的运营角度,寻找出战略目标。

第二步,根据战略目标对相关的财务措施进行规划,然后以这些措施为基础,设定财务目标并确立应采取的适当行动。

第三步,在绩效评价层面项目组将平衡计分卡与目标管理、利益相关者、KPI考核等方法结合在一起,推导出发电企业的部门级的绩效计分卡;然后运用指标分解工具,设计出每个岗位的绩效计分卡;最后设计出平衡计分卡战略绩效管理的运作体系,将战略监控、绩效与薪酬、任职资格和人员晋升等挂钩,以支持平衡计分卡顺利实施。

【解析】华电集团把平衡计分卡的概念分解到个人层面上了,这样做可以使公司高层聚焦于各种战略计划上。员工可以通过测量与他的具体职责相关联的一系列确定目标来考察自己的业绩。这就使企业战略与个人部门的目标结合起来。

第七章　战略控制

本 章 小 结

(1) 本章首先论述了战略控制的概念。
(2) 基于战略控制的概念，给出了编制预算、业绩评价和使用管理报告三种战略控制方法。
(3) 在以上的基础上，给出了战略控制的特征。
(4) 战略失效的原因和类型。
(5) 战略控制的内容包括检查战略基础、衡量企业绩效、采取纠正措施。
(6) 平衡计分卡的基本概念及衡量的四个角度——财务角度、顾客角度、内部流程角度及创新与学习角度。
(7) 介绍了平衡计分卡的特点和作用。
(8) 论述了怎样将平衡计分卡与企业战略控制相结合。

实 训 课 堂

基本案情：

2010 年，天齐锂业在深交所挂牌上市，从私企转变为规范治理的上市公司。2014 年，天齐锂业拦截式收购全球锂业巨头泰利森；2018 年收购智利盐湖巨头 SQM 的股权，其由一家单纯的锂盐加工企业，一跃成为全球锂业龙头，手握全球锂业版图中足够分量的话语权。随着不断发展壮大，这家当初并不被看好的县城小工厂，已成为全球领先的以锂为核心的新能源材料企业，跻身全球第二大锂产品生产商。

拥有"天时"的天齐锂业，又遇上锂电发展的"地利"大行情。近年来，随着电动汽车和储能需求的快速增长，锂电池行业快速发展。下游需求急剧增长带动上游锂产品紧俏，锂盐产品一度出现供不应求的局面，价格也随之暴涨。最疯狂的时候，锂产品从 2014 年 10 月的 4 万元/吨，增长到 2016 年 2 月的 16 万元/吨。随着新能源汽车行业潮起潮涌，天齐锂业享受了躺着赚钱的美好时光，一代锂业巨头从此崛起，同时蒋卫平家族的财富也水涨船高。

然而，2018 年随着各路资本争相进入锂行业，锂产品产能过剩，加之新能源汽车补贴退坡，需求减少，锂产品价格下降。近年来受到行业周期性调整、产品价格下跌等因素的影响，天齐锂业业绩大幅度下跌，再加上高杠杆收购 SQM，其在债务泥潭中越陷越深。

2019 年，天齐锂业实现营收 48.4 亿元，同比下降 22.48%；净利润亏损 59.8 亿元，同比减少 372%，号称"史上最差年报"。2019 年年底，天齐锂业的"一年内到期的非流动负债"科目里，冒出了余额 164.03 亿元，这笔钱，是要在 2020 年全部偿还的。2020 年三季报显示，天齐锂业实现营收 24.27 亿元，同比下降 36.09%；实现净利润-11.03 亿元，同比下降 890.95%；扣非净利润-9.74 亿元，同比下降 6383.79%。2020 年二季度和三季度，天齐锂业几乎没有偿还并购贷款，截止到 2020 年 9 月底，其"一年内到期的非流动负债"余额仍高达133.05亿。这133.05亿里面，至少有120亿是必须在2020年四季度偿还的并购贷款。

将天齐锂业拖入债务泥潭的，还要从两年前那起著名的海外收购案说起。2018年5月，天齐锂业以40.66亿美元拿下智利锂矿巨头智利化工矿业公司(以下简称"SQM")23.77%的股权，加上原本持有的2.1%股权，其成为SQM第二大股东。SQM是全球领先的特种植物肥料和钾肥、锂、碘和工业化学品的综合生产和销售商，天齐锂业的收购当时被业内称为"蛇吞象"。收购时，天齐锂业自筹资金只有7.26亿美元，其余35亿美元均由中信银行牵头的银团提供贷款，而这也为日后的债务危机埋下了隐患。就在天齐锂业收购SQM没多久，锂价格出现见顶迹象，SQM的股价也随之暴跌。随后引起连锁反应，2019年天齐锂业不得不计提减值52.79亿元人民币；同时高杠杆收购导致其资产负债率和财务费用大增，2019年其仅并购贷款产生的利息费用就高达16.5亿元。

思考讨论题：

分析天齐锂业的战略失控的原因及类型。

复习思考题

一、基本概念

战略控制　增量预算　零基预算　平衡计分卡　战略失效

二、判断题

1. 在预算控制中，该期间通常从几年到十几年不等。定性和定量的方法都要采用，且对内部经营和外部环境都要进行评估。　　　　　　　　　　　　　　（　）

2. 定量指标只包括投资收益率、市场占有率、销售增长率等常规财务指标，不包括诸如人员流失、新产品开发周期、次品率等涉及各个部门的测量指标。　　　（　）

3. 所有的企业都适合采用平衡计分卡。　　　　　　　　　　　　　　　　　（　）

三、选择题(有多选)

1. 在以下关于战略控制与预算控制的表述中，正确的是(　　)。
   A. 战略控制的期限通常在一年以内
   B. 预算控制通常在预算期结束后采取纠正行为
   C. 预算控制采用定性与定量结合的办法
   D. 战略控制的重点是企业内部

2. 甲公司采用流动比率、资产负债率等财务指标进行绩效评价。下列各项中，属于甲公司上述做法的局限性的有(　　)。
   A. 鼓励短期行为　　　　　　　　　　B. 忽视战略目标
   C. 比率不可以用作目标　　　　　　　D. 难以进行项目比较

3. 下列属于非财务指标的有(　　)。
   A. 员工周转率　　　　　　　　　　　B. 每个员工的培训时间
   C. 客户等待时间　　　　　　　　　　D. 应收账款周转率

4. 平衡计分卡从内部流程角度包括的内容有( )。
   A. 研发人员和生产技术人员的保留率　　B. 新产品占销售的比例
   C. 每个员工的收入　　　　　　　　　　D. 收益率
5. 使用比率评价的局限性的有( )。
   A. 鼓励短期行为　　　　　　　　　　　B. 忽视战略目标
   C. 比率不可以用作目标　　　　　　　　D. 难以进行项目比较
6. 使用比率评价的主要原因有( )。
   A. 相对于实物数量或货币价值的绝对值，比率更易于理解
   B. 比率可以用作目标
   C. 能够控制无预算责任的员工
   D. 可以避免短期行为
7. 东亚建筑公司采用平衡计分卡衡量公司业绩，并选取了利润预期、工程进度完成率、市场份额、工程交付时间等作为绩效衡量标准。该公司选取的上述指标涵盖的平衡计分卡角度有( )。
   A. 创新与学习角度　　　　　　　　　　B. 财务角度
   C. 顾客角度　　　　　　　　　　　　　D. 内部流程角度

第八章 多元化与国际化经营战略

【学习要点及目标】

- 掌握多元化战略的原因类型。
- 掌握多元化战略的优缺点和风险。
- 了解国际化战略的内涵。
- 掌握国际化战略的类型及选择依据。
- 了解国际化战略的动因。

【核心概念】

多元化战略　同心多元化　离心多元化　国际化战略　垄断优势理论　区位理论　产品生命周期理论　内部化理论　全球化战略　跨国战略　国际战略　多国本土化战略

【引导案例】

长城汽车的多元化和国际化战略

长城汽车的海外布局要比其他中国品牌更先一步，早在1997年长城汽车就走出了国门，通过设立全球工厂和销售子公司等形式不断加快全球市场拓展，不仅从国内生产出口到海外，其后更建立起海外的KD组装厂。在多年以后，为了更好地融入当地市场、了解消费者的用车状况，同时降低竞争压力，长城汽车2020年在海外先后收购印度塔里冈工厂、正式获得泰国罗勇工厂所有权。在2020年9月底，长城汽车、俄罗斯图拉工厂与俄罗斯联邦工业和贸易部正式签署在俄特别投资合同(SPIC)，在俄图拉工厂，生产哈弗F7、H9等多款主力车型，并于11月启动长城汽车俄罗斯发动机工厂项目，极大提高了长城汽车在俄市场的竞争力。如今，长城汽车已经形成了"七国十地"的全球化研发格局和"9+5"的全球化生产布局，并在海外60多个国家建立了500余家优质经销网络，产品遍布全球各个角落。

在车型的全球化方面，长城汽车陆续在澳洲、南美、南非、中东四大地区上市，打赢中国，走向全球。而随着海外工厂的建设完成，今后会有越来越多的长城车型在海外工厂投产。

长城汽车在高端化转型方面，2020年陆续发布了"柠檬""坦克""咖啡智能"三大技术品牌，"柠檬混动DHT""咖啡智驾"也相继发布，展示了长城汽车在混动、自动驾驶方面的技术积累。

而为应对销售情况逐渐低迷、市场逐渐饱和等情况的发生，长城选择进行动力多元化布局。长城汽车技术副总裁宋东先表示，长城汽车从全球化和能源发展角度确立了混动、纯电和氢能多路线并举的能源动力路线。从长远来看，电氢结合是未来能源形态，长城汽车在能源产业上下游进行技术布局，逐步打造以电氢社会为构想的能源新生态。

(资料来源：根据长城汽车官方网站及年报信息收集整理而来。)

第八章 多元化与国际化经营战略

第一节 多元化战略

多元化战略指企业进入与现有产品和市场不同的领域。安索夫认为:"在任何经营环境中,没有一家企业可以认为自身能够不受产品过时和需求枯竭的影响。"这个观点得到了许多人的认同。由于市场变化如此迅速,企业必须持续地调查市场环境以寻找多元化的机会。当现有产品或市场不存在期望的增长空间时(如受到地理条件、市场规模或竞争太过激烈的限制),企业通常会考虑多元化战略。

一、多元化战略的原因

采用多元化战略有下列三大原因:第一,在现有产品或市场中持续经营不能达到目标。这一点可通过差距分析来予以证明。当前产业令人不满,原因可能是产品处于衰退期因而回报率低,或同一领域中的技术创新机会很少,或产业缺少灵活性。第二,企业由于以前在现有产品或市场中成功经营而保留下来的资金超过了其在现有产品或市场中的财务扩张所需要的资金。第三,与在现有产品或市场中的扩张相比,多元化战略意味着更高的利润。

二、多元化战略的类型

多元化战略又可以分为两种:相关多元化和非相关多元化。

(一)相关多元化

相关多元化也称同心多元化,是指企业以现有业务或市场为基础进入相关产业或市场的战略。相关多元化的相关性可以是产品、生产技术、管理技能、营销渠道、营销技能或用户等方面类似。采用相关多元化战略,有利于企业利用原有产业的产品知识、制造能力、营销渠道、营销技能等优势来获取融合优势,即两种业务或两个市场同时经营的盈利能力大于各自经营时的盈利能力之和。当企业在产业或市场内具有较强的竞争优势,而该产业或市场成长性或吸引力逐渐下降时,适宜采用同心多元化战略。

(二)非相关多元化

非相关多元化也称离心多元化,是指企业进入与当前产业和市场均不相关的领域的战略。如果企业当前所处产业或市场缺乏吸引力,而企业也不具备较强的能力和技能转向相关产品或市场,较为现实的选择就是采用非相关多元化战略。采用非相关多元化战略的主要目标不是利用产品、技术、营销渠道等方面的共同性,而是从财务上考虑平衡现金流或者获取新的利润增长点,规避产业或市场的发展风险。

三、多元化战略的优点与风险

企业采用多元化战略具有如下优点:第一,分散风险;当现有产品及市场失败时,新产品或新市场可能为企业提供保护;第二,能更容易地从资本市场中获得融资;第三,当企业在原产业无法增长时找到新的增长点；第四，利用未被充分利用的资源；第五，运用盈余资金；第六，获得资金或其他财务利益，例如，累计税项亏损；第七，运用企业在某个产业或某个市场中的形象和声誉来进入另一个产业或市场，而在另一个产业或市场中要取得成功，企业形象和声誉是至关重要的。

但是，企业必须充分认识实施多元化战略的风险。

(一)来自原有经营产业的风险

企业资源总是有限的，多元化经营往往意味着原有经营的产业要受到削弱。这种削弱不仅是资金方面的，管理层注意力的分散也是一个方面。

(二)市场整体风险

市场经济中的广泛相互关联性决定了多元化经营的各产业仍面临共同的风险。在宏观力量的冲击之下，企业多元化经营的资源分散反而加大了风险。例如，一家产品出口公司通过多元化经营扩大业务规模，然而在面临金融危机冲击下，这家公司难以在各个经营业务中与最强的对手展开竞争，最终落得被各个击破的下场。

(三)产业进入风险

企业在进入新产业之后必须不断地注入后续资源，去学习这个行业的有关知识并培养自己的员工队伍，塑造企业品牌。另外，产业的竞争态势是不断变化的，竞争者的策略也是一个未知数，企业必须相应地不断调整自己的经营策略，否则会面临极大的风险。

(四)产业退出风险

如果企业深陷一个错误的投资项目却无法做到全身而退，那么很可能导致企业全军覆没。一个设计良好的经营退出渠道能有效地降低多元化经营风险。例如，某公司当初看好卫星通信业务而发起了"铱星"计划，当最后"铱星"负债数十亿元而陨落时，该公司因一开始就将"铱星"项目注册为独立的实体而只承受了有限的责任和损失。

(五)内部经营整合风险

新投资的业务会通过财务流、物流、决策流、人事流给企业以及企业的既有产业经营带来全面的影响。不同的业务有不同的业务流程和不同的市场模式，因而对企业的管理机制有不同的要求。企业作为一个整体，必须把不同业务对其管理机制的要求以某种形式融合在一起。多元化经营、多重目标和企业有限资源之间的冲突，使这种管理机制上的融合更为困难，甚至使企业多元化经营的战略目标最终由于内部冲突而无法实现。当企业通过并购方式进行多元化经营的时候还会面临另一种风险，那就是不同企业文化是否能够成功融合的风险。

第二节　国际化战略

在全球化现实背景下，企业之间的竞争已由国内市场层面扩展为局部的国际市场层面乃至全球市场层面，这种激烈的跨国界竞争使得选择正确的国际化战略模式成为企业生存、发展和获利的关键。

一、国际化战略概述

(一)内涵

国际化战略是指企业从国内经营走向跨国经营，从国内市场进入国外市场，在国外设立多种形式的组织，对国内外的生产要素进行配置，在一个或若干个经济领域进行经营活动的战略。从事国际化经营的企业需要通过系统评价自身资源和经营使命，确定企业战略任务和目标，并根据国际环境变化拟定行动方针，以求在国际环境中长期生存和发展所作的长远的总体谋划。

经济学家从各个层面和角度，探索和研究企业国际化经营的行为特点及其作用与影响，提出了许多理论和主张。这些理论和主张的研究无非也是沿着两个基本思路：一是国际生产要素的组合；二是企业国际化经营所面临的市场特征(特别是寡头垄断市场特征)。

(二)国际生产要素的最优组合

1. 垄断优势理论

1960年，美国学者海默(Hymer)在其博士论文《国内企业的国际经营：对外直接投资的研究》中首次提出垄断优势理论，后得到其导师金德尔伯格(Kindlerberg)的支持并加以完善，成为最早研究对外直接投资的理论。海默和金德尔伯格认为，是市场不完全导致了对外直接投资。一般地讲，市场不完全可以表现为以下四种类型。

(1) 产品和生产要素市场不完全。
(2) 由规模经济导致的市场不完全。
(3) 由政府干预引起的市场不完全。
(4) 税赋与关税引起的市场不完全。

【小贴士】不完全市场

> 不完全市场是指不具备下述条件之一的市场：同质产品；众多的买者与卖者；买者和卖者可以自由进入市场；所有买者和卖者都掌握当前物价的完全信息，并能预测未来物价；就总成交额而言，市场各个经济主体的购销额是无关紧要的；买者与卖者无串通合谋行为；消费者追求效用最大化，生产者追求利润最大化；商品可转让。

跨国企业在不完全竞争下取得了各种垄断优势，这些优势可分为以下三类。

(1) 来自产品市场不完全的优势，如产品差别、商标、销售技术与操纵价格等。
(2) 来自生产要素市场不完全的优势，包括专利与工业秘诀、资金获得条件的优惠、管理技能等。
(3) 企业拥有的内部规模经济与外部规模经济。

2. 区位理论

1953年，索思阿德(Southard)提出区位理论，用以研究国内资源的区域配置问题。后来，艾萨德(Isard)等用此理论来解释对外直接投资的现象。区位理论认为，市场不完全性不仅存在于一国市场上，同样存在于国际市场上。国际市场的不完全性会导致各国之间的市场差异，即在生产要素价格、市场规模、市场资源供给等方面存在着不同的差异。如果国外市场这些差异为准备投资的一国企业带来了有利的条件，企业就会发生对外直接投资。影响区位优势的主要因素有生产要素、市场定位、贸易壁垒、经营环境等。

3. 纵向一体化战略生命周期理论

1966 年，美国哈佛大学教授弗农(Vemon)从技术创新入手，分析国际贸易、对外直接投资与产品生命周期的关系。事实上，弗农的产品生命周期理论是将垄断因素与区位因素结合起来的动态分析。从产品的研发和生产角度进行考察，认为企业的各种优势最终体现在产品上。随着产品生命周期阶段的变化，企业产品生产的地域也会从一个国家转移到另一个国家，以寻求最佳的区位优势，获得自己的竞争优势。

4. 内部化理论

为了寻求对企业对外投资行为的解释，1976 年，英国学者巴克利(Buckley)和卡森(Casson)发掘了科斯(Coase)在 1937 年对企业的起源和均衡规模提出的内部化理论。

内部化理论是从市场不完全与垄断优势理论发展起来的。在巴克利等新创的内部化理论中，市场不完全并非是指规模经济、寡头垄断或关税壁垒等，而是指由于某些市场失效以及某些产品的特殊性质或垄断势力的存在，导致企业市场交易成本增加。内部化理论建立在以下三个基本假设的基础上。

(1) 企业在市场不完全的情况下从事经营的目的是追求利润最大化。

(2) 当生产要素特别是中间产品市场不完全时，企业有可能统一管理经营活动，以内部市场代替外部市场。

(3) 内部化越过国界时就会产生国际企业。

内部化理论与垄断优势理论的区别在于，内部化并不是给予企业特殊优势的这种财产本身，而是指这种财产的内部化过程给了跨国企业以特有的优势。

5. 国际化折中理论

国际生产折中理论，又称国际生产综合理论。1976 年，英国里丁大学教授邓宁(Dunning)首次提出了综合理论学说。此后，邓宁又多次发表论文，系统阐述"综合主义"理论，并将其动态化，从而形成了至今仍然是对跨国公司和对外直接投资研究影响最大的理论框架。

邓宁的国际生产综合理论可以概括为一个简单的公式：

$$所有权优势＋内部化优势＋区位优势＝对外直接投资$$

邓宁指出，企业可以根据自己所具备的不同优势，分别采用不同的国际经营方式。企业对外直接投资，必须同时具备所有权优势、内部化优势与区位优势；该企业如果只拥有所有权优势与内部化优势，只能进行出口贸易；企业如果只有所有权优势，则只能考虑采用技术转移的形式，将技术出让给其他企业；如果企业具有上述三种优势，却只采取技术转移的方法，则会丧失内部化优势与区位优势所能带来的收益。以上介绍的几位代表人物及其研究成果只是关于跨国企业理论探讨的一小部分，还有不少经济学家从各种角度对跨国企业行为进行了深入研究，使这一理论形成比较完整的框架，并得到不断的补充和发展。

(三)寡占市场(即寡头垄断市场)的反应

对企业跨国经营的行为，一些学者更侧重从企业所面临的市场角度，特别是从跨国公司投资产业大都属于寡占市场特征的角度进行研究。

1. 海默论跨国企业的寡头垄断反应行为

对于发达国家之间的相互交叉直接投资来说，海默认为，必须利用寡占反应行为来加以解释。海默所说的寡占反应行为是指各国寡占企业通过在竞争对手的领土上建立地盘来加强自己在国际竞争中的地位。海默认为对外直接投资只是国内寡占竞争行为在国际范围内的延伸，但基础仍在于各国企业所拥有的技术等垄断优势，各国企业在技术、管理及规模经济方面的相对优势决定了直接投资的流向及多寡，决定了一国是主要的对外直接投资国还是主要的直接投资接受国。

2. 尼克博克(Frederick T. Knickerbocker)的"寡占反应理论"

在寡占反应理论上做出较为系统阐述的是美国学者尼克博克。尼克博克将对外直接投资区分为"进攻性投资"与"防御性投资"。在国外市场建立第一家子公司的寡头公司的投资是进攻性投资，同一行业其他寡头成员追随率先建立的公司也建立子公司，是防御性投资。决定这两类投资的因素是各不相同的，进攻性投资的动因可由弗农的产品生命周期理论解释，而防御性投资则是由寡占反应行业所决定的。决定防御性投资行为的寡占反应，目的在于抵消竞争对手首先采取行动所得到的好处，避免对方的行动给自己带来的风险，保持彼此之间的力量均衡。当国内同一寡占行业的竞争对手率先在某国外市场进行直接投资时，其他寡头企业就会面临严重的风险。为了使风险降到最低程度，寡头企业的最优战略便是紧随竞争对手，在对方已进入的市场上建立自己的子公司，恢复与竞争对手的竞争均衡。

(四)发展中国家企业国际化经营的动因

传统的对外投资理论，用于解释发达国家向发展中国家的垂直投资，或发达国家之间的水平投资行为已日臻完善。近年来，为了寻求发展中国家对外投资的理论依据，国际经济学界创立了一些新的理论学说，最具代表性的是联合国贸易和发展会议(UNCTAD)近年来的研究成果。

2006年UNCTAD发表的《世界投资报告》对于发展中经济体和转型期经济体日益成为世界重要的对外投资来源这一趋势进行了调查与研究，提出影响发展中国家跨国公司对外投资决策的四大动机与三大竞争优势。

1. 发展中国家跨国公司对外投资的主要动机

(1) 寻求市场。这是发展中国家跨国公司对外投资最重要的动机。这类投资主要形成区域内和发展中国家内部的外国直接投资。

(2) 寻求效率。发展中国家对外直接投资的第二个重要动机是寻求效率，主要是相对较先进(因而劳动力成本较高)的发展中国家跨国公司进行这种投资。寻求效率的投资又往往是基于两个方面的驱动因素：一是母经济体生产成本上涨，特别是劳动力成本。这是马来西亚、韩国和新加坡等东南亚国家及毛里求斯(该国具有成衣劳动密集型出口产业)跨国公司特别关注的问题。二是发展中国家公司所面临的竞争压力正在推动它们向海外扩展。这些压力包括来自低成本生产商的竞争，特别是来自东亚和东南亚高效率制造商的竞争及国内外经济体中来自国外跨国公司的竞争。

以寻求效率为主要动机的投资一般集中在几个产业(如电气和电子产品及成衣和纺织品)。基于这种动机的对外直接投资大多面向发展中国家。面向电气/电子产业的这种投资有很强的区域集中性，而面向成衣业的这种投资则在地域上更为分散。

(3) 寻求资源。因担心关键资源和经济扩展的投入将会出现短缺，一些政府会鼓励跨国公司向具有丰富资源的国家投资，以获得重要原材料。

(4) 寻求现成资产。寻求现成资产型对外投资主要是发展中国家跨国公司向发达国家投资。其主要动机是主动获取发达国家企业的品牌、先进技术与管理经验等现成资产。

2. 发展中国家跨国公司对外投资的优势

与发达国家跨国公司对外投资相比，发展中国家跨国公司对外直接投资有三个方面的优势，这些优势主要体现在对发展中国家投资的层面上。

(1) 发展中国家跨国公司可能比较倾向于劳动力密集型产业，可能更倾向于使用较简单、劳动密集型较强的技术，特别是在制造业。关于平均每个子公司在发展中东道国创造就业机会情况的经验数据表明，发展中国家跨国公司雇佣的人数多于发达国家跨国公司。而且，外国直接投资对工资的作用一般是正面的，因为跨国公司在总体上支付的工资高于当地雇主，至少就熟练劳动力而言，工资水平高于东道国的本国公司。

(2) 发展中国家跨国公司的技术和经营模式一般比较接近于发展中东道国公司所用的技术和模式，这意味着有益联系和技术吸收的可能性较大。

(3) 发展中国家跨国公司在进入模式上也往往采取新建投资的方式而不是并购。在发展中东道国的投资尤其如此。就此而言，它们的投资更有可能直接推动提高发展中国家的生产能力。

二、国际化经营战略的选择

(一)国际化经营的战略类型

企业国际化经营的战略基本上有四种类型，即国际战略、多国本土化战略、全球化战略与跨国战略。这四种战略可以通过"全球协作的程度"和"本土独立性和适应能力"的程度所构成的两维坐标体现出来，如图8-1所示。

图 8-1　国际化经营战略的四种类型

国际战略是指企业将具有价值的产品与服务转移到国外市场以创造价值，本质上指的是企业在国内外市场销售同一种产品或服务的战略。国际战略对全球协作和本土化的需求都较低，是一种较低层次的国际化经营战略，也是企业在海外开展业务时常采用的第一步。

第八章 多元化与国际化经营战略

多国本土化战略的前提是每个国家或区域的市场不同,通过为当地市场提供更加本土化的产品和服务,对当地消费者偏好、产业特性和政府法规做出响应,这种战略对公司的本土化需求比较高,而对全球协作的需求比较低。

全球(标准)化战略是向全世界市场推销标准化的产品和服务,并在较有利的国家集中进行生产经营活动,由此形成经验曲线和规模经济效益,以获得高额利润。该战略对全球协作的需求比较高,对本土化的需求比较低。

跨国(经营)战略是在全球竞争激烈的情况下形成以经验为基础的成本效益和区位效益,转移企业的特殊竞争力,同时注意当地市场的需要。跨国战略目前被认为是跨国公司的最佳战略选择。

(二)企业战略选择依据

在争夺市场的大战中,强大的跨国公司并非占尽优势。新兴市场上的本土企业都必须关注两个问题:第一,你所在产业面临的全球化压力有多大?第二,你所在公司优势资源的跨国转移能力怎样?了解所在产业竞争优势的基本情况,可以更准确地评估出跨国竞争对手的真正实力;而知道了在什么地方能够最大程度地发挥自己的优势资源可以帮助企业了解自己面临的商机。

1. 认识不同产业面临的不同压力

在估计全球化压力所产生的影响时,必须认识到各种不同产业面临的压力是不同的。在不同的产业中发达国家跨国公司在新兴市场显示的竞争优势是大相径庭的。飞机、相机、家用电子产品、计算机等这些产业中的企业只有通过在多个市场上销售产品才能分摊企业在产品开发、资金筹措、市场营销以及分销所产生的高额固定成本。此外,这些产业在参与全球竞争时都遵循着同一套规则,消费者对由此产生的标准化产品以及市场营销的诉求方式比较满意。服装、包装食品等这些产业正好相反,在这些产业中,企业可以通过满足本国消费者的特殊需求取得成功。企业竞争靠的是与消费者建立良好的关系。由于消费者品位不同,或者由于技术标准不一致,市场偏好也不尽相同。此外,高额的运输成本也会阻碍全球化的进程。在这类产业中,企业仅在本土销售产品仍然可以兴旺发达。当然,大部分产业处于上述两类极端之间。在这些产业中,国际化销售是可以带来一些规模优势,但适应当地市场偏好也非常重要。本土企业可以在这些产业中了解跨国竞争对手的优势和劣势,从而明确自身在产业中合适的定位。

2. 评估企业自身的优势资源

一旦企业对自身所处的产业有所了解,接下来要做的就是评估自身的优势资源。新兴市场中的大部分企业拥有一些资源,这些资源使其在本土市场上具有竞争优势。例如,这些企业拥有一个本土的销售网络,跨国竞争对手需要多年才能建立起类似的销售网络;又如,企业可能与政府官员有着长期紧密的交往,这对于跨国竞争对手而言是难以企及的;再如,企业具有符合当地消费者偏好的特色产品,而跨国竞争对手可能无法低成本生产这些产品等。诸如此类的优势资源,可以成为企业成功捍卫本国市场的后盾。

不仅如此,企业的某些优势还可能成为向其他市场扩张的利刃。例如,公司可以利用本国廉价的原材料,降低外销产品的价格;公司还可以运用专门技术在周边欠发达国家多、快、好、省地建造工厂开展业务。此外，一些看来非常本土化的资源，如在一些特殊的或者开展难度大的细分市场的服务经验，可能也适用于一些国外市场。事实上，当这些本土企业密切关注那些与本国有着相似市场状况的国家时，可能会发现可以移植到国外的资源比想象的还要多。这种资源越多，企业在国外获得成功的机会就越大。

【案例】"老干妈"的国际化战略

> 有华人的地方就有"老干妈"，这种特色贵州辣酱很火。从中国到海外，"老干妈"风靡全球，产品畅销全国各地，在北京、天津、上海、广州等65个大中城市建立了省级、市级代理机构；出口欧盟、美国、澳大利亚、新西兰、日本、南非、韩国等100多个国家和地区。
>
> 【解析】"老干妈"是我国传统食品行业。但国内的辣椒加工企业不断增加，竞争压力不断增大，于是"老干妈"开启了寻求国际化的过程。老干妈企业起步较早，对相关的产品有完善的研究，而且其地理位置优越，辣椒产量很大。而韩国、日本、墨西哥、澳大利亚、美国、东南亚等国家已经成为我国干辣椒以及辣椒制品的常年进口国。这都是"老干妈"国际化的优势。而食品产业需要与消费者建立良好的关系。由于消费者品位不同，或者由于技术标准不一致，市场偏好也不同，因此"老干妈"选择多国本土化战略，在打造中国品牌的同时也要适当结合国外人民的不同喜好，生产出符合他们口味的产品。

(三)国际市场进入模式

企业进入国外市场的模式一般有出口、股权投资、非股权安排等几种。每一种进入模式都有各自的利与弊。

1. 出口

商品与服务出口贸易是企业国际化经营相对比较简单，也是比较普遍的进入外国市场的方式。企业国际化经营选择出口方式要研究以下问题。

1) 目标市场选择

目标市场选择涉及两个层面：一是目标市场的区域路径；二是在东道国细分市场的目标客户的定位。

(1) 目标市场的区域路径。目前存在着两种选择目标市场区域路径的方式。

① 传统方式，又称连续方式。一般情况而言，高新技术产品在发达国家出口的国别路径是先到经济技术发展水平相类似的发达国家，然后再到发展中国家；发展中国家则是先到环境类似的发展中国家，最后再逐步走向发达国家。但发展中国家的农产品、矿产品等初级产品和劳动密集型的低端产品主要流向是发达国家。

② 新型方式，又称不连续方式。经济全球化背景下，许多产业中的全球分工体系已经形成，全球同步使用新产品。此时不论是发达国家还是发展中国家，该产业中的高新技术产品出口的国别路径都是先到发达国家(特别是美国)以占领世界最大市场，然后再走向发展中国家。

(2) 选择目标客户。在目标客户选择方面，首先要进行市场细分。各国之间的细分市场通常在消费量、大小和特点上存在差别。不同国家之间细分市场的比例也不相同。

第八章 多元化与国际化经营战略

2) 选择进入战略

在目标细分市场被选定后,企业就需要选择进入战略。在这一步,企业应该决定是在全球推广标准化的产品,还是针对不同国家的不同需求修改产品和营销组合。

3) 选择分销渠道与出口营销

企业需要选择国际分销渠道,通常包括制造商的销售代表、代理商、经纪人、零售商、贸易公司等。国际分销渠道具有四个重要的特征:国际分销渠道比国内分销渠道更复杂,涉及更多的中间环节;国际分销渠道的成本通常比国内分销渠道的成本高;出口商有时必须通过与国内市场不同的分销渠道向海外市场进行销售;国际分销渠道通常为公司提供海外市场信息,包括产品在市场上的销售情况及其原因。

4) 出口市场定价

在出口市场定价方面,有定价偏高、定价接近、定价较低、成本收益定价四种策略,分别对应获得大于国内场的收益、国内外市场同等对待、抢占市场以达到规模经济效益、解决过剩生产能力这四种不同目的。

2. 对外股权投资

对外股权投资涉及对东道国企业的股权参与,与出口方式相比,是一种控制程度更强、参与程度更大的进入方式。股权投资包括对外证券投资与对外直接投资。

1) 对外证券投资

对外证券投资是指个人或机构取得外国证券,但并不控制或参与管理该企业对外证券投资考虑的战略因素如下。

(1) 证券投资可能成为直接投资的前奏。一些跨国公司把证券投资当作一种先发制人的行动,其目的是防止被国内或国外对手兼并。

(2) 证券投资可以作为企业长期计划的一部分,因为它可能有助于加强技术、许可证和销售协议。

(3) 证券投资也是扩大企业在其他国家利益的一种方法,如为了较长时期占有、多样化经营,或是为了搜集市场信息去建立一个基地。

但是制造业企业很少会把它的长期计划建立在对外证券投资的基础上。与直接投资相比,这种间接投资有两个基本弱点:一是证券投资虽然涉及所有权问题,但很少或没有涉及管理和控制问题,不能管理企业所持有的资产;二是证券投资很难充分发挥该公司的技术或产品的优势。由于这两个基本弱点,证券投资妨碍了企业把它持有的国外资产充分结合起来使用,而直接投资却能做到这一点。

2) 对外直接投资

与出口和证券投资进入方式不同的是,采用对外直接投资进入模式,企业将管理技术、营销、资金等资源以自己控制企业的形式转移到目标国家(地区),以便能够在目标市场更充分地发挥竞争优势。同出口方式相比,进行对外直接投资缩短了生产和销售的距离,减少了运输成本;可利用当地廉价的劳动力、原材料、能源等生产要素,降低制造成本;能随时获得当地市场的信息和产品的信息反馈,从而可根据市场的需求来调整生产。此外,对外直接投资也使企业跨越东道国政府的各种贸易和非贸易壁垒,有时直接投资还能享受东道国提供的某种优惠。但是,对外直接投资需要大量的资金、管理和其他资源的投入,这就意味着风险更大,灵活性更差。

公司战略与风险管理

对外直接投资方式可以分为全资子公司与合资经营两种形式。

(1) 全资子公司(即独资经营)。即由母公司拥有子公司全部股权和经营权,这意味着企业在国外市场上单独控制着一个企业的生产和营销。全资子公司可以使企业拥有百分之百的控制权,全部利润归自己所有。

采用全资子公司的形式进入一国市场主要有两个优点:管理者可以完全控制子公司在目标市场上的日常经营活动,并确保有价值的技术、工艺和其他一些无形资产都留在子公司;可以摆脱合资经营各方在利益、目标等方面的冲突问题,从而使国外子公司的经营战略与企业的总体战略融为一体。

全资子公司也有三个重要的缺陷:第一,这种方式可能得耗费大量资金;第二,由于成立全资子公司需要占用母公司的大量资源,所以公司面临的风险可能会很高;第三,由于没有东道国企业的合作与参与,全资子公司难以得到当地的政策与各种经营资源的支持,规避政治风险的能力也明显小于合资经营企业。

(2) 合资经营,是指协议共同投资的各方各按一定比例的股份出资,共同组成一家具有法人地位、在经济上独立核算、在业务上独立经营的企业。

创建国际合资企业可以达到以下四个目标之一,即加强该现有业务、将现有产品投放新市场、开发可以在该公司现有市场上销售的新产品和经营一种新业务。

① 加强现有业务。可以采用多种方式利用国际合资企业加强或保护公司现有业务。其中最重要的形式有:为实现规模经济而形成的合资企业、为使企业获得所需技术与专有技术而形成的合资企业、为降低主要项目的财务风险而形成的合资企业。

② 将现有产品打入国外市场。相信本国产品将会在国外市场取得成功的公司面临着选择。出口不可能导致显著的市场渗透,建立全资子公司非常缓慢而且所要求的资源太多,许可证方式不能得到足够的财务回报,而创立国际合资企业并将产品贴上本土制造的标签,通常是最具吸引力的折中方法。

③ 将国外产品引入国内市场。对于一个采用国际合资企业方式将其产品投入国外市场的公司来说,同时将东道国的产品打入投资国市场往往是一个很具吸引力的动因,也正是这种利益的互补使合资企业的建立成为可能。在全球分工日益深入的当今世界,这种利益互补更加显著。

④ 一种新业务经营。有些合资公司开发新领域而使一方或双方进入它们鲜有所知的产品和市场。

综上所述,企业采用合资经营方式,一方面可以减少国际化经营的资本投入,另一方面有利于弥补跨国经营经验不足的缺陷,有利于吸引和利用东道国合资方的资源(如东道国合资方在当地市场的信誉、融资与销售渠道、同当地银行和政府官员的公私关系及它们具有的生产能力技术、管理和营销技能等)。

然而,创建国际合资经营企业也存在一些问题,其中最主要的问题是,由于合资企业由多方参与投资,因而协调成本可能过大。协调问题又主要表现在以下几个方面。

(1) 合资各方目标的差异。合作各方的目标在合资企业建立之初是一致的,但随着时间的推移,各方在产品定价、盈利分配、出口方向和数量、原料采购和产品设计等诸多方面将出现分歧,这种分歧可能由于合作各方财富的变动而引起。

(2) 合资各方的文化差异。国际合资企业要求具有不同国家文化背景的管理者协同工作。经理们对他们所要接触的文化特征必须很敏感,否则,可能导致误解和严重问题。例如,许多西方经理们对日本缓慢的一致通过式的决策方式感到沮丧,同样地,美国个人主义式的决策令日本人吃惊,因为决策如此之快,但实施起来却常常很缓慢。

此外,文化差异不一定仅源于国籍的不同。例如,小企业在与大企业合作时,经常惊讶于后者肯花费数月而不是几天的时间来批准一项新的计划。又如,当以"任务导向型"为主导文化的发达国家跨国公司与以"角色导向型"为主导文化的中国国有企业合作时,在人员的选拔与升迁时是"论功行赏"还是"论资排辈",就会产生很大的差异。由于合资各方协调成本过高,有关调查显示,发达国家合资经营企业的失败率高达50%以上,而在工业国与发展中国家之间这一比例更高。

3. 非股权形式

现在国际化经营已不再仅仅涉及股权投资和贸易这两个方面,非股权形式日益重要。非股权形式包括合约制造、服务外包、订单农业、特许经营、许可经营、管理合约及其他类型的合约关系,跨国公司通过这些关系协调其在全球价值链的活动并影响东道国公司的管理,而并不拥有其股份。

非股权形式往往被看作是对外直接投资与贸易两种方式的中间道路。

企业国际化经营首要的核心竞争力是在全球价值链中协调各项活动的能力。企业可以决定在内部进行这类活动(内部化),也可以委托其他企业进行(外部化)。内部化跨越国界时,就成为对外直接投资;外部化的结果则可能产生对外贸易,也可能选择一条"中间道路",形成企业间的非股权安排,即通过合同协议来调节东道国企业的运作和行为。这种"调节"可以对商业行为产生实质性影响,如要求东道国公司投资设备、改变流程、采用新的程序、改善劳动条件或使用指定供应商等。

在某些情况下,非股权形式可能比对外直接投资更为适宜。例如,在农业领域,订单农业比大规模土地收购更易于解决负责任投资的问题——尊重本地权利、农民的生计和资源的可持续利用。

本 章 小 结

(1) 本章首先总结了多元化战略的原因、类型及优缺点。
(2) 在国际化战略的定义的基础上,介绍了国际化战略的作用及影响。
(3) 按国际生产要素的最优组合思路,分析了垄断优势理论、区位理论、产品生命周期理论和内部化理论。指出跨国企业国际化经营的动因。
(4) 从寡占市场角度分析了跨国企业跨国经营的动因。
(5) 分析了发展中国家的国际化动因及其优势。
(6) 国际化经营的战略类型具体包括国际战略、多国本土化战略、全球(标准)化战略和跨国(经营)战略。
(7) 企业进入国际市场的模式有出口、股权投资、非股权安排。
(8) 国际化经营战略的选择需要了解外部压力并评估自身优势。

实训课堂

基本案情：

海信的国际化征途，最大战略突破就是"以道驭术"成功实现造船出海落地：立足于自有品牌经营的战略路径，以原创的中国式管理体系、科技驱动的高品质精品，以及本土化的社会性营销，从而实现道与术纵横交错下的全面引爆和打通。

1996 年，海信在南非建成首个海外生产基地。2000 年，海信收购韩国大宇位于约翰内斯堡中兰德高科技园的工厂，随后，海信将这种合资合作、并购控股的商业策略，全面进军全球市场。2015 年海信收购夏普墨西哥工厂，至今，企业规模增长了 3 倍，生产效率大幅度提升。2018 年海信收购东芝映像系统公司(东芝电视)，经过 18 个月的整合，连亏 8 年的东芝电视在 2019 年度扭亏为盈。2020 年东芝电视经营质量提升显著，持续盈利并大幅增长；同一年并购的欧洲高端白色家电品牌 Gorenje(古洛尼)，在经过 15 个月的整合之后也顺利实现扭亏为盈，经营态势持续向好，Gorenje、ASKO 品牌在中国市场落地生根。2021 年海信实现对日本三电控股的收购。收购当日，首批 20 多位海信团队成员已经身处日本，开启对这家日本汽车空调巨头的整合。可以预见，日本三电不仅会成为海信进军汽车空调的战略突破口，也将会赋予日本三电未来在全球新能源汽车产业的一席之地。

通过不间断的并购与整合，海信还建立起了强大的品牌矩阵，拥有海信、容声、科龙、东芝电视、Gorenje、ASKO 等多个品牌，并拥有日立、约克在商用空调的品牌使用权，并在全球拥有 30 多家制造基地和研发中心。

思考讨论题：

分析海信国际化战略的类型及其优劣势。

复习思考题

一、基本概念

同心多元化 垄断优势理论 区位理论 全球化战略 跨国战略 国际战略

二、判断题

1. 如果企业当前所处产业或市场缺乏吸引力，而企业也不具备较强的能力和技能转向相关产品或市场，较为现实的选择就是采用相关多元化战略。（   ）

2. 内部化理论假设企业在市场不完全的情况下从事经营的目的是追求公司价值最大化。（   ）

3. 计算机产品需要通过在多个市场上销售产品来分摊企业产生的高额固定成本。（   ）

三、选择题(有多选)

1. 长森公司是一家从事智能化产品研发和生产的高科技公司，最初的产品是智能手机。

第八章 多元化与国际化经营战略

近两年来,公司业务范围扩展到智能家电和智能机器人制造等领域。长森公司的发展战略类型属于( )。

  A. 同心多元化 B. 市场渗透 C. 离心多元化 D. 产品开发

2. 根据国际生产折中理论,如果企业同时具备所有权优势、区位优势与内部化优势,企业最适合采用的国际化经营方式是( )

  A. 技术转移 B. 出口贸易 C. 证券投资 D. 对外直接投资

3. 关于产品生命周期,以下表述正确的是( )。

  A. 从产业环境与从国际生产要素组合不同角度分析,产品生命周期的内涵是一致的

  B. 从产品研发和生产角度考察,产品生命周期可以划分为导入期、成长期、成熟期和衰退期四个阶段

  C. 在衰退期后期,多数企业退出后,产品价格可能上扬

  D. 产品生命周期可用于分析所有产业的发展规律,但各阶段的持续时间随着产业不同而不同

4. 在以下进入国外市场的模式中,属于非股权安排形式的有( )。

  A. 合约制造 B. 对外证券投资 C. 特许经营 D. 服务外包

  E. 以上各项均不准确

5. 甲公司是牛肉生产、加工及零售企业。近期甲公司开始考虑将其业务扩展到国际市场,在劳工成本较低的越南设立统一的牛肉加工厂,并在多个国家从事牛肉加工食品零售业务。甲公司管理层采用集权式管理方式,为确保牛肉加工食品的质量,甲公司计划将所有原料牛在日本农场饲养。根据以上内容,适合甲公司选择的国际化经营战略是( )。

  A. 多元化成长战略   B. 全球化战略

  C. 多国化战略   D. 跨国化战略

第九章　企业风险管理理论

【学习要点及目标】

- 掌握企业风险管理的定义。
- 了解企业风险管理理论的演进。
- 掌握企业风险管理的过程与方法。
- 理解企业全面风险管理战略。

【核心概念】

内部控制　风险管理　全面风险管理战略

【引导案例】

从新冠疫情看风险

2020年3月16日，美股三大指数集体低开，这个月第三次触发熔断。道指跌9.78%，跌超2200点，纳指跌6.12%，标普500指数跌8.14%，触发熔断。欧股持续扩大跌幅，德国DAX指数跌破10%，法国AC40指数一度跌逾11%，双双创下2013年以来新低，英国富时100指数跌7%，刷新2011年以来最低值。

随后，美联储将利率降至零，同时推出700亿美元大规模QE计划。全球多家央行跟随美联储降息脚步，沙特央行将回购利率及逆回购利率均下调75个基点；巴林央行宣布将贷款利率下调75个基点至1.70%；越南央行宣布将再融资利率下调100个基点至5%；卡塔尔、阿联酋、斯里兰卡、科威特、韩国、约旦等国家央行也先后宣布降息或者购买国债计划。

这场席卷全球的新冠疫情，对金融市场、大宗商品市场及消费市场影响巨大。它一方面导致消费需求快速、大幅萎缩，对第三产业造成巨大的冲击；另一方面，部分企业被迫停产，导致全球供应链发生局部断裂，反过来又引发其他企业停产。

跟之前的任何一次经济危机相比，疫情导致的需求萎缩更严重，对全球和区域内的供应链破坏力更强，人们的生命健康受到威胁，因此目前的财政和货币政策很难像过去缓解经济危机带来的冲击那样产生立竿见影的效果。这是世界各国股市和主要大宗商品价格持续雪崩式暴跌的根本原因。

通过观察发现，本次疫情带来利好且不受原油暴跌影响的行业仅有基础制药、原料药、部分生物制药，口罩和医用防护服，消毒杀菌产品，医疗废物处理，网络办公等。这些细分行业在国民经济中所占的比重非常小。

疫情给除上述少数细分行业之外的各行各业带来了巨大的消极影响。其中受冲击最严重的主要有航空运输、公路运输、国际贸易、石油开采、汽车及零配件生产、旅游、酒店、餐饮、线下培训等。

(资料来源：朱民. 新冠肺炎疫情对全球经济和金融市场造成的冲击[J]. 国际金融，2020(04): 3-5.)

第九章 企业风险管理理论

第一节 企业风险管理理论

一、风险管理理论的演进

(一)风险管理的演进

风险管理的概念是在实践中逐步产生、发展和完善起来的，同时不断受到政治、经济、社会和技术等因素的持续影响和推动。按照时间的脉络，风险管理理论的发展历程如下。

20世纪初期，随着公司制企业，特别是股份公司的不断发展，组织规模和内部结构日趋复杂，管理难度不断增大。为了保护资产安全，提高经营效率和效果，企业开始建立以授权机制、职责分工、双重控制等为主要手段的内部牵制措施，逐步形成了现代内部控制理论的雏形。

20世纪30年代，受到世界性经济危机的影响，美国大量的银行和企业破产，经济发生严重倒退。为了应对经营危机，许多大中型企业设立了保险管理部门，负责安排和协调企业的各种保险项目，企业主要的风险管理方式依赖于保险手段。1934年，美国《证券交易法》对内部会计控制进行了定义：交易依据管理部门的一般和特殊授权进行；交易的记录必须满足一般公认会计原则(Generally Accepted Accounting Principle，GAAP)或其他适当标准编制财务报表和落实资产责任的需要；接触资产必须经过一般和特殊授权；按适当的时间间隔，将财产的账面记录与实物资产进行对比，并对差异采取适当的补救措施，提供合理保证的系统。

1949年，美国会计师协会审计程序委员会下属的内部控制专门委员会经过多年研究，发表了题为《内部控制——协调系统诸要素及其对管理和注册会计师的重要性》的专题报告，第一次对内部控制进行了权威性的定义："企业为保护资产完整，财务资料的准确性和可靠性，提高经营效率，贯彻管理部门制定的各项政策所制定的政策、程序、方法和措施。"

20世纪70年代，基于美国"水门事件"的调查结果，立法者和监管团体开始对内部控制问题予以高度重视。为了制止美国公司向外国政府官员行贿，美国国会于1977年通过了《反海外贿赂法案》(Foreign Corrupt Practices Act，FCPA)。该法案除了反腐败条款外，还明确规定公司管理层需要加强内部会计控制，成为美国将公司内部控制治理上升至法律层面的第一个法案。

1978年，美国注册会计师协会(American Institute of Certified Public Accountants，ATCPA)下属的柯恩委员会(Cohen Commission)提出报告，建议公司管理层在披露财务报表时，提交一份关于内控系统的报告，同时建议外部独立审计师对管理者内控报告提出审计、报告。1980年以后，内部控制审计的职业标准逐渐成型，并得到了监管者和立法者的认可。

20世纪70年代以后，随着企业面临的风险日趋复杂化以及风险所造成损失的不断增加，法国从美国引进了内部控制和风险管理概念并在法国国内推广开来。与此同时，日本也开始了针对风险管理的研究。美国、英国、法国、德国、日本等国家先后建立起全国性和地区性的风险管理协会。1983年，在美国召开的风险和保险管理协会年会上，世界各国专家学者云集纽约，共同讨论并通过了《101条风险管理准则》，这是风险管理走向实践化的一个重要文件。

公司战略与风险管理

1985年,美国注册会计师协会、美国会计学会(American Accounting Association,AAA)、财务经理人协会(Financial Executive Institute,FEI)、国际内部审计师协会(Institute of Internal Auditors,IIA)和全美会计师协会(National Association of Accountants,NAA)等职业团体联合创建了反虚假财务报告委员会(National on Fraudulent Financial Reporting,NFFR,又称"Treadway 委员会"),旨在探讨财务报告中舞弊产生的原因,并寻找解决之道。两年后,在该委员会的提议下,又成立了COSO委员会,专门研究内部控制问题。1992年9月,COSO委员会发布了《企业内部控制——整合框架》(Internal Control Integrated Framework,以下简称"COSO框架"),其中包括四个部分:第一部分是概括;第二部分是定义框架,完整定义内部控制,描述内部控制由控制环境、风险评估、控制活动、信息与沟通和监督五个相互关联的要素组成,为公司管理层、董事会和其他人员提供评价其内部控制系统的规则;第三部分是对外团体的报告;第四部分是评价工具,提供用以评价内部控制系统的相关材料。COSO框架认为内部控制有如下目标:经营的效率和效果(基本经济目标,包括绩效、利润目标和资源、安全)、财务报告的可靠性(与对外公布的财务报表编制相关的,包括中期报告、合并财务报表中选取的数据的可靠性)和符合相应的法律法规。COSO框架是内部控制理论研究的重大突破,首次将内部控制发展为立体框架模式,涵盖了与提高组织运营效率、遵循法规和编制可靠的财务报告等目标相关的管理流程,并在此后被纳入多国的政策和法规之中,被全球无数企业用来为实现既定目标所采取的行动加以更好的控制。

2001年11月的美国安然公司倒闭案和2002年6月的世通公司财务欺诈案,暴露了企业存在的内部控制缺陷以及舞弊风险,加之其他一系列的会计舞弊事件,促使企业的风险管理问题受到全社会的关注。2002年7月,美国国会通过《萨班斯—奥克斯利法案》(Sarbanes-Oxley 法案,以下简称"萨班斯法案"),要求所有的美国上市的公司必须建立和完善内控体系,首席执行官(CEO)和首席财务官(CFO)要对与财务相关的内控有效性做出声明,同时还需要注册会计师对公司的内部控制做出鉴证。萨班斯法案被称为是美国自1934年以来最重要的公司法案,在其影响下,世界各国纷纷出台类似的法规要求,以加强企业的公司治理和内部控制规范,加大信息披露要求,加强企业全面风险管理。

多年来,人们在风险管理实践中逐渐认识到,一个企业内部不同部门或不同业务的风险,有的相互叠加放大,有的相互抵消减少。因此,企业不能仅仅从某项业务、某个部门的角度孤立地评估风险,必须基于风险组合的观点,从贯穿整个企业组织架构和各项业务的角度综合看待风险,即需要实行全面风险管理。然而,尽管很多企业意识到全面风险管理的必要性,但是对全面风险管理有清晰理解的却不多,已经实施全面风险管理的企业则更少。

自1992年COSO框架发布以来,该框架已在全球获得广泛的认可和应用,但是理论界和实务界一直不断对其提出一些改进建议,强调内部控制整合框架的建立应与企业风险管理相结合。萨班斯法案要求上市公司全面关注风险,加强风险管理,在客观上也推动了内部控制整体框架的进一步发展。与此同时,COSO委员会也意识到COSO框架自身存在的一些问题,如过分注重财务报告,没有从企业全局与战略的高度关注企业风险。正是基于这种内部和外部的双重因素,2004年9月,COSO委员会发布了《企业风险管理——整合框架》(Enterprise Risk Management-Intergrated Framework,简称"COSO-ERM 框架"),该框架从内部控制的角度出发,更加关注企业全面风险管理这一更为宽泛的领域,确立了适用于各种类型的组织、行业和部门的风险管理标准,并随之成为世界各国和众多企业广为接受的标准规范。COSO-ERM 框架指出,企业风险管理本身是一个由企业董事会、管理层和其他员工共同参与的,应用于企业战略制定的和企业内部各个层次与部门的,用于识别可能对企业造成潜在影响的事项并在其风险偏好范围内进行多层面、流程化的企业风险管理过程,为企业目标实现提供合理保证。COSO-ERM 框架是一个指导性的理论框架,为公司的董事会提供了有关企业所面临的重要风险,以及如何进行风险管理的重要信息。

2006 年 6 月,我国国务院国有资产监督管理委员会以通知的形式,印发《中央企业全面风险管理指引》(国资发改革〔2006〕108 号),要求中央企业根据自身实际情况开展全面风险管理工作。《中央企业全面风险管理指引》是我国第一个权威性的风险管理框架,标志着我国的风险管理理论和实践进入了一个新的历史阶段,对于中央企业建立健全风险管理长效机制,防止国有资产流失,促进企业持续、健康、稳定发展,保护投资者利益,都具有积极的意义。

2008 年 5 月,我国财政部会同证监会、审计署、银监会、保监会制定并印发了《企业内部控制基本规范》(以下简称"基本规范"),自 2009 年 7 月 1 日起在上市公司范围内施行,并鼓励非上市的大中型企业执行。上市公司应当对本公司内部控制的有效性进行自我评价,披露年度自我评价报告,并可聘请会计师事务所对内部控制有效性进行审计。基本规范确立了我国企业建立和实施内部控制的基本框架,定位了内部控制的目标,要求企业在保证经营管理合法合规、资产安全、财务报告及相关信息真实完整、提高经营效率和效果的基础上,着力促进企业实现发展战略。基本规范开创性地建立了以企业为主体、以政府监管为促进、以中介机构审计为重要组成部分的内部控制实施机制,要求企业实行内部控制自我评价制度,并将各责任单位和全体员工实施内部控制的情况纳入绩效考评体系;同时,国务院有关监管部门有权对企业建立并实施内部控制的情况进行监督检查。

(二)风险管理的新发展

在 COSO 框架建立后的 20 年间,全球商业环境发生了巨大变化,由于竞争环境、新技术的不断演变、新型风险层出不穷,企业管理层对内部控制系统的有效性提出了更高的要求。在此背景下,2010 年,COSO 委员会决定更新 1992 年版本框架。2013 年 12 月,COSO 委员会正式发布新内控框架,原内控框架在过渡期(2014 年 12 月 15 日)后废止。2013 版新内控框架将支撑五个要素的基本概念提炼成 17 条原则,适用于不同商业模式和组织结构;扩大了内部控制目标的范畴,即既要面向外部投资者、债权人和监管部门,又要面向董事会和经理层;强化了公司治理的概念,强调董事会的监督对内部控制有效性的重要作用;增加了反舞弊和反腐败的内容,将管理层评估舞弊风险作为内部控制的 17 项总体原则之一,强调企业应通过完善的内部控制体系构建反舞弊机制。

COSO 委员会在 2014 年首次启动了对风险管理框架的修订工作,并于 2017 年 9 月发布了《企业风险管理——整合战略和绩效(2017)》。新框架采用五要素 20 项原则模式,更加关注对企业战略愿景的支撑,强调风险管理与业务活动的融合,进一步明确了风险管理对战略目标规划和组织发展的重要性,将企业风险管理与决策联系起来,强调必须将风险管理工作融入组织活动的各个方面,包括战略制定过程、确定商业目标、执行商业活动以及绩效评价等。此外,新框架强调了在风险管理和内部监督的大背景下,理解和塑造文化在风

公司战略与风险管理

险管理中心的重要性。

2018年2月，国际标准化委员会(ISO)在2009年版本基础上，发布新版《ISO31000：组织的风险管理国际标准》。新标准内容更为简洁，聚焦组织的价值创造、维护和实现，强调了风险管理对决策支持的重要性，更加注重风险管理的整合，同时强化了高层领导者在风险管理中的角色和职责。2018年版本标准主要由原则、框架和流程三部分构成：原则是指价值创造和保护的总原则；框架是指领导力与承诺，即领导层职责的重要性；流程为风险记录和报告，包括风险识别、风险分析、风险评价和风险应对等。该标准提供了组织管理风险的基本指南，适用于任何类型的组织和组织的整个生命周期，以及包括各层级决策在内的各项组织活动。

2019年10月19日，我国国务院国有资产监督管理委员会第14次常务会议审议通过了《关于加强中央企业内部控制体系建设与监督工作的实施意见》，国资发监督规〔2019〕101号，以下简称"实施意见"。实施意见要求，为认真落实党中央、国务院关于防范化解重大风险和推动高质量发展的决策部署，充分发挥内部控制体系对中央企业强基固本的作用，进一步提升中央企业防范化解重大风险能力，加快培育具有全球竞争力的世界一流企业，要求各中央企业建立健全内控体系，进一步提升管控效能；强化内控体系执行，提高重大风险防控能力；加强信息化管控，强化内控体系刚性约束；加大企业监督评价力度，促进内控体系持续优化；加强出资人监督，全面提升内控体系有效性。实施意见为我国国有企业构建严格、规范、全面、高效的内控体系提供了有效指引，督促国有企业基于内部控制、风险管理、合规管理的具体要求，以制度建设为前提，构建职责清晰、有效制衡的组织体系，充分发挥内控体系对企业风险防控、高质量发展的重要保障作用。

随着高科技时代的来临和数字化的普及，以移动互联网、大数据、物联网、云计算等为代表的新一代信息技术正在与各个传统行业不断融合，持续改变全球经济中的商业运营模式。企业与外包服务供应商或外部合作伙伴共享数据的情况越来越普遍，信息技术的应用增加了业务的复杂性和不确定性。近年来，一些网络安全事件层出不穷，如用户数据泄露、网络病毒肆虐、黑客网络攻击等。

2015年1月，COSO委员会发布《网络时代的内部控制》白皮书，认为随着高科技信息技术催生的组织运营环境和模式的变革，组织必须管理无法规避的网络风险，并建议以安全的、警惕的、灵活的态度管理网络风险，有针对性地采取防控措施，以增强企业信心。企业可以参照信息安全和网络风险管理的相关法规和国际标准，建立控制活动，评价其充分性，以合理保证企业信息的安全性和可恢复性。相关国际标准主要有ISO27000系列标准(信息安全管理系列国际标准)和信息及相关技术的控制目标(Controlled Objectives for Information and Related Technology，COBIT)。ISO27000系列标准包括ISO27000(原理与术语)、ISO27001(信息安全管理体系——要求)、ISO27002(信息技术—安全技术—信息安全管理实践规范)、ISO27003(信息安全管理体系——实施指南)、ISO27004(信息安全管理体系——指标与测量)、ISO27005(信息安全管理体系——风险管理)、ISO27006(信息安全管理体系——认证机构的认可要求)和ISO27007(信息技术—安全技术—信息安全管理体系审核指南)。

COBIT 美国信息系统审计和控制联合会制定的信息系统审计和评价标准，从数据、应用系统、技术、设备、人员等方面构建了信息系统审计和评价的架构。COBIT指出，信息系统的控制目标包括有效性、高效性、机密性、完整性、可用性、合规性和信息可靠性。

COBIT 能够促进企业战略与信息技术战略之间的互动，形成持续改进的良性循环机制，为企业的信息技术审计提供了具有一定参考价值的解决方案。

二、现代企业风险管理理论的主要内容

(一)风险管理的定义

如同对风险的认识，人们对风险管理也有多种理解。

2004 年 COSO 委员会《企业风险管理整合框架》对风险管理的定义是：一个由董事会、管理层和其他人员实施，应用于战略制定并贯穿于企业之中，旨在识别可能会影响主体的潜在事项并管理风险，以使其在该主体的风险容量之内，并为主体目标的实现提供合理保证的过程。

这个定义反映了几个基本概念。企业风险管理是一个过程，它持续地流动于主体之内；由组织各个层级人员实施；用于战略制定；贯穿企业，在各个层级和单元应用。上述定义反映了如下的基本概念。企业风险管理的实施者包括组织各个层次的人员，它是一个持续流动于主体内部的过程，风险管理贯穿整个企业，应用于各个层级和单元，还包括使用企业层级的风险组合观；旨在识别一旦发生将会影响主体的潜在事件，并把风险控制在风险容量以内；能够向一个主体的管理当局和董事会提供合理保证；力求实现一个或多个不同类型但相互交叉的目标——它只是实现结果的一种手段，并不是结果本身。

2006 年国资委《中央企业全面风险管理指引》给出的定义是：全面风险管理是指企业围绕总体经营目标，通过在企业管理的各个环节和经营过程中执行风险管理的基本流程，培育良好的风险管理文化，建立健全全面风险管理体系，包括风险管理策略、风险理财措施、风险管理的组织职能体系、风险管理信息系统和内部控制系统，从而为实现风险管理的总体目标提供合理保证的过程和方法。

《中央企业全面风险管理指引》是依据 2004 年 COSO 委员会《企业风险管理——整合框架》并结合我国国情和国有特大型企业的特点制定的。

2009 年 ISO 31000《风险管理——原则与指南》对风险管理的定义是：一个组织对风险的指挥和控制的一系列协调活动。

2017 年 COSO 委员会在其新版《企业风险管理——整合战略与绩效》中对风险管理的定义是：组织在创造、保持和实现价值的过程中，结合战略制定和执行，赖以管理风险的文化、能力和实践。强调通过以下几点来管理风险：文化认知、培养能力、应用实践、与战略制定和绩效进行整合、管理企业战略和经营目标的风险、链接价值。

(二)风险偏好与风险承受度

风险偏好和风险承受度是风险管理概念的重要组成部分。

风险偏好是企业希望承受的风险范围。分析风险偏好要回答的问题是公司希望承担什么风险，以及承担多少风险。例如，应当与这个公司联盟吗？是否需要套期保值？应当在美国投资吗？应当保持多高的资产负债率？

风险承受度是指企业风险偏好的边界。分析风险承受度可以将其作为企业采取行动的预警指标，企业可以设置若干承受度指标，以显示不同的警示级别。例如：①市场表现到

什么时候，我们就应当追回投资或一定退出？②资产负债率高到什么时候，我们就需要停止投资？

风险偏好是一个企业运营风格的体现，受到企业利益相关各方价值取向和利益追求方式的影响和调节。

风险偏好和风险承受度概念的提出基于企业风险管理理念的变化。传统风险管理理念认为风险只是灾难，被动地将风险管理作为成本中心；而全面风险管理的理念认为风险具有二重性，风险总是与机遇并存。企业风险管理要在机遇和风险中寻求平衡点，以实现企业价值最大化的目标。

因此，风险偏好概念提出的意义在于研究企业风险和收益的关系，明确了企业的风险偏好和风险承受度，企业就能够把握在风险和收益之间如何选择平衡点。

第二节 企业风险管理的过程与方法

一、风险规划

风险管理规划的概念是决定如何对待、规划和执行项目的风险管理活动的过程。

二、风险识别

风险识别还需要查找企业各业务单元、各项重要经营活动及重要业务流程中有无风险，有哪些风险。风险识别的目的是发现、识别和描述可能有助于或妨碍组织实现目标的风险。相关的、适当的和最新的信息对于识别风险很重要。

三、风险分析和评价

(一)风险分析

风险分析的目的是理解包括风险水平在内的风险性质和特征。风险分析涉及对不确定性、风险源、后果、可能性、事件、情景、控制及其有效性的详细考虑。事件可能有多种原因和后果，并可能影响多个目标。

风险分析的结果是风险评价的基础，能决定风险是否需要应对，以及如何使用最合适的风险应对策略和方法。这些结果为未来进行决策提供了依据和参考，并涉及不同类型和水平的风险。

(二)风险评价

风险评价的目的是支持决策。风险评价涉及将风险分析的结果与既定的风险准则进行比较，以确定需要采取何种应对措施。

四、风险处理

风险处理的目的是选择和实施应对风险的方案。风险应对涉及以下反复优化过程：第一，制定和选择风险应对方案；第二，计划和实施风险应对方案；第三，评估应对方案的有效性；第四，确定剩余风险是否可接受；第五，如果不能接受，做出进一步应对。

五、风险监控

风险监控需要风险监督和审查。监督和审查的目的是保证和提升流程设计、实施结果的质量和有效性。在最开始规划风险管理流程时，应该将持续监督和定期审查作为一部分内容，明确界定其职责。流程的所有阶段都应该进行监督和审查。监督和审查包括计划、收集和分析信息、记录结果和提供反馈。监督和审查的结果应纳入整个组织绩效的管理、评估和报告等活动中。

风险监控还需要对风险进行记录和报告。应通过适当的机制记录和报告风险管理流程及其成果。应考虑的有关创建、保存和处理记录信息的决策，包括但不限于使用的信息的敏感性以及内外部环境。报告是组织治理的一个组成部分，应提高与利益相关方的沟通质量，并支持高级管理层和监督机构履行其职责。

第三节 企业全面风险管理

一、企业全面风险管理的含义

《中央企业全面风险管理指引》对风险管理给出如下定义："全面风险管理，指企业围绕总体经营目标，通过在企业管理的各个环节和经营过程中执行风险管理的基本流程，培育良好的风险管理文化，建立健全全面的风险管理体系，包括风险管理策略、风险理财措施、风险管理的组织职能体系、风险管理信息系统和内部控制系统，从而为实现风险管理的总体目标提供合理保证的过程和方法。"

这一定义体现了企业风险管理的以下几个主要特征。

(一)战略性

尽管风险管理渗透到企业的各项活动中，存在于企业管理者对企业的日常管理中，但它主要运用于企业战略管理层面，站在战略层面整合和管理企业层面风险是全面风险管理的价值所在。

(二)全员性

企业全面风险管理是一个由企业治理层、管理层和所有员工参与，旨在把风险控制在风险容量以内，增进企业价值的过程。企业风险管理本身并不是一个结果，而是实现结果的一种方式。在这个过程中，只有将风险意识转化为全体员工的共同认识和自觉行动，才能确保风险管理目标的实现。

(三)专业性

全面风险管理要求专业人才实施专业化管理。

(四)二重性

企业全面风险管理的商业使命在于：①损失最小化管理；②不确定性管理；③绩效最优化管理。当风险损失不能避免时，尽量减少损失至最小化；风险损失可能发生可能不发生时，设法降低风险发生的可能；风险预示着机会时，化风险为增进企业价值的机会。全面风险管理既要管理纯粹的风险，也要管理机会风险。

(五)系统性

全面风险管理必须拥有一套系统的、规范的方法，建立健全全面风险管理体系，包括风险管理策略、风险理财措施、风险管理的组织职能体系、风险管理信息系统和内部控制系统，从而为实现风险管理的总体目标提供合理的保证。

二、企业全面风险管理的战略

(一)风险管理战略总体定位与作用

风险管理战略，指企业根据自身条件和外部环境，围绕企业发展战略，确定风险偏好、风险承受度、风险管理有效性标准，选择风险承担、风险规避、风险转移、风险转换、风险对冲、风险补偿、风险控制等适合的风险管理工具，并确定风险管理所需人力和财力资源的配置原则的总体策略。

从这一纲领性的指引中不难看到风险管理策略的总体定位。
(1) 风险管理策略是根据企业经营战略制定的全面风险管理的总体策略。
(2) 风险管理策略在整个风险管理体系中起着统领全局的作用。
(3) 风险管理策略在企业战略管理过程中起着承上启下的作用，制定与企业战略保持一致的风险管理策略减少了企业战略失误的可能性。

风险管理策略的总体定位决定了风险管理策略的作用，具体如下。
(1) 为企业的总体战略服务，保证企业经营目标的实现。
(2) 连接企业的整体经营战略和运营活动。
(3) 指导企业的一切风险管理活动。
(4) 分解为各领域的风险管理指导方针。

(二)风险管理战略的组成部分

(1) 风险偏好和风险承受度。明确公司要承担什么风险，承担多少风险。
(2) 全面风险管理的有效性标准。明确怎样衡量我们的风险管理工作成效。
(3) 风险管理的工具选择。明确怎样管理重大风险。
(4) 全面风险管理的资源配置。明确如何安排人力、财力、物资、外部资源等风险管理资源。

三、企业全面风险管理的基本方法

企业全面风险管理的工具有七种：风险承担、风险规避、风险转移、风险转换、风险对冲、风险补偿和风险控制。

(一)风险承担

风险承担亦称风险保留、风险自留。它是指企业对所面临的风险采取接受的态度,从而承担风险带来的后果。

企业面临的风险有很多,通常企业能够明确辨识的风险只占全部风险的少数。风险评估工作的结果对于企业是否采用风险承担影响很大。

对未能辨识出的风险,企业只能采用风险承担。

对于辨识出的风险,企业也可能由于以下几种原因采用风险承担:第一,缺乏能力进行主动管理;第二,没有其他备选方案;第三,从成本效益考虑,风险承担是最适宜的。对于企业的重大风险,即影响到企业目标实现的风险,企业一般不应采用风险承担。

(二)风险规避

风险规避是指企业回避、停止或退出蕴含某一风险的商业活动或商业环境,避免成为风险的所有人。例如,退出某一市场以避免激烈竞争;拒绝与信用不好的交易对手进行交易;外包某项对工人健康安全风险较高的工作;停止生产可能有潜在客户安全隐患的产品;禁止各业务单位在金融市场进行投机;不准员工访问某些网站或下载某些内容。

(三)风险转移

风险转移是指企业通过合同将风险转移给第三方,企业对转移后的风险不再拥有所有权。转移风险不会降低其可能的严重程度,只是从一方移除后转移到另一方。主要有以下几种。

1. 保险

保险合同规定保险公司为预定的损失支付补偿,作为交换,在合同开始时,投保人要向保险公司支付保险费。

2. 非保险型的风险转移

将风险可能导致的财务风险损失负担转移给非保险机构。例如,服务保证书等。

3. 风险证券化

将风险事件作为保险标的,通过构造和在资本市场上发行保险连接型证券,使保险市场上的风险得以分散。这种证券的利息支付和本金偿还取决于某个风险事件的发生或严重程度。

(四)风险转换

风险转换指企业通过战略调整等手段将企业面临的风险转换成另一个风险。风险转换的手段包括战略调整和使用衍生产品等。

风险转换一般不会直接降低企业总的风险,其简单形式就是在减少某一风险的同时增加另一风险。例如,通过放松交易客户信用标准增加了应收账款,但扩大了销售。

企业可以通过风险转换在两个或多个风险之间进行调整,以达到最佳效果。

风险转换可以在低成本或者无成本的情况下达到目的。

(五)风险对冲

风险对冲是指采取各种手段,引入多个风险因素或承担多个风险,使得这些风险能够互相冲抵,也就是使这些风险的影响互相抵消。常见的例子有资产组合使用、多种外币结算的使用和战略上的多种经营等。

在金融资产风险管理中,对冲也包括使用衍生产品,如利用期货进行套期保值。

在企业面临的风险中,有些具有自然对冲的性质,应当加以利用。例如,不同行业的经济周期风险对冲。

风险对冲不是针对单一风险,而是涉及风险组合。对于单一风险,只能采用风险规避、风险控制等其他工具。

(六)风险补偿

风险补偿是指企业对风险可能造成的损失采取适当的措施进行补偿。风险补偿表现在企业主动承担风险,并采取措施以补偿可能的损失。

风险补偿的形式有财务补偿、人力补偿、物资补偿等。

其中,人力补偿与物资补偿不难理解,财务补偿是损失融资,包括企业自身的风险准备金或应急资本等。例如,某公司之前一直购买灾害保险,但经过数据分析,认为保险公司历年的赔付不足以平衡相应的保险费用支出,因此不再续保;同时,为了应付可能发生的灾害性事件,公司与银行签订应急资本协议,规定在灾害发生时,由银行提供资本以保证公司的持续经营。

(七)风险控制

风险控制是指控制风险事件发生的动因、环境、条件等,来达到减少风险事件发生时的损失或降低风险事件发生概率的目的。

通常影响某一风险的因素有很多。风险控制可以通过控制这些因素中的一个或多个来达到目的。控制风险事件发生概率的例子如室内使用不易燃地毯、山林中禁止吸烟等。控制风险事件发生后的损失的例子如修建水坝防洪、设立质量检查防止次品出厂等。

风险控制对象一般是可控风险,包括多数运营风险,如质量、安全和环境风险,以及法律风险中的合规性风险。

传统的风险应对策略只有风险规避、风险承担、风险控制和风险转移,其目的在于风险减低和风险预防。传统风险管理基于风险是负面影响的观念,将每个风险分开管理,管理手段在相当程度上局限于内部控制和风险转移,因此,只注意到流程中的风险和灾害性风险,而没有与整体战略结合,忽视了战略管理手段。

一般情况下,对战略、财务、运营和法律风险,可采取风险承担、风险规避、风险转换、风险控制等方法;对能够通过保险、期货、对冲等金融手段进行理财的风险,可以采用风险转移、风险对冲、风险补偿等方法。

本 章 小 结

(1) 本章首先分析了风险管理理论的演进和主要内容，其次对企业风险管理的过程和方法进行了介绍，包括风险规划、风险识别、风险分析和评价、风险处理和风险监控。

(2) 本章介绍的企业全面风险管理战略，是指企业根据自身条件和外部环境，围绕企业发展战略，确定风险偏好、风险承受度、风险管理有效性标准，选择风险承担、风险规避、风险转移、风险转换、风险对冲、风险补偿、风险控制等适合的风险管理工具，并确定风险管理所需人力和财力资源的配置原则的总体策略。

(3) 风险管理的基本工具包括风险承担、风险规避、风险转移、风险转换、风险对冲、风险补偿和风险控制。

实 训 课 堂

基本案情：

东方公司是一家中等规模的地方炼油企业，产品包括汽油、柴油等主要产品及其副产品，在本省以及周边省份出售给经销商或终端客户。东方公司面临的竞争压力既来自国有特大型炼油企业，还来自本省数量众多的其他炼油企业。为了掌握销售主动权和吸引客户，公司销售政策规定：对于资产额在1000万元至3000万元的客户，给予50万元的赊销额度；对于资产额在3000万元至1亿元的客户，给予100万元的赊销额度；对于资产额在1亿元以上的客户，给予200万元的赊销额度。

公司对销售程序做出如下规定：

(1) 客户申请赊销额度时，需提供经审计的上一年度资产负债表，由销售部负责审核。额度经公司批准后，不得变更。销售部负责客户信用档案的管理。对于重要客户的资信材料一般情况下不得变更。同时，对于所有客户都建立严格的信用保证制度。

(2) 重大的销售业务须由销售部开具销售订单，订单上的内容包括：销售期、客户名称、产品名称、产品单价、总价款、付款方式。销售订单经客户签字盖章，交由公司销售部部长加盖销售专用章后生效。

(3) 由财务部门定期与客户进行对账并负责催收。

思考讨论题：

1. 结合案例分析东方公司风险管理的基本流程。
2. 简要分析东方公司制定赊销政策所防范的主要风险。

分析要点：

1. 可以根据企业风险管理基本过程来分析。
2. 可以根据《企业内部控制应用指引第9号——销售业务》来分析。

复习思考题

一、基本概念

风险规划　　风险识别　　风险处理　　风险监控　　企业全面风险管理战略

二、选择题

1. 企业对所面临的风险采取接受的态度，从而承担风险带来的后果，其原因不包括（　　）。

    A. 企业能够采取措施以补偿风险造成的损失

    B. 企业未能辨识出风险

    C. 企业缺乏能力进行主动的风险管理

    D. 企业没有其他备选方案

2. 下列各项中，属于企业一般不应把风险承担作为风险管理策略的情况的是（　　）。

    A. 企业管理层及全体员工都未辨识出风险

    B. 企业从成本效益角度认为选择风险承担是最适宜的方案

    C. 企业缺乏能力对已经辨识出的风险进行有效管理与控制

    D. 企业面临影响企业目标实现的重大风险

3. R国W公司于2002年发行了名为Ploneer的巨灾债券。该债券能够同时为北美飓风、欧洲风暴以及美国加利福尼亚和日本地震提供救灾资金保障。这种具有金融衍生品特性的债券，属于风险管理策略工具中的（　　）。

    A. 风险补偿　　B. 风险转换　　C. 风险转移　　D. 风险对冲

4. 甲公司是一家生产遮阳用品的企业，2013年，公司在保留原有业务的同时，开展雨具生产业务。从风险管理策略的角度看，甲公司采取的策略是（　　）。

    A. 风险规避　　B. 风险转换　　C. 风险对冲　　D. 风险承担

5. 中科公司是国内一家著名的印刷机制造商。面对G国先进印刷机在中国的市场占有率迅速提高，中科公司将业务转型为给G国印刷机的用户提供零配件和维修保养服务，取得比业务转型前更高的收益率。从风险管理策略角度看，中科公司采取的策略是（　　）。

    A. 风险规避　　B. 风险转换　　C. 风险转移　　D. 风险补偿

6. 每年夏季是台风"光临"我国华南沿海地区的高发季节。有专家指出，在玻璃上贴"米"字，可以在一定程度上抵御台风对窗户的冲击，起到防护效果。这是因为玻璃中间部分较为脆弱，在玻璃窗上贴上交叉的胶带，可以增加玻璃的韧度，降低玻璃震动的频率，不但可以对抗较大的风压，还可以防止玻璃破裂时四溅伤人。根据以上信息，"米"字法所采用的风险管理策略工具是（　　）。

    A. 风险控制　　B. 风险转移　　C. 风险规避　　D. 风险转换

7. 下列各项中，属于控制活动要素的是（　　）。

    A. 企业实施全面预算管理制度

    B. 企业制定内部控制缺陷认定标准

C. 企业根据设立的控制目标，及时进行风险评估
D. 董事会下设立审计委员会

三、简述题

1. 企业风险管理的过程与方法在企业实践中如何运用？
2. 企业风险管理流程的特点是什么？

第十章 企业风险管理体系

【学习要点及目标】

- 掌握企业风险管理组织体系的内容。
- 了解企业风险管理文化。
- 掌握企业风险管理流程。

【核心概念】

风险管理组织体系　风险管理文化　风险管理流程

【引导案例】

长生生物难"长生"

2018年7月15日,国家药品监督管理局发布通告称,检查组对长春长生生物科技有限责任公司(下称长生生物)生产现场进行飞行检查时,发现该企业编造生产记录和产品检验记录,随意变更工艺参数和设备。国家药监局会同吉林省局对该企业立案调查,涉嫌犯罪人员已被移送公安机关追究刑事责任。长生生物问题疫苗事件正式曝光,引起了社会各界的强烈关注。

长生生物董事长高俊芳因涉嫌生产、销售劣药,和另外18名犯罪嫌疑人一起被检察机关批准逮捕。据媒体报道,高俊芳自1993年任长生实业第二任总经理以来,一直牢牢主掌公司大权。在案发之前,高俊芳一人身兼董事长、总经理和财务总监三大职务,这在上市公司中实属罕见。

随着疫苗事件的发酵,长生生物在野蛮生长过程中更多的阴暗面被发掘出来。此前有媒体报道称,山东兆信生物科技有限公司(下称山东兆信)作为长生生长第一大经销商,在其上市时配合其进行财务造假,产生阴阳合同,助力其成功上市。此外自2003年起,长生生物的狂犬、流感、水痘、甲肝、乙肝等多个疫苗产品卷入行贿案件,向广东等4省的21名国家工作人员行贿的既有该公司的销售人员,也有地方经销机构的医药代理。

2019年10月,在疫苗案曝光15个月后,长生生物开启退市倒计时,成为A股市场重大违法强制退市第一股。11月8日,长生生物正式被裁定破产。上市不到3年,这家长春当地的明星上市企业在疫苗造假事件中把自己推向了深渊。

(资料来源:根据长生生物年报和信息披露整理而来。)

第一节 企业风险管理组织体系

《中央企业全面风险管理指引》指出,企业风险管理体系包括五大系统:风险管理策略、风险理财措施、风险管理的组织职能体系、风险管理信息系统和内部控制系统,如

图 10-1 所示。

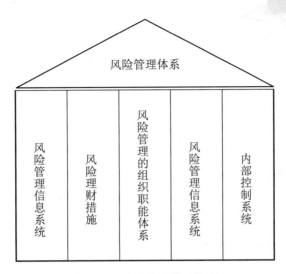

图 10-1　企业风险管理体系

一、规范的公司法人治理结构

企业应建立健全规范的公司法人治理结构，股东(大)会、董事会、监事会、经理层依法履行职责，形成高效运转、有效制衡的监督约束机制。同时，还应建立外部董事、独立董事制度，以保证董事会能够在重大决策、重大风险管理等方面做出独立于经理层的判断和选择。董事会就全面风险管理工作的有效性对股东(大)会负责。董事会在全面风险管理方面主要履行以下职责：第一，审议并向股东(大)会提交企业全面风险管理年度工作报告；第二，确定企业风险管理总体目标、风险偏好、风险承受度，批准风险管理策略和重大风险管理解决方案；第三，了解和掌握企业面临的各项重大风险及其风险管理现状，做出有效控制风险的决策；第四，批准重大决策、重大风险、重大事件和重要业务流程的判断标准或判断机制；第五，批准重大决策的风险评估报告；第六，批准内部审计部门提交的风险管理监督评价审计报告；第七，批准风险管理组织机构设置及其职责方案；第八，批准风险管理措施，纠正和处理任何组织或个人超越风险管理制度做出的风险性决定的行为；第九，督导企业风险管理文化的培育；第十，批准或决定全面风险管理的其他重大事项。

二、风险管理委员会

具备条件的企业，董事会可下设风险管理委员会。该委员会的召集人应由不兼任总经理的董事长担任；董事长兼任总经理的，召集人应由外部董事或独立董事担任。该委员会成员中需有熟悉企业重要管理及业务流程的董事，以及具备风险管理监管知识或经验、具有一定法律知识的董事。

风险管理委员会对董事会负责，主要履行以下职责。

第一，提交全面风险管理年度报告。

第二，审议风险管理策略和重大风险管理解决方案。

第三，审议重大决策、重大风险、重大事件和重要业务流程的判断标准或判断机制，以及重大决策的风险评估报告。

第四，审议内部审计部门提交的风险管理监督评价审计综合报告。

第五，审议风险管理组织机构设置及其职责方案。

第六，办理董事会授权的有关全面风险管理的其他事项。

企业总经理对全面风险管理工作的有效性向董事会负责。总经理或总经理委托的高级管理人员负责主持全面风险管理的日常工作，负责组织拟订企业风险管理组织机构设置及其职责方案。

三、风险管理职能部门

企业应设立专职部门或确定相关职能部门履行全面风险管理的职责。该部门对总经理或其委托的高级管理人员负责，主要履行以下职责。

第一，研究提出全面风险管理工作报告。

第二，研究提出跨职能部门的重大决策、重大风险、重大事件和重要业务流程的判断标准或判断机制。

第三，研究提出跨职能部门的重大决策风险评估报告。

第四，研究提出风险管理策略和跨职能部门的重大风险管理解决方案，并负责该方案的组织实施和对该风险的日常监控。

第五，负责对全面风险管理有效性的评估，研究提出全面风险管理的改进方案。

第六，负责组织建立风险管理信息系统。

第七，负责组织协调全面风险管理日常工作。

第八，负责指导、监督有关职能部门、各业务单位以及全资、控股子企业开展全面风险管理工作。

第九，办理风险管理的其他有关工作。

四、审计委员会

企业应在董事会下设立审计委员会，企业内部审计部门对审计委员会负责。内部审计部门在风险管理方面，主要负责研究提出全面风险管理监督评价体系，制定监督评价相关制度，开展监督与评价，出具监督评价审计报告。

(一)审计委员会履行职责的方式

董事会应决定委派给审计委员会的责任。审计委员会的任务因企业的规模、复杂性及风险状况而有所不同。审计委员会应每年至少举行三次会议，并于审计周期的主要日期举行。审计委员会应每年至少与外聘及内部审计师会面一次，讨论与审计相关的事宜，但无须管理层出席。审计委员会成员之间的不同意见如无法内部调解，应提请董事会解决。

此外，审计委员会应每年对其权限及其有效性进行复核，并就必要的人员变更向董事会报告。为了很好地完成这项工作，行政管理层必须向审计委员会提供恰当的信息。管理层对审计委员会有告知义务，并应主动提供信息，而不应等待审计委员会索取。

(二)审计委员会与合规

审计委员会的主要活动之一是核查对外报告合规的情况。审计委员会一般有责任确保企业履行对外报告合规的义务。审计委员会应结合企业财务报表的编制情况,对重大的财务报告事项和判断进行复核。管理层的责任是编制财务报表,审计师的责任是编制审计计划和执行审计。审计委员会应倾听审计师关于这些问题的看法。如果对拟采用的财务报告的任何方面不满意,审计委员会应告知董事会;审计委员会还应对财务报表后所附的与财务有关的信息(比如,运营和财务复核信息及公司治理部分关于审计和风险管理的陈述)进行复核。

(三)审计委员会与内部审计

确保充分且有效的内部控制是审计委员会的义务,其中包括负责监督内部审计部门的工作。审计委员会应监察和评估内部审计职能在企业整体风险管理系统中的角色和有效性。它批准对内部审计主管的任命和解聘,并确保内部审计部门能直接与董事长或董事会主席接触。审计委员会复核及评估年度内部审计工作计划,听取内部审计部门的定期工作报告,复核和监察管理层对内部审计的调查结果的反映。审计委员会还应确保内部审计部门提出的合理建议得到执行,审计委员会有助于保持内部审计部门对压力或干涉的独立性。审计委员会及内部审计师需要确保内部审计部门的有效运作,并在四个主要方面对内部审计进行复核,即组织中的地位、职能范围、技术才能和专业应尽义务。

五、企业其他职能部门及各业务单位

企业其他职能部门及各业务单位在全面风险管理工作中,应接受风险管理职能部门和内部审计部门的组织、协调、指导和监督,主要履行以下职责:第一,执行风险管理基本流程;第二,研究提出本职能部门或业务单位重大决策、重大风险、重大事件和重要业务流程的判断标准或判断机制;第三,研究提出本职能部门或业务单位的重大决策风险评估报告;第四,做好本职能部门或业务单位建立风险管理信息系统的工作;第五,做好培育风险管理文化的有关工作;第六,建立健全本职能部门或业务单位的风险管理内部控制子系统;第七,办理风险管理其他有关工作。

六、下属公司

企业应通过法定程序,指导和监督其全资、控股子企业建立与企业相适应、能有效发挥作用的风险管理组织体系。

第二节 企业风险管理文化

一、企业风险管理文化的内涵

企业风险管理文化是指具有风险意识的企业文化,企业风险管理文化是企业对待风险及风险管理的理念和管理哲学,是将风险意识贯穿到企业战略制定和发展目标中,融入企业全体员工的思想、日常行为、制度中,形成企业发展不可复制的核心竞争力。企业风险管理文化能够促进企业风险管理水平、员工风险管理素质的提升,保障企业风险管理目标的实现。

二、企业风险管理文化的建设

风险管理文化建设应融入企业文化建设全过程。大力培育和塑造良好的风险管理文化,树立正确的风险管理理念,增强员工风险管理意识,将风险管理意识转化为员工的共同认识和自觉行动,促进企业建立系统、规范、高效的风险管理机制。

企业应在内部各个层面营造风险管理文化氛围。董事会应高度重视风险管理文化的培育,总经理负责培育风险管理文化的日常工作。董事和高级管理人员应在培育风险管理文化中起表率作用。重要管理及业务流程和风险控制点的管理人员和业务操作人员应成为培育风险管理文化的骨干。

企业应大力加强员工法律素质教育,制定员工道德诚信准则,形成人人讲道德诚信、合法合规经营的风险管理文化。对于不遵守国家法律法规和企业规章制度、弄虚作假、徇私舞弊等违法违规以及违反道德诚信准则的行为,企业应严肃查处。

企业全体员工尤其是各级管理人员和业务操作人员应通过多种形式,努力传播企业风险管理文化,牢固树立风险无处不在、风险无时不在、严格防控纯粹风险、审慎处置机会风险、岗位风险管理责任重大等意识和理念。

风险管理文化建设应与薪酬制度和人事制度相结合,有利于增强各级管理人员特别是高级管理人员的风险意识,防止盲目扩张、片面追求业绩、忽视风险等行为的发生。

企业应建立重要管理及业务流程、风险控制点的管理人员和业务操作人员岗前风险管理培训制度,采取多种途径和形式,加强对风险管理理念、知识、流程、管控核心内容的培训,培养风险管理人才,培育风险管理文化。

第三节　企业风险管理流程

一、风险管理标准与风险管理流程

(一)风险管理标准

(1) 确保将风险控制在与公司总体目标相适应并可承受的范围内。

(2) 确保内外部,尤其是企业与股东之间实现真实、可靠的信息沟通,包括编制和提供真实、可靠的财务报告。

(3) 确保遵守有关法律法规。

(4) 确保企业有关规章制度和为实现经营目标而采取重大措施的贯彻执行,保障经营管理的有效性,提高经营活动的效率和效果,降低实现经营目标的不确定性。

(5) 确保企业建立针对各项重大风险发生后的危机处理计划,保护企业不因灾害性风险或人为失误而遭受重大损失。

(二)风险管理基本流程

风险管理的基本流程包括以下五点。
(1) 收集风险管理初始信息。
(2) 进行风险评估。
(3) 制定风险管理策略。
(4) 提出和实施风险管理解决方案。
(5) 风险管理的监督和改进。

二、基于《中央企业全面风险管理指引》的企业风险管理流程分析

(一)收集风险管理初始信息

风险管理首先需要广泛地、持续不断地收集与本企业风险和风险管理相关的内部、外部初始信息，包括历史数据和未来预测。应把收集初始信息的职责分工落实到各有关职能部门和业务单位。

收集初始信息要根据所分析的风险类型具体展开，包括分析战略风险、财务风险、市场风险、运营风险以及法律风险。

1. 分析战略风险

企业应广泛收集国内外企业战略风险失控导致企业蒙受损失的案例，并至少收集与本企业相关的以下重要信息。
(1) 国内外宏观经济政策和经济运行情况、企业所在产业的状况、国家产业政策。
(2) 科技进步、技术创新的有关内容。
(3) 市场对该企业产品或服务的需求。
(4) 与企业战略合作伙伴的关系，未来寻求战略合作伙伴的可能性。
(5) 企业主要客户、供应商及竞争对手的有关情况。
(6) 与主要竞争对手相比企业的实力与差距。
(7) 企业发展战略和规划、投融资计划、年度经营目标、经营战略，以及编制这些战略、规划、计划、目标的有关依据。
(8) 企业对外投融资过程中曾发生或易发生错误的业务流程或环节。

2. 分析财务风险

企业应广泛收集国内外企业财务风险失控导致危机的案例，并至少收集本企业的以下重要信息。
(1) 负债、负债率、偿债能力。
(2) 现金流、应收账款及其占销售收入的比重、资金周转率。
(3) 产品存货及其占销售成本的比重、应付账款及其占购货额的比重。
(4) 制造成本和管理费用、财务费用、营业费用。
(5) 盈利能力。
(6) 成本核算、资金结算和现金管理业务中曾发生或易发生错误的业务流程或环节。
(7) 与企业相关的产业会计政策、会计估算，与国际会计制度的差异及调节(如退休金、

递延税项等)等信息。

3. 分析市场风险

企业应广泛收集国内外企业忽视市场风险、缺乏应对措施导致企业蒙受损失的案例，并至少收集与本企业相关的以下重要信息。

(1) 产品或服务的价格及供需变化。
(2) 能源、原材料、配件等物资供应的充足性、稳定性和价格变化。
(3) 主要客户、主要供应商的信用情况。
(4) 税收政策和利率、汇率、股票价格指数的变化。
(5) 潜在竞争者、竞争者及其主要产品、替代品情况。

4. 分析运营风险

企业应至少收集与本企业、所在行业相关的以下信息。

(1) 产品结构、新产品研发情况。
(2) 新市场开发情况、市场营销策略，包括产品或服务定价与销售渠道、市场营销环境状况。
(3) 企业组织效能、管理现状、企业文化，高、中层管理人员和重要业务流程中专业人员的知识结构、专业经验。
(4) 期货等衍生产品业务中曾发生或易发生失误的流程和环节。
(5) 质量、安全、环保、信息等管理中曾发生或易发生失误的业务流程或环节。
(6) 因企业内、外部人员的道德风险致使企业遭受损失或业务控制系统失灵的情况。
(7) 给企业造成损失的自然灾害以及除上述有关情形之外的其他纯粹风险。
(8) 对现有业务流程和信息系统操作运行情况的监管、运行评价及持续改进能力。
(9) 企业风险管理的现状和能力。

5. 分析法律风险

企业应广泛收集国内外企业忽视法律法规风险、缺乏应对措施导致企业蒙受损失的案例，并至少收集与本企业相关的以下信息。

(1) 国内外与企业相关的政治、法律环境。
(2) 影响企业的新法律法规和政策。
(3) 员工的道德操守。
(4) 企业签订的重大协议和有关贸易合同。
(5) 企业发生重大法律纠纷案件的情况。
(6) 企业和竞争对手的知识产权情况。

企业还要对收集的初始信息进行必要的筛选、提炼、对比、分类、组合，以便进行风险评估。

(二)进行风险评估

完成了风险管理初始信息收集之后，企业要对收集的风险管理初始信息和企业各项业务管理及重要业务流程进行风险评估。

风险评估包括风险辨识、风险分析、风险评价三个步骤。

进行风险辨识、风险分析和风险评价应将定性与定量方法相结合。定性方法包括问卷调查、集体讨论、专家咨询、情景分析、政策分析、行业标杆比较、管理层访谈、由专人主持的工作访谈和调查研究等。定量方法包括统计推论(如集中趋势法)、计算机模拟(如蒙特卡洛分析法)、失效模式与影响分析、事件树分析等。进行风险定量评估时，应统一制定各类风险的度量单位和风险度量模型，并通过测试等方法，确保评估系统的假设前提、参数、数据来源和定量评估程序的合理性和准确性。要根据环境的变化，定期对假设前提和参数进行复核和修改，并将定量评估系统的估算结果与实际效果对比，据此对有关参数进行调整和改进。

风险分析应包括风险之间的关系分析，以便发现各类风险之间的自然对冲、风险事件发生的正负相关性等组合效应，从风险策略上对风险进行统一集中管理。

企业在评价多项风险时，应根据对风险发生可能性的高低和对目标的影响程度的评估，绘制风险坐标图，对各项风险进行比较，初步确定对各项风险进行管理的先后顺序和策略。

风险评价应由企业组织有关职能部门和业务单位实施，也可聘请有资质、信誉好、风险管理专业能力强的中介机构协助实施。

企业应对风险管理信息实行动态管理，定期或不定期实施风险辨识、风险分析和风险评价，以便对新的风险和原有风险的变化重新评估。

(三)制定风险管理策略

风险管理基本流程的第三步是制定风险管理策略。风险管理策略，是指企业根据自身条件和外部环境，围绕企业发展战略，确定风险偏好、风险承受度、风险管理有效性标准，选择风险承担、风险规避、风险转移、风险转换、风险对冲、风险补偿、风险控制等适合的风险管理工具，并确定风险管理所需人力和财力资源的配置原则的总体策略。这些风险管理策略的具体内容在本章第三节展开。

企业在制定风险管理策略时，要根据风险的不同类型选择适宜的风险管理策略。一般认为，对战略风险、财务风险、运营风险、政治风险、法律风险等，可采取风险承担、风险规避、风险转换、风险控制等方法；对能够通过保险、期货、对冲等金融手段进行理财的风险，可以采用风险转移、风险对冲、风险补偿等方法。

企业制定风险管理策略的一个关键环节是应根据不同业务特点统一确定风险偏好和风险承受度，即企业愿意承担哪些风险，明确风险的最低限度和不能超过的最高限度，并据此确定风险的预警线及相应采取的对策。确定风险偏好和风险承受度，要正确认识和把握风险与收益的平衡，防止和纠正两种错误倾向：一是忽视风险，片面追求收益而不讲条件、范围，认为风险越大收益越高的观念和做法；二是单纯为规避风险而放弃发展机遇。

在制定风险管理策略时，还应根据风险与收益相平衡的原则以及各类风险在风险坐标图上的位置，进一步确定风险管理的优先顺序，明确风险管理成本的资金预算和控制风险的组织体系、人力资源、应对措施等总体安排。

对于已经制定和实施的风险管理策略，企业应定期总结和分析其有效性和合理性，结合实际不断修订和完善。其中，应重点检查依据风险偏好、风险承受度和风险控制预警线实施的结果是否有效，并提出定性或定量的有效性标准。

(四)提出和实施风险管理解决方案

按照风险管理的基本流程,制定风险管理策略后的工作是制定和实施风险管理解决方案,也就是执行前一阶段制定的风险管理策略,进一步落实风险管理工作。在这一阶段,企业应根据风险管理策略,针对各类风险或每一项重大风险制定风险管理解决方案。方案一般包括风险解决的具体目标、所需的组织领导、所涉及的管理及业务流程、所需的条件、手段等资源,风险事件发生前、中、后所采取的具体应对措施以及风险管理工具(如关键风险指标管理、损失事件管理等)。

1. 风险管理解决方案的两种类型

风险管理解决方案可以分为外部解决方案和内部解决方案。

1) 外部解决方案

外部解决方案一般指外包。企业经营活动外包是利用产业链专业分工提高运营效率的必要措施。企业许多风险管理工作都可以外包出去,如企业使用投资银行、信用评级公司、保险公司、律师事务所、会计师事务所、风险管理咨询公司等专业机构,将有关方面的工作外包,这样可以降低企业的风险,提高效率。外包可以使企业规避一些风险,但同时可能带来另一些风险,应当加以控制。

如果企业制定风险管理解决的外包方案,应注重成本与收益的平衡、外包工作的质量、自身商业秘密的保护以及防止自身对风险解决外包产生依赖性风险等,并制定相应的预防和控制措施。

2) 内部解决方案

内部解决方案是后面要阐述的风险管理体系的运转。在具体实施中,一般是以下几种手段的综合应用:风险管理策略;组织职能;内部控制(以下简称"内控"),包括政策、制度、程序;信息系统,包括报告体系;风险理财措施。

企业制定风险管理解决内部方案,应满足合规的要求,坚持经营战略与风险策略一致、风险控制与运营效率及效果相平衡的原则,针对重大风险所涉及的各管理及业务流程,制定涵盖各个环节的全流程控制措施;对其他风险所涉及的业务流程,要把关键环节作为控制点,采取相应的控制措施。

内部控制是企业通过有关流程设计和实施的一系列政策、制度、程序和措施,控制影响流程目标的各种风险的过程。内部控制是全面风险管理的重要组成部分,是全面风险管理的基础设施和必要举措。一般来说,内部控制系统针对的风险是可控纯粹风险,其控制对象是企业中的个人,其控制目的是规范员工的行为,其控制范围是企业的业务和管理流程。

企业制定内控措施,一般至少包括以下内容。

(1) 建立内控岗位授权制度。对内控所涉及的各岗位明确规定授权的对象、条件、范围和额度等,任何组织和个人不得超越授权做出风险性决定。

(2) 建立内控报告制度。明确规定报告人与接受报告人,以及报告的时间、内容、频率、传递路线、负责处理报告的部门和人员等。

(3) 建立内控批准制度。对内控所涉及的重要事项,明确规定批准的程序、条件、范围和额度、必备文件以及有权批准的部门和人员及其相应责任。

(4) 建立内控责任制度。按照权利、义务和责任相统一的原则，明确规定各有关部门和业务单位、岗位、人员应负的责任和奖惩制度。

(5) 建立内控审计检查制度。结合内控的有关要求、方法、标准与流程，明确规定审计检查的对象、内容、方式和负责审计检查的部门等。

(6) 建立内控考核评价制度。具备条件的企业应把各业务单位风险管理执行情况与绩效薪酬挂钩。

(7) 建立重大风险预警制度。对重大风险进行持续不断的监测，及时发布预警信息，制定应急预案，并根据情况变化调整控制措施。

(8) 建立健全以总法律顾问制度为核心的企业法律顾问制度。大力加强企业法律风险防范机制建设，形成由企业决策层主导、企业总法律顾问牵头、企业法律顾问提供业务保障、全体员工共同参与的法律风险责任体系。完善企业重大法律纠纷案件的备案管理制度。

(9) 建立重要岗位权力制衡制度，明确规定不相容职责的分离。主要包括：授权批准、业务经办、会计记录、财产保管和稽核检查等职责。对内控所涉及的重要岗位可设置一岗双人、双职、双责，相互制约；明确该岗位的上级部门或人员对其应采取的监督措施和应负的监督责任；将该岗位作为内部审计的重点等。企业应当按照各有关部门和业务单位的职责分工，认真组织实施风险管理解决方案，确保各项措施落实到位。

2. 关键风险指标管理

关键风险指标管理是对引起风险事件发生的关键成因指标进行管理的方法。关键风险指标管理可以管理单项风险的多个关键成因，也可以管理影响企业主要目标的多个主要风险的成因。例如，假设公司现在关心的主要目标是年度盈利指标，那么关键风险指标管理就要对影响年度盈利指标的年度销售额、原材料价格、制造成本、销售成本、投资收入、利息、应收账款等多个风险因素进行管理。

1) 关键风险指标管理的步骤

关键风险指标管理过程一般分为以下六步。

(1) 分析风险成因，从中找出关键成因。

(2) 将关键成因量化，确定其度量，分析确定导致风险事件发生(或极有可能发生)时该成因的具体数值。

(3) 以具体数值为基础，以发出风险信息为目的，加上或减去一定数值后形成新的数值，该数值即为关键风险指标。

(4) 建立风险预警系统。即当关键成因数值达到关键风险指标时，发出风险预警信息。

(5) 制定出现风险预警信息时应采取的风险控制措施。

(6) 跟踪监测关键成因的变化，一旦出现预警，即实施风险控制措施。

2) 关键风险指标分解

企业目标的实现要靠企业各个职能部门和业务单位共同努力，同样，企业的关键风险指标也要分解到企业的各个职能部门和业务单位。对于关键风险指标的分解要注意职能部门和业务单位之间的协调，关键是从企业整体出发和把风险控制在一定范围内。对一个具体单位而言，不可采用"最大化"的说法。比如，信用管理部门负责信用风险的管理，如果其强调最小化信用风险，紧缩信用，就会给负责扩大市场占有率和销量的市场和销售部门造成伤害，从而影响公司整体目标的实现。对于关键风险指标的分解，要兼顾各职能部门和业务单位的诉求。一个可行的方法是在企业统一领导和整体战略指导下进行部门和业务单位间的协调。

3. 落实风险管理解决方案

落实风险管理解决方案应做到以下几点。

(1) 高度重视风险管理，充分认识到风险管理是企业时刻不可放松的工作，是企业价值创造的根本源泉。

(2) 风险管理是企业全员的分内工作，没有风险的岗位是不创造价值的岗位，没有理由存在。

(3) 将风险管理方案落实到各级各类组织，明确分工和责任。

(4) 对风险管理解决方案的实施进行持续监控改进，并把实施情况与绩效考核联系起来，以确保工作的效果。

(五)风险管理的监督与改进

风险管理基本流程的最后一个步骤是风险管理的监督与改进。企业应以重大风险、重大事件和重大决策、重要管理及业务流程为重点，对风险管理初始信息、风险评估、风险管理策略、关键控制活动及风险管理解决方案的实施情况进行监督，采用压力测试、返回测试、穿行测试以及风险控制自我评估等方法对风险管理的有效性进行检验，根据情况变化和存在的缺陷及时加以改进。

企业应建立贯穿于整个风险管理基本流程，连接各上下级、各部门和业务单位的风险管理信息传递渠道，确保信息沟通的及时、准确、完整，为风险管理监督与改进奠定基础。

企业各有关部门和业务单位应定期对风险管理工作进行自查和检验，及时发现缺陷并改进，其检查、检验报告应及时报送企业风险管理职能部门。

企业风险管理职能部门应定期对各部门和业务单位风险管理工作的实施情况和有效性进行检查和检验，要根据在制定风险管理策略时提出的有效性标准对风险管理策略进行评估，对跨部门和业务单位的风险管理解决方案进行评价，提出调整或改进建议，出具评价和建议报告，及时报送企业总经理或其委托分管风险管理工作的高级管理人员。

企业内部审计部门应每年至少一次对包括风险管理职能部门在内的各有关部门和业务单位能否按照有关规定开展风险管理工作及其工作效果进行监督评价，监督评价报告应直接报送董事会或董事会下设的风险管理委员会和审计委员会。此项工作也可结合年度审计、任期审计或专项审计工作一并开展。

企业可聘请有资质、信誉好、风险管理专业能力强的中介机构对企业全面风险管理工作进行评价，出具风险管理评估和建议专项报告。报告一般应包括以下几方面的实施情况、存在缺陷和改进建议。

(1) 风险管理基本流程与风险管理策略。

(2) 企业重大风险、重大事件和重要管理及业务流程的风险管理及内部控制系统的建设。

(3) 风险管理组织体系与信息系统。

(4) 全面风险管理总体目标。

本 章 小 结

（1）本章主要介绍了企业的风险管理组织体系的内容，包括规范的公司法人治理结构、风险管理委员会、风险管理职能部门、审计委员会、企业其他职能部门和各业务单位、下属公司。

（2）本章介绍了企业风险管理文化的内涵及如何建设企业风险管理文化。

（3）本章基于《中央企业全面风险管理指引》对企业的风险管理流程进行了分析，主要包括以下工作：收集风险管理初始信息；风险评估；制定风险管理策略；提出和实施风险管理解决方案；风险管理监督与改进。

实 训 课 堂

基本案情：

水泉公司成立于 1992 年，是国内知名度最高的果汁品牌之一。经过多年的发展，2007 年水泉公司成功上市。

2005 年，水泉公司公开招标寻求合作，T 国最大的食品生产企业宏丰公司立即回应，希望能够与水泉公司共同打造东南亚最大的食品帝国。2005 年 3 月，水泉公司与宏丰公司签约组建合资公司。水泉公司以果汁业务资产入股，占 95%，宏丰公司注资 3030 万美元，占剩余的 5%。然而，T 国政府 4 个月后出台的政策规定，T 国企业在中国内地的投资不能超过资本净值的 40%，宏丰公司累计在中国的投资已接近 40%的上限。双方签约 4 个月后，合作夭折。

2008 年，U 国乐大公司宣布拟收购水泉公司全部股权。为配合乐大的收购，水泉公司砍掉了历时 16 年建立起的销售体系，并同时开始大规模布局上游。然而，因收购不符合中国反垄断法的相关规定，水泉与乐大的合作被有关部门紧急叫停。

这项没有完成的收购案，成为水泉公司命运的转折点。此后的几年，尽管公司创始人、控股股东刘杰竭尽全力试图挽救水泉公司的命运，但水泉公司还是不可逆转地陷入了持续的困境。2017 年 8 月 15 日至 2018 年 3 月 29 日，水泉公司向其 B 市子公司提供 42.82 亿元的短期贷款，以便该子公司应付临时营运资金需要及还债。但是，这件事没得到董事会批准，也没有签订协议，更没有对外披露。由于涉嫌违反上市规则中关于关联交易申报、股东批准及信息披露的条款，水泉公司自 2018 年 4 月 1 日起正式停牌。

除此之外，2019 年 12 月初，公司创始人、控股股东刘杰还因为未按期向合作方履行给付义务，收到了限制消费令，被司法机关列入失信被执行人名单。

思考讨论题：

1. 结合案例分析水泉公司的风险管理组织体系应当如何发挥作用才能挽回损失？
2. 思考水泉公司应该建立怎样的风险管理文化才能有助于降低公司的风险？

分析要点：

1. 可以结合企业风险管理组织体系的概念来分析。
2. 可以根据《中央企业全面风险管理指引》中的相关内容来分析。

复习思考题

一、基本概念

风险管理委员会　审计委员会　风险管理文化

二、选择题(多选)

1. 宝胜公司是一家全球性的手机生产企业。近年来公司在高速发展的同时，面临的风险也与日俱增。为了更好地分析面临的市场风险，宝胜公司应该至少收集的与该公司相关的重要信息有(　　)。
    A. 全球汇率变动状况　　　　B. 全球手机价值链生产供应状况
    C. 各国手机的价格及供需变化　D. 各国对手机及其零部件进出口的政策导向
2. 分析企业运营风险，企业应至少收集与该企业、本行业相关的信息，其中包括(　　)。
    A. 新市场开发、市场营销策略
    B. 企业风险管理的现状和能力
    C. 潜在竞争者、竞争者及其主要产品、替代品情况
    D. 期货等衍生产品业务曾发生或易发生失误的流程和环节
3. 下列各项关于风险评估的表述中，正确的有(　　)。
    A. 风险评估包括风险辨识、风险分析和风险评价三个步骤
    B. 风险定性评估时应统一制定各风险的度量单位和度量模型
    C. 企业应当定期或不定期对新风险或原有风险的变化进行重新评估
    D. 风险评估应当将定性方法和定量方法相结合
4. 下列各项中，属于《企业内部控制基本规范》对内部环境要素要求的有(　　)。
    A. 企业应当建立举报投诉制度和举报人保护制度
    B. 企业应当建立重大风险预警机制和突发事件应急处理机制
    C. 企业应当制定和实施有利于企业可持续发展的人力资源政策
    D. 企业应当加强内部审计工作
5. 星云公司制造手机所需要的部分零部件由奇象公司提供。星云公司为了防范和应对采购过程中可能出现的风险，与奇象公司签订了严格而规范的合同，其中一项规定是：如果由于外界不可抗力因素造成奇象公司不能按时供货并给星云公司带来损失，只要损失额超过一定数量，那么超过的部分由奇象公司予以赔偿。在上述案例中，星云公司采取的风险管理工具有(　　)。
    A. 风险规避　　B. 风险转移　　C. 风险补偿　　D. 风险承担

三、简答题

1. 请谈谈各类风险管理策略的选择和运用。
2. 如何建立健全风险管理组织体系？
3. 在企业风险管理实践中如何运用风险管理流程？

第十一章 企业风险管理实务

【学习要点及目标】
- 掌握企业风险的定义。
- 了解企业风险的分类。
- 掌握不同风险的主要内容。
- 学习如何管理应对风险。

【核心概念】
风险　企业风险　运营风险　财务风险　项目风险　市场风险　法律风险　政治风险

【引导案例】

包商银行的破产

包商银行是一家总部设在内蒙古自治区包头市的区域性股份制商业银行，前身是包头市商业银行，包商银行成立于1998年，是内蒙古自治区最早成立的股份制商业银行。主要从事商业银行的业务经营与管理。包商银行先后设立了16家分行，共130多个营业网点，还发起设立了27家村镇银行。根据包商银行2016年年报数据，包商银行资产总额为4183亿元，各项存款余额1821亿元，各项贷款余额1448亿元。包商银行曾经获得多项荣誉，被评为"全国中小企业金融服务先进单位"。

在2016年之前，包商银行的发展可以说是稳中有进，自2017年始，其业绩迅速下滑。根据公开信息，截至2017年三季度末，包商银行总资产规模为5 762亿元，资产负债率为94.36%；公司2017年第一季度到第三季度实现营收90.64亿元，归属于母净利润31.95亿元，净利润增速-21.06%。2016年公司不良贷款比率为1.68%，拨备覆盖率为176.77%。另据新闻披露，"公司自2017年起，不良贷款率至少为3.25%"。2017年第三季度，公司资本充足率、核心一级资本充足率分别为9.52%、7.38%，均远低于监管要求。

2019年5月24日，包商银行由于严重的信用风险，被中国银行保险监督管理委员会（以下简称银保监会）和中国人民银行联合接管。

2020年11月11日，中国人民银行、银保监会发布公告称，经清产核资，确认包商银行已严重资不抵债，无法生存。11月13日，该银行全额减记已经发行的65亿元二级资本债券本金，且表示尚未支付的累计应付利息也不再支付。11月23日晚，银保监会同意包商银行进入破产程序。

经过业界人士的调查分析，包商银行的破产主要是由于大股东"明天系"一手遮天，他通过注册209家空壳公司，向包商银行借贷327笔，占用资金超1560亿元，并逐渐将这些贷款转为不良贷款，最后终于拉垮了包商银行。但包商银行的倒台，绝对不止"明天系"一个蛀虫。"明天系"与包商银行内部管理层相互勾结，形成贪腐利益链，这背后也反映出包商银行公司治理和风险管理中存在的重大漏洞。

第十一章 企业风险管理实务

第一节 企业运营风险管理

企业面对的主要风险分为两大类：外部风险和内部风险。外部风险主要包括政治风险、法律风险与合规风险、社会文化风险、技术风险、市场风险等；内部风险主要包括战略风险、运营风险、财务风险等。

一、企业运营风险的定义

(一)企业运营风险的具体含义

运营风险是指企业在运营过程中，由于内外部环境的复杂性和变动性以及主体对环境的认知能力和适应能力的有限性，而导致的运营失败或使运营活动达不到预期的目标的可能性及损失。

(二)公司面临的运营风险

1. 运营风险所要考虑的主要方面

依据《中央企业全面风险管理指引》，运营风险至少要考虑以下几个方面。

(1) 企业产品结构、新产品研发方面可能引发的风险。

(2) 企业新市场开发、市场营销策略(包括产品或服务定价与销售渠道、市场营销环境状况等)方面可能引发的风险。

(3) 企业组织效能、管理现状、企业文化，高、中层管理人员和重要业务流程中专业人员的知识结构、专业经验等方面可能引发的风险。

(4) 期货等衍生产品业务中发生失误带来的风险。

(5) 质量、安全、环保、信息安全等管理中发生失误导致的风险。

(6) 因企业内、外部人员的道德风险或业务控制系统失灵导致的风险。

(7) 给企业造成损失的自然灾害等风险。

(8) 企业现有业务流程和信息系统操作运行情况的监管、运行评价及持续改进能力方面引发的风险。

2. 从内部控制角度展开的主要运营风险

1) 组织架构

依据《企业内部控制应用指引第1号——组织架构》，组织架构设计与运行中需关注的主要风险包括以下几个方面。

(1) 治理结构形同虚设，缺乏科学决策、良性运行机制和执行力，可能导致企业经营失败，难以实现发展战略。

(2) 内部机构设计不科学，权责分配不合理，可能导致机构重叠、职能交叉或缺失、推诿扯皮，运行效率低下。

2) 人力资源

依据《企业内部控制应用指引第3号——人力资源》，人力资源管理需关注的主要风险包括以下几个方面。

(1) 人力资源缺乏或过剩、结构不合理、开发机制不健全，可能导致企业发展战略难以实现。

(2) 人力资源激励约束制度不合理、关键岗位人员管理不完善，可能导致人才流失、经营效率低下或关键技术、商业秘密和国家机密泄露。

(3) 人力资源退出机制不当，可能导致法律诉讼或企业声誉受损。

3) 社会责任

依据《企业内部控制应用指引第4号——社会责任》，履行社会责任方面需关注的主要风险包括以下几个方面。

(1) 安全生产措施不到位，责任不落实，可能导致企业发生安全事故。

(2) 产品质量低劣，侵害消费者利益，可能导致企业巨额赔偿、形象受损，甚至破产。

(3) 环境保护投入不足，资源耗费大，造成环境污染或资源枯竭，可能导致企业巨额赔偿、缺乏发展后劲，甚至停业。

(4) 促进就业和员工权益保护不够，可能导致员工积极性受挫，影响企业发展和社会稳定。

4) 企业文化

依据《企业内部控制应用指引第5号——企业文化》，企业文化建设需关注的主要风险包括以下几个方面。

(1) 缺乏积极向上的企业文化，可能导致员工丧失对企业的信心和认同感，企业缺乏凝聚力和竞争力。

(2) 缺乏开拓创新、团队协作和风险意识，可能导致企业发展目标难以实现，影响可持续发展。

(3) 缺乏诚实守信的经营理念，可能导致舞弊事件的发生，造成企业损失，影响企业信誉。

(4) 忽视企业间的文化差异和理念冲突，可能导致并购重组失败。

5) 采购业务

依据《企业内部控制应用指引第7号——采购业务》，采购业务需关注的主要风险包括以下几个方面。

(1) 采购计划安排不合理，市场变化趋势预测不准确，造成库存短缺或积压，可能导致企业生产停滞或资源浪费。

(2) 供应商选择不当，采购方式不合理，招投标或定价机制不科学，授权审批不规范，可能导致采购物资质次价高，出现舞弊或遭受欺诈。

(3) 采购验收不规范，付款审核不严，可能导致采购物资、资金损失或信用受损。

6) 资产管理

依据《企业内部控制应用指引第8号——资产管理》，资产管理需关注的主要风险包括以下几个方面。

(1) 存货积压或短缺，可能导致流动资金占用过量、存货价值贬损或生产中断。

(2) 固定资产更新改造不够、使用效能低下、维护不当、产能过剩，可能导致企业缺乏竞争力、资产价值贬损、安全事故频发或资源浪费。

第十一章 企业风险管理实务

(3) 无形资产缺乏核心技术、权属不清、技术落后、存在重大技术安全隐患，可能导致企业法律纠纷、缺乏可持续发展能力。

7) 销售业务

依据《企业内部控制应用指引第 9 号——销售业务》，销售业务需关注的主要风险包括以下几个方面。

(1) 销售政策和策略不当，市场预测不准确，销售渠道管理不当等，可能导致销售不畅、库存积压、经营难以为继。

(2) 客户信用管理不到位，结算方式选择不当，账款回收不力等，可能导致销售款项不能收回或遭受欺诈。

(3) 销售过程存在舞弊行为，可能导致企业利益受损。

8) 研究与开发

依据《企业内部控制应用指引第 1 号——研究与开发》，开展研发活动需关注的主要风险包括以下几个方面。

(1) 研究项目未经科学论证或论证不充分，可能导致创新不足或资源浪费。

(2) 研发人员配备不合理或研发过程管理不善，可能导致研发成本过高、舞弊或研发失败。

(3) 研究成果转化应用不足、保护措施不力，可能导致企业利益受损。

9) 工程项目

依据《企业内部控制应用指引第 11 号——工程项目》，工程项目需关注的主要风险包括以下几个方面。

(1) 立项缺乏可行性研究或者可行性研究流于形式，决策不当，盲目上马，可能导致难以实现预期效益或项目失败。

(2) 项目招标"暗箱"操作，存在商业贿赂，可能导致中标人实质上难以承担工程项目、中标价格失实及相关人员涉案。

(3) 工程造价信息不对称，技术方案不落实，预算脱离实际，可能导致项目投资失控。

(4) 工程物资质次价高，工程监理不到位，项目资金不落实，可能导致工程质量低劣，进度延迟或中断。

(5) 竣工验收不规范，最终把关不严，可能导致工程交付使用后存在重大隐患。

10) 担保业务

依据《企业内部控制应用指引第 12 号——担保业务》，担保业务需关注的主要风险包括以下几个方面。

(1) 对担保申请人的资信状况调查不深，审批不严或越权审批，可能导致企业担保决策失误或遭受欺诈。

(2) 对被担保人出现财务困难或经营陷入困境等状况监控不力，应对措施不当，可能导致企业承担法律责任。

(3) 担保过程中存在舞弊行为，可能导致经办审批等相关人员涉案或企业利益受损。

11) 业务外包

依据《企业内部控制应用指引第 13 号——业务外包》，企业的业务外包需关注的主要风险包括以下几个方面。

(1) 外包范围和价格确定不合理,承包方选择不当,可能导致企业遭受损失。
(2) 业务外包监控不严,服务质量低劣,可能导致企业难以发挥业务外包的优势。
(3) 业务外包存在商业贿赂等舞弊行为,可能导致企业相关人员涉案。

12) 合同管理

依据《企业内部控制应用指引第 16 号——合同管理》,合同管理需关注的主要风险包括以下几个方面。

(1) 未订立合同、未经授权对外订立合同、合同对方主体资格未达要求、合同内容存在重大疏漏和欺诈,可能导致企业合法权益受到侵害。
(2) 合同未全面履行或监控不当,可能导致企业诉讼失败、经济利益受损。
(3) 合同纠纷处理不当,可能损害企业利益、信誉和形象。

13) 内部信息传递

依据《企业内部控制应用指引第 17 号——内部信息传递》,内部信息传递需关注的主要风险包括以下几个方面。

(1) 内部报告系统缺失、功能不健全、内容不完整,可能影响生产经营有序进行。
(2) 内部信息传递不通畅、不及时,可能导致决策失误、相关政策措施难以落实。
(3) 内部信息传递中泄露商业秘密,可能削弱企业核心竞争力。

14) 信息系统

依据《企业内部控制应用指引第 18 号——信息系统》,信息系统需关注的主要风险包括以下几个方面。

(1) 信息系统缺乏或规划不合理,可能造成信息孤岛或重复建设,导致企业经营管理效率低下。
(2) 系统开发不符合内部控制要求,授权管理不当,可能导致无法利用信息技术实施有效控制。
(3) 系统运行维护和安全措施不到位,可能导致信息泄露或毁损,系统无法正常运行。

【小贴士】风险与企业风险

> 风险是不确定性对目标的影响。其中的影响是实际与期待的偏差,包括积极的影响、消极的影响,或两者兼而有之。目标可以有不同方面,如财务、健康安全、环境目标等,可以体现在战略、组织结构、项目、产品和过程等不同层次。风险通常以潜在事件和后果或它们的组合来描述。不确定性是指对事件可能性及其后果的认知,以及理解所需信息的缺乏或不完整的状态。风险由风险因素、风险事件(事故)、损失三个基本要素构成。
>
> 企业风险(Business Risk)定义为"未来的不确定性对企业实现其经营目标的影响"。以能否为企业带来盈利等机会为标志,可将风险分为纯粹风险(只有"带来损失"一种可能性)和机会风险("带来损失"和"盈利"的可能性并存)。风险是未来的不确定性对企业实现其经营目标的影响。

二、运营风险管理的发展历程

(一)国外运营风险管理的发展历程

20 世纪 30 年代:运营风险管理的萌芽。20 世纪 30 年代,风险管理最早应用于保险业。

美国宾夕法尼亚大学所罗门·许布纳博士1930年在一次保险问题会议上第一次提出了"风险管理"的概念。1932年，美国成立了纽约保险经纪人协会，该协会的成立标志着风险管理思想的初步兴起。保险是转移企业运营过程中纯风险的损失，对保险的管理也就是对运营过程中的风险进行管理，运营风险管理的思想也在萌芽。

20世纪50年代：运营风险管理的发展。"风险管理"最早出现在1950年加拉格尔(Russell Gallagher)的调查报告《风险管理：成本控制的新阶段》中，对风险管理的系统研究则以梅尔与赫尔奇斯1963年出版的《企业风险管理》和威廉姆斯(Williams)和汉斯(Heins)1964年出版的《风险管理与保险》为标志。同时，成本控制制度和内部控制制度的发展极力推动了运营风险管理的发展。20世纪80年代初，因受债务危机的影响，金融业开始普遍重视对信用风险的防范和管理，其结果是产生了著名的《巴塞尔协议》(1988)。该协议提出了商业银行的经营规范，标志着运营风险管理系统性研究的开始。

20世纪90年代：运营风险管理的成长期。20世纪90年代后，非金融领域中严重的风险事件(即运营风险和战略风险)不仅降低了企业的绩效，而且给企业造成了重大损失，企业主们发现这些风险因素绝大部分能够管理却没能得到有效管理，风险管理逐步向监督、管理和控制有关组织机构和流程的方向发展。运营风险管理成为企业界和学术界研究的热点。

国际结算银行在2001年1月发布的《新巴塞尔资本协议》首先给出了运营风险的准确定义，并在修订案中要求"为运营风险专门拨出法定资本金"及"建立适当的管理和控制架构"。2001年，新加坡的《证券和期货法案》则要求确认、解决并监控所有与业务活动相关的风险，要求核实内部政策是否得到遵守，自行决断的权限及运营和会计程序等是否得到遵守和监控。2002年7月，美国国会通过萨班斯法案，要求所有美国上市公司必须建立和完善内控体系以确保提交的财政报告的正确性。杰克·L.金(Jack.L.King)在《运作风险：度量与建模》中也提出运作风险管理通过降低影响公司收益的整体风险来增加股东价值，其代表了一个新的前沿学科。

(二)国内运营风险管理的发展历程

我国对于风险管理的研究开始于20世纪80年代，从1986年的"期限管理"为起点，以1993年7月开始的"整顿金融秩序，严肃金融纪律，推进金融改革，强化宏观调控"为风险管理实质发展的开始。之后，国家先后出台的一些法规政策，如《企业国有资产监督管理暂行条例》《内部会计控制规范》《商业银行内部控制指引》《证券公司内部控制指引》《商业银行市场风险管理指引(征求意见稿)》等，极大地推动了风险管理的发展，为运营风险管理的发展打下了坚实的基础。2006年6月，国有资产监督管理委员会印发的《中央企业全面风险管理指引》(以下简称《指引》)明确提出了运营风险管理的理论框架，对运营风险管理体系的发展指明了方向，它代表着国内企业运营风险管理实践发展的新方向。

在国内学术界，1984年台湾学者宋明哲出版了《风险管理》一书，1987年郭仲伟出版了《风险管理与决策》，1990年金润圭出版了《企业风险与管理》，林义出版了《风险管理》。1993年香港保险总会出版了第一本《风险管理》手册，1997年王诚出版了《竞争策略与风险管理》，1998年赵曙明出版了《国际企业风险管理》，这些著作主要是针对财务风险进行的研究。1999年张纪康出版的《企业经营风险管理》、2004年严晖出版的《风险导向内部审计整合框架研究》、张坤等出版的《风险管理与内部审计》等这些著作中逐渐开始对企业运营风险进行研究,不过大部分的研究只是提出了运营风险的初步概念,没有进行系统性的分析。作为一门学科,运营风险管理学在中国仍在发展阶段。

三、运营风险管理策略

管理层应该建立一个关于风险识别、计量和管理的系统化过程。运营风险管理过程有以下几步。

(一)风险政策和组织

作为第一步,公司应该制定运营风险管理政策以界定它想要完成什么,包括如何组织起来以完成既定目标。运营风险管理政策应该包括以下几点。

(1) 运营风险管理原则。

公司对运营风险有哪些观点和原则?对于运营风险,至关重要的是坏消息能快速向组织层面传达,使得出现的问题在变成危机前就得到处理。

(2) 运营风险的定义和分类。

公司运营风险是如何定义的?它包括哪些内容?

(3) 目标和目的。

公司管理层应当设立总体目标(如提高核心业务程序的效率和效果)以及公司要达成的特定目的(如运营损失按20%下降、解决突出审计问题的时效提高30%)。

(4) 运营风险程序和工具。

安排期望的业务单位采用的公司整体的程序和工具,比如风险评估、计量、报告和管理程序。

(5) 组织结构。

公司有哪些主要的委员会、成员和章程?在董事会、高层管理、基层管理和风险管理及监督团队之间的报告线路是什么?

(6) 角色和责任。

考虑到运营风险的复杂性,至关重要的是明确界定特定的角色和每个主要方面的责任。在最高层,董事会负责建立方针政策并确保资源和控制的合理运用。在最低层,每位员工都有责任深入了解所涉及的运营风险并且增加对风险问题的认识。此外,各类风险管理和监督部门的角色与责任都必须建立起来。

(二)风险识别和评估

在规定了运营风险的范围后,公司应该借助一系列定性和定量工具去评估、计量和管理运营风险。下面是一些主要运营风险管理工具。

(1) 损失与事件数据库。

公司应当收集运营风险损失和运营风险事件。第一,损失不仅容易计量,而且能够用于显示趋势和比率(如损失/收入比率),而运营风险事件能够捕捉其他应当注意的事件。第二,企业内的每一项损失和事件都代表着汲取经验教训的机会,有利于防止重蹈覆辙。因此,损失与事件数据库应当用来支持根源分析和风险缓减策略以及促进企业内部的经验教训共享。然而,考虑到运营风险的特性,其不大可能变成一个完全数据驱动的过程,其更多的是一个管理问题而不是计量问题。

(2) 风险评估。

主要是重要风险的内部分析、控制和管理建议。重要的是每个业务单位都要评估它们与运营风险要素有关的状况。这样,每个业务单位将能制定出更清晰的蓝图:指明在运营风险管理过程中从哪开始,如何进行。

(3) 风险图表。

利用风险评估,企业的主要风险敞口就可以根据风险敞口的"概率"和"严重性"进行排序,对于更复杂的操作(如现金管理、特定目的软体),基于风险的过程图可以做出来以表明各种风险敞口是怎样发生的。这些图表有助于识别每个业务单位所遇到的风险,指明问题的出现点。这些图表还能使每个业务单位去研发并按优先次序安排风险管理举措以处理最重要的风险。

(4) 风险指标和业绩触发。

风险指标是代表特定过程的运营风险表现的量化计量。例如,顾客对销售或服务单位的投诉、交易部门的交易失误等。这些风险指标通常是由各个业务单位研发并与它们各自的经营目标息息相关。也应当研发早期预警指标以提供给管理层预先的信号(如员工的旷工率和新雇人员比例被作为未来运营错误的预警指标)。为了通过对照预期的范围来追踪过程的表现,一方面,可以借助目标和最小可接受业绩(Minimum Acceptable Performance,MAP)把触发水平设立起来。如果一个重要的风险指标低于 MAP,那就会触发一份自动调整的报告给高级管理层,并启动改善方案。另一方面,如果风险指标总是高于目标,那么,管理层就应该考虑提高该目标和 MAP 的水平来为持续的业绩改善提供便利。

(三)资本配置和业绩计量

除了风险识别和评估,通过资本配置过程把风险与业绩计量联系起来是很重要的。在选择方法时,公司应该首先设立自己的目标和对策,然后进行相应选择。不同的方法意味着对运营风险的不同解释,并需要不同的有用信息输入。下面是几种常用方法。

(1) 自上而下模型。

自上而下方法利用相对简单的计算和分析得到公司运营风险的总体情况。自上而下模型包括暗含资本模型、收入波动模型、资本资产定价模型(CAPM)、模拟模型等。

(2) 自下而上(损失分布)模型。

自下而上方法应用损失和原因因子来导出预测的损失期望值。这个方法需要公司明确定义其所面对的不同运营风险的类别,对各种不同的风险类别收集详细的数据并以此来计算损失的风险。公司通常需要利用外部损失事件数据库来扩大其内部数据。自下而上方法的最终结果是损失分布模型,它能够在给定的置信水平(如目标债务评级)下估计出运营风险资本。自下而上方法所需要的数据也可以用于导出一家企业的风险特征。例如,可以随着时间追踪周转或失误率,并结合业务活动的变化来构建一个更健全的企业运营风险的特征画卷。通过随着时间来追踪风险因子,公司能够持续地评估其运营风险敞口,并能够在需要的时候在适当的地方更新控制。此外,连续的追踪观测可以为公司管理层提供更好的运营管理信息,同时也提高了对产生运营风险的原因的认识。但是,自下而上模型也呈现出几个困难点。考虑到业务混合、规模、范围和运营环境的不同,把本公司的损失数据与其

公司战略与风险管理

他公司的损失数据一起绘制出来是很复杂和困难的。此外，可靠完整的内部历史数据可能得不到，而且由于需要依靠由各个数值组成的大型数据库来进行预测，因此对于发生概率低而后果严重的事件，该模型有其固有的缺陷。自下而上模型通常是基于统计分析和情景分析的。

(3) 统计分析。

传统的参数统计和计量经济模型尽力在数据分布密集的地方得到良好拟合，这是以数据分布稀疏的尾部的良好拟合为潜在代价的。然而，为了捕捉频率低但后果严重的损失，运营风险模型必须能很好地解释损失分布的外侧尾部。主要考虑极端事件数据而不是所有数据的极值理论(EVT)也许更适合本部分内容。统计分析需要有关业务单位的足够数据的供应。因此，缺少合适的内部数据是这种方法得到广泛运用的最大障碍。

(4) 情景分析。

情景分析通常用于捕捉管理层的各种看法、经验、专业知识，并在企业模型中加入它们。每一个业务单位的风险图识别运营风险敞口之所在、相关风险的严重性、控制是否到位以及控制的类型：损害、预防或侦探。利用这个方法，因果关系可以被捕捉到。

(四)风险减缓和控制

评估和计量运营风险是重要的，但也要通过改善和控制主要的风险因子来提高运营风险管理水平。运营风险管理的目的是帮助管理层达到其企业目标。一旦运营风险计量框架建立好了，下一步要做的就是去实施能降低运营损失的行动的识别程序。这些行动包括增加人力资源；提高训练和发展水平；改善或自动化程序；改变组织结构和激励机制；增加内部控制以及更新系统性能等。有效降低运营风险的关键是建立跨部门的快速反应团队，它将处理和解决出现的任何运营风险问题。最后，一个评估和确定可能改善之处的优先次序的机制必须创立起来。成本与收益分析和准备状态评估都是应该被包括在评估过程中的有用工具。

业务单位可以通过设置运营目标、敞口限额以及在数据收集与分析的基础上得到的最小可接受业绩 MAP，来监控和提高运营风险管理水平。MAP 水平可以是在业务流程中被允许的最大失误率，一旦被超过，业务流程就必须重新估计。对运营风险经济资本的配置如果兼顾到了业绩和行为效果，就应当会激励业务单位改善运营风险管理以降低资本费用。风险减缓的主要要求是了解运营风险的根本原因，并针对这些原因采取相应措施。

(五)风险转移和融资

对于重要的运营风险敞口，公司必须决定是实施内部控制还是执行风险转移策略。这两者并非互斥而通常是互补的。例如，大多数企业实施工作场所安全程序并同时为员工购买补偿保险。事实上，前者可以降低后者的费用。某些风险转移策略其实意味着对内部控制的支持。在企业风险管理(ERM)和运营风险管理的环境中，一个企业应该做到以下几点：

(1) 识别运营风险敞口，并量化其可能性、严重性和经济资本要求。
(2) 评估企业整体风险/收益特征。
(3) 设立运营风险限额。
(4) 实施内部控制，研发风险转移和融资策略。
(5) 在成本——利润经济原则的基础上，评估另外可供选择的供应者和组织结构。

第十一章 企业风险管理实务

【案例】 P公司近年所面临的运营风险

1988年，U国跨国公司P公司以每瓶价格19元的洗发水叩开了C国日化用品的市场大门，并顺势占领了C国高端消费市场的高地。之后，P公司又进入C国日化用品低端市场，依靠规模化、标准化，迅速行销全国，市场份额一度达到47%，洗护发产品更是超过50%，市场上耳熟能详的日化用品品牌几乎全是P公司旗下的产品。

进入21世纪，随着C国经济的迅猛发展，中产阶级崛起，追求品质、个性化成为时代潮流。面对市场需求的变化，C国日化品市场的竞争日趋激烈，威胁着P公司的霸主地位。

日化用品行业中其他几家国际知名品牌企业开足马力开发C国市场，例如2011年H国A公司首次将其旗下的高端品牌主打产品草药护肤雪花霜引入C国，火速完成了在C国一线城市各高端商场的铺货，大大分流了与该产品定位相同的P公司旗下S品产品的市场份额。以往受到P公司挤压排斥的C国日化品本土品牌纷纷开发具有本土特色的产品，狙击P公司。众多品牌一拥而上，在消费者选择多样化的新形势下，P的产品不再不可替代。C国本土品牌的优势还在需求增长更快的三线至六线城市渠道布局中显现出来。本土品牌与个体或连锁的日化商店已有多年合作的积累，这种人情构建的渠道排他性很强。

面对消费者需求的巨大变化和市场日趋激烈的竞争，P公司反应却很迟钝。

P公司管理层认为C国中产阶层是一群"节俭的中产阶层"，因而在C国市场开发高品质、个性化的新产品严重滞后。例如，P公司是世界上第一家生产合成洗衣粉的企业，然而第一个将洗衣液带入C国市场的却是名不见经传的C国本土品牌L洗衣液。P公司总部认为，U国消费者的消费习惯从洗衣粉过渡到洗衣液用了将近30年的时间，C国这一过程至少也需要20年，在P公司链条过长、结构过于精密、近于僵化的决策系统指挥下，P公司在洗衣液这个本该属于自己的领地迟到了4年。

在广告营销方面，P公司也未能将其在国外市场的成功经验移植到C国市场。尽管长期以来P公司的广告在C国各大主流卫视的屏幕上保持着较高的出镜率，但P公司近年来除了常规的电视广告投放外很少出现让人印象深刻的广告设计。

随着互联网时代的到来，尤其是移动互联网的飞速发展，C国消费渠道迎来巨变，线上消费渠道占据主流地位。而P公司在C国大量的线下渠道布局，不仅不再是优势，反而成为累赘，利益干扰成为P公司线上布局的阻力。

P公司发布的财务报告显示，从2017年7月1日至2018年3月31日的9个月时间内，P公司净利润同比下滑40%。营业收入也自2012年达到800亿美元之后，增长陷入停滞，2017年营业收入仅为651亿美元。

【解析】 本案例中，P公司近年来面临的运营风险有以下几种。

(1) 企业产品结构、新产品研发方面可能引发的风险。"面对消费者需求的巨大变化和市场日趋激烈的竞争，P公司反应却很迟钝"；"在C国市场开发高品质、个性化的新产品严重滞后"；"P公司是世界上第一家生产合成洗衣粉的企业，然而第一个将洗衣液带入C国市场的却是名不见经传的C国本土品牌L洗衣液。P公司在洗衣液这个本该属于自己的领地迟到了4年"。

(2) 企业新市场开发，市场营销策略。包括产品或服务定价与销售渠道、市场营销环境状况等方面可能引发的风险。"C国本土品牌的优势还在需求增长更快的三线至六线城市渠道布局中显现出来"；"在广告营销方面，P公司也未能将其在国外市场的成功经验移植到

C国市场。尽管长期以来P公司的广告在C国各大主流卫视的屏幕上保持着较高的出镜率，但P公司近年来除了常规的电视广告投放外很少出现让人印象深刻的广告设计"；"C国消费渠道迎来巨变，线上消费渠道占据主流地位。而P公司在C国大量的线下渠道布局，不仅不再是优势，反而成为累赘，利益干扰成为P公司线上布局的阻力"。

(3) 企业组织效能、管理现状、企业文化、中、高层管理人员和重要业务流程中专业人员的知识结构、专业经验等方面可能引发的风险。"P公司管理层认为C国中产阶层是一群节俭的中产阶层，因而在C国市场开发高品质、个性化的新产品严重滞后"；"P公司总部认为，U国消费者的消费习惯从洗衣粉过渡到洗衣液用了将近30年的时间，C国这一过程至少也需要20年，在P公司链条过长、结构过于精密、近于僵化的决策系统指挥下，P公司在洗衣液这个本该属于自己的领地迟到了4年"。

(4) 因企业内、外部人员的道德风险或业务控制系统失灵导致的风险。"P公司在C国大量的线下渠道布局，不仅不再是优势，反而成为累赘，利益干扰成为P公司线上布局的阻力"。

(5) 企业现有业务流程和信息系统操作运行情况的监督、运行评价及持续改进能力方面引发的风险。"在P公司链条过长、结构过于精密、近于僵化的决策系统指挥下，P公司在洗衣液这个本该属于自己的领地迟到了4年"。

第二节　企业财务风险管理

一、企业财务风险的定义

财务风险是指企业在生产经营过程中，由于内外部环境的各种难以预料或无法控制的不确定性因素的作用，使企业在一定时期内所获取的财务收益与预期收益发生偏差的可能性。财务风险是客观存在的，企业管理者对财务风险只有采取有效措施来降低风险，而不可能完全消除风险。从企业财务管理的内容上看，财务风险主要来自：筹资管理、投资管理、运营资金管理、利润分配管理。

二、企业财务风险的内容

(一)基于风险来源的企业财务风险的内容

根据风险的来源可以将财务风险划分为筹资风险、投资风险、经营风险、存货管理风险和流动性风险。

1. 筹资风险

筹资风险指的是由于资金供需市场、宏观经济环境的变化，企业筹集资金给财务成果带来的不确定性。筹资风险主要包括利率风险、再融资风险、财务杠杆效应、汇率风险、购买力风险等。利率风险是指由于金融市场金融资产的波动而导致筹资成本的变动；再融资风险是指由于金融市场上金融工具品种、融资方式的变动，导致企业再次融资产生不确定性，或企业本身筹资结构的不合理导致再融资产生困难；财务杠杆效应是指由于企业使用杠杆融资给利益相关者的利益带来不确定性;汇率风险是指由于汇率变动引起的企业外汇业务成果的不确定性;购买力风险是指由于币值的变动给筹资带来的影响。

2. 投资风险

投资风险指企业投入一定资金后,因市场需求变化而影响最终收益与预期收益偏离的风险。企业对外投资主要有直接投资和证券投资两种形式。证券投资主要有股票投资和债券投资两种形式。股票投资是风险共担,利益共享的投资形式;债券投资与被投资企业的财务活动没有直接关系,只是定期收取固定的利息,所面临的是被投资者无力偿还债务的风险。投资风险主要包括利率风险、再投资风险、汇率风险、通货膨胀风险、金融衍生工具风险、道德风险、违约风险等。

3. 经营风险

经营风险又称营业风险,是指在企业的生产经营过程中,供、产、销各个环节不确定性因素的影响所导致企业资金运动的迟滞,产生企业价值的变动。经营风险主要包括采购风险、生产风险、存货变现风险、应收账款变现风险等。采购风险是指由于原材料市场供应商的变动而产生的供应不足的可能,以及由于信用条件与付款方式的变动而导致实际付款期限与平均付款期的偏离。生产风险是指由于信息、能源、技术及人员的变动而导致生产工艺流程的变化,以及由于库存不足所导致的停工待料或销售迟滞的可能。存货变现风险是指由于产品市场变动而导致产品销售受阻的可能。应收账款变现风险是指由于赊销业务过多导致应收账款管理成本增大的可能性,以及由于赊销政策的改变导致实际回收期与预期回收的偏离等。

4. 存货管理风险

企业保持一定量的存货对于其进行正常生产来说是至关重要的,但如何确定最优库存量是一个比较棘手的问题,存货太多会导致产品积压,占用企业资金,风险较高;而存货太少又可能导致原料供应不及时,影响企业的正常生产,严重时可能造成对客户的违约,影响企业的信誉。

5. 流动性风险

流动性风险是指企业资产不能正常和确定性地变成现金或企业债务不能正常履行的可能性。从这个意义上说,可以把企业的流动性风险从企业的变现力和偿付能力两方面分析与评价。由于企业支付能力和偿债能力发生的问题,称为现金不足及现金不能清偿风险。由于企业资产不能确定性地变成现金而发生的问题则称为变现力风险。

(二)基于内部控制视角的财务风险的内容

从企业内部控制角度考察,财务风险可以从以下几个方面展开。

1. 全面预算

依据《企业内部控制应用指引第15号——全面预算》,实行全面预算管理需关注的主要风险包括以下几种。

(1) 不编制预算或预算不健全，可能导致企业经营缺乏约束或盲目经营。
(2) 预算目标不合理、编制不科学，可能导致企业资源浪费或发展战略难以实现。
(3) 预算缺乏刚性、执行不力、考核不严，可能导致预算管理流于形式。

2. 资金活动

依据《企业内部控制应用指引第6号——资金活动》，资金活动需关注的主要风险包括以下几种。

(1) 筹资决策不当，引发资本结构不合理或无效融资，可能导致企业筹资成本过高或债务危机。
(2) 投资决策失误，引发盲目扩张或丧失发展机遇，可能导致资金链断裂或资金使用效益低下。
(3) 资金调度不合理、运营不畅，可能导致企业陷入财务困境或资金冗余。
(4) 资金活动管控不严，可能导致资金被挪用、侵占、抽逃或遭受欺诈。

3. 财务报告

依据《企业内部控制应用指引第14号——财务报告》，编制、对外提供和分析利用财务报告需关注的主要风险包括以下几种。

(1) 编制财务报告违反会计法律法规和国家统一的会计准则制度，可能导致企业承担法律责任和声誉受损。
(2) 提供虚假财务报告，误导财务报告使用者，造成决策失误，干扰市场秩序。
(3) 不能有效利用财务报告，难以及时发现企业经营管理中存在的问题，可能导致企业财务和经营风险失控。

三、企业财务风险管理方法

财务风险是企业在财务管理过程中必须面对的一个现实问题，财务风险是客观存在的，企业管理者只能采取有效措施来降低风险，而不可能完全消除风险。

(一)化解筹资风险

当企业的经营业务发生资金不足的困难时，可以采取发行股票、发行债券或银行借款等方式来筹集所需资本。

(二)化解投资风险

从风险防范的角度来看，投资风险主要通过控制投资期限、投资品种来降低。一般来说，投资期越长，风险就越大，因此企业应该尽量选择短期投资。而在进行证券投资的时候，应该采取分散投资的策略，选择若干种股票组成投资组合，通过组合中风险的相互抵消来降低风险。在对股票投资进行风险分析中，可以采用β系数的分析方法或资本资产定价模型来确定不同证券组合的风险。β系数小于1，说明它的风险小于整个市场的平均风险，因而是风险较小的投资对象。

(三)化解汇率风险

选择恰当的合同货币。在有关对外贸易和借贷等经济交易中,选择何种货币作为计价货币直接关系到交易主体是否承担汇率风险。为了规避汇率风险,企业应该争取使用本国货币作为合同货币,在出口、资本输出时使用硬通货,而在进口、资本输入时使用软通货。同时在合同中加入保值条款等措施。

在金融市场进行保值操作。主要方法有现汇交易、期货交易、期汇交易、期权交易、借款与投资、利率——货币互换、外币票据贴现等。

对于经济主体在资产负债表会计处理过程中产生的折算风险,一般是实行资产负债表保值来化解。这种方法要求在资产负债表上以各种功能货币表示的受险资产与受险负债的数额相等,从而使其折算风险头寸为零,只有这样,汇率变动才不致带来折算上的损失。

经营多样化。即在国际范围内分散其销售地、生产地及原材料来源地,通过国际经营的多样化,当汇率出现变化时,管理部门可以通过比较不同地区生产、销售和成本的变化趋利避害,增加在汇率变化有利的分支机构的生产,而减少汇率变化不利的分支机构的生产。

财务多样化。即在多个金融市场以多种货币寻求资金的来源和资金去向,实行筹资多样化和投资多样化,这样在有的外币贬值、有的外币升值的情况下,公司就可以使绝大部分的外汇风险相互抵消,从而达到防范风险的目的。

(四)化解流动性风险

企业流动性较强的资产主要包括现金、存货、应收账款等项目。防范流动性风险的目的是在保持资产流动性的前提下,实现利益的最大化。因此,应该确定最优的现金持有量、最佳的库存量以及加快应收账款的回收等。我们都很清楚持有现金有一个时间成本的问题,手中持有现金过多,显然会由于较高的资金占用而失去其他的获利机会;而持有现金太少,又会面临资金不能满足流动性需要的风险。因此,企业应该确定一个最优的现金持有量,从而在防范流动性风险的前提下实现利益的最大化。

(五)化解经营风险

在其他因素不变的情况下,市场对企业产品的需求越稳定,企业未来的经营收益就越确定,经营风险也就越小。因此企业在确定生产何种产品时,应先对产品市场做好调研,要生产适销对路的产品。销售价格是产品销售收入的决定因素之一,销售价格越稳定,销售收入就越稳定,企业未来的经营收益就越稳定,经营风险也就越小。

【案例】益强公司面临的财务风险

> 主营单晶、多晶硅太阳能电池产品开发和生产的益强公司于2003年注册成立。这是一家由董事长兼总经理李自一手创办并控制的家族式企业。2010年11月益强公司挂牌上市。在资本市场获得大额融资的同时,开始了激进的扩张之路。从横向看,为了扩大市场份额,公司在欧美多个国家投资或设立子公司;从纵向看,公司布局光伏全产业链,实施纵向一体化发展战略,由产业中游的组件生产延伸至上游的硅料和下游的电站领域。公司大举投

资房地产项目、炼油项目、水处理项目和 LED 显示屏项目等。

为了支持其战略扩张的需要,公司广开财路多方融资。公司上市仅几个月便启动二轮融资计划——发行债券,凭借建设海外电站的愿景,通过了管理部门的批准,发行规模为 10 亿元的"益强债",票面利率为 8.98%,在当年新发债券中利率最高。自 2011 年 2 月起,李自及其女儿李丽陆续以所持股份作抵押,通过信托融资约 9.7 亿元,同时,公司大举向银行借债。李自还以高达 15%的利率进行民间集资。这样公司在上市后三年时间内,通过各种手段融资近 70 亿元。

受 2008 年美国次贷危机和 2011 年欧债危机影响,欧美政府纷纷大幅削减甚至取消光伏补贴,光伏产品国际市场需求急剧萎缩。随后欧盟对中国光伏产品发起了"反倾、反补贴"调查,光伏企业出口受创。而全行业的非理性发展已导致产能严重过剩,市场供大于求,企业间开始以价格战恶性竞争,利润急速下降,甚至亏损。

在这种情况下,益强公司仍执于多方融资扩大产能,致使产品滞销,库存积压。同时,在海外大量投资电站致使公司的应收款急速增加。由于欧盟经济低迷,海外客户还款能力下降,欧元汇率下跌。存货跌价损失、汇兑损失、坏账准备的计提使严重依赖海外市场的益强公司出现大额亏损。公司把融资筹措的大量短期资金投放于回款周期很长的电站项目,投资回报期和债务偿付期的错配使得公司的短期还款压力巨大,偿债能力逐年恶化。2010 年公司流动比率为 3.165,到了 2013 年流动比率只有 0.546。公司资金只投不收的模式使现金流很快枯竭。2012 年和 2013 年多家银行因贷款逾期、供应商因贷款清偿事项向益强公司提起诉讼,公司部分银行账户被冻结,深陷债务危机。益强公司由于资金链断裂无法在原定付息日支付公司债券利息 8980 万元,成为国内债券市场上的第一家违约公司,在资本市场上掀起轩然大波,打破了公募债券刚性兑付的神话。

2014 年益强公司因上市后连续三年亏损被 ST 处理,暂停上市。仅仅三年多的时间,公司就由于深陷债务违约危机导致破产重组。

【解析】本案例中依据《企业内部控制应用指引第 6 号——资金活动》简要分析益强公司资金活动所存在的主要风险如下。

(1) 筹资决策不当,引发资本结构不合理或成无效融资,可能导致企业筹资成本过高或债务危机。"为了支持其战略扩张的需要,公司广开财路多方融资。公司上市仅几个月便启动二轮融资计划——发行债券,凭借建设海外电站的愿景,通过了管理部门的批准,发行规模为 10 亿元的益强债,票面利率为 8.98%,在当年新发债券中利率最高。自 2011 年 2 月起,李自及其女儿李丽陆续以所持股份作抵押,通过信托融资约 9.7 亿元,同时,公司大举向银行借债。李自还以高达 15%的利率进行民间集资。这样公司在上市后三年时间内,通过各种手段融资近 70 亿元。"

(2) 投资决策失误,引发盲目扩张或丧失发展机遇,可能导致资金链断裂或资金使用效益低下。"在市场供过于求的情况下,益强公司仍执于多方融资扩大产能,致使产品滞销,库存积压。同时,在海外大量投资电站致使公司的应收款急速增加。由于欧盟经济低速,海外客户还款能力下降,欧元汇率下跌。存货跌价损失、汇兑损失、坏账准备的计提使严重依赖海外市场的益强公司出现大额亏损。公司把融资筹措的大量短期资金投放于回款周期很长的电站项目,投资回报期和债务偿付期的错配使得公司的短期还款压力巨大,偿债能力逐年恶化。"

(3) 资金调度不合理、营运不畅，可能导致企业陷入财务困境或资金冗余。"公司把融资筹措的大量短期资金投放于回款周期很长的电站项目，投资回报期和债务偿付期的错配使得公司的短期还款压力巨大，偿债能力逐年恶化。2010年公司流动比率为3.165，到2013年只有0.546。公司资金只投不收的模式使现金流很快枯竭。"

(资料来源：根据常州亿晶光电科技有限公司官方网站公布的资料改编而来。)

第三节 企业项目风险管理

一、企业项目风险管理的定义

企业项目风险管理是指项目管理组织对项目可能遇到的风险进行规划、识别、估计、评价、应对、监控的动态过程，是以科学的管理方法实现最大安全保障的实践活动的总称。项目风险管理的目标在于提高项目中积极事件的概率和影响，降低项目中消极事件的概率和影响。

二、企业项目风险管理的特点

企业项目风险管理具有以下特性。

(1) 客观性。项目全过程风险存在一定的客观性。具体来说，项目实施过程中会遇到一些风险，如自然灾害等不以人的意志为转移，且广泛存在于项目前期规划及可研编制立项、项目招标、工程施工、验收投产等各个阶段。

(2) 可预测性。大部分风险事件的发生是可以被预见的。具体来说，管理者或者操作人员可以通过信息技术等科学手段对风险原因进行大规模分析，结合数学建模得出结论，进而在一定范围内实现对风险的预测。

(3) 两面性。在项目实施过程中，风险固然会给项目整体带来相当大的危害，但从另一种角度上说，风险本身也能够使企业长期保持风险意识，进而促进企业在发展过程中积极主动地进行技术革新，进一步提升公司整体竞争实力和发展潜力，谋求长远发展。

三、企业项目风险管理方法

美国项目管理协会(PMI)指定的风险管理过程为：规划风险管理、识别风险、实施定性风险分析、实施定量风险分析、规划风险应对、监控风险六个部分，如图11-1所示。方法是解决问题的桥梁。由于项目管理活动的复杂性和不确定性，在项目风险管理中，有效解决风险对项目组织实施的困扰必须依赖于适合的风险管理方法。

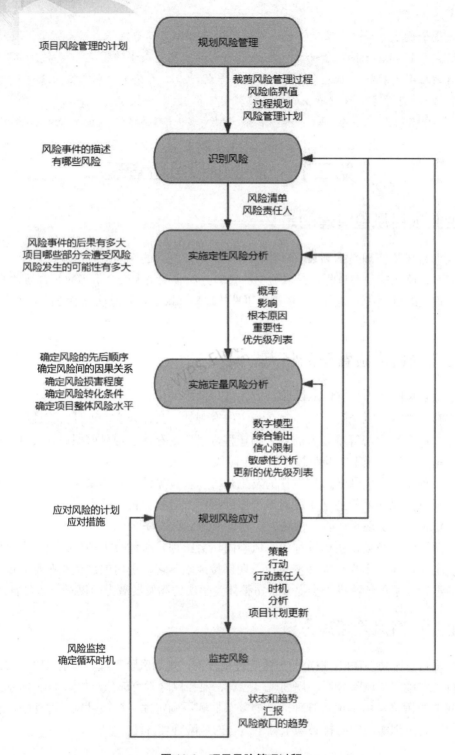

图 11-1 项目风险管理过程

从项目风险管理方法本身来看，项目风险管理方法可分为定性、定量、定性与定量相结合三大类。定性分析是一种综合性较强的系统分析方法，需要把握事物整体及发展演变

第十一章 企业风险管理实务

动态。定量分析是相对定性分析而言的一种方法，通过建模仿真、建立数学模型、搭建评估系统等，深化对事物的认识。但对于充满复杂性、不确定性的项目管理领域，许多因素难以用数字、模型来量化，如人员的心理活动、行为习惯、决策方式等，因而必须定性与定量相结合，形成一个"定性描述——定量分析——定性描述"完整的闭合回路，以提高解决问题的有效性。

从项目风险处理过程来看，如果不考虑保险，项目风险管理方法可以归纳为两大类，即项目风险控制方法和项目风险的财务安排。项目风险控制方法是直接对项目风险加以改变。改变项目风险的途径一般有两种：一是通过对损失加以改变达到项目风险控制的目的；二是不改变损失而直接改变风险。项目风险的财务安排是指不试图改变风险，只是在项目风险中的损失发生时，保证有足够的项目资源来补偿。风险的财务安排是以财务方式应对项目风险，这类方法又称为损失补偿的筹资措施，其关键是要有恰当的筹资方式，保证项目风险的损失发生后补偿资金的可得性。项目风险的财务安排一般包括风险自担的筹资安排、利用合同的筹资措施等。

保险作为一种特殊的项目风险管理方法，也是一种应用非常广泛的项目风险管理方法。保险既有项目风险控制的特征，也有财务安排的思想，为避免混淆，可以将一般的项目风险控制方法视为非保险的项目风险控制方法，一般的财务安排方法也称为非保险的财务安排。

【案例】 分析非洲公路项目存在的风险

我国某工程联合体（某央企和某省工程公司）在承建非洲某公路项目时，由于风险管理不当，造成工程严重拖期，亏损严重，同时也影响了中国承包商的声誉。该项目业主是该国政府工程和能源部，出资方为非洲开发银行和该国政府，项目监理是英国监理公司。

在此项目实施的四年多时间里，中方遇到了极大的困难，尽管投入了大量的人力、物力，但由于种种原因，合同于2019年7月到期后，实物工程量只完成了35%。2019年8月，项目业主和监理工程师不顾中方的反对，单方面启动了延期罚款，金额高达每天5000美元。为了防止国有资产的进一步流失，维护国家和企业的利益，中方承包商在我国驻该国大使馆和经商处的指导和支持下，积极开展外交活动。

2019年2月，业主致函我方承包商同意延长3年工期，不再进行工期罚款，条件是中方必须出具由当地银行开具的约1145万美元的无条件履约保函。由于保函金额过大，又无任何合同依据，且业主未对涉及工程实施的重大问题做出回复，为了保证公司资金安全，维护我方利益，中方不同意出具该保函，而用中国银行出具的400万美元的保函来代替。但是，由于政府对该项目的干预得不到项目业主的认可，2019年3月，业主在监理工程师和律师的怂恿下，不顾政府高层的调解，无视中方对继续实施本合同所做出的种种努力，以中方不能提供所要求的1145万美元履约保函的名义，致函终止了与中方公司的合同。针对这种情况，中方公司积极采取措施并委托律师，争取安全、妥善、有秩序地处理好善后事宜，力争把损失降至最低。

【解析】(1) 外部风险。该国政府对环保要求有特殊规定，必须进行环保评估后才能开始施工，且工会组织管理不善，停工等事件增加了项目风险。

(2) 前期准备工作不足。我方在项目开始时对招标文件的熟悉和研究不够深入，未对项目进行完善的考察，对项目风险的认识不足，低估了项目的复杂性和难度，对可能造成工期严重延误的风险并未做出有效的预测和预防，造成了项目失败。

(3) 项目执行过程中存在管理问题。由于中方内部管理不善，没有建立质量管理、保证体系，现场人员素质不能满足项目的需要，现场的组织管理沿用国内模式，不适合该国实际情况。这些都造成项目进度严重滞后，成本大大超支，工程质量也不如意。

(资料来源：根据合同风险管理案例范文(https://www.wenmi.com/jinpin/rsvquo003opf.html)改编而来。)

第四节　企业市场风险管理

一、企业市场风险的定义

市场风险是指企业所面对的外部市场的复杂性和变动性所带来的与经营相关的风险。市场因素的变化可能对企业正常经营活动产生直接或间接的影响，而企业经营活动能否盈利是影响企业能否持续成长、永续经营的重要因素。

二、企业市场风险的主要内容

依据《中央企业全面风险管理指引》，市场风险至少要考虑以下几个方面。

第一，产品或服务的价格及供需变化带来的风险。

第二，能源、原材料、配件等物资供应的充足性、稳定性和价格的变化带来的风险。

第三，主要客户、主要供应商的信用风险。

第四，税收政策和利率、汇率、股票价格指数的变化带来的风险。

第五，潜在进入者、竞争者、与替代品的竞争带来的风险。

市场风险是企业外部风险，主要包括流动性风险、交易风险和资产与负债不匹配的风险，如图11-2所示。

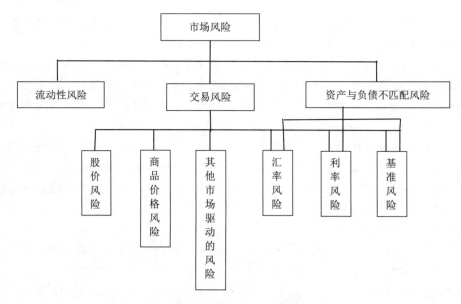

图11-2　市场风险的类型

三、企业市场风险管理方法

企业市场风险的管理方法至少应包含以下内容。

(一)角色和职责

这一部分应该明确公司里谁负责市场风险管理的某一方面以及组织和报告流程。例如,董事会审查和批准风险管理方针政策和限额;财务和交易部门研发公司策略;风险管理单位监控和报告总的投资组合风险。对于新业务和产品以及新交易策略和模型,审查和批准程序应当研发出来。除了各个职能部门和单位的职责外,各种市场风险管理委员会的结构和章程也应当明确设立起来。

(二)权力和限额的委托

这一部分应该指明谁被允许为公司操作市场风险头寸。包括明确的个人权力、产品和策略的类型、交易限额和批准程序。大部分公司都把操作资本市场和衍生品交易的权力集中于少数几个组织规划部门。一个主要控制措施是对于公司所面临的市场风险敞口的每一种类型都应该明确界定风险限额。另一个主要控制措施就是分离发起交易的部门和执行并记录交易的部门。

(三)风险计量和报告

为了确保对资产组合风险有一个一致的且对照政策限制的计量,各种不同市场风险计量的测度标准、方法体系和假设都应当明确好。报告和自动调整程序也应当依照定期向特定的各高级主管和委员会报告的形式设立好,对于要即刻自动调整的关键问题也应当如此。

(四)评价和事后检验

准确和定期的财务报告和风险报告是有效的市场风险管理的先决条件。正因如此,这部分应该明确定义当真实的市场价格可得时,头寸怎样按"市场价格计价(mark-to-market)";而当市场价格不可知时,头寸又怎样按"模型定价(mark-to-model)"。公司还应该明确定义对于各种头寸使用什么价格。对于模型产生的各个价格,要开发出事后检验措施和准则以确保它们真实反映了各种工具的标的价值。

(五)对冲策略

一个风险对冲策略界定了需要对冲的风险的类型、目标风险的水平以及可以利用的产品和策略。应该明确设立"有效对冲"的定义和衡量标准,这样管理层就能够确信对冲项目正在实现他们的目标。如果对冲策略没能像预期的那样起作用,就需要启动评审和解决程序。许多公司遭遇过对冲失败,那是因为它们没有恰当的对冲策略,而恰当的对冲策略需要它们了解产品以及标的的对冲策略的目标和风险。

(六)流动性策略

对公司流动性的管理是市场风险方针政策的最重要的方面之一。这部分应该明确定义用什么计量方式监控公司的流动性头寸。计量流动性并不简单直接。可选的方法有资产负债表计量法、现金流计量法以及基于情景的计量法。除了流动性的计量方法外，这部分还应当设立目标流动性头寸以及在遭遇财务困境时需要执行的应急方案。

(七)例外事件管理

市场风险管理的方针政策也应该明确如何报告和处理例外事件。例如，当剧烈的市场波动导致市场风险限额被突破时，会出现什么情况？管理层的一个反应可能是立即减少风险头寸，而另一个反应可能是等到了预定的期限后才减少风险头寸。无论如何，这部分应该提供明确的监控和报告例外事件的指南以及批准和解决的程序。

【案例】 简要分析益强公司上市后所面对的市场风险

本案例详细内容介绍可参照案例"益强公司面临的财务风险"。

【解析】(1) 产品或服务的价格及供需变化带来的风险。"受 2008 年美国次贷危机和 2011 年欧债危机影响，欧美政府纷纷大幅削减甚至取消光伏补贴，光伏产品国际市场需求急剧萎缩。随后欧盟对中国光伏产品发起了反倾、反补贴调查，光伏企业出口受创。而全行业的非理性发展已导致产能严重过剩，市场供大于求"。

(2) 主要客户、主供应商的信用风险。"由于欧盟经济低迷，海外客户还款能力下降"。

(3) 税收政策和利率、汇率、股票价格指数的变化带来的风险。"欧元汇率下跌。存货跌价损失、汇兑损失、坏账准备的计提使严重依赖海外市场的益强公司出现大额亏损"。

(4) 潜在进入者、竞争者、与替代品的竞争带来的风险。"而全行业的非理性发展已导致产能严重过剩，市场供大于求，企业间开始以价格战恶性竞争，利润急速下降，甚至亏损"。

第五节 企业法律风险管理

一、企业法律风险的定义

法律风险是指企业在经营过程中因自身经营行为的不规范或者外部法律环境发生重大变化而造成不利法律后果的可能性。

法律风险通常包括以下三方面。

一是法律环境因素，包括立法不完备、执法不公正等。

二是市场主体自身法律意识淡薄，在经营活动中不考虑法律因素等。

三是交易对方的失信、违约或欺诈等。

二、企业法律风险的特征

一般来说，企业法律风险具有以下特征。

(一)发生原因的法定性

企业违反法律规定、合同约定，侵权，怠于行使法律赋予的权利等，这些都是由法律规定或者合同等约定的，否则不能直接导致法律风险的发生。企业内部依据国家法律法规制定的规章制度，也是企业全体员工必须遵守的行为规范，如果企业员工不遵守企业内部规章制度，也将导致企业法律风险的发生。从企业外部看，国际范围内国与国或地区与地区之间引起的法律冲突，国内法律法规和规章在立法上的不一致，以及执法环节上的不协调等，也都可能诱发和引起企业的法律风险。

(二)发生结果的强制性

企业的经营活动如果违反法律法规，或者侵害其他企业、单位或者个人的合法权益，势必承担相应的民事责任、行政责任、甚至刑事责任等法律责任。而法律责任具有强制性，法律风险一旦发生，企业必然处于被动承受其结果的窘迫境地。企业发生法律风险的结果往往十分严重，有时甚至是颠覆性的。

(三)发生领域的广泛性

企业的所有经营活动都离不开法律规范的调整，企业实施任何行为都需要遵守法律规定。法律是贯穿企业经营活动始终的一个基本依据。企业与政府、企业与企业、企业与消费者以及企业内部的关系，都要通过相应的法律来调整和规范。因此，企业法律风险存在于企业生产经营各个环节和各项业务活动之中，存在于企业从设立到终止的全过程。

(四)发生形式的关联性

在企业风险体系中，许多风险并不是截然分开的，往往可能互相转化，存在交叉和重叠。法律风险与其他各种风险的联系最为密切，关联度最高。如企业发生财务风险、销售风险，往往也包含法律风险。由于法律风险是依据法定原因产生的，而遵守法律法规是企业在生产经营中最基本的要求，因此，法律风险是企业风险体系中最需要防范的基本风险。

(五)发生后果的可预见性

法律风险是违反法律规定产生的法定后果，因此事前是可以预见的，可以通过各种有效手段加以防范和控制。企业法律风险事前可防可控，对法律责任的追究难以自主操控，正是基于法律风险的可预见性而言的。

三、企业法律风险的分类

企业法律风险可分为以下几种类型。

(一)公司设立的法律风险

公司设立的法律风险主要包括公司设立失败、瑕疵、无效法律风险、公司章程违法风险、股东出资不实风险、资本构成违法法律风险、虚假验资法律风险、股权结构不合理风险等。企业在设立过程中的不规范行为，往往会为企业健康运行埋下隐患，并导致公司成立后内部纠纷频频，而有的在公司成立过程中就产生了纠纷乃至公司无法成立。如发起人出资不足或者抽逃注册资本金、发起人违反出资义务、出资权利瑕疵等引发的纠纷以及设置虚拟股东引发纠纷、隐名出资人引发的纠纷。在公司解散过程中，涉及公司清算、债务承担等也会引发大量纠纷。刑法上涉及的罪名有虚报注册资本罪、虚假出资、抽逃出资罪等。

(二)内控法律风险

内控法律风险主要包括控股股东关联交易损害公司利益风险、小股东非法控制公司风险等。公司成立后各类内部纠纷一直是公司治理要面对的核心问题,如股东与股东、股东与董事会等发生的股权确认、股权转让、股东权益诉讼,以及股东请求确认公司设立无效或撤销的诉讼,公司对股东或经营管理人员提起的诉讼等。

(三)合同法律风险

合同法律风险主要包括合同签订法律风险、合同履行法律风险、合同管理不当法律风险。合同是企业经营行为中最基本的法律文本,因合同引发的法律风险是企业最常见的合同纠纷,合同风险是企业法律风险最常见的主要内容。合同风险涉及企业生产经营的方方面面,从企业的成立到企业的解散,从企业的对外经营到内部管理,可以说合同风险是渗透到企业每个环节,与企业的其他法律风险相互交叉。综合而言,企业最主要的合同风险当然是在对外经营过程中与其他市场主体签订的合同产生的纠纷,包括因合同主体存在问题而产生的纠纷,合同条款不完善而导致的纠纷和合同履行过程中产生的纠纷等。

(四)财税法律风险

财税法律风险主要包括经营资质管理违规风险、信息披露违规风险、统计资料报送违规风险、档案管理违规风险、财务管理违规风险、税务管理违规风险、资金管理违规风险、会计核算违规风险、固定资产财务管理违规风险、固定资产实物管理违规风险、关联交易违规风险、在国家经济审计中的违规风险、财务管理不当风险、资金管理不当风险、发票管理不当风险。

(五)市场营销法律风险

市场营销法律风险主要包括产品或服务的法律风险、营销方案制定的法律风险、广告宣传的法律风险、市场竞争的法律风险。

(六)劳动关系法律风险

劳动关系法律风险主要包括合同制用工违规风险、劳务派遣用工管理违规风险、劳务派遣用工管理违约风险、培训合同不当风险、合同制用工管理不当风险、合同制用工合同文本不当风险、劳务派遣用工管理不当风险、劳务派遣用工合同文本不当风险、员工信息保管不当风险。在企业人力资源管理过程中,从招聘开始、面试、录用、使用、签订劳动合同、员工的待遇直至员工离职,都有相关的劳动法律法规的约束,企业的任何不遵守法律的行为都有可能给企业带来劳动纠纷,都有可能给企业造成不良影响。人力资源纠纷已经成为制约企业有效管理的瓶颈,是和谐企业建设的难点,在企业改制中最为突出。比较常见的有变更、终止劳动合同,开除、辞退职工,单方解除劳动合同,工伤、保险、职业病、工资和劳务派遣等劳动争议。

(七)知识产权法律风险

知识产权法律风险主要包括商标权申报风险、商标管理不当风险、商标权转让风险、商标权许可使用不当风险;专利申报风险、专利管理不当风险、专利转让风险、专利许可使用不当风险；专有技术和商业秘密的流失等。

(八)安全生产法律风险

安全生产法律风险主要包括生产经营单位负责人安全责任风险，生产经营单位安全保障风险，安全事故应急救援和处理风险，安全生产管理不当风险，警示标志不当风险，安全设备、特种设备、工艺流程风险、设备的管理风险，危险物品的管理风险，生产经营场所的安全管理风险，危险作业风险，劳动防护用品风险，重大危险源管理风险，安全生产监督管理不当风险。

(九)资本运作法律风险

资本运作法律风险主要包括集资法律风险、融汇银行资本法律风险、委托贷款法律风险、股权融资运作法律风险、资产重组法律风险、企业分立逃废债务的法律风险、委托理财法律风险、融资租赁法律风险、管理层收购运作的法律风险、风险投资法律风险。此外，企业在对外投资、融资过程中也会产生大量的纠纷，从而成为企业法律风险的重要组成部分。

(十)国际经营法律风险

国际经营法律风险主要包括进出口经营权资格中的法律风险、技术进出口中的法律风险、货物进出口中的法律风险、国际服务贸易中的法律风险、电子数据交换(EDI)中的法律风险、国际运输中的法律风险、国际支付与结算中的法律风险、国际贸易壁垒中的法律风险、国际贸易中的政治法律风险。

(十一)环境保护法律风险

环境保护法律风险主要包括排污资质风险、环境污染处罚风险、环境污染侵权风险。

(十二)与行政主体关系的法律风险

与行政主体关系的法律风险主要包括行政许可、行政复议、行政处罚、国家赔偿。企业是一个市场主体，也是一个行政管理法律主体，是行政管理的相对人。企业的各种市场行为、社会活动都要受到行政法律法规与规章的管制，企业也因此具有各种行政法上的权利和义务。有权利义务的地方就有法律风险。

(十三)诉讼(仲裁)法律风险

诉讼(仲裁)法律风险主要包括证据风险、时效风险、期限风险。

(十四)其他法律风险

其他法律风险主要包括重大重要项目风险、传媒负面影响风险、文化和信仰风险。

四、企业法律风险管理的方法与流程

一般来说，企业法律风险管理的方法与流程如下。

(一)增强法律风险防范意识

企业在实际经营过程中，应不断强化工作人员的风险意识、责任意识、制度意识等，明确自身的责任与义务范围，最大程度地减少内部矛盾问题，促使企业在法律约束下正常有序运营，提高自身的运行效率。通过增强法律风险防范意识，相关人员可以充分认识到法律风险所在，进而制定可行的解决对策。一是强化领导和管理人员的法律风险意识。作为企业发展的核心因素，强化管理人员的法律风险意识可以具备一定的引导作用，保证法律知识的普及效果。二是强化工作人员的法律风险意识，使其可以了解企业生产经营等环节中存在的法律风险问题，并及时应对。三是强化企业内部法务控制效果，以促进各个管理环节的良性运转。

(二)构建可行的企业治理制度

良好的企业治理结构可以充分降低经营过程中存在的各种风险问题。当前企业存在市场导向与银行控制等两种治理模式，随着世界一体化进程的加快，这两种模式逐渐趋于相同。同时，当前我国企业的股权结构也存在三种情况：一是股权高度分散，企业的经营权与所有权基本分离；二是股权高度集中，大股东绝对控制企业；三是处于两者之间的股权相对集中模式，其他大股东与相对控股股东具备企业股份。一般上市公司会采用此种治理结构。企业自身治理结构的好坏决定着未来的发展方向。为了获得长期稳定的发展，企业应充分发挥自身治理机制的作用，科学设计企业的股权结构。实际管理过程中，企业股权结构的设计还应遵循自身的经营特点，综合考虑企业股东人数、股权变动、股东类型以及持股份额等因素确定股权设计方案。除此之外，为了获得长远发展，企业还应有效平衡各方的经济利益，制定可行的管理制度。合理的股权结构还应保证决策的民主性与监督效果，因此应保证股权的集中性，在有效监督与限制股东与管理人员的基础上，保证公司决策的制定与执行效果。但需要注意的是，企业的经营还应配合建立大股东的监督制度。

(三)构建企业法律风险监管机制

一是设定企业法律风险决策机构与审批机构，审核、批准企业重大事务问题；二是设立重大事务的处理机构；三是建立企业的法律顾问机制。同时，在监督机制的建立过程中，企业还应针对性配备法律事务负责人、决策机构以及法律顾问等人员，并明确划分职责范围。

(四)完善企业内部规章制度

为了保证企业法律风险的防范效果，企业还应不断完善内部规章制度，保证约束作用，有效制约各部门之间内部权力。当前大多法律风险源于企业内部，建立可行的内部管理制度，强化内部管理力度具有十分重要的作用。在防范法律风险时，企业应结合自身实际经营情况，健全相关管理机制与预警体系，强化监管与执法效果。除此之外，还应强化领导管理层的监督效果，杜绝滥用权力等问题的出现，达到预期的法律防范效果。

(五)构建可行的合同管理制度

作为企业最常见也属于最基本的交易方式，合同在企业经营管理过程中起着十分重要的作用，属于处理民商事相互关系的重要法律依据，但也属于纠纷产生的根源。企业法律事务处理过程中也应充分重视合同风险管理工作，构建可行的合同法律风险监管机制，促进合同管理工作的标准化与规范化。具体而言，合同管理制度包括合同文本、合同档案以及合同专用章的使用等事项；合同拟写、审核以及履行等环节。除此之外，企业在承办合同事务时还应建立专门的承办部门，执行时严格遵照合同管理制度，且其他部门应积极协助并配合完成。

(六)完善人力资源风险防范机制

企业在人力资源管理方面也应建立合理可行的风险防范机制，以合法引导，保证人力资源管理工作的合规化与合法化，具体包括：用工手续办理、合同管理、工资发放、员工违章责任追究、员工离职等方面。企业应结合自身的实际经营情况，不断健全人力资源防范机制，一是做好离职人员的相关工作，针对离职人员的实际情况采用针对性的管理措施，避免员工离职时产生不必要的纠纷与争议问题；二是涉密岗位人员的管理，包括离职法律文书约定、入职法律文书约定等方面，确定具体的入职工资及离职补偿金额等事项；三是有效处理劳动仲裁案件，建立可行的仲裁案件管理制度，严格管控违规操作员工，以更好地维护企业的合法权益。

(七)完善企业诉讼管理工作

纠纷会产生诉讼案件，企业在解决纠纷过程中应尽量采用书面文书形式，交由专门的法律事务机构进行处理。对于重大纠纷案件，应尽早成立专案小组，及时介入解决，且在案件处理完成后还应整理相关材料，做好诉讼档案的管理工作，避免再次发生此类事件。

【案例】 华锐世纪集团法律风险对策

华锐世纪集团成立于2003年，注册资本为3000万美元，属于大型民营企业，成立以来保持较快的发展速度，公司发展众多建设项目，包括购物中心、住宅小区、写字楼等，累计开发面积超过500万平方米。华锐世纪集团面临的法律风险：一是土地出让风险，未足额支付土地出让金；政府无力支付拆迁补偿款；企业获得土地后，因资金不足导致土地闲置问题等。二是建设施工法律风险，合同签订会导致法律风险的发生，合同施工内容不明确或工程量变化导致的法律风险，施工合同没有列举全部的施工内容，且工程量极易发生变化，以致引发风险。三是房屋销售法律风险，主要因交房延迟导致，无法及时解决销售法律风险，降低了购房者的满意度，也不利于未来项目的发展。

【解析】首先，建立完善的法律风险组织。华锐世纪集团应重组法律风险管理组织架构，设定三个风险管理组织：一是负责土地投资与工程建设的法律风险机构；二是负责营销领域的法律风险管理组织；三是负责劳动用工、物业管理以及税务领域的法律风险管理组织。其次，强化人力资源管理，充分激发员工潜能，完善法律培训体系，并制定可行的培训计划与培训方案，根据实际情况建立法律风险管理考核机制，设定可行的法律风险管理指标。再次，设定激励机制，设定奖励条件与奖励标准。最后，建立三级防控系统。根据法律风险管理现状，设定三级防控机制：一级为各项目及子公司，查找法律风险信息，制定可行的监控措施；二级为各区域法律风险管理部门，拟定区域法律风险信息库；三级为集团总部法律风险管理部门，统筹管理各区域法律风险，形成法律风险评估报告，并不断改进。

第六节　企业政治风险管理

一、跨国公司政治风险的定义

政治风险是指完全或部分由政府官员行使权力和政府组织的行为而产生的不确定性。也就是企业所在的东道国或地区政府给国外企业的正常经营带来一定的冲击甚至破坏的可能性。

政府的不作为或直接干预也可能对企业带来政治风险。政府的不作为是指政府未能发出企业要求的许可证，或者政府未能实施当地法律。直接干预包括：不履行合同、货币不可兑换、不利的税法、关税壁垒、没收资产或限制将利润带回母国。政治风险也指企业因一国政府或人民的举动而遭受损失的风险。企业目标与东道国的国民愿望之间如存在冲突，则会产生政治风险。显然，政治风险是全球性企业面临的一个特殊问题。政府既对发展和增长持鼓励态度，同时又不想受跨国企业的剥削。极端的情况是，发生战争或企业被没收时，企业可能会损失它们的资产。最可能出现的问题是，从东道国将现金汇向本国的相关规定出现变化。在国家风险中，政治因素所引起的风险处于关键地位。

通常，政治风险主要具有以下特点。

第一，使该国经营环境急剧变化，具有不连续性。

第二，难以预测经营环境的变化，具有很大的不确定性。

第三，整个社会中的各种政治力量的权力与权威关系极为复杂。

第四，由于上述原因，使跨国公司的利润或其他目标的实现受到显著影响。

二、跨国公司政治风险的主要表现形式

跨国公司的政治风险常常表现为以下几种形式。

(一)限制投资领域

出于对东道国产业安全保护的目的，大多数国家对于外国企业对本国的投资领域进行限制。例如，2018年某发达国家出台相关政策，限制外国企业对该国科技公司投资，以保护该国敏感技术外流。

(二)设置贸易壁垒

近年来，一些发达国家对新兴经济体企业与本国的贸易设置了多种壁垒，如制定限制本国高新技术产品出口等知识产权保护政策，开展对进口产品反倾销、反补贴、反垄断等调查与诉讼等。

(三)外汇管制规定

通常欠发达国家制定的外汇管制规定更为严格。例如，外币供应实行定量配给，从而限制东道国的企业从外国购买商品以及禁止其向外国股东支付股利，这些企业继而可能会陷入资金被冻结的局面。

(四)进口配额和关税

规定进口配额可以限制在东道国内的子公司从其控股公司购买以投放到国内市场上销售的商品数量。有些时候东道国会要求征收额外税收,即对外国企业按高于本地企业的税率征税,目的是为本地企业提供优势条件,甚至有可能故意征收超高税率,使得外国企业难以盈利。

(五)组织结构及要求最低持股比例

凭借要求所有投资必须采取与东道国的公司联营的方式,东道国政府可决定组织结构。最低持股比例是指外资公司的部分股权必须由当地投资人持有。

(六)限制向东道国银行借款

限制甚至包括禁止外资企业向东道国的银行和发展基金按最低利率借款。某些国家仅向本国的企业提供获取外币的渠道,以迫使外资企业将外币带入本国。

(七)没收资产

出于国家利益的考虑,东道国可能会没收外国财产。国际法认为,这是主权国的权力,但主权国要按照公平的市场价格迅速地以可自由兑换的货币进行赔偿。问题常常出现在"迅速"和"公平"这两个词所代表的准确含义以及货币的选择。

三、跨国公司政治风险的管理对策

跨国公司政治风险的管理对策主要有以下几个方面。

第一,合资经营,即企业通过与东道国的某些企业或个体合资来建立企业进行生产经营。通过合资经营,扩大了企业在当地的所有者基础,在当地政府因某种因素而要对企业实施惩罚时必然会有所顾虑,从某种意义上讲分散了企业的经营风险。

第二,多元化经营,即企业通过扩大在多个国家的经营,降低由于只在一个国家经营时而遭到政治风险的损失。在国际市场当中,单一化经营企业具有更大的风险,一旦市场有变化,这样的企业随时都会面临困境。

第三,控制市场销售,即企业利用自身独特的销售优势来进入东道国从事业务经营。在国际市场经营中,若企业通过在东道国全额投资,即从研发、生产一直到销售全过程都由企业独立来完成,一旦当地市场局势发生变化甚至动荡,企业要想快速并全身撤退则比较困难,造成大规模损失的可能性大大提高。因此,提倡企业在国际经营中,最好以控制市场销售方式来切入当地市场,把生产职能等交于当地企业来执行,利于企业在遇到风险时能快速做出反应并及时撤出,减少企业损失的风险。

第四,实施许可证贸易,即企业通过向东道国相关企业及个体颁发技术及商标许可证,鼓励当地企业加入企业产品的销售当中来。在这种方式中,企业主要是利用自身特有的技术及商标价值,吸引本土更多的经济组织加盟本企业,实施特许经营方案。企业更多时候直接从当地采购相关产品并贴上自己的商标,再转给当地企业来销售,企业只收取一定的加盟费与管理费,从而扩大了企业在当地市场的所有者基础,一旦市场有风吹草动时,首当其冲的是东道国企业自身的利益。对本企业而言，由于没有投入相关的生产设施等不易转移的资产设备，方便企业及时调整经营策略，从而把企业的损失减少到最低程度。

第五，有计划地本国化，即企业通过与东道国政府达成一定的协议，承诺企业在经营一定期限后，把企业的所有权与经营权转交给当地政府。由于很多企业在国际市场经营中，往往拥有一定的专有技术并且容易成为行业的领先者，对当地产业的发展具有重要的引领作用。对于东道国政府而言，更多时候是喜欢这样的企业能够归国家拥有与控制，出于这种考虑，当地政府会经常给予本企业各种各样的压力，暗示企业须与政府合作持有。当企业面临此情况时，基于企业在国外投资的主要目的是投资回报，因此，可以采用以下两种措施帮助企业减少在经营中遇到的风险。一是企业向当地政府承诺在经营一定期限后把企业直接划归当地政府所有，企业可要求当地政府保护其正常经营的责任，以确保企业的利益回收。二是企业与当地政府共同协商，通过每年给予当地政府一定的股权并在合理期限后全部转为当地政府所有。这种形式的划转，更容易调动当地政府对企业的积极性并提供一定的保护措施，在保护企业的同时实际也是在保护当地政府自身的利益，从而降低企业在当地经营面临的各种风险。

本 章 小 结

(1) 本章首先介绍了风险与企业风险，给出了二者的一般定义。其次分别介绍了企业面对的主要风险类型，以及它们的定义和主要内容。

(2) 企业面对的主要风险分为两大类：外部风险和内部风险。

(3) 运营风险是指企业在运营过程中，由于内外部环境的复杂性和变动性以及主体对环境的认知能力和适应能力的有限性，而导致的运营失败或使运营活动达不到预期的目标的可能性及损失。

(4) 财务风险，是指企业在生产经营过程中，由于内外部环境的各种难以预料或无法控制的不确定性因素的作用，使企业在一定时期内所获取的财务收益与预期收益发生偏差的可能性。

(5) 企业项目风险管理是指项目管理组织对项目可能遇到的风险进行规划、识别、估计、评价、应对、监控的动态过程，是以科学的管理方法实现最大安全保障的实践活动的总称。

(6) 市场风险是指企业所面对的外部市场的复杂性和变动性所带来的与经营相关的风险。

(7) 法律风险是指企业在经营过程中因自身经营行为的不规范或者外部法律环境发生重大变化而造成不利法律后果的可能性。

(8) 政治风险是指完全或部分由政府官员行使权力和政府组织的行为而产生的不确定性。

实 训 课 堂

基本案情：

众泰汽车股份有限公司以研发、制造、销售汽车为主要业务。以市场为导向，不断丰富和完善经营范围。增强自主创新实力，逐步成长为具有核心竞争优势的全国汽车工业自主品牌。公司拥有众泰、江南、骏马等自主品牌，公司的产品包括SUV、轿车、MPV和新能源汽车。SUV板块广受市场追捧，深受消费者喜爱。公司主要采购汽车生产制造所需的原材料、零部件及辅材物料等。公司设有采购部。采购部根据生产部提供的生产指导计划和售后服务部提供的备件采购计划，每月向供应商发出采购订单，经供应商确认后及时供货。公司主要产品为整车，主要采用生产方式组织日常生产。公司定期组织产销平衡会，根据销售单位提供的订单要求制订生产计划，各生产基地落实生产工艺，采购、技术研发、运输等部门给予协助，以保证正常生产。

2019年汽车市场下行压力加大，全年产销降幅较上一年有所增加。这表明中国汽车产业发展到今天，已经进入到产业转型升级的新阶段。2019年，全国汽车产量为2 572.1万辆，销量为2 576.9万辆，两者同比分别下降7.5%和8.2%，降幅情况与上年相比，分别扩大3.3和5.4个百分点。新能源受补贴减少的影响，下半年呈现较大程度下降的态势。受外部大环境以及公司品类战略实施和产品进一步聚焦的影响，公司2019年销量大幅下滑，与行业整体下降趋势及多数同行业公司走势基本一致。

众泰发布的2019年年报称，公司存货跌价准备计提的影响总额为3.3亿元，全部计入2019年损益，导致公司2019年业绩大幅亏损。众泰汽车公司资产或项目有盈利预测，报告期仍处于盈利预测期。

报告期内，众泰汽车公司生产汽车16 215辆，销售汽车21 224辆。报告期内，公司实现销售收入298 584.71万元，同比减少79.78%，利润总额-117 811.61万元，同比减少-1874.38%；归属于上市公司股东的净利润为-1 119 022.38万元，同比减少1498.98%。其中一个主要原因是受宏观经济形势影响，汽车行业整体景气度不高，行业竞争日益激烈，加上公司资金流动性不足等因素导致公司汽车销量大幅下滑，这与预期不符。由于销售量大幅下降，公司营业收入大幅下降，经营成本相对增加，造成较大经营亏损。众泰汽车还存在年度资金周转量过大、内部资金周转不畅、资金不足等重大缺陷，对购买重大资产等事项缺乏调查和可行性研究，也未履行对外担保的审查和披露程序。关键是员工工资和社保费用并未按时发放，大量员工离职或不上班，组织不健全不能正常运行。

2019年，众泰公司净利润亏损111亿元，资金短缺，经营生产停滞。

(资料来源：根据众泰汽车官方网站和年报资料改编而来，http://www.zotye.com/brand/summary.html?eqid=81c4d9d40003dbfe000000046440f9bf。)

思考讨论题：

1. 结合案例分析众泰汽车面临的风险有哪些。
2. 如何化解这些风险？

分析要点：

可分别从内、外部风险角度分析。

复习思考题

一、基本概念

风险　市场风险　项目风险　运营风险　财务风险　法律风险　政治风险

二、判断题

1. 风险是影响目标实现的不确定性，是未来事件最有可能发生的结果。（　）
2. 进行风险定量评估时，应统一制定各风险的度量单位和风险度量模型，并通过测试等方法，确保评估系统的假设前提、参数、数据来源和定量评估程序的合理性和准确性。假设前提和参数一经确定，不得进行调整。（　）
3. 企业进行风险评估并实施控制活动的目标是为了消除风险。（　）

三、选择题(有多选)

1. 企业生产产品或提供劳务，并将其提供给买家，允许买家在一定时间付款，在这一过程中，企业承担的风险是(　　)。

    A. 流动性风险　　B. 信用风险　　C. 产品风险　　D. 操作风险

2. 企业与一个供应商之间产生了合同争议。能够消除这种争议的最佳证据是(　　)。

    A. 签约双方的签约活动
    B. 来自供应商律师的证明信
    C. 合同文本的正本
    D. 签约双方的口头证明

3. 2020 年 7 月，A 公司按照每亩 5000 元左右的价格和数十家大葱种植户订立了书面合同，并付清了所有收购款。然而当年底 A 公司雇请人来挖葱时，其中六户种植户基于近日大葱价格飞涨，纷纷坐地起价，提出要加价至每亩 1～2 万元。上述案例中，A 公司面临的风险是(　　)。

    A. 市场风险　　B. 运营风险　　C. 法律风险　　D. 财务风险

4. 某造纸企业主要生产新闻纸，其原料 80%从美国进口，所产新闻纸内销和出口各占 50%，经营所需流动资金的 50%需要贷款解决，月平均贷款余额约为 20 亿元(等值人民币)。2010 年年初市场预测，当年人民币对美元将均衡升值 3%，人民银行将从 7 月开始每季度加息 25 个基点，人民币和美元存、贷款利率相同且将同步调整。假定该企业管理层属于风险厌恶型。下列各项关于该企业 2010 年度预算的筹资方案中，最符合管理层要求的是(　　)。

    A. 借入 1 年期美元借款(等值 20 亿元人民币)，并对利率进行套期保值
    B. 借入 1 年期人民币借款 20 亿元
    C. 借入 1 年期美元借款(等值 20 亿元人民币)，同时买入等额 1 年到期远期合约
    D. 借入 1 年期美元借款(等值 20 亿元人民币)

5. 某集团公司管理层做出了风险应对措施决策。下列各项中，正确的是(　　)。

A. 为了获得更加灵活、质量更高的信息技术资源，将集团全部信息技术业务外包以转移风险

B. 在本国和其他国家和地区进行投资，以便缓解和分散集中投资的风险

C. 通过与某国内公司联合进行境外投资项目转移投资风险

D. 基于成本效益考虑，管理层认为不利事件发生的可能性低而且即使发生对企业影响也很小，决定接受风险

6. 某矿业集团近期收购了厄瓜多尔铜矿，集团风险管理部派小王驻该铜矿担任中方管理人员，并负责该铜矿的风险管理工作。下列各项中，小王可以用以应对该铜矿政治风险的措施有( )。

A. 与当地职工建立良好关系

B. 当厄瓜多尔出现自然灾害时，主动进行捐助

C. 在原料、零配件的采购上适当以当地企业优先

D. 向国际保险公司对该项目政治风险投保

7. 甲公司是在上海证券交易所上市的钢铁生产企业。甲公司60%以上的铁矿石从淡水河谷公司进口。甲公司的长期债务中，长期银行借款占80%。下列各项中，属于甲公司在日常经营中面临的市场风险有( )。

A. 流动性风险
B. 股票价格风险
C. 利率风险
D. 商品价格风险

四、简述题

1. 企业的财务风险有哪些？
2. 什么是政治风险？有哪几类？
3. 项目风险管理的具体流程是什么？

第十二章 基于战略的风险管理整合

【学习要点及目标】

- 掌握内部控制的相关定义。
- 了解内部控制的主要内容。
- 掌握企业风险管理的相关内容。
- 了解公司治理与内部控制及风险管理的关系。

【核心概念】

内部控制　内部环境　风险评估　控制活动　内部监督　信息与沟通　风险管理

【引导案例】

振兴生化股份有限公司控制权争夺案

2017年6月21日,"浙民投"天弘正式向振兴生化股份有限公司(后称"ST生化")发起要约收购方案,拟以36元每股的价格收购其27.49%的股份,而此时振兴集团作为第一大股东仅持股22.61%,且"浙民投"公开宣布此次收购意图获取控制权。发出要约收购后,"浙民投"按照收购程序履行职责,但"ST生化"因消极协助而遭到了深交所的批评。尽管资本雄厚的"浙民投"能为"ST生化"的发展带来更多的资源,但振兴集团不甘将刚刚清除历史遗留问题,后期具备极大发展前景的"ST生化"被他人夺取,于是便采取了一系列反收购防御措施进行自卫反击。

停牌重组。振兴集团和"ST生化"综合实力不及"浙民投",因此"ST生化"当天即采取停牌措施,以避免与"浙民投"正面交锋,这也在一定程度上增大了收购难度,并放缓了收购进度。之后三个月内,"ST生化"进行了两次重组,将重组标的由山西宝康生物制品有限公司更改为内蒙古维克生生物,但均宣布失败。

实名举报。振兴集团于2017年7月4日,向有关监管部门实名举报"ST生化",认为"ST生化"隐瞒了之前持有上市公司股票的事实。根据规定,存在信息披露违规行为的投资者不具备收购资格,但是不久后举报公告就消失了。在后来诉讼阶段,振兴集团曾再次举报"浙民投"存在违规贷款行为,但均以无果告终。

诉讼。显然,实名举报成效不彰。振兴集团于2017年9月14日将"ST生化"和"浙民投"同时告上法庭,理由依旧是"浙民投"的要约收购存在内幕交易、利益输送等违规行为,并不具有收购人的法定资格,因此向法院提出停止"浙民投"对"ST生化"的收购行为,并索要1.57亿元的赔偿费,但这也依然没能阻止"浙民投"的收购计划。

"白衣骑士"。2017年11月28日,振兴集团与航运健康及信达资产深圳分公司(后称"信达深圳")三方签订了包括股权转让协议在内的一系列合作协议。其中规定,振兴集团将"ST生化"18.57%的股权转让给航运健康,4.04%的股权转让给"信达深圳",航运健康拥有两者投票权委托。此时航运健康持有"ST生化"投票权的股份比例为22.61%,佳兆业暂居"ST 生化"第一大股东之位，并取得"ST 生化"实际控制权。协议约定，如果航运健康因"浙民投"的成功收购而丢失第一大股东地位，佳兆业可以选择退出。

"浙民投"历经 169 天，最终于 2017 年 12 月 5 日实现对"ST 生化"的要约收购计划，总共收购 0.75 亿股，占总股份的比例达 24.79%，算上其一致行动人所持股份，"浙民投"总计持股比例为 29.99%，超额完成收购目标，挤掉佳兆业跃为第一大股东。之后佳兆业和"浙民投"也针对董事会席位进行了交手，但最终出于对上市公司未来健康持续发展的考虑，以及对自身利益的维护，"浙民投"与佳兆业握手言和，谋求共同发展。

(资料来源：根据振兴生化（股票代码 000403）官方网站及年报资料改编而来。)

第一节　风险管理框架下的内部控制

一、内部控制的基本理论

(一)内部控制的含义

内部控制系统指围绕风险管理策略目标，针对企业战略、规划、产品研发、投融资、市场运营、财务、内部审计、法律事务、人力资源、采购、加工制造、销售、物流、质量、安全生产、环境保护等各项重要业务及其管理，通过执行风险管理基本流程，制定并执行的规章制度、程序和措施。

COSO 委员会对内部控制的定义是"公司的董事会、管理层及其他人士为实现以下目标提供合理保证而实施的程序：运营的效益和效率、财务报告的可靠性和遵守适用的法律法规"。COSO 委员会的上述定义对内部控制的基本概念提供了一些深入的见解，并特别指出：第一，内部控制是一个实现目标的程序及方法，而其本身并非目标；第二，内部控制只提供合理保证，而非绝对保证；第三，内部控制要由企业中各级人员实施与配合。

1992 年 9 月，COSO 委员会提出了《内部控制——整合框架》，1994 年、2003 年和 2013 年又进行了增补和修订，简称《内部控制框架》，即 COSO《内部控制框架》。《内部控制——整合框架》提出了内部控制的三个目标和五大要素。内部控制的三个目标包括：取得经营的效率和有效性；确保财务报告的可靠性；遵循适用的法律法规。

(二)内部控制的五要素

内部控制的五大要素如下。

(1) 控制环境：包括员工的正直、道德价值观和能力，管理当局的理念和经营风格，管理当局确立权威性和责任，组织和开发员工的方法等。

(2) 风险评估：为了实现组织目标而对相关风险进行的辨别与分析。

(3) 控制活动：为了确保实现管理当局的目标而采取的政策和程序，包括审批、授权、验证、确认、经营业绩的复核、资产的安全性等。

(4) 信息与沟通：为了保证员工履行职责而必须识别、获取的信息及其沟通。

(5) 监控：对内部控制实施质量的评价，主要包括经营过程中的持续监控，即日常管理和监督、员工履行职责的行动等。

这些要素从管理层运营的业务中衍生出来，并整合在管理过程当中。

2008年6月28日，财政部会同证监会、审计署、银监会、保监会制定并印发《企业内部控制基本规范》(以下简称《基本规范》)。《基本规范》规定内部控制的目标、要素、原则和总体要求，是内部控制的总体框架，在内部控制标准体系中起统领作用。

《基本规范》要求企业建立内部控制体系时应符合以下目标：合理保证企业经营管理合法合规、资产安全、财务报告及相关信息真实完整；提高经营效率和效果；促进企业实现发展战略。

《基本规范》借鉴了COSO委员会内部控制整合报告所代表的国际内部控制框架，并结合中国国情，要求企业所建立与实施的内部控制，应当包括五个要素：内部环境；风险评估；控制活动；信息与沟通；内部监督。

二、内部环境

(一)COSO委员会《内部控制框架》关于控制环境要素的要求与原则

COSO委员会《内部控制框架》关于控制环境要素的要求为：控制环境决定了企业的基调，直接影响企业员工的控制意识。控制环境提供了内部控制的基本规则和构架，是其他四要素的基础。控制环境包括员工的诚信度、职业道德和才能；管理哲学和经营风格；权责分配方法、人事政策；董事会的经营重点和目标等。

根据2013年修订发布的COSO委员会《内部控制框架》，控制环境要素应当坚持以下原则。

(1) 企业对诚信和道德价值观做出承诺。

(2) 董事会独立于管理层，对内部控制的制定及其绩效施以监控。

(3) 管理层在董事会的监控下，建立目标实现过程中所涉及的组织架构、报告路径以及适当的权利和责任。

(4) 企业致力于吸引、发展和留住优秀人才，以配合企业目标达成。

(5) 企业根据其目标，使员工各自担负起内部控制的相关责任。

(二)我国《企业内部控制基本规范》关于内部环境要素的要求

企业应当根据国家有关法律法规和企业章程，建立规范的公司治理结构和议事规则，明确决策、执行、监督等方面的职责权限，形成科学有效的职责分工和制衡机制。

董事会负责内部控制的建立健全和有效实施。监事会对董事会建立与实施内部控制进行监督。经理层负责组织领导企业内部控制的日常运行。企业应当成立专门机构或者指定适当的机构具体负责组织协调内部控制的建立、实施及日常工作。

企业应当在董事会下设立审计委员会。审计委员会负责审查企业内部控制，监督内部控制的有效实施和内部控制自我评价情况，协调内部控制审计及其他相关事宜等。审计委员会负责人应当具备相应的独立性、良好的职业操守和专业胜任能力。

企业应当结合业务特点和内部控制要求设置内部机构，明确职责权限，将权利与责任落实到各责任单位。企业应当通过编制内部管理手册，使全体员工掌握内部机构设置、岗位职责、业务流程等情况，明确权责分配，正确行使职权。

企业应当加强内部审计工作,保证内部审计机构设置、人员配备和工作的独立性。内部审计机构应当结合内部审计监督,对内部控制的有效性进行监督检查。内部审计机构对监督检查中发现的内部控制缺陷,应当按照企业内部审计工作程序进行报告;对监督检查中发现的内部控制重大缺陷,有权直接向董事会及其审计委员会、监事会报告。

企业应当制定和实施有利于企业可持续发展的人力资源政策。人力资源政策应当包括下列内容:员工的聘用、培训、辞退与辞职;员工的薪酬、考核、晋升与奖惩;关键岗位员工的强制休假制度和定期岗位轮换制度;掌握国家秘密或重要商业秘密的员工离岗的限制性规定;有关人力资源管理的其他政策。

企业应当将职业道德修养和专业胜任能力作为选拔和聘用员工的重要标准,切实加强员工培训和继续教育,不断提升员工素质。

企业应当加强文化建设,培育积极向上的价值观和社会责任感,倡导诚实守信、爱岗敬业、开拓创新和团队协作精神,树立现代管理理念,强化风险意识。董事、监事、经理及其他高级管理人员应当在企业文化建设中发挥主导作用。企业员工应当遵守员工行为守则,认真履行岗位职责。

企业应当加强法制教育,增强董事、监事、经理及其他高级管理人员和员工的法制观念,严格依法决策、依法办事、依法监督,建立健全法律顾问制度和重大法律纠纷案件备案制度。

三、风险评估

(一)COSO 委员会《内部控制框架》关于风险评估要素的要求与原则

COSO 委员会《内部控制框架》关于风险评估要素的要求为:每个企业都面临诸多来自内部和外部的有待评估的风险。风险评估的前提是使经营目标在不同层次上相互衔接,保持一致。风险评估指识别、分析相关风险以实现既定目标,从而形成风险管理的基础。由于经济、产业、法规和经营环境的不断变化,需要确立一套机制来识别和应对由这些变化带来的风险。

根据 2013 年修订发布的 COSO 委员会《内部控制框架》,风险评估要素应当坚持以下原则。

(1) 企业制定足够清晰的目标,以便识别和评估有关目标所涉及的风险。

(2) 企业从整个企业的角度来识别实现目标所涉及的风险,分析风险,并据此决定应如何管理这些风险。

(3) 企业在评估影响目标实现的风险时,考虑潜在的舞弊行为。

(4) 企业识别并评估可能会对内部控制系统产生重大影响的变更。

(二)我国《企业内部控制基本规范》关于风险评估要素的要求

企业应当根据设定的控制目标,全面、系统、持续地收集相关信息,结合实际情况,及时进行风险评估。

企业开展风险评估,应当准确识别与实现控制目标相关的内部风险和外部风险,确定相应的风险承受度。风险承受度是企业能够承担的风险限度,包括整体风险承受能力和业务层面的可接受风险水平。

企业识别内部风险，应当关注下列因素：董事、监事、经理及其他高级管理人员的职业操守，员工专业胜任能力等人力资源因素；组织机构、经营方式、资产管理、业务流程等管理因素；研究开发、技术投入、信息技术运用等自主创新因素；财务状况、经营成果、现金流量等财务因素；营运安全、员工健康、环境保护等安全环保因素；其他有关内部风险因素。

企业识别外部风险，应当关注下列因素：经济形势、产业政策、融资环境、市场竞争、资源供给等经济因素；法律法规、监管要求等法律因素；安全稳定、文化传统、社会信用、教育水平、消费者行为等社会因素；技术进步、工艺改进等科学技术因素；自然灾害、环境状况等自然环境因素；其他有关外部风险因素。

企业应当采用定性与定量相结合的方法，按照风险发生的可能性及其影响程度等，对识别的风险进行分析和排序，确定关注重点和优先控制的风险。企业进行风险分析，应当充分吸收专业人员，组成风险分析团队，按照严格规范的程序开展工作，确保风险分析结果的准确性。

企业应当根据风险分析的结果，结合风险承受度，权衡风险与收益，确定风险应对策略。企业应当合理分析、准确掌握董事、经理及其他高级管理人员、关键岗位员工的风险偏好，采取适当的控制措施，避免因个人风险偏好给企业经营带来重大损失。

企业应当综合运用风险规避、风险降低、风险分担和风险承受等风险应对策略，实现对风险的有效控制。

企业应当结合不同的发展阶段和业务拓展情况，持续收集与风险变化相关的信息，进行风险识别和风险分析，及时调整风险应对策略。

四、控制活动

(一)COSO委员会《内部控制框架》关于控制活动要素的要求与原则

COSO委员会《内部控制框架》关于控制活动要素的要求为：控制活动指那些有助于管理层决策顺利实施的政策和程序。控制行为有助于确保实施必要的措施以管理风险，实现经营目标。控制行为体现在整个企业的不同层次和不同部门中，包括诸如批准、授权、查证、核对、复核经营业绩、资产保护和职责分工等活动。

根据2013年修订发布的COSO委员会《内部控制框架》，控制活动要素应当坚持以下原则。

(1) 企业选择并制定有助于将目标实现风险降低至可接受水平的控制活动。
(2) 企业为用以支持目标实现的技术选择并制定一般控制政策。
(3) 企业通过政策和程序来部署控制活动：政策用来确定所期望的目标；程序则将政策付诸行动。

(二)我国《企业内部控制基本规范》关于控制活动要素的要求

企业应当结合风险评估结果，通过手工控制与自动控制、预防性控制与发现性控制相结合的方法，运用相应的控制措施，将风险控制在可承受范围之内。控制措施一般包括：不相容职务分离控制、授权审批控制、会计系统控制、财产保护控制、预算控制、运营分析控制和绩效考评控制等。

(1) 不相容职务分离控制要求企业全面系统地分析、梳理业务流程中所涉及的不相容职务，实施相应的分离措施，形成各司其职、各负其责、相互制约的工作机制。

(2) 授权审批控制要求企业根据常规授权和特别授权的规定，明确各岗位办理业务和事项的权限范围、审批程序和相应责任。企业应当编制常规授权的权限指引，规范特别授权的范围、权限、程序和责任，严格控制特别授权。常规授权是指企业在日常经营管理活动中按照既定的职责和程序进行的授权。特别授权是指企业在特殊情况、特定条件下进行的授权。企业各级管理人员应当在授权范围内行使职权和承担责任。企业对于重大的业务和事项，应当实行集体决策审批或者联签制度，任何个人不得单独进行决策或者擅自改变集体决策。

(3) 会计系统控制要求企业严格执行国家统一的会计准则制度，加强会计基础工作，明确会计凭证、会计账簿和财务会计报告的处理程序，保证会计资料真实完整。企业应当依法设置会计机构，配备会计从业人员。从事会计工作的人员，必须取得会计从业资格证书。会计机构负责人应当具备会计师以上专业技术职务资格。大中型企业应当设置总会计师。设置总会计师的企业，不得设置与其职权重叠的副职。

(4) 财产保护控制要求企业建立财产日常管理制度和定期清查制度，采取财产记录、实物保管、定期盘点、账实核对等措施，确保财产安全。企业应当严格限制未经授权的人员接触和处置财产。

(5) 预算控制要求企业实施全面预算管理制度，明确各责任单位在预算管理中的职责权限，规范预算的编制、审定、下达和执行程序，强化预算约束。

(6) 运营分析控制要求企业建立运营情况分析制度，经理层应当综合运用生产、购销、投资、筹资、财务等方面的信息，通过因素分析、对比分析、趋势分析等方法，定期开展运营情况分析，发现存在的问题，及时查明原因并加以改进。

(7) 绩效考评控制要求企业建立和实施绩效考评制度，科学设置考核指标体系，对企业内部各责任单位和全体员工的业绩进行定期考核和客观评价，将考评结果作为确定员工薪酬以及职务晋升、评优、降级、调岗、辞退等的依据。

企业应当根据内部控制目标，结合风险应对策略，综合运用控制措施，对各种业务和事项实施有效控制。

企业应当建立重大风险预警机制和突发事件应急处理机制，明确风险预警标准，对可能发生的重大风险或突发事件，制定应急预案、明确责任人员、规范处置程序，确保突发事件得到及时妥善处理。

五、信息与沟通

(一)COSO 委员会《内部控制框架》关于信息与沟通要素的要求与原则

COSO 委员会《内部控制框架》关于信息与沟通要素的要求为：公允的信息必须被确认、捕获并以一定形式及时传递，以便员工履行职责。信息系统产出涵盖经营、财务和遵循性信息的报告，以助于经营和控制企业。信息系统不仅处理内部产生的信息，还包括与企业经营决策和对外报告相关的外部事件、行为和条件等。有效的沟通从广义上说是信息的自上而下、横向以及自下而上的传递。所有员工必须从管理层得到清楚的信息，认真履行控制职责。员工必须理解自身在整个内控系统中的位置，理解个人行为与其他员工工作的相关性。员工必须有向上传递重要信息的途径。同时，与外部诸如客户、供应商、管理当局和股东之间也需要有效的沟通。

根据2013年修订发布的COSO委员会《内部控制框架》，信息与沟通要素应当坚持以下原则。

(1) 企业获取或生成和使用相关的高质量信息，以支持内部控制其他要素发挥效用。

(2) 企业于内部沟通的内部控制信息，包括内部控制目标和职责范围，必须能够支持内部控制的其他要素发挥效用。

(3) 企业就影响内部控制其他要素发挥效用的事项与外部利益相关者进行沟通。

(二)我国《企业内部控制基本规范》关于信息与沟通要素的要求

企业应当建立信息与沟通制度，明确内部控制相关信息的收集、处理和传递程序，确保信息及时沟通，促进内部控制有效运行。

企业应当对收集的各种内部信息和外部信息进行合理筛选、核对、整合，提高信息的有用性。企业可以通过财务会计资料、经营管理资料、调研报告、专项信息、内部刊物、办公网络等渠道，获取内部信息。企业可以通过行业协会组织、社会中介机构、业务往来单位、市场调查、来信来访、网络媒体以及有关监管部门等渠道，获取外部信息。

企业应当将内部控制相关信息在企业内部各管理级次、责任单位、业务环节之间，以及企业与外部投资者、债权人、客户、供应商、中介机构和监管部门等有关方面之间进行沟通和反馈。对于信息沟通过程中发现的问题，应当及时报告并加以解决。重要信息应当及时传递给董事会、监事会和经理层。

企业应当利用信息技术促进信息的集成与共享，充分发挥信息技术在信息与沟通中的作用。企业应当加强对信息系统开发与维护、访问与变更、数据输入与输出、文件储存与保管、网络安全等方面的控制，保证信息系统安全稳定运行。

企业应当建立反舞弊机制，坚持惩防并举、重在预防的原则，明确反舞弊工作的重点领域、关键环节和有关机构在反舞弊工作中的职责权限，规范舞弊案件的举报、调查、处理、报告和补救程序。企业至少应当将下列情形作为反舞弊工作的重点：未经授权或者采取其他不法方式侵占、挪用企业资产，牟取不当利益；在财务会计报告和信息披露等方面存在的虚假记载、误导性陈述或者重大遗漏等；董事、监事、经理及其他高级管理人员滥用职权；相关机构或人员串通舞弊。

企业应当建立举报投诉制度和举报人保护制度，设置举报专线，明确举报投诉处理程序、办理时限和办结要求，确保举报、投诉成为企业有效掌握信息的重要途径。举报投诉制度和举报人保护制度应当及时传达至全体员工。

六、内部监督

(一)COSO委员会《内部控制框架》关于监控要素的要求与原则

COSO委员会《内部控制框架》关于监控要素的要求为：内部控制系统需要被监控，即对该系统有效性进行评估的全过程。可以通过持续性的监控行为、独立评估或两者的结合来实现对内控系统的监控。持续性的监控行为发生在企业的日常经营过程中，包括企业的日常管理和监督行为、员工履行各自职责的行为。独立评估活动的广度和频度有赖于风险预估和日常监控程序的有效性。内部控制的缺陷应该自下而上进行汇报，性质严重的应上报最高管理层和董事会。

根据2013年修订发布的COSO委员会《内部控制框架》，监控要素应当坚持以下原则。
(1) 企业选择并制定有助于将目标实现风险降低至可接受水平的控制活动。
(2) 企业为用以支持目标实现的技术选择制定一般控制政策。
(3) 企业通过政策和程序来部署控制活动：政策用来确定所期望的目标；程序则将政策付诸行动。

(二)我国《企业内部控制基本规范》关于内部监督要素的要求

企业应当根据本规范及其配套办法，制定内部控制监督制度，明确内部审计机构(或经授权的其他监督机构)和其他内部机构在内部监督中的职责权限，规范内部监督的程序、方法和要求。内部监督分为日常监督和专项监督。日常监督是指企业对建立与实施内部控制的情况进行常规、持续的监督检查；专项监督是指在企业发展战略、组织结构、经营活动、业务流程、关键岗位员工等发生较大调整或变化的情况下，对内部控制的某一或者某些方面进行有针对性的监督检查。专项监督的范围和频率应当根据风险评估结果以及日常监督的有效性等予以确定。

企业应当制定内部控制缺陷认定标准，对监督过程中发现的内部控制缺陷，应当分析缺陷的性质和产生的原因，提出整改方案，采取适当的形式及时向董事会、监事会或者经理层报告。内部控制缺陷包括设计缺陷和运行缺陷。企业应当跟踪内部控制缺陷整改情况，并就内部监督中发现的重大缺陷，追究相关责任单位或者责任人的责任。

企业应当结合内部监督情况，定期对内部控制的有效性进行自我评价，出具内部控制自我评价报告。内部控制自我评价的方式、范围、程序和频率，由企业根据经营业务调整、经营环境变化、业务发展状况、实际风险水平等自行确定。国家有关法律法规另有规定的，从其规定。

企业应当以书面或者其他适当的形式，妥善保存内部控制建立与实施过程中的相关记录或者资料，确保内部控制建立与实施过程的可验证性。

【案例】 简要分析康美药业在内部控制方面存在的问题

> 康美药业股份有限公司，是一家聚焦于中医药产业发展，以中药饮片为核心的大型企业。公司于1997年成立，短短四年飞速发展后于2001年在上交所上市。公司业务渗透中医院产业链的上、中、下游，从药材的种植、交易到生产开发以及终端销售都有涉猎，最高时其管理的市场交易规模占全国的60%以上。不仅如此，康美药业还在中药材等级的划分标准、色标管理的方法、小包装的定义、中草药炮制的方法等与国家药品标准制定方面发挥了行业"领头羊"的作用。康美药业通过二十余年的扩张发展，不断扩大产业规模，陆陆续续在全国投厂建立了一百四十余家企业，其规模占到了全国中医药产业的七成。然而早在2012年《证券市场周刊》联合中能兴业就曾发布新闻报道，宣称康美药业通过土地购买、虚增投资等方式虚增利润。在2018年，康美药业被证监会通报涉嫌财务造假。

公司战略与风险管理

随后，康美药业发布《关于前期会计差错更正的公告》，其中表明在 2018 年之前确实存在营业收入、营业成本等账实不符的情况。在 2017 财报中，公司少计应收账款 641 073 222.34 元，在建工程少计 631 600 108.35 元，同时营业收入和营业成本也分别多计 8 898 352 337.51 元和 7 662 129 445.53 元，销售费用和财务费用少计 497 164 407.18 元和 228 239 962.83 元。归属于公司普通股股东的净利润也遭到减值，平均净资产收益率从 14.02%降到 7.20%。同年证监会发布《证监会对康美药业等做出处罚及禁入告知》，通报康美药业在 2016 年到 2018 年期间，涉嫌财务造假，金额巨大，影响恶劣，依法对以马兴田为首的 22 名涉案人员进行行政处罚。康美药业财务造假金额巨大，影响恶劣，伴随着公告的发出，这只被外界一直看好的 A 股神话，自此落下帷幕。

从 2018 年股权结构来看，康美实业投资持股比例为 32.58%，为第一大股东，康美实业投资有限公司实际控股人马兴田的妻子许冬瑾为第七大股东，占 1.97%的股权。马兴田夫妇在康美药业十大股东中占据两席，一共股权超过 30%，远高于其他投资机构和股东，占据绝对控制权和话语权。在康美药业财务舞弊中，仅在 2017 年，其货币资金就伪造出 29 944 309 821.45 元的差错，同实际金额相比虚增 7.12 倍；应收账款造成 641 073 222.34 元的差错，同实际数据相比有 7.79 倍的误差；营业收入有 8 898 352 337.51 元的误差，同实际数据相比虚增 1.98 倍。仅在通报公告中，康美药业就通过虚增收入、虚增成本、虚增存款以及虚增利润的方式进行大规模的财务造假。

【解析】

(1) 内部环境方面：治理结构不规范。"从 2018 年股权结构来看，康美实业投资持股比例为 32.58%，为第一大股东，康美实业投资有限公司实际控股人马兴田的妻子许冬瑾为第七大股东，占 1.97%的股权。马兴田夫妇在康美药业十大股东中占据两席，一共股权超过 30%，远高于其他投资机构和股东，占据绝对控制权和话语权。"造成康美药业管理层一家独大，治理结构严重失衡。

(2) 风险评估方面：企业在进行风险识别时，应谨慎客观进行。康美药业在财务造假事件发生之前，其实就已初见征兆。"早在 2012 年《证券市场周刊》联合中能兴业就曾发布新闻报道，宣称康美药业通过土地购买、虚增投资等方式虚增利润。"但是康美药业面对此次风险，并没有吸取教训进行相关风险规避，而是存在侥幸心理，风险识别失效，对风险评估应对机制不作为。

(3) 控制活动方面：授权审批制度不完善，资金管控意识薄弱。从证监会发布的声明来看，其在 2018 年之前，大量虚增营业收入、货币资金，这种金额巨大，有预谋、有组织长期系统地实施财务舞弊行为，而管理层及监事会、审计委员会等却对此没有任何异议，也反映出公司授权审批制度存在严重不足。管理层凌驾在内控之上，不受内部控制的制约而让管理层有能力主导实施财务舞弊。"仅在 2017 年，其货币资金就伪造出 29 944 309 821.45 元的差错，同实际金额相比虚增 7.12 倍；应收账款造成 641 073 222.34 元的差错，同实际数据相比有 7.79 倍的误差。"可见内部控制措施形同虚设。

(4) 信息与沟通方面：康美药业对财务数据的披露完全违背了"真实、完整、准确"的基本要求，通过对财务数据的美化，误导市场广大投资者和报表使用者，造成极其恶劣的影响。

(5) 内部监督方面：康美药业在董事会和管理层人员之间的任命有重叠，亲属间不能起到有效的监督作用,无法做到真正的制约和监督。同时内部审计部门也缺乏独立性和谨慎性,对于公司的财务数据错误以及公司的相关运营情况都没有细致了解,造成企业审计监督系统无法及时发现财务报告的错误,使康美药业连续三年财务造假。

第二节 基于战略的公司治理、内部控制、风险管理整合框架

一、内部控制与风险管理

风险是可能对组织目标的实现产生影响的各种不确定性因素,可能造成实际结果与预期目标的差异。风险管理(Risk Management)是对各种风险进行识别、衡量、分析并适时采取有效方法进行应对的过程。按照国务院国有资产监督管理委员会(以下简称"国资委")2006年发布的《中央企业全面风险管理指引》,企业实施风险管理应该围绕总体目标,在生产经营和管理活动的各个环节执行风险管理流程,培育良好的风险管理文化,建立健全风险管理体系,包括风险管理策略、风险管理措施、风险管理组织体系、风险管理信息系统和内部控制系统,从而为实现企业目标提供合理保障。风险管理流程主要包括收集风险信息、进行风险评估、制定风险管理策略、提出和实施风险管理解决方案、监督与改进风险管理等工作。

关于内部控制与风险管理的关系,学界有不同的认识。如前所述,我国《企业内部控制基本规范》和 COSO 委员会的《内部控制——整合框架》都认为,内部控制的范畴大于风险管理,风险的识别、分析和应对是内部控制的一个组成要素,即风险评估。但 COSO 委员会 2004 年发布的《企业风险管理——整合框架》(ERM)则认为,风险管理的概念比内部控制涵盖的范围更广,ERM 涵盖了先前内部控制整合框架,风险管理不仅详细解释了内部控制,而且从战略层面关注风险治理,内部控制是风险管理不可分割的重要组成部分,是实现风险管理的手段;而内部控制更加关注采取具体措施降低风险,以保证企业目标的实现,如图 12-1 所示。

内部控制是对影响企业目标实现的众多不确定因素进行辨别和评估,实施相应的控制活动,以管理和控制这些风险,从而为企业目标的实现提供合理保证的过程。内部控制与风险管理有融合之势。我国《企业内部控制基本规范》及其配套指引,充分吸收了全面风险管理的理念和方法,始终贯穿着风险导向的基本原则,强调了内部控制与风险管理的统一。内部控制的目标就是防范和控制风险,促进企业实现发展战略;风险管理的目标也是促进企业实现发展战略,两者都要求将风险控制在可承受的范围之内。因此,内部控制与风险管理不是对立的,而是协调统一的整体。2019 年 11 月,国务院国资委发布《关于加强中央企业内部控制体系建设与监督工作的实施意见》,明确要求内部控制建设要以风险管理为导向、合规监督为重点,形成内部控制、风险和合规三位一体的全面风险防控体系。

实践中,我们应淡化对两者关系的区分和研究。企业在实际工作中应从工作内容、目标、要求,以及具体工作执行的方法、程序等方面,将内部控制建设和风险管理工作有机地结合起来,避免职能交叉、资源浪费、重复劳动,降低企业管理成本,提高工作效率和

效果。

内部控制与风险管理的有机结合,能够将企业的发展战略、管理理念、控制要求融入公司治理、企业文化、岗位授权、制度规范和业务流程之中,通过风险评估、风险预警、信息沟通、流程监控、有效性评价、缺陷改进等活动,推动企业管理从单一制度管理向体系化管理转变、从传统管理向风险管理转变、从事后监督向过程监督转变、从职能条块化管理向全流程管理转变,实现企业管理水平的全面提升。

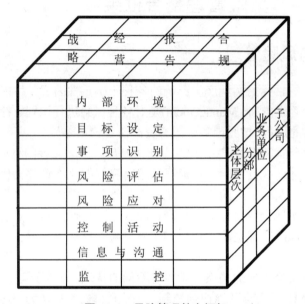

图 12-1　风险管理整合框架

二、内部控制与公司治理

从公司治理的实现及这一问题的产生和发展来看,可以从狭义和广义两个方面来理解公司治理。狭义的公司治理是指所有者(主要是股东)对经营者的一种监督与制衡机制,即通过一种制度安排,合理地配置所有者和经营者之间的权力和责任关系。它是借助股东大会、董事会、监事会、经理层所构成的公司治理结构来实现的内部治理。其目标是保证股东利益的最大化,防止经营者对所有者利益的背离。广义的公司治理不局限于股东对经营者的制衡,还涉及广泛的利益相关者,包括股东、雇员、债权人、供应商和政府等与公司有利害关系的集体或个人。公司治理是通过一套包括正式或非正式、内部或外部的制度或机制来协调公司与所有利益相关者之间的利益关系,以保证公司决策的科学性与公正性,从而最终维护各方面的利益。因为在广义上,公司已不仅是股东的公司,而是一个利益共同体,公司治理机制也不仅限于以治理结构为基础的内部治理,而是利益相关者通过一列内、外部机制来实施的共同治理,治理的目标不仅是股东利益的最大化,而且是保证所有利益相关者的利益最大化。要实现这一目的,公司治理不能局限于权力制衡,而必须着眼和确保企业决策的科学性与公正性;不仅需要建立完备有效的公司治理结构,更需要建立行之有效的公司治理机制。在此基础上,学术界还产生了广义的公司治理概念,认为公司治理是董事和高级管理人员为了股东、职员、顾客、供应商及提供间接融资的金融机构利益而管理与控制公司的制度或方法。也就是说，泛广义公司治理概念在涵盖狭义与广义公司治理内涵的同时，还包括了企业战略决策系统、企业文化、企业高管控制制度、收益分配激励制度、财务制度、人力资源管理等制度。

良好的公司治理可以促进企业的股权结构合理化，提高企业内部控制水平，降低企业代理成本，增强企业核心竞争力，提高经营业绩，实现企业的可持续发展。有效的公司治理是内部控制有效性的最大保证，组织业务和运营环境日益复杂化对公司治理提出了更高的要求，战略委员会、审计委员会、薪酬委员会、预算委员会等在公司治理中应发挥更大作用。

随着竞争环境的变化、经济一体化和信息技术的不断进步，很多新的商业模式应运而生，管理层要更加关注包括供应商和客户在内的价值链管理。例如，新框架单独提出了在引入外包服务供应商时，需要了解与该服务有关的活动和控制，并考虑外包服务供应商的内部控制对本组织内部控制的影响。

明确内部控制的目标，才能确定内部控制建设与实施的方向。内部控制的五个目标相互联系，共同构成了一个完整的内部控制目标体系。其根本目标是控制风险以创造价值，促进人、财、物、时间、技术等资源的优化配置，以更优的效率和效果实现企业运营目标，从而促进企业战略目标的实现。这些目标的实现必须以合规目标、资产目标和报告目标为基础。

战略目标是内部控制的最高目标，是对企业全局的一种总体构想，是企业整体发展的总任务和总要求，是与企业使命和愿景相联系的终极目标。企业在设定内部控制目标时，应将内部控制目标与战略目标结合起来，通过内部控制与公司治理的合理配合，来保障企业战略目标的实现。运营目标是战略目标的细化、分解与落实，是战略目标的短期化与具体化，是内部控制的核心目标；资产目标是实现运营目标的物质前提；报告目标是运营目标的成果体现与反映；合规目标是实现运营目标的有效保证。

内部控制的最高目标是促进企业实现发展战略，促进企业可持续发展。将战略目标设定为内部控制的最高目标，有利于企业将当前利益与长远利益、局部利益与全局利益结合起来，在生产经营和管理活动中做出符合战略要求、有利于提升可持续发展能力和创造长久价值的选择与判断，从而克服片面追求当前利益和局部利益的短期行为，也有利于社会资源的合理配置。因此内部控制的目标应设定为管理和控制企业价值创造与维护过程中的风险，减少和控制这一过程中的不确定性，提高运营的效率和效果，从而促进企业战略目标和运营目标的实现。例如，供应商审核认定的内部控制目标可以设定为：一是在采购源头得到来自供应商的可靠质量保证；二是保证公司的所有供应商均得到必要的审核论证；三是保证公司供应商名录的完整和可靠；四是保证公司所选择的供应商资质符合有关质量要求，符合法律法规和内部规章制度的要求。

三、公司治理、内部控制与风险管理整合框架

公司治理是全面风险管理的必要组成部分，内部控制与风险管理相结合更好地为公司治理目标的实现提供了保障。如图12-2所示。

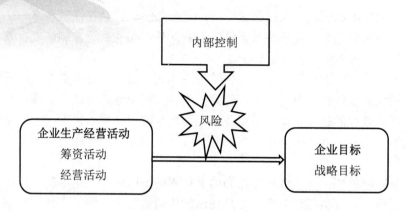

图 12-2　三者关系图

2017年9月COSO委员会发布的新框架更加注重风险管理对企业战略和愿景的支撑、与价值创造紧密关联，更加强调风险管理和业务活动的融合，倡导目标导向。COSO委员会旧框架认为，风险是事件发生并负面影响目标实现的可能性，强调风险是负面影响。新框架下，风险被定义为事件发生并影响组织实现战略和商业目标的可能性。可见，风险的范围扩大了，不仅包括负面影响，还包括正面影响。新框架对风险管理的定义是：组织在创造、维护和实现价值的过程中，结合战略制定和执行，赖以进行管理风险的文化、能力和实践。明确企业风险管理不是一种职能或部门，而是一种与战略制定及实施相整合的文化、能力和实践，旨在创造、维护和实现价值。新框架将风险管理直接从"一个流程或过程"提升到"服务企业价值创造的一种文化、能力和实践"。

新框架采用"要素+原则"模式，直接从企业管理的角度将风险管理的内容融入企业活动的各个方面，包括制定战略、确定商业目标、执行商业活动以及完成并评价绩效等，如图 12-3 所示。

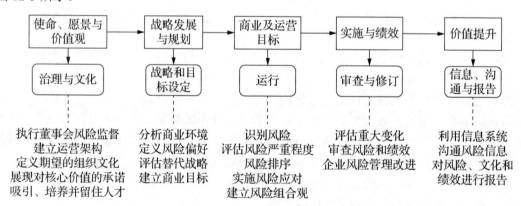

图 12-3　COSO 新逻辑框架

治理与文化要素是其他风险管理要素的基础，确定了企业风险管理的基调，并明确了监督责任。该要素由五项工作支撑：执行董事会风险监督，建立运营架构，定义期望的组织文化，展现对核心价值的承诺，吸引、培养并留住人才。

战略和目标设定要素强调企业风险管理、战略和目标设定两者在战略规划过程中的相互作用。战略和目标设定过程必须考虑风险偏好，风险偏好应以战略为基础，与企业战略保持一致。商业目标的确立应能支持与保障企业整体发展战略的实现，是风险评估的基础和前提。企业还应重视不同商业环境和替代战略对风险评估的潜在影响。该要素由四项工作支撑：分析商业环境，定义风险偏好，评估替代战略，建立商业目标。

运行要素强调企业风险管理实践中风险评估这一执行层面的重要性。企业需要对影响战略和商业目标实现的各项风险进行识别与评估，并对风险按照严重程度进行排序，从风险组合视角对风险进行评估，选择风险应对措施，并将这一过程的结果向风险主要利益相关方进行报告。该要素由五项工作支撑：识别风险，评估风险严重程度，风险排序，实施风险应对，建立风险组合观。

审查与修订要素强调审查企业绩效并考虑相关风险，改进企业风险管理策略以适应企业战略发展。通过对绩效的审查，可以掌握企业风险管理各要素在一段时间内和发生重大变化时的运行情况，识别和评估可能对战略和商业目标产生重大影响的变化，确定需要进行哪些修订。该要素由三项工作支撑：评估重大变化，审查风险和绩效，企业风险管理改进。

信息、沟通与报告要素强调企业应利用信息、技术和多种沟通渠道支持企业风险管理，并对企业各层次的风险、文化和绩效进行报告。企业风险管理应该是一个持续动态的过程，从内部和外部来源获取和共享必要的信息，并让这些信息以各种形式在整个组织中流动。该要素由三项工作支撑：利用信息系统，沟通风险信息，对风险、文化和绩效进行报告。

本 章 小 结

(1) 本章介绍了内部控制及风险管理相关定义及主要内容，并对它们之间的联系做了简要阐述。

(2) 内部控制是对影响目标实现的风险进行评估和管控，从而帮助企业实现目标的过程。

(3) 内部控制要素包括内部环境、控制活动、风险评估、信息与沟通和内部监督。

(4) 内部控制的主体是全体员工，而不仅仅是经理层，上至董事会、经理层，下至普通员工，各部门、岗位都是实施控制活动的主体。

(5) 控制环境决定了企业的基调，直接影响企业员工的控制意识。控制环境包括员工的诚信度、职业道德和才能；管理哲学和经营风格；权责分配方法、人事政策；董事会的经营重点和目标等。

(6) 风险评估指识别、分析相关风险以实现既定目标，从而形成风险管理的基础。前提是使经营目标在不同层次上相互衔接，保持一致。

(7) 控制活动指那些有助于管理层决策顺利实施的政策和程序。控制行为体现在整个企业的不同层次和不同部门中，它们包括诸如批准、授权、查证、核对、复核经营业绩、资产保护和职责分工等活动。

(8) 信息与沟通要求公允的信息必须被确认、捕获并以一定形式及时传递，以便员工履行职责。信息系统产出涵盖经营、财务和遵循性信息的报告，以助于经营和控制企业。

(9) 监控要求对内部控制系统的有效性进行评估的全过程需要被监控。

(10) 风险管理是对各种风险进行识别、衡量、分析并适时采取有效方法进行应对的过程。

(11) 风险管理流程主要包括收集风险信息、进行风险评估、制定风险管理策略、提出和实施风险管理解决方案、监督与改进风险管理等工作。

实 训 课 堂

基本案情：

瑞幸咖啡是一个咖啡连锁品牌，采用无人零售方式，用户通过APP线上下单，扫码自取。瑞幸咖啡自2017年成立以来，规模迅速扩大，到2019年年底，3年时间就将直营店数量扩张到了4507家，一度超越星巴克，是民营企业发展的典型代表。历时仅18个月，瑞幸咖啡就成功登陆了美国资本市场，融资6.95亿美元，成为全球从创立到IPO最快的公司，股价更是一度飙升到了每股51.38美元。瑞幸咖啡依靠互联网和大数据的新零售模式，借助上市后多轮融资，在2020年1月融资规模达到了11亿美元，成为中国最大的咖啡连锁品牌。瑞幸咖啡所有的交易都采取手机下单的方式完成，减轻了员工的工作量，并且新零售模式使得其规模迅速扩张。

然而在2020年1月31日，瑞幸咖啡内部成员向知名做空机构浑水提供了瑞幸咖啡财务造假的信息，在浑水发布的报告中提到，瑞幸咖啡在2019年度以虚增收入、虚增支出等方式操纵利润。瑞幸咖啡通过低价打折促销带动产量，夸大了每件商品的净售价，并且夸大了2019年第三季度广告费用，其商业模式存在严重缺陷。财务造假造成瑞幸股价大幅下跌。2020年2月3日，瑞幸咖啡否认所有财务造假的指控，2020年2月4日开始，瑞幸咖啡股价逐渐回升，2月10日已经回升至被做空前的水平。2020年2月5日，美国有些律师事务所开始启动针对瑞幸咖啡进行集体诉讼。2020年4月2日，瑞幸咖啡成立"特别委员会"，启动内部调查，"自爆"公司存在22亿元的财务造假，瑞幸咖啡股价暴跌75.5%，市值蒸发65亿美元。2020年4月7日，瑞幸咖啡停盘。2020年4月27日，证监会入驻瑞幸咖啡，对瑞幸咖啡展开全面调查。2020年5月15日，瑞幸咖啡第一次收到来自纳斯达克的摘牌通知。2020年6月17日，瑞幸咖啡收到纳斯达克给出的第二份退市通知。2020年6月29日，瑞幸咖啡正式停牌，备案退市。

思考讨论题：

结合案例分析瑞幸咖啡在内部控制方面存在的问题。

分析要点：

可从内部控制要素着手。

复习思考题

一、基本概念

内部控制　风险管理　内部控制要素　内部控制目标

第十二章 基于战略的风险管理整合

二、判断题

1. 内部控制是由企业董事会、监事会和经理层实施的、旨在实现控制目标的活动。( )

2. 内部控制主要是对影响企业目标实现的各种风险进行管理和控制。( )

三、选择题(有多选)

1. 内部控制的基本概念是从早期( )思想的基础上逐步发展起来的。
   A. 管理控制   B. 内部审计   C. 科学管理   D. 内部牵制

2. 甲公司的经营,均由其负责人家族所把持。该公司将资金贷予负责人家族所投资的企业乙,甲公司会计处理中将其记载在应收账款项目下;当甲公司知道乙企业无力偿还时,甲公司也未计提坏账准备。甲公司内部控制的组成要素中,最基本的缺失是( )。
   A. 内部环境   B. 风险评估   C. 信息与沟通   D. 内部监督

3. 建立健全和有效实施内部控制是( )的责任
   A. 内审部门   B. 董事会   C. 高级管理层   D. 注册会计师

4. 关于企业内部控制,以下说法中错误的是( )。
   A. 内部控制系统是企业管理不可或缺的部分
   B. 内部控制的主要目标就是消除舞弊和差错
   C. 实施内部控制的成本不应超过因风险降低而可能带来的收益
   D. 内部监督可合理保证内部控制有效运行

5. 下列行为中,不符合内部控制要求的是( )。
   A. 支付款项所需印章由一人保管
   B. 不经过审批付款
   C. 未经开户行批准,坐支现金
   D. 总账与日记账、明细账由不同会计人员登记

6. 甲股份有限公司制定了发展战略,经董事会审议通过后,2016年5月报经股东大会批准实施。下列有关发展战略的实施的说法中,不正确的有( )。
   A. 企业应重视发展战略的宣传工作,通过内部各层级会议和教育培训等有效方式,将发展战略及其分解落实情况传递到内部各管理层级
   B. 由于经济形势、产业政策、技术进步、行业状况以及不可抗力等因素发生重大变化,确需对发展战略做出调整的,应按规定权限和程序调整发展战略
   C. 企业应根据发展战略,制定年度工作计划,编制全面预算,将年度目标分解、落实
   D. 监事会应加强对发展战略实施情况的监控,定期收集和分析相关信息,对于明显偏离发展战略的情况,应及时报告

7. 下列各项中,表明内部控制环境存在缺陷的有( )。
   A. 丁企业的企业文化是"不惜一切代价做大市场"
   B. 丙企业设立审计委员会,负责监督公司内部控制的有效实施和自我评价
   C. 乙企业为降低生产成本,减少环保投入,致使大量污水排入周边水域,造成环境污染
   D. 甲企业为上市公司,其关键管理人员在母公司兼职,在该人员的指令下,上市公司承担了母公司发生的捐款

四、简述题

1. 内部控制的要素有哪些？
2. 内部控制的目标有哪些？
3. 新框架下风险管理的要素是什么？

参 考 文 献

[1] Lane P J, Cannella A A, Lubatkin M H. Agency problems as antecedents to unrelated mergers and diversification: Amihud and Lev reconsidered [J]. Strategic Management Journal, 2015, 19(6).

[2] Wagner T , Lutz R J, Weitz B A. Corporate Hypocrisy: Overcoming the Threat of Inconsistent Corporate Social Responsibility perceptions [J]. Journal of Marketing, 2009, 73(6).

[3] Bertrand Quélin, François Duhamel. Bringing Together Strategic Outsourcing and Corporate Strategy: Outsourcing Motives and Risks [J]. European Management Journal, 2003, 21(5).

[4] Aebi V, Sabato G, Schmid M. Risk management, corporate governance, and bank performance in the financial crisis[J]. Journal of Banking & Finance, 2012, 36(12).

[5] Mackay P, Moeller S B. The Value of Corporate Risk Management [J]. Journal of Finance, 2007, 62(3).

[6] Purnanandam A. Financial distress and corporate risk management: Theory and evidence [J]. Journal of Financial Economics, 2008, 87(3).

[7] Kearney C. Emerging markets research: Trends, issues and future directions[J]. Emerging Markets Review, 2012, 13(2).

[8] Bhimani A. Risk management, corporate governance and management accounting: Emerging interdependencies[J]. Management Accounting Research, 2009, 20(1).

[9] Luo X, Bhattacharya C B. The Debate Over Doing Good: Corporate Social Performance, Strategic Marketing Levers, and Firm-Idiosyncratic Risk [J]. Journal of Marketing, 2009, 73(6).

[10] Bryan, W, Husted. Risk Management, Real Options, and Corporate Social Responsibility[J]. Journal of Business Ethics, 2005.

[11] Bhagwan C, Howe J T B. Comment on 'Corporate Risk Management for Multinational Corporations: Financial and Operational Hedging Policies' [J]. Review of Finance, 1999, 2(2).

[12] Chari M D R, Devaraj S, David P. Research Note—The Impact of Information Technology Investments and Diversification Strategies on Firm Performance[J]. Management Science, 2008.

[13] 王俊领，蔡闫东. 公司战略与高管机会主义减持——基于信息不对称和投资者情绪的分析[J]. 经济管理，2022，44(10).

[14] 林菁，仲继银. 数字化转型与企业风险承担行为研究[J]. 经济经纬，2022，39(06).

[15] 舒辉，张必风，朱力. 企业战略管理[M]. 北京：人民邮电出版社，2016.

[16] 薛坤坤，吴颖旖，王振宇. 女性CEO、风险承担与公司战略变革[J]. 软科学，2022，36(11).

[17] 肖珉，陈闯，黄利平. 公司风险投资与新创企业创新——基于母公司战略意图的视角[J]. 管理科学学报，2022，25(07).

[18] 楚有为. 公司战略与商业信用供给决策[J]. 会计与经济研究，2021，35(06).

[19] 李志辉，金波. 股票市场操纵行为影响因素研究——基于公司战略视角[J]. 中央财经大学学报，2021(11).

[20] 董静，张骞. 战略导向与公司风险投资的跨国投资策略——基于汽车制造业的多案例研究[J]. 经济管理，2021，43(11).

公司战略与风险管理

[21] 郝晨, 张卫国, 李梦雅. 风险投资、国际化战略与企业创新绩效——基于中国创业板上市公司的研究[J]. 科研管理, 2022, 43(04).

[22] 王欣, 欧阳才越. 公司战略会影响高管薪酬契约有效性吗?[J]. 财经论丛, 2021(08).

[23] 强国令, 徐会杰. "一带一路"倡议、公司战略与企业投资[J]. 经济经纬, 2021, 38(05).

[24] 杨华江. 公司战略和战略风险管理理论的演进研究[J]. 科学决策, 2021(07).

[25] 董雪雁, 崔倚菁, 高靖宇. 公司战略差异度与审计师选择[J]. 会计研究, 2021(06).

[26] 李旎, 曾加怡, 蔡贵龙, 等. 公司战略异质性与股价同步性[J]. 会计与经济研究, 2021, 35(03).

[27] 闫焕民, 李瑶瑶, 廖佳. 公司战略与避税行为:基于审计治理视角[J]. 管理科学, 2021, 34(03).

[28] 逯东, 池毅, 纳超洪. 风险管理委员会能降低公司风险吗?[J]. 财贸研究, 2021, 32(04).

[29] 富景筠, 钟飞腾. 对冲地缘政治风险:跨国公司战略联盟与俄欧天然气政治[J]. 欧洲研究, 2021, 39(02).

[30] 梁上坤, 俞俊利, 宋顺林. 董事责任险购买与公司战略变革[J]. 金融评论, 2021, 13(02).

[31] 李庆华, 郭飞, 刘坤鹏. 使用衍生品的公司创新水平更高吗——基于融资约束和高管风险承担意愿视角[J]. 会计研究, 2021(02).

[32] 徐健, 张先治. 公司战略、融资约束与现金分布决策——基于A股上市公司的经验证据[J]. 现代财经(天津财经大学学报), 2021, 41(02).

[33] 马宁, 靳光辉. 经济政策不确定性对公司战略差异的影响[J]. 中南财经政法大学学报, 2021(01).

[34] 袁业虎, 汤晟, 张剑彬. 预期性债务违约会抑制企业避税吗?[J]. 现代财经(天津财经大学学报), 2020, 40(10).

[35] 李晓阳, 陈奕彤, 王思读, 等. 经营风险能否调节差异化战略对企业绩效的贡献[J]. 农业技术经济, 2020(06).

[36] 楚有为. 公司战略与银行借款融资[J]. 上海金融, 2020(06).

[37] 张霁若, 杨金凤. 公司战略对内部控制缺陷信息披露的影响研究[J]. 会计研究, 2020(06).

[38] 杜晓君, 舒波, 齐朝顺, 等. CEO社会阶层影响了跨国公司OFDI政治风险区位选择吗?——基于中国跨国公司微观数据[J]. 运筹与管理, 2020, 29(03).

[39] 袁蓉丽, 夏圣洁, 王化成. 战略激进度与公司创新[J]. 经济理论与经济管理, 2020(03).

[40] 高智林, 陈艳. 公司战略偏离度、CFO财务执行力与公司现金持有水平[J]. 经济经纬, 2020, 37(02).

[41] 丁方飞, 陈如焰. 公司战略激进度、分析师盈利预测与信息不确定性[J]. 山西财经大学学报, 2020, 42(02).

[42] 熊雪梅, 黄轩昊, 潘临. 战略变革会引起审计师变更吗?——基于中国上市公司的经验数据[J]. 审计与经济研究, 2019, 34(06).

[43] 张艺琼, 冯均科, 彭珍珍. 公司战略变革、内部控制质量与管理层业绩预告[J]. 审计与经济研究, 2019, 34(06).

[44] 李莎, 林东杰, 王彦超. 公司战略变化与审计收费——基于年报文本相似度的经验证据[J]. 审计研究, 2019(06).

[45] 张蕊, 王洋洋. 公司战略对投资水平与资本配置效率的影响——基于战略性新兴产业的研究[J]. 证券市场导报, 2019(10).

[46] 方红星, 楚有为. 公司战略与商业信用融资[J]. 南开管理评论, 2019, 22(05).

[47] 朱文莉, 丁洁. 公司战略差异、内部控制与审计师决策[J]. 南京审计大学学报, 2019, 16(05).

[48] 孟庆斌, 李昕宇, 张修平. 卖空机制、资本市场压力与公司战略选择[J]. 中国工业经济, 2019(08).

[49] 况学文，张晓梦，张秀君. 公司战略、融资需求与会计信息自愿披露[J]. 江西社会科学，2019，39(08).
[50] 李从刚，许荣. 董事高管责任保险、公司治理与企业创新——基于A股上市公司的经验证据[J]. 金融监管研究，2019(06).
[51] 林钟高，丁茂桓. 关系型交易、战略选择与企业内部控制[J]. 会计与经济研究，2019，33(03).
[52] 楚有为. 公司战略与金融资产配置——基于经济政策不确定性的证据[J]. 会计与经济研究，2019，33(03).
[53] 林煜恩，吴佳佳，朱健齐. 公司战略和投资行为偏差[J]. 统计与信息论坛，2019，34(05).
[54] 张蕊，王洋洋. 公司战略影响审计契约吗——基于中国资本市场的经验证据[J]. 审计研究，2019，(02).
[55] 黎来芳，孙河涛. 企业战略激进度与融券卖空规模[J]. 中央财经大学学报，2019(02).
[56] 楚有为. 激进战略与企业现金持有——预防性动机还是代理动机[J]. 财经理论与实践，2019，40(01).
[57] 王爱群，贺子聪，王艺霖. 风险投资对战略信息含量的影响研究——以创业板上市公司为例[J]. 当代财经，2019(01).
[58] 邵剑兵，陈永恒. 公司战略、避税行为与盈余管理[J]. 经济与管理评论，2018，34(06).
[59] 张先治，刘坤鹏，李庆华. 战略偏离度、内部控制质量与财务报告可比性[J]. 审计与经济研究，2018，33(06).
[60] 吴昊旻，墨沈微，孟庆玺. 公司战略可以解释高管与员工的薪酬差距吗?[J]. 管理科学学报，2018，21(09).
[61] 罗忠莲，田兆丰. 上市公司战略差异度、高质量审计与会计信息可比性[J]. 山西财经大学学报，2018，40(08).
[62] 孟庆斌，李昕宇，蔡欣园. 公司战略影响公司违规行为吗[J]. 南开管理评论，2018，21(03).
[63] 高梦捷. 公司战略、高管激励与财务困境[J]. 财经问题研究，2018(03).
[64] 王百强，侯粲然，孙健. 公司战略对公司经营绩效的影响研究[J]. 中国软科学，2018(01).
[65] 刘会芹，施先旺. 企业战略差异对分析师行为的影响[J]. 山西财经大学学报，2018，40(01).
[66] 周经，刘厚俊. 制度环境、公司战略导向与中国OFDI模式选择——基于中国微观企业数据的研究[J]. 世界经济与政治论坛，2017(06).
[67] 佟孟华，艾永芳，孙光林. 公司战略、大股东持股以及股价崩盘风险[J]. 当代经济管理，2017，39(10).
[68] 张先治，柳志南. 公司战略、产权性质与风险承担[J]. 中南财经政法大学学报，2017(05).
[69] 艾永芳，佟孟华，孙光林. 公司战略、大股东持股与财务欺诈[J]. 财经理论与实践，2017，38(04).
[70] 喻海燕，郝呈祥. 中国主权财富基金资产配置：基于对冲汇率风险视角[J]. 投资研究，2017，36(05).
[71] 孙健，王百强，曹丰. 公司战略影响股价崩盘风险吗?[J]. 经济管理，2016，38(12).
[72] 何流. 中国企业在非投资的风险与对策[J]. 国际经济合作，2016(11).
[73] 盛明泉，车鑫. 基于战略管理视角的公司风险承担与资本结构动态调整研究[J]. 管理学报，2019，13(11).
[74] 李高波，朱丹. 战略异质性与现金持有——基于预防动机的实证检验[J]. 东岳论丛，2016，37(08).
[75] 王俊秋，毕经纬. 客户集中度、现金持有与公司竞争优势[J]. 审计与经济研究，2016，31(04).
[76] 徐子尧. 公司型风险投资增加了新创企业的价值吗[J]. 经济理论与经济管理，2016(04).
[77] 李云鹤，李文. 风险投资与战略性新兴产业企业资本配置效率——基于创业板战略新兴指数样本公司的实证研究[J]. 证券市场导报，2016(03).

[78] 姚德权,邓阳.出版类上市公司多元经营绩效的实证分析[J].现代传播(中国传媒大学学报),2016,38(01).

[79] 胡增永.证券公司战略并购内部价值评估研究[J].山东社会科学,2015(12).

[80] 郭敏,黄亦炫,蒋涛.服务于"走出去"战略的主权债务违约风险衡量[J].国际贸易,2015(09).

[81] 张瑞稳,杨帆,李小东.企业风险决定因素及风险收益关系研究[J].重庆大学学报(社会科学版),2015,21(05).

[82] 王丽,冯玉婷,刘红芬,等.财务报表重大错报风险形成路径研究[J].审计与经济研究,2015,30(05).

[83] 陆晓丽.公司风险投资的目标及影响效应[J].现代管理科学,2015(06).

[84] 张虹冕,赵今明.合芜蚌试验区创业风险投资引导基金发展特征研究[J].科技管理研究,2015,35(10).

[85] 陈怀超,范建红.进入战略、领导者风险偏好与中国跨国公司知识转移效果——基于控制的视角[J].科学学与科学技术管理,2015,36(04).

[86] 周建,尹翠芳,陈素蓉.公司战略治理研究述评与展望[J].外国经济与管理,2013,35(10).

[87] 王兆星.金融稳定之基石:有效公司治理——国际金融监管改革系列谈之八[J].中国金融,2013(19).

[88] 李维安,戴文涛.公司治理、内部控制、风险管理的关系框架——基于战略管理视角[J].审计与经济研究,2013,28(04).

[89] 朱慧明,廖萍,张晓昱,吴宣明.基于动态参考集的纺织行业战略风险与收益研究[J].统计与决策,2013(05).

[90] 张广辉.如何用六状态分析和战略分析组合方法开展财务分析[J].财务与会计,2012(12).

[91] 赵辉.论慈善战略在公司经营中的风险与防范策略[J].西安财经学院学报,2012,25(05).

[92] 刘俊海.中国企业赴美并购的法律风险及其防范对策[J].法学论坛,2012,27(02).

[93] 任义忠.新形势下报业集团风险管控体系的战略构建[J].传媒,2012(02).

[94] 申景奇.信托公司财务战略与风险控制——基于《信托公司净资本管理办法》的思考[J].管理现代化,2011(06).

[95] 曾永艺,杨世杰,卢冰."鲍曼悖论"及其理论解释——来自我国上市公司的经验证据[J].南开管理评论,2011,14(05).

[96] 姚铮,王笑雨,程越楷.风险投资契约条款设置动因及其作用机理研究[J].管理世界,2011(02).

[97] 万巍.企业商标权资本化及其法律风险防范[J].现代管理科学,2010(02).

[98] 许晖,邹慧敏,王建明.跨国公司国际化经营战略转型背景下的风险分类识别——基于风险容忍区域定位的研究[J].经济管理,2009,31(09).

[99] 童敏.基于公司风险投资的外部创新战略研究[J].科技进步与对策,2009,26(08).

[100] 肖军,翁晓华.股改后上市公司并购及产业整合之路[J].经济问题探索,2009(01).

[101] 李洁.当前我国创业投资面临的十个主要问题[J].理论前沿,2008(19).

[102] 林嵩,姜彦福.公司创业战略模式及应用——一个系统化过程模型[J].中国工业经济,2008(09).

[103] 杨蓉.公司治理与企业竞争力的实证研究[J].统计与决策,2008(14).

[104] 肖海林.管理心智的十大转变[J].企业管理,2008(07).

[105] 何凤平,郑少锋,霍学喜.农业上市公司多元化经营战略风险控制[J].重庆大学学报(社会科学版),2008(03).

[106] 祝志明,杨乃定,高婧.战略风险与收益:中国上市公司的实证研究[J].财经研究,2008(05).

[107] 应展宇. 中国资本市场证券供给政策的回顾与战略前瞻[J]. 经济理论与经济管理，2008(03).

[108] 刘建国，佘元冠. 产业边界决策与企业战略性风险分析[J]. 科学学与科学技术管理，2007(03).

[109] 李红凯，蓝海林. 并购战略与公司风险变动的关系研究[J]. 科技管理研究，2007(01).

[110] 方世建，秦正云，缪柏其. 汇率波动下跨国公司战略投资期权价值研究[J]. 财经研究，2006(05).

[111] 龙正平. 风险视角下的企业战略控制系统中航油事件的反思[J]. 经济管理，2006(03).

[112] 郭菊娥，王琦，杨华江. 集团公司战略风险属性的识别研究[J]. 南开管理评论，2005(05).

[113] 袁琳. 资金集中结算：制度完善与风险控制[J]. 会计研究，2005(09).

[114] 崔远淼，吴国新. 美国公司风险投资分析及对我国的启示[J]. 生产力研究，2005(05).

[115] 文军. 航空公司战略联盟研究[J]. 经济体制改革，2005(02).

[116] 潘庆华，杜励婧. 中国风险投资业的现状及运行模式选择[J]. 软科学，2004(03).

[117] 许晖. 基于风险感知的国际企业管理控制体系研究[J]. 生产力研究，2004(03).

[118] 贾殿村，汪波. 信息不对称下跨国公司 R&D 联盟的风险防范[J]. 科学管理研究，2004(01).

[119] 靳云汇，贾昌杰. 惯性与并购战略选择[J]. 金融研究，2003(12).

[120] 林林，胡达沙. 基于风险的母公司战略制定框架[J]. 科技进步与对策，2003，20(13).

[121] 徐绪松，熊保平. 论我国风险投资引入有限合伙制的对策[J]. 科技进步与对策，2003，20(05).

[122] 熊志根. 当代跨国公司风险管理的两大类型[J]. 国际贸易问题，2003(04).

[123] 孔宁宁. 灵活资本预算系统框架的构建[J]. 财经科学，2003(02).

[124] 熊志根. 论跨国"大公司"与"小公司"风险管理战略[J]. 武汉大学学报(社会科学版)，2003(01).

[125] 杨华江，席酉民. 集团公司战略风险管理模型探讨[J]. 中国软科学，2002(08).

[126] 赵大治，黄振华. 加入 WTO 更要打造保险公司的核心竞争力[J]. 保险研究，2003(08).

[127] 杨华江. 集团公司战略风险管理的理论探讨[J]. 南开管理评论，2002(03).

[128] 陶浪平. 知识经济与我国风险投资战略思考[J]. 经济问题探索，2001(11).

[129] 陈金贤，刘大富，陈琳. 中国金融安全的战略分析——兼论金融资产管理公司[J]. 管理科学学报，2001(05).

[130] 赵晓夏，郭晋鲁. 论寿险公司的投资政策[J]. 保险研究，2001(10).

[131] 杨华江. 集团公司战略风险的管理控制机制探讨[J]. 中国软科学，2001(09).

[132] 群山. 21 世纪企业的战略走向[J]. 中外管理，2001(06).

[133] 杨华江. 集团公司战略经营计划的管理过程探讨[J]. 中国软科学，2001(02).

[134] 姜彦福，张帏，孙悦. 大企业参与风险投资的动因和机制探讨[J]. 中国软科学，2001(01).

[135] 徐康宁. 论大公司的多角化经营战略——兼评上市公司多角化经营的利益与风险[J]. 中国工业经济，1999(03).